社区矫正理论与实务研究 第3卷

肖乾利 主编

法律出版社
LAW PRESS · CHINA

自　序

作为国家治理在刑事执行领域创新的社区矫正，近年来关于其的研究精彩纷呈。社区矫正的概念如何界定？社区矫正的本质属性是刑罚执行，还是社会(帮扶)属性，抑或是综合性非监禁处遇？社区矫正机构如何设立？司法所能否独撑社区矫正？特别是社区矫正工作人员执法身份是采用“警察化”抑或“矫正官”路径，理论界存在较大分歧。2019年12月28日全国人大常委会通过的《社区矫正法》，绕开理论界的不少争议，并逆转此前的社区矫正演进方向，没有遵循从行刑或者矫正概念、矫正性质中推导出矫正部门所主张的“制服效应”逻辑，而是淡化“监管”、强调“帮助”，凸显了社区矫正蕴含的惩罚性和恢复性双重价值。《社区矫正法》是目前世界上第一部由国家立法机关制定的有关社区矫正的专门性法律，在国家级立法层面的引领性不言而喻。《社区矫正法》所注重的社会关系修复和矫正对象融入社会，鼓励和引导多元社会力量参与，注重教育帮扶，强调保障社区矫正对象享有的合法权益，要求对矫正对象工作与生活“不得过度干预”，鲜明体现了社区矫正的中国特色。

一部法律的生命力、权威性，需要通过法律实施来体现。《社区矫正法》在2020年7月1日施行后，能否达到立法预期？社会公众是否认同、行刑成本是否降低、重新犯罪率是否降低、矫正机构与队伍建设能否跟进、社会力量能否有效参与等问题，是《社区矫正法》实施效果的体现。为此，作为四川省高校人文社科重点研究基地的“社区矫正研究中心”，力图在《社区矫正法》施行后召开“《社区矫正法》实施及相关问题”全国性学术会议，邀请理论界与实务界领导、专家莅临宜宾学院,共同探讨社区矫正相关问题。会议筹备组还邀请到中国政法大学犯罪与司法研究中心主任、王顺安教授/博导与会,并拟聘任为宜宾学院特聘教授,指导社区矫正研究中心的科学研究工作。会议筹备组还得到了四川酒都律师事务所、四川竹海律师事务所的大力协助。会议原定于2020年12月18日举行。正当会议筹备就绪,万事俱备之时,受突发成都疫情影响,会议被迫推迟。2020年是一个注定不平常的年份,全球均被新冠疫情折磨与摧残,同时也耽误了我们学术年会的举办。尽管如此,我们对会议的筹备工作并未停止。

在国内疫情基本控制之际,宜宾学院与宜宾市司法局领导决定于2021年5月14-15日举行会议。来自四川省司法厅、司法部预防犯罪研究所、中国政法大学、西南政法大学、西北政法大学、上海政法学院、甘肃政法大学、重庆大学、长沙理工大学、西华大学、西南科技大学、四川师范大学、西南医科大学、四川轻化工大学、四川文理学院、乐山师范学院、河南司法警官职业学院、武汉警官职业学院、宜宾学院等高校、科研机构的专家、学者,宜宾市检察院系统、司法行政系统等实务人员,以及扬州市珍艾社会工作事务所、台州市天宜社会工作发展中心、成都市青羊区泰常矫正事务所等社会组织共计110余人出席会议。会议由宜宾学院法管学部、宜宾市社区矫正管理局、四川省高校人文社科重点研究基地——社区矫正研究中心具体承办,四川酒都律师事务所、四川竹海律师事务所协办。

会议开幕式由宜宾学院法管学部部长何一教授主持。四川省司法厅社区矫正管理局局长向军,宜宾学院党委常委、副院长王如渊,宜宾市政法委副书记张林,宜宾市司法局党委书记、局长刘畅,宜宾市社科联副主席冉华森、宜宾学院法管学部副书记刘廷华等领导出席会议。在开幕式上,宜宾学院党委常委、副院长王如渊,宜宾市司法局党委书记、局长刘畅分别致辞。宜宾学院王如渊副院长代表宜宾学院向中国政法大学王顺安教授颁发宜宾学院特聘教授证书。四川省司法厅社区矫正管理局局长向军以《牢记使命 扬帆起航 依法矫正行稳致远》为主题,在介绍四川省社区矫正工作特色及成效的基础上,针对社区矫正实务中存在的诸多问题,期望与会代表加强理论研究，服务社区矫正工作。开幕式后，在宜宾市司法局机关党委书记杨宇主持下，中国政法大学王顺安教授/博导以“《社区矫正法》的特色及适用疑难问题 ”向大会做主旨报告，诠释了我国《社区矫正法》的特点、定性与中国特色。随即，西南政法大学王利荣教授/博导以“落实《社区矫正法》的现实选择”为主题向大会做主旨报告，针对实务中存在诸如司法所定位等问题，提出了若干具有针对性的解决对策。

“《社区矫正法》实施及其相关问题”的分论坛5月15日下午在宜宾学院三教楼105会议室举行。分论坛包括两个单元。

第一单元“社区矫正理论问题”，由宜宾学院法管学部副书记刘廷华教授主持，司法部预防犯罪研究所鲁兰研究员以《社区矫正中国特色的利与弊》为主题、河南司法职业警官学院连春亮教授以《社区矫正工作新认识》为主题、上海政法学院王志亮教授以《社区矫正定性问题再研究》为主题、西南政法大学敬雪华博士以《社区矫正法后时代电子定位的新动态》为主题、中国政法大学青少年犯罪与少年司法研究中心姜斌祥教授以《社区矫正法的科学主义与立法后工程难点分析》为主题、长沙理工大学法学院党委书记田兴洪教授以《社区矫正中的社区参与模式的理论嬗变及实践路径》为主题、西北政法大学刑事法学院副教授/博士王鹏飞以《社区矫正社会调查评估的现实困境与规则建构》为主题、四川师范大学法学院全亮副教授/博士以《社区矫正社会工作专业化发展困境与对策分析》为主题、宜宾学院社区矫正研究中心副主任肖乾利教授以《社区矫正法实施效果考察》为主题、四川文理学院梁宇栋讲师以《新制度主义视角下社区矫正检察监督目标的二重性及其实现路径》为主题先后向大会作了发言。中国政法大学王顺安教授、西南西科大学梅达成教授作为与谈人对前述10位发言人作了精彩点评与拓展诠释。

第二单元“社区矫正实务难点问题”，由司法部预防犯罪研究所鲁兰研究员主持，宜宾市人民检察院监外执行检察室主任李帆以《宜宾市监外执行检察的特色与问题》为主题、宜宾市珙县司法局党组书记金中华以《深化“队建制”建设，夯实社区矫正安全基础》为主题、宜宾市南溪区司法局副局长李强以《社区矫正法施行中亟待解决的问题》为主题、吉林司法警官职业学院副教授/博士孔祥鑫以《我国社区矫正法实施中的主要问题及对策研究》为主题、成都市青白江区司法局郑意雄科长以《社区矫正机构及队伍建设思考》为主题、西华大学法学院罗娟博士以《社区矫正功能分化及实践效果研究》为主题、四川轻化工大学法学院副教授/博士房丽以《论家庭在未成年人社区矫正中应发挥的作用》为主题、扬州市珍艾社会工作事务所刘箴主任以《社区矫正法推动社区矫正专业化建设发展》为主题、台州市天宜社会工作发展中心陆浩主任以《论社会工作参与社区矫正的困境与出路》为主题,先后向大会作了发言。甘肃政法大学学术期刊部主任、《甘肃政法大学学报》主编陈君武教授,西北政法大学刑事法学院院长、冯卫国教授,宜宾学院社区矫正研究中心副主任王夏玮博士作为与谈人对前述9位发言人做了精彩点评。

社区矫正,是国家关于罪犯治理体系与治理能力现代化建设的重要组成部分,也是基层社会治理的重要组成部分。在《社区矫正法》实施即将一周年之际,宜宾学院与宜宾市司法局共同举办本次盛会,诚邀高校学者与司法实务部门同志,齐聚酒都宜宾,共同探讨《社区矫正法》实施过程中存在的问题,找寻解决问题的路径。不仅有助于外地代表了解、宣传宜宾社区矫正的特色与亮点,共同塑造社区矫正“宜宾模式”,也有利于宜宾学院法学专业学科建设,提升学校的学术影响力。这也是我校法管学部多年来与地方实务部门长期合作、协同创新的典范。

会后,我们继续将收到的年会论文按照出版社的要求不断校对、不断补充相关信息,充实、更新相关内容。本次征集,共收到60余篇论文,经过专家评审与筛查,将其中40余篇优秀论文予以编辑出版。我们将其分为特约稿件、基本理论研究、机构与队伍建设、社会力量参与、未成年人矫正、实证研究、智慧矫正、检察监督等栏目。《社区矫正理论与实务研究(第3卷)》能够出版,首先要感谢宜宾学院、宜宾市司法局等相关部门领导的全力支持与帮助;同时,要感谢全国各地高校和实务界专家学者,正是你们给予智慧上的奉献,才得以将本书汇编;同时,还要感谢宜宾学院法管学部的何一部长、刘廷华书记、蒲东升书记、罗兰主任，以及王小丽、王淑君、叶辉、娄崇、李凤军、王馨、肖娟等老师和罗彧佶、覃博等同学，正是你们的决策胆识、领导有力，正是你们的文字校对、会议谋划、会务服务，会议才得以举行、本书才得以交稿。最后，还要感谢法律出版社许睿编辑的大力支持，使本书得以按原计划出版。中途经过多次校对、添加内容，给你带来不少麻烦，但你还是一如既往地支持我们。

近年来，社区矫正研究中心学术研究取得一定成就，周健宇博士的《社区矫正人员教育帮扶体系比较研究》在2020年由法律出版社出版发行，周健宇博士以及我本人分别在2019年、2020年均有一篇论文被中国人民大学报刊复印资料《刑事法学》全文转载。中心成员主动对接司法行政部门，先后撰写了10余份被省、市、县(区)地方政府及其主管部门采纳的智库报告。其中有多份被四川省司法厅、四川省高级人民法院等实务部门采纳，并获得分管领导的肯定性批示。目前，“中心”虽然面临人才流失、人员断档、经费短缺等问题，但我们坚信：在司法部预防犯罪研究所鲁兰研究员、中国政法大学王顺安教授、西南政法大学王利荣教授、上海政法学院王志亮教授等特聘(客座)教授的帮助下，在四川省司法厅、宜宾市司法局等实务部门的支持下，在宜宾学院、宜宾学院法管学部的领导下，作为四川省高校人文社科重点研究基地——社区矫正研究中心，一定不会辜负领导、社会的期盼，一定能推出更多更好的论著，也为宜宾学院“申硕”、“升大”贡献我们自身的微薄力量。

本书也是社区矫正研究中心成立以来第三次编辑出版学术著作，在许多方面欠缺经验，真诚期望能得到专家学者与实务部门领导的批评斧正！

肖乾利

2021年5月18日

于宜宾学院第一教学楼四川省社区矫正研究中心

目　录

特约稿件

牢记使命扬帆起航　依法矫正行稳致远*

——四川省社区矫正工作简介

向　军**

尊敬的各位领导、各位嘉宾：

大家上午好！

今年是社区矫正法颁布实施一周年，在这样一个重要的时间节点，今天有机会来到“万里长江第一城、中国酒都、中国竹都”的美丽宜宾，与来自全国各地的社区矫正方面的专家学者及各位新老朋友相会，共同探讨“社区矫正法实施及相关问题”，感到非常高兴。我谨代表四川省司法厅社区矫正管理局，对本次论坛的举办表示热烈祝贺，向长期以来关心和支持我省社区矫正工作发展的各位领导和嘉宾表示衷心感谢，向与会的各位专家学者致以诚挚问候。

近年来，宜宾学院积极与宜宾市政法相关部门、宜宾市法学会以及西南政法大学法学院合作，共同创立了我省高等学校人文社会科学重点研究基地——四川省社区矫正研究中心，在办学中始终坚持严格的学术标准，为全省培养和输送了许多社区矫正优秀人才；同时立足于社区矫正工作实际，创新社会治理模式，深化高校与政府部门合作，积极参与我局和宜宾市司法局在社区矫正人才培养、科学研究、社会服务等方面的工作，积累了丰富的案例和经验，通过深挖社区矫正领域难题，探寻解决路径，大力开展社区矫正学术研究，不断创新发展社区矫正理论，取得了丰硕的理论和学术成果。在此我也代表省厅社矫局，为宜宾学院在我省社区矫正工作发展中做出的突出贡献和为本次学术论坛的胜利召开所做的精心准备表示衷心感谢。

---

* 本文是作者应邀出席“《社区矫正法》实施及相关问题”全国性学术会议时发表的讲话。

** 向军，四川省司法厅社区矫正管理局局长。

下面我就四川社区矫正工作为各位领导和各位嘉宾作一个简要介绍。

我省社区矫正工作于2005年开始试点,历经扩大试点、全面试行、全面推进三个重要发展阶段。社区矫正法施行以来,我省社区矫正工作坚持以习近平法治思想为指导,以社区矫正法学习宣传和贯彻实施为主线,以社区矫正"特色年""优化年"专项活动为抓手,切实加强社区矫正规范化、制度化、信息化建设,确保社区矫正法在我省落实地,抓实在,见实效,努力推动把法律制度优势转化为社会治理效能,实现了我省社区矫正工作高质量发展。截至2020年12月,全省已累计接收社区矫正对象263,437人,累计解除矫正229,296人,目前在册34,141人,社区矫正对象重新违法犯罪率控制在0.07%以内,远低于全国0.2%的平均水平。全省社区矫正执法环境明显改善、执法权威持续提升、社会影响力持续增大,有力促进了平安四川、法治四川建设。

一、以制度化建设推进社区矫正依法规范开展

一是加强社区矫正工作领导机制建设。积极设立四川省社区矫正委员会,推动各地设立市、县两级社区矫正委员会143个,充分发挥社区矫正委员会的统筹协调和指导作用,初步建立了党委、政府统一领导,司法行政机关主管、社区矫正机构具体实施、相关部门密切配合、社会力量广泛参与的领导体制和工作机制,形成了强大的社区矫正工作合力。二是重构社区矫正制度规范体系。根据社区矫正法的立法精神和内容要求,先后修订出台《四川省社区矫正实施细则》《四川省社区矫正执法文书格式》等规范性文件,完成《社区矫正调查评估规范》《社区矫正监督管理规范》等5个地方标准的起草和立项工作;完善亮证执法和持证上岗制度,省厅统一制作和换发社区矫正执法证件4388件,工作证件2185件,为确保社区矫正工作始终在法治化、规范化轨道上运行提供了坚强有力的制度保障。三是社区矫正工作经费切实得到保障。与财政厅联合印发《关于进一步加强社区矫正经费保障工作的意见》,明确了社区矫正工作最低经费保障标准;每年下达省级社区矫正专项资金800万元,支持县(市、区)社区矫正中心场所建设。目前,全省已建立集执法、管理、教育"三位一体"的社区矫正中心184个,为社区矫正工作依法规范开展提供了实体化平台。

二、以专业化标准推进社区矫正机构队伍建设

一是社区矫正机构建设按下"加快键"。在理顺省、市、县社区矫正机构关系,

厘清县级社区矫正机构与司法行政机关、司法所各自职责的基础上，在法律框架内，各地敢闯敢试，成立了形式多样的社区矫正机构，全省有10个市（州）、72个县（市、区）以挂牌方式成立了社区矫正管理局，7个市（州）、68个县（市、区）建立了社区矫正执法支队、大队、中队或片区分中心。二是社区矫正队伍建设跑出“加速度”。各级司法行政机关通过招录、调剂、轮岗等方式，充实社区矫正工作力量；连续选派监狱（戒毒）民警参与社区矫正工作，实现社区矫正用警全覆盖；采取政府购买服务的方式，向社会公开招录社会工作者和志愿者，构建了以社区矫正机构工作人员为主，监狱（戒毒）选派民警积极参与，社会工作者和社会志愿者积极协助的专群结合的社区矫正工作队伍。截至目前，全省省、市、县三级共有社区矫正执法者700人，监狱（戒毒）民警236人，社区矫正专职社会工作者3717人，司法所政法专编4713人，社区矫正工作队伍不断壮大，刑罚执行一体化建设工作持续推进。三是人员专业素质实现“大提升”。各级社区矫正机构通过举办业务培训班、组织社区矫正知识竞赛、业务大练兵等方式，开展政治理论学习、法律法规学习、业务知识学习，激发社区矫正工作人员的学习热情；强化社区矫正外部监督，建立常态化监督检查制度，各级人大常委会开展《社区矫正法》执法检查，多地建立社区矫正巡回检察工作机制，开展联合、交叉巡回检察；结合政法队伍教育整顿，开展社区矫正“万案大评查”，彻底整治社区矫正顽瘴痼疾和执法不规范问题，以案为鉴、以案促改，社区矫正案件质量持续提升，社区矫正工作人员依法矫正的能力和水平不断提高。

三、以信息化建设推动监督管理职能走深走实

一是多点发力实现社区矫正对象精准定位。将社区矫正对象纳入网格化管理，实现全省政法系统“网格E通”与社区矫正业务协同，各地社区矫正机构全面接入“雪亮工程”“天网工程”，与三大基础电信运营商开展社区矫正定位管理服务合作，实现社区矫正对象管控实时性、精准度全面提升。二是借力科技实现网上办案、数据互通。先后投入2500万元开发了省、市、县、乡四级联通的社区矫正一体化平台，实现了网上办案、网上监管、网上审批；深化智慧应用，完善基础信息、生物特征、内部业务、专题数据和外部共享数据库；实现对接四川省政法系统跨部门办案平台，积极协调公安、人社、民政、教育等部门开放数据接口，梳理业务需求，社区矫正数据共享、协同共治变为现实。三是高位谋划“智慧矫正中心”建设。先后投入3200万元补助基层社区矫正中心信息化建设，向基层配备移动执法终端、便携式信息采集终端等基础设备2496台，制定社区矫正信息化管理系统设备指导目录指导

各地开展信息化基础建设;召开“智慧矫正中心”创建推进会,组成工作专班,着力破解数据融合、智能分析、智慧决策难题;对照《智慧矫正总体技术规范》等7项标准和《“智慧矫正中心”考核评价表》,制定创建工作方案,明确省、市、县职责分工和创建工作推进步骤,健全信息化工作机制和支撑体系,有序推进全省智慧矫正中心建设。

四、以协同化建设推动教育帮扶社会共同治理

一是教育学习实现全方位覆盖。在全省社区矫正对象中持续开展“学法律 爱祖国 奔新生”“四德”“四史”教育活动5000余场,参学社区矫正对象达28万人次;推行“互联网+教育矫正”模式,运用在线教育平台和手机App,实现教育内容和课程精准化、个性化推送;与监狱、看守所“共建”警示教育基地,组织社区矫正对象接受“震撼教育”,强化其身份意识和守法意识;编印汉藏、汉彝“双语”法律读本8000余册,实现对藏彝地区社区矫正对象的精准教育。二是教育帮扶实现全社会参与。推动有关部门和社会力量依法依规依政策对社区矫正对象开展就业保障、社会救济等帮扶,对社区矫正对象未成年子女实施情感关怀;探索建立了“司辅社工帮教帮扶中心”“预防青少年犯罪管理服务中心”等机构,打造了“知心正行”“一米阳光”等10多个心理矫治品牌,为社区矫正对象提供各类心理矫正2万余人次。三是公益活动得到多元化开展。根据社区矫正对象文化程度、犯罪种类、年龄性别、生活环境和个人特长等因素,多元开发公益活动项目,一大批社区矫正对象成为社区法治宣传员、文明交通劝导员、防疫宣传志愿者等,教育矫治由“灌输”变为“输出”;疫情防控期间,245名社区矫正对象因积极投身抗疫服务获得表扬、记功奖励。截至去年年底,全省共建立教育基地294个、公益活动基地1003个、就业基地254个,2020年累计帮扶44581人次,社会适应性帮扶率73%。

经过十六年的探索与发展,我省社区矫正工作取得了长足的进步,成功矫正了一大批社区矫正对象,发挥了社区矫正在社会治理方面的应有作用,切实维护了社会稳定大局。同时我们在贯彻落实社区矫正法的实践中也遇到了很多的问题和困境,诸如机构设置、队伍建设、人才培养、有针对性地科学矫正、部门之间的有效协调与监督等。

一是社区矫正机构建设存在乱象。以我省为例来说,有以挂牌方式成立社区矫正管理局的,有成立社区矫正支(大)队的,还有认为应当同监狱一样,把社区矫正中心作为社区矫正机构建设,建成组织机构和监管场所合二为一的综合体的,目

前无论以何种形式成立的社区矫正机构，性质均属司法行政机关内设机构，不具备法定独立执法主体资格，与社区矫正法的规定相去甚远，且机构内部的分工、管理、监督等职责也不明晰，严重影响社区矫正刑事执行的严肃性和权威性，甚至还会严重阻碍我国刑事司法的公平公正性。如何规范设置社区矫正机构，确保社区矫正监督管理、教育帮扶两大法定职能的正确履行，实现机构内部协作配合、监督制约以及日常行政事务处理的高效运行，还需在今后的法律实施和理论发展中逐一解决。

二是社区矫正工作人员身份亟待明确。社区矫正是刑事执行活动，但目前我省从事社区矫正工作的主力仍然是司法行政机关的司法助理员，司法行政机关是人民政府的组成部门，属于行政机关，司法助理员属于普通公务员，但社区矫正刑事执行并不受司法行政机关的行政执法监督，因此社区矫正工作人员不属于行政执法人员；也不属于警察序列，但却和监狱一样，其刑事执行活动受检察机关的法律监督。社区矫正工作人员由普通公务员担任，且无专业、年龄等准入门槛，身份性质又含混不清，这与刑事执行工作的性质极不相称，社区矫正工作人员究竟应当属于什么身份，还需在今后的理论发展中进一步明确。

除机构和队伍建设两个较为突出的困境之外，在社区矫正实践中，还存在如何进一步完善部门协作机制，社会力量如何介入社区矫正，特别是政府购买服务中专职社工的身份与价值冲突，如何推进智慧矫正，强化科技保障等难题，急需在中国语境下得以梳理与澄清、磨合与修正。

下一步，四川社区矫正工作将始终坚持以习近平法治思想为指导，担当为要，实干为本，发展为重，奋斗为荣，以全面贯彻社区矫正法为重要抓手，进一步完善社区矫正体制机制建设，推动社区矫正工作向专业化、职业化、规范化迈进；以建设智慧矫正中心为目标导向，坚持以点带面，打破数据壁垒，向科技要力量，实现科技强矫，科技兴矫；以减少和预防犯罪为价值取向，强化监督管理，细化教育帮扶，促进社区矫正对象顺利回归社会，努力在国家治理体系和治理能力现代化进程中发挥社区矫正更大作用，为更高水平建设平安四川，法治四川作出新的更大贡献。

各位领导、各位嘉宾！

社区矫正法的颁布确立了社区矫正的法律地位及基本制度架构，明晰了社区矫正的基本原则、工作流程和法律责任，为我国社区矫正发展指明了方向。但在贯彻实施法律的过程中，对于社区矫正理论和实践中还存在的诸多争议与困惑，需要各位专家学者在立法精神的基础上,缜密论证,找寻解决问题之道。学术论坛是社区矫正工作交流的重要平台,期盼与会的各位专家学者在论坛中就社区矫正工作的重点、热点、难点问题进行深入研讨、集思广益,携手奋进,共同描绘社区矫正的美好未来;希望论坛越办越好,办出特色、办出水平、办出成效,打造成一个在全省乃至全国有深远影响力的高品质学术交流平台。

最后,祝本次论坛取得圆满成功!祝各位领导、各位嘉宾身体健康、工作顺利、阖家幸福!

谢谢大家。

论中国特色的社区矫正概念与性质

王顺安*

摘　要:社区矫正存在最狭义、狭义、广义、最广义四种类型的概念。目前中国大陆属于狭义概念,但最广义的概念是中国未来社区矫正的发展方向。中国大陆的社区矫正不应定性为"行刑方式""非监禁刑罚执行制度""社区刑罚",而应定性为非监禁的刑事执行制度。

关键词:社区矫正;《社区矫正法》;非监禁的刑事执行

社区矫正自诞生以来仅有一百多年历史,以及各国社会历史、政治文化的差异,导致"对社区矫正的理解和认识也存在很大差异,对社区矫正的概念尚没有一个统一的定义"。[1] 尽管我国在世界上首次颁行了由主权国家的最高立法机关全票通过的《中华人民共和国社区矫正法》(以下简称《社区矫正法》),但是,社区矫正的理论研究还很薄弱,学术水平尚待提高,一些疑难问题还留存待解,其中最核心的是对于"社区矫正"的概念及其性质,法律未作出明确规定。本文仅就"社区矫正"概念谈一点初步的看法,顺便研讨一下社区矫正的性质。

一、众说纷纭的社区矫正概念

(一)世界范围内社区矫正的兴起与发展

"社区矫正"是由英语文献"community correction"或者"community - based correction"翻译而来。前者直译为"社区矫治""社区处遇",后者翻译为"以社区为基础的矫正"。两种概念代表着不同的矫正理念与价值追求。前者消极被动,强调的

---

* 王顺安,中国政法大学犯罪与司法研究中心主任,教授、博士生导师。

〔1〕 王爱立、姜爱东:《〈中华人民共和国社区矫正法〉释义》,中国民主法制出版社 2020 年版,第 28 页。

是在社区开展矫正,以别于监狱行刑。后者是积极主动,强调在社区并依托社区开展的矫正。前者是以官方为主,后者是以官方和民间相结合的方式,甚至以民间为主。

社区矫正萌芽于18世纪后半叶英国关于反对监狱非人道化刑罚的监狱改革理论及实践,诞生在19世纪中叶的美国的具有保护观察性质的缓判决和英国的累进处遇制度的假释,成熟于20世纪70年代英国实行的社区服务刑。

社区矫正的历史嬗变,离不开西方监狱制度的变革。19世纪末以来,基于新古典学派重刑主义的抬头,监狱人满为患成为许多国家共同面临的难题。监狱监禁,既消耗国家的司法资源,又影响囚犯的待遇,不利于人权保护。为此,如何减少监狱人口,扩大非监禁性刑罚和非监禁措施的适用,扩大社区服务或社区矫正的执行,是各国共同的任务。[1] 在联合国的指引与促动下,特别是1955年日内瓦大会上通过的《联合国囚犯待遇最低限度标准规则》等文件与规则,均明确倡导尽可能避免监禁,将监禁作为最后一种迫不得已的手段使用。[2] 社区矫正在20世纪20年代进入"青春"时代,尽管在80年代因美国"马丁逊炸弹"(矫正无效)的影响而一度"萎缩",但进入21世纪之后,仍朝气蓬勃,势不可挡。[3]

(二)社区矫正的类型及其含义

根据各国的法律规定,社区矫正可分为最狭义、狭义、广义和最广义四种类型。

最狭义的社区矫正,即社区刑罚的行刑与矫正活动。如美国学者大卫·杜菲认为,社区矫正是刑罚的一种,称为"社区刑罚"。具体包括如社区服务、家庭监禁、复合刑罚(split sentence)、间歇监禁(intermittent confinement)等。我国学者较普遍认为,英国社区矫正属于社区刑罚(community penalties),但又认为此种刑罚是由多个单独的社区矫正令组成,属于多元化的刑种,而非单一的刑种。法院对此多以命令的形式作出决定,以至于形成了多种形式的法院社区矫正令。[4] 英国1972年《刑事司法法》规定的社区服务刑及执行是最典型代表。

狭义的社区矫正,即非监禁的行刑与矫正活动。如中国大多数学者认为,社区矫正是指社区矫正组织依法对法院和其他法定机构裁判为非监禁刑及监禁刑替代

---

[1] 杨宇冠、杨晓春:《联合国刑事司法准则》,中国人民公安大学出版社2003年版,第471~480页。

[2] 郭建安:《社区矫正:改革与完善》,载《刑事法评论》(第14卷),中国政法大学出版社2004年版,第312页。

[3] 王顺安:《社区矫正研究》,山东人民出版社2008年版,第2~3页。

[4] 陈俊生、郭华:《国(境)外社区矫正立法》,法律出版社2013年版,第3页。

措施的罪犯予以在社区中行刑与矫正活动。这就不仅包括了本来就具有"社区刑罚"性质的非监禁刑,如一些国家的社区服务,中国《刑法典》规定的管制刑,而且也包括了传统监禁性刑罚的变更执行方式,如假释、暂予监外执行,还包括缓刑等附条件不执行监禁刑的刑罚缓执行制度。

广义的社区矫正,是指刑事司法全流程的各个环节,对犯罪人规定并采用的各种非监禁措施的执行与矫正活动。如美国学者博姆认为,社区矫正是指在看守所和监狱环境之外监督犯罪人并向他们提供服务的一个矫正领域。我国也有学者认为,"社区矫正是一种不使罪犯与社会隔离并利用社区资源改造罪犯的方法,是所有在社区环境中管理、教育罪犯方法的总成"。[1]

最广义的社区矫正,是指一切对违法犯罪人员尤其是未成年人在社区并依托社区开展的各种教育矫治及制裁帮扶措施的执行与矫正活动的总称。日本的保护观察和更生保护制度就是采用的最广义的社区矫正理念及其定义,不仅对成年犯罪人适用暂缓判决、暂缓执行和部分缓刑制度和酌定假释、法定假释及其保护观察,而且对刑满释放人员予以更生保护,甚至对未成年人"虞犯"和"非行"也给予保护观察或保护处分。[2]

(三)英美法系和大陆法系的社区矫正概念及区别

英美法系国家的联邦制国家治理模式,有利于地方立法及体制创新。在英国,社区矫正是一种刑罚方式和措施,是一种与剥夺自由刑及监狱矫正不同的在社区中开展的替刑措施。[3] 而在加拿大,社区矫正则不是独立的刑罚种类,而是非监禁措施缓刑和监禁刑的监外执行部分的执行方式,更是与监狱矫正方案相配合的一种矫正方式与制度。[4] 大陆法系国家尽管在19世纪末20世纪初就普遍采用了缓刑与假释制度,但"社区矫正"的概念未能在法律上体现出来,仅普遍在理论著述中被称为"社会内处遇",其主要内容是缓刑、假释和监狱执行过程中的开放性处遇措施与方法,以及对刑满释放人员的监护与帮助。

两大法系国家"社区矫正"概念的主要区别在于:一是在大陆法系国家发展起来的缓刑不同于英美法系国家的"宣告犹豫"或称"缓宣告",而是"执行的犹豫"或

---

〔1〕 康树华:《社区矫正的历史、现状与重大理论价值》,载《法学杂志》2003年第5期。

〔2〕 王顺安:《社区矫正研究》,山东人民出版社2008年版,第2~3页。又见王爱立、姜爱东:《〈中华人民共和国社区矫正法〉释义》,中国民主法制出版社2020年版,第28页。

〔3〕 王运生、严军兴:《英国刑事司法与替刑制度》,中国法制出版社1999年版,第108页。

〔4〕 王增铎、兰洁、徐浚刚、杨诚:《中加矫正制度比较研究》,法律出版社2001年版,第163页。

称“缓执行”,也就是既宣告其罪又宣告其刑而暂缓其刑的执行;二是在英美法系中,缓刑和假释必然附带考验,而在大陆法系的刑法中,缓刑、假释与考验则分开规定,且不必然附带考验。对被裁定为缓刑和假释的犯罪人的监督与帮助,由司法机关决定并由社区矫正机构执行,称为一项独立的社会内处遇措施。这种措施在德国被称为“行为监督”,在日本被称为“保护观察”;三是大陆法系国家的社会内处遇措施的适用对象比英美法系国家宽泛,不仅包括了对犯罪人的缓刑、假释的适用,而且包括了对刑满释放人员的继续管护与帮助,还包括了对实施了严重危害社会的犯罪行为但因刑事责任能力的缺乏而免除刑事责任追究的行为人的特别管束、医疗与救助;四是英美法系国家普遍规定了社区服务刑,建立了缓刑和假释的执行机构及社区矫正官。大陆法系除法国外,大部分欠缺专门的机构及专业化的工作人员。

(四)政策性改革性规范性文件中规定的中国特色的社区矫正概念

1. 2003年最高人民法院、最高人民检察院、公安部、司法部(以下简称“两高两部”)《关于开展社区矫正试点工作的通知》中的社区矫正概念

2003年,社区矫正开始在中国大陆北京、上海、天津、江苏、浙江、山东6个省(直辖市)试点,将非监禁的五种人(管制犯和剥夺政治权利刑犯、暂予监外执行犯、缓刑犯、假释犯)的刑罚执行、刑事考察和刑事监督工作及其新增加的教育矫治和过渡性帮困工作交由司法行政机关负责,令其成为社区矫正的工作主体,公安机关仍然是社区矫正的法定主体。由此,“两高两部”于2003年7月10日联合发布的《关于开展社区矫正试点工作的通知》(以下简称2003年《通知》),将社区矫正定义为:“与监禁矫正相对的行刑方式,是指将符合社区矫正条件的罪犯置于社区内,由专门的国家机关在相关社会团体和民间组织以及社会志愿者的协助下,在判决、裁定或决定确定的期限内,矫正其犯罪心理和行为恶习,并促进其顺利回归社会的非监禁刑罚执行活动。”[1]笔者将其标定为2003年社区矫正概念。该概念强调了社区矫正适用对象仅限于已决犯即罪犯,但是没有明确规定五种人及其具体的条件,仅用“符合社区矫正条件的罪犯”予以概括。具体什么是“符合社区矫正条件”,则在2003年《通知》主文中予以详细规定。笔者认为主文中的规定,非常详细准确,只可惜在概念中没有抽象归纳起来,并由此还犯下了定义中的循环逻辑错误,即用“社区矫正”的被定义项去界定概念,定义中不应该重复出现“社区矫正”。

---

〔1〕 司法部社区管理局编:《社区矫正法律法规与工作制度汇编》,法律出版社2014年版,第49页。

2. 2004 年司法部《司法行政机关社区矫正工作暂行办法》中的社区矫正概念

为了规范司法行政机关实施社区矫正工作，司法部于 2004 年 5 月 9 日第七次部长办公会通过并印发《司法行政机关社区矫正工作暂行办法》(以下简称 2004 年《办法》)，该《办法》规定，“社区矫正是指将符合社区矫正条件的罪犯置于社区内，由专门的国家机关在相关社会团体和民间组织以及社会志愿者的协助下，矫正其犯罪心理和行为恶习，促进其顺利回归社会的非监狱刑罚执行活动”。[1] 此概念比较简约，第一次将社区矫正定性为“非监禁刑罚执行活动”。此概念仍然是重复了 2003 年《通知》中下定义忌讳的循环逻辑错误。

3. 2005 年“两高两部”《关于扩大社区矫正试点范围的通知》中的社区矫正概念

为了进一步推动社区矫正试点工作的深入开展，2005 年“两高两部”研究决定将河北、内蒙古、黑龙江、安徽、湖北、湖南、广东、广西、海南、四川、贵州、重庆等 12 个省(区、市)列为第二批社区矫正试点地区，并于 2005 年 1 月 20 日又联合发布了《关于扩大社区矫正试点范围的通知》(以下简称 2005 年《通知》)，该《通知》规定，“社区矫正工作是将罪犯放在社区内，遵循社会管理规律，运用社会工作方法，整合社会资源和力量，对罪犯进行教育改造，使其尽快融入社会，从而降低重新犯罪率，促进社会长期稳定与和谐发展的一种非监禁刑罚执行活动”。[2] 该概念克服了 2003 年《通知》和 2004 年《办法》中下定义的循环逻辑，第一次将社区矫正置于社会管理创新和构建和谐社会的高度来定位，第一次将社区矫正概念从“社区矫正活动”改变为“社区矫正工作”，第一次提出社区矫正工作目标是“使其尽快融入社会，从而降低重新犯罪率，促进社会长期稳定与社会和谐发展”，第一次提出“社区矫正工作是对完善中国特色的刑罚执行制度的有益探索”。

4. 2009 年“两高两部”《关于在全国试行社区矫正工作的意见》中的社区矫正概念

基于社区矫正试点工作取得明显成效，达到了预期目标，为了推动社区矫正工作深入发展，经中共政法委批准，“两高两部”决定从 2009 年起在全国试行社区矫正工作，并于 2009 年 9 月 2 日又联合发布了《关于在全国试行社区矫正工作的意

---

〔1〕 司法部社区矫正管理局编：《社区矫正法律法规与工作制度汇编》，法律出版社 2014 年版，第 49 页。

〔2〕 司法部社区矫正管理局编：《社区矫正法律法规与工作制度汇编》，法律出版社 2014 年版，第 49 页。

见》(以下简称2009年《意见》),该《意见》规定,“社区矫正是非监禁刑罚执行方式,是指将符合法定条件的罪犯置于社区内,由专门的国家机关在相关社会团体、民间组织和社会志愿者的协助下,在判决、裁定或决定确定的期限内,矫正其犯罪心理和行为恶性,促进其顺利回归社会的非监禁刑罚活动”。该《意见》进一步明确了我国社区矫正的性质是“非监禁刑罚执行方式”。但2009年《意见》中出现的“非监禁刑罚执行活动”“非监禁刑罚和非监禁刑罚执行措施”的表述,折射了对“社区矫正”概念的定性与定位还不是很确定。

二、《社区矫正法》蕴含的社区矫正概念之内涵

概念是事物本质属性的揭示,是一个事物区别于其他事物的符号或者标签。根据现代下定义的教科书式的形式逻辑要求,概念由属加种差构成。属加种差定义法,是指定义项是由被定义概念邻近的属和种差所组成的定义,即“被定义者=种差+邻近的属”。所谓“种差”,就是指定义的内涵;所谓“邻近的属”,就是指定义的外延。内涵是指一个概念所反映的事物的本质属性的总和,也就是概念的内在内容,即共性特征,主要起限定作用。同时,内涵是一种抽象的但绝对存在的感觉,是某个人对一个人或某件事的一种认知感觉。由于《社区矫正法》没有对社区矫正概念下定义,那么我们可以根据该法规定对中国特色的社区矫正内涵即内在内容、共性特征作出如下归纳:

(一)社区矫正主体是法定执行机关及其工作人员

1.社区矫正的法定执行机关

社区矫正是一项严肃的刑事执行制度,因此,必须由法定的国家机关及其工作人员依法履行职责和执行任务。《社区矫正法》第8条第1款规定:“国务院司法行政部门主管全国的社区矫正工作。县级以上地方人民政府司法行政部门主管本行政区域内的社区矫正工作。”这就正式从法律层面规定了从中央司法部到省市县三级司法局是社区矫正工作的管理机关。第9条规定:“县级以上地方人民政府根据需要设置社区矫正机构,负责社区矫正工作的具体实施。”这就将社区矫正试点工作以来由乡镇、街道司法所负责社区矫正的具体执法主体,上提一级到区县社区矫正机构。

由于社区矫正是一项综合性很强的工作,且涉及面较广,单靠一个主管部门难

以实现社区矫正的目标和任务,需要多个职能部门共同发挥作用。[1]《社区矫正法》第8条第2款规定:“人民法院、人民检察院、公安机关和其他有关部门依照各自职责,依法做好社区矫正工作。人民检察院依法对社区矫正工作实行法律监督。”该条第3款规定:“地方人民政府根据需要设立社区矫正委员会,负责统筹协调和指导本行政区域内的社区矫正工作。”

《社区矫正法》根据《刑法》《刑事诉讼法》的规定对社区矫正机构作出的具体规定,其性质涵盖了管制刑和暂予监外执行的刑罚执行,属于典型的非监禁性刑罚执行机关;涵盖了缓刑和假释的所附条件考察监督的替刑措施和处遇措施,属于非监禁非刑罚性刑事执行机关;同时因社区矫正的目的和任务所需,还兼负着监督管理和教育帮扶职能,属于对罪犯进行特殊监管的矫正机关。所以社区矫正机构是一个综合性的刑事执行机关。

2. 社区矫正的法定工作人员

2003年试点开始,对社区矫正对象的日常监督管理和教育帮扶工作主要由司法所承担,但现实工作中的大部分司法所只有1~2名工作人员,除承担社区矫正工作以外,还要承担人民调解和综治维稳等其他8项职责,无法保证社区矫正工作深入细致开展。为此,北京抽调监狱、戒毒警察参与社区矫正工作,上海则主要采取购买新航社工服务总站的社工服务的办法。整体社区矫正工作人员队伍存在的问题是:司法行政机关的人员严重不足;社会工作者专业性不够、整体素质有待提高;社会力量参与程度较低,专业化的社会组织不足,志愿者发挥的作用有限,多数只是挂名或临时性的,难以在社区矫正中发挥作用;社区矫正警察的设置引起很大争议。[2] 为此,《社区矫正法》第10条规定,“社区矫正机构应当配备具有法律等专业知识的专门国家工作人员(以下称“社区矫正机构工作人员”),履行监督管理、教育帮扶等执法职责”。社区矫正机构工作人员,是指具有法律等专业知识,在社区矫正机构中履行监督管理、教育帮扶等执法职责的专门国家机关工作人员。

(二)社区矫正依据是宪法、法律和生效的刑事判决、刑事裁定和暂予监外执行决定或者批准文书

1. 社区矫正的宪法依据

《社区矫正法》第1条规定,“根据宪法,制定本法”。宪法依据不仅是立法依据,更是执行依据。一切法律、行政法规和地方性法规都必须以宪法为依据,遵循宪

---

〔1〕 王爱立主编:《〈中华人民共和国社区矫正法〉解读》,中国法制出版社2020年版,第50页。

〔2〕 王爱立主编:《〈中华人民共和国社区矫正法〉解读》,中国法制出版社2020年版,第65页。

法的基本原则,不得同宪法相抵触。尤其是在社区矫正监督管理过程中,除了法律法规明确规定和判决裁定决定文书确定的以外,不得擅自增加社区矫正机构及其工作人员的权力和社区矫正对象的义务。

2. 法律法规依据

与社区矫正工作最密切的应该是《刑法》《刑事诉讼法》《监狱法》和2021年施行的《民法典》,但目前最主要、最重要、最直接的法律依据是《社区矫正法》;其次是治安处罚法及其相关的行政强制法、行政处罚法、行政复议法、行政诉讼法;再次是由最高人民法院和最高人民检察院作出的司法解释。司法部和公安部作出的部门规章是社区矫正工作最直接的法律依据,如2019年司法部《关于加快推进全国"智慧矫正"建设的实施意见》和2020年公安部《公安机关网上追逃工作规定》。

3. 中央层面的规范性文件

"两高两部"联合发布的文件,虽然存在其性质之争,迄今为止也没有宪法和立法法的相关规定对其进行界定。[1] 但因联合发布对公检法司四机关都适用,效率高、效果好,成为中国目前较普通采用的改革性政策性规范性文件。尽管如此,也必须符合宪法和法律法规精神,必须注意其与上位法的关系。同时,也要充分考虑其文件的法律属性及其时效性,尤其是《社区矫正法》颁布之后,对以前的改革性政策性规范性文件必须依法清理,通过"废改立",由政策性社区矫正时代转变为法治化社区矫正新时代。

2019年《社区矫正法》颁行以后,"两高两部"对2012版《社区矫正实施办法》进行修改,于2020年6月30日对外发布《中华人民共和国社区矫正法实施办法》(以下简称《社区矫正法实施办法》)。制定《社区矫正法实施办法》的总体思路是:一是正确处理与上位法的关系,体现《社区矫正法实施办法》与《社区矫正法》紧密衔接;二是坚持问题导向,对属于"两高两部"职权范围内、有权决定的内容进行全面修订,尽可能细化,解决执行实践中的问题,以适应社区矫正工作新形势新要求;三是坚持从实际出发,考虑到我国地域辽阔、各地社会经济发展情况不同,有些条款规定注意留有余地,避免绝对化,为各地制定具体规定和细则预留空间。

4. 地方层面的规范化文件

从2003年社区矫正试点工作以来,一些地方根据本省、直辖市、自治区的实际情况,制定了地方性法规、规章和规范性文件。《社区矫正法》和《社区矫正法实施

---

〔1〕 王爱立主编:《〈中华人民共和国社区矫正法〉解读》,中国法制出版社2020年版,第5页;吴宗宪:《我国社区矫正法的历史地位与立法特点》,载《法学研究》2020年第4期。

办法》出台后,全国各地均在结合当地情况,对原来的地方性规范性文件予以修改与完善。从目前出台的地方性文件内容来看,福建省规定得比较符合法治规范的要求,同时增加了出境通报备案制度、边境控制措施等地方特色内容;河南省规定得最全面,共10章202条;湖北省规定的主体和内容争议最大。其中,《湖北省社区矫正对象分类管理分级处遇办法》第6条、第8条关于社区矫正对象的"处遇"规定,与《社区矫正法》第3条和第24条"分类管理、个别化矫正"的规定相冲突,"分级处遇"没有法律依据,对开展教育和公益活动提出时长要求违背了立法精神,将劳动能力作为参加公益活动的前提条件并规定时长,混淆了公益劳动与社区服务的区别。为此,有专家学者建议立法机关依法建立地方性法规和规范性文件的备案审查制度,落实违宪责任追究制度。

(三)社区矫正对象是被判处管制刑、宣告缓刑、裁定假释、决定或者批准暂予监外执行的罪犯

在世界范围内,社区矫正涵盖范围从已决罪犯到未决刑事被告人,从刑事被告人到犯罪嫌疑人,从犯罪嫌疑人到刑满释放人员,从成年人犯罪行为到少年越轨行为或"虞犯"或"非行"行为,充分显示了社区矫正的魅力。基于中国大陆目前社区建设和社区矫正机构及其工作人员的现状,为了保障社区群众的生命财产安全及其承受能力,现行《刑法》《刑事诉讼法》对社区矫正对象及其适用范围没有扩展,反而排除了不适合于社区矫正的剥夺政治权利刑,适用对象仅限于被判处管制刑、宣告缓刑、裁定假释、决定或者批准暂予监外执行等四类罪犯,全部是已决犯,不包括未决犯,更不包括刑满释放人员。

在社区矫正立法过程中,不少专家学者和实务部门的同志建议扩大社区矫正的适用范围,如"对因家庭暴力等不良行为受到过刑事、民事、行政处罚需要进行社区矫正的人,参照本法执行";增加规定"法律规定的其他社区矫正对象",为根据需要适当扩大社区矫正范围留下空间;对不满16周岁不予刑事处罚的未成年,可以有针对性地实施社区矫正。[1] 但立法机关没有采纳,仍然秉持现行《刑法》《刑事诉讼法》的规定。在立法过程中,不少学者建议将"罪犯""社区矫正对象"修改为"社区服刑人员"。[2] 罪犯是已决犯,这已经是约定俗成的常识,1994年《监狱法》予以

〔1〕 王爱立、姜爱东主编:《〈中华人民共和国社区矫正法〉释义》,中国民主法制出版社2020年版,第343页。

〔2〕《十三届全国人大常委会第十四次会议社区矫正法草案第二次审议稿的意见》,载王爱立、姜爱东主编:《〈中华人民共和国社区矫正法〉释义》,中国民主法制出版社2020年版,第342页。

采纳。但是在监狱工作中,为了避免“罪犯”这一表述的符号性烙印性负面作用,更好地体现宽容性人道性的正面作用,开始使用“监狱服刑人员”的称谓,起到很好的感化效果和社会效果。但是,社区矫正四类对象中的缓刑犯,属于已决犯,称其为“罪犯”没问题,但称为“服刑人员”则为不妥,因为其原判刑罚(3年以下有期徒刑或拘役刑)还未收监执行,社区矫正执行的是其长于或等于原判刑期的考验期及其保护观察性质的所附条件,因此,不能称其为“服刑人员”或“服刑人”。对此,笔者主张称之为“受矫人员”或“受矫人”。但是,立法机关都未采纳,最后斟酌再三,采用了“社区矫正对象”的称谓,符合矫正理论的要求,同时为未来扩大社区矫正对象及其适用范围留下了空间,体现了立法者技术处理上的高超智慧。

值得注意的是,在1990年12月联合国大会第45/110号决议通过的《联合国非拘禁措施最低限度标准规则》中,规定了“罪犯”的概念,认为其是不限于已决犯的特殊称谓。其规定的目的和内容是:“本《规则》的有关各项规定应在刑事司法执行工作的各个阶段适用于所有受到起诉、审判或执行判决的人,为了本《规则》的目的,这类人通称为‘罪犯’,不论其为嫌疑犯、被告或被判刑者。”[1]

(四)社区矫正的工作场所是“社区”

社区矫正就是要克服监狱行刑的弊端,将罪犯当人看,让偶犯、初犯、未成年犯和过失犯等有一个悔过自新、重新做人的机会,让长期关押于监狱的罪犯有一个提前离开监狱并在正常的社会生活环境中获得真正再社会化的机会,使之由监狱人变成社会的人。这就需要社会能够提供宽容接纳、监督管理和教育帮扶的微观环境,这就是罪犯曾经生活居住的社区。根据社会学揭示,“社区”就是地域性的人类共同体,地域性的小社会,通常是由聚集在一定地域中的社会群体(家庭、民族)、社会组织(机关、团体)形成的一个在生活上互相关联的社会实体。现代社区有一整套相对完备的生活服务设施,如商业、服务业、文化教育娱乐等设施,更有公共服务部门提供医疗卫生、社会保障、风险防控、治安保卫和法律事务等产品,从而使社区拥有自己特定的文化、制度、生活方式甚至生产方式,令居民由此产生获得感、安全感和幸福感并对社区有情感上、心理上的认同感,由此激发社区共同体意识,有利于对社区成员生老病死幸福快乐的关心和对违法犯罪人员的教育矫治及其更生保护。

社区矫正是现代社会发展的产物,是社区建设和社会共建共治共享的自我管

[1] 陈俊生、郭华:《国(境)外社区矫正立法》,法律出版社2013年版,第128页。

理的结晶。在我国由一元社会(政治国家)向二元社会(政治国家与市民社会)转型过程中,充分发挥社区的力量,扶持与培训社会团体和民间组织的矫正罪犯力量,通过政府出钱购买社工参与社区矫正工作,有利于激发公民尤其是社区居民的主人翁精神和人类命运共同体意识及为社会服务与献身的潜能,更有利于促进与强化国家(社会和社区)治理体系及治理能力现代化。

"两高两部"2003 年《通知》规定,"对罪行较轻、主观恶性较小、社会危害性不大的罪犯或者经过监管改造、确有悔改表现、不致再危害社会的罪犯在社区中进行有针对性管理、教育和改造的工作",《社区矫正法》根据试点工作的经验和矫正教育罪犯的需要,明确规定"社区矫正执行地为社区矫正对象的居住地"(第 17 条),"居民委员会、村民委员会依法协助社区矫正机构做好社区矫正工作","社区矫正对象的监护人、家庭成员,所在单位或者就读学校应当协助社区矫正机构做好社区矫正工作"(第 12 条),"居民委员会、村民委员会和其他社会组织依法协助社区矫正机构开展工作所需的经费应当按照规定列入社区矫正机构本级预算"。(第 6 条)

将"社区"的作用在刑事政策性法律性文件中作出明确规定,这是第一次。改革开放以来,随着市场经济和现代化建设的不断发展,社会或者社区在各方面的功能和根据社会需要所能提供的资源即供给侧能力逐渐加强,国家或社会治理体系及治理能力现代化建设已被列入国家中长发展规划。因此,社区矫正逢时而生,尽管有些社区建设还不够成熟,社区矫正试点工作因此而略显"早产",但因时代所需、社会的拥护和司法行政部门的努力,社区矫正工作获得了令世人瞩目的成绩,倒逼了社区建设的进程。

(五)社区矫正的目的是有针对性地消除可能重新犯罪的因素,帮助社区矫正对象成为守法公民

"两高两部"2003 年《通知》中规定的社区矫正工作的直接目的,就是要"矫正其犯罪心理和行为恶习,并促进其顺利回归社会"。对于此项目的,"把重点放在对罪犯的心理和行为的矫治、提供服务,而忽视对罪犯应有的惩罚和强制性,造成在社区刑罚执行中存在着方向性的偏差"。同时,"矫正其犯罪心理和行为恶习"的表述过于强调犯罪人犯罪的个人因素,忽视了导致犯罪的社会因素,不能涵盖罪犯回归社会的主要需求。社区矫正对象除了假释人员出狱后回归社会有一个心理适应问题或者生活中因发生重大变故存在心理压力,需要心理辅导、矫正和疏导外,更多的是需要帮助他们解决生活中遇到的各种困难和问题,若不及时帮困扶助则会

重蹈覆辙或者走向自杀绝路,如"三无人员"(无家、无业、无房)的住宿生存问题、成家立业问题,以及普遍存在的社会歧视和不公正待遇问题,因此,有学者建议在社区矫正工作中应"全面考虑犯罪的社会因素和个人因素,对社区服刑人员提供一定的有针对性的矫正项目"。[1]

基于此,《社区矫正法》在第1条明确规定了社区矫正的目的是"提高教育矫正质量,促进社区矫正对象顺利融入社会,预防和减少犯罪"。同时,又在第3条规定了社区矫正工作的目标,"有针对性地消除社区矫正对象可能重新犯罪的因素,帮助其成为守法公民"。造成罪犯再犯罪原因很多,过去我们的研究重点是宏观的社会原因和个人的心理原因,因此强调社会改造与建设,注重对犯罪人的心理矫正。现代犯罪学研究表明,对人的行为起关键致罪作用的是微观的社区环境和个人生活条件,尤其是针对出狱人员而言,其生存和生活是第一位的。解决吃穿住行和工作是最现实的工作,减少社会歧视和就业困难等,对于预防再犯和重新犯罪,能够起到立竿见影的作用。因此,不少专家学者建议将"消除社区矫正对象可能重新犯罪的因素"列入社区矫正工作的目标。但是,导致重新犯罪的因素很多,治理犯罪需要全社会实行综合治理,单靠社区矫正机构及其工作人员的力量是绝对不可能达到的目标,于是增加了"有针对性"的限定词。如何理解"有针对性地消除社区矫正对象可能重新犯罪的因素,帮助其成为守法公民"呢?立法机关的解释是,"社区矫正工作应该围绕着社区矫正目标展开工作,比如有的社区矫正对象没有劳动能力和收入来源,就存在再实施侵财性犯罪的风险,对此,可以协助其根据国家有关规定申请其具备基本的生存能力,预防其再犯罪。社区矫正对象若有酗酒、药物依赖或者实施家庭暴力犯罪的,则可以考虑通过心理疏导、戒瘾治疗、精神治疗等措施,帮助其戒酒、戒瘾,改变恶习,消除其可能重新犯罪的因素,使其恢复正常的工作和生活,成为守法公民"。[2]

(六)社区矫正的任务是监督管理和教育帮扶并落实刑事判决、裁定或决定和批准文书的内容

"在社区矫正试点以前,我国在对社区的刑事执行活动中并不包括对罪犯的矫正和教育改造,仅限于对罪犯的监督考察"。[3] 主要是公安机关将"五种人"作为特殊人口管理对象,除节假日和重大活动需要严格监督管理,以防重新犯罪扰乱社

[1] 刘强:《社区矫正制度研究》,法律出版社2007年版,第8~9页。

[2] 王爱立:《〈中华人民共和国社区矫正法〉解读》,中国法制出版社2020年版,第29页。

[3] 刘强:《社区矫正制度研究》,法律出版社2007年版,第6页。

会治安等突发事件以外,平常就交给其工作单位和户籍所在地群众组织管理,因此,极易出现脱管漏管甚至重新违法犯罪的结果。为此,2003 年《通知》在对社区矫正定义后,紧接着提出“社区矫正是……在社区中进行有针对性管理、教育和改造的工作”,同时在正文中又明确要求社区矫正承担“监督管理、教育矫正、帮困扶助”三项任务。

对于社区矫正的任务,笔者曾概括性归纳为“行刑监督、教育改造、帮助救济”[1]或者“行刑与监管、教育与改造、帮助与服务”。[2] 尽管时间过去了十余年,但其观点与研究结论,仍具有现实意义。

《社区矫正法》第 2 条第 2 款规定了“对社区矫正对象的监督管理、教育帮扶等活动,适用本法”,监督管理、教育帮扶被立法者解释为社区矫正工作的两大任务。“监督管理”主要有五项工作:一是监督社区矫正对象遵守法律、行政法规;二是监督履行判决、裁定、暂予监外执行的决定等法律文书确定的义务;三是履行司法行政部门关于报告、会客、外出、迁居、保外就医等监督管理的规定;四是落实针对社区矫正对象的矫正方案;五是了解掌握社区矫正对象的活动情况和行为表现等。此 5 项工作属于执法行为,只能由法定的主体社区矫正机构及其工作人员承担。“教育帮扶”主要有两项工作:一是教育矫正;二是过渡性帮困扶助。具体包括对社区矫正对象开展的系统教育、心理辅导、职业技能培训、就业指导,社会关系修复等教育帮扶活动。此类工作有五大方面的力量担当,即社区矫正机构;教育、人力资源社会保障等部门;有关人民团体;居民委员会、村民委员会;企业事业单位、社会组织、志愿者等社会力量。

除上述《社区矫正法》第 2 条明确规定的监督管理和教育帮扶两项任务外,还有一个最大的任务就是《社区矫正法》第 1 条规定的“保障刑事判决、刑事裁定和暂予监外执行决定的正确执行”,即对四类社区矫正对象的刑事执行工作,这才是整个《社区矫正法》规定最核心的任务及其内容,此项内在本质任务贯穿于整部法律,监督管理和教育帮扶是为其服务的外在形式任务。由于四类社区矫正对象的刑事执行的内容不同,其性质和任务分别表现在:一是对被判决管制刑和决定或者暂予监外执行的罪犯予以刑罚执行,必须强调惩罚与改造的任务与要求;二是对被判处 3 年以下有期徒刑及其所附条件的非监禁性替刑措施的执行,必须防止采用刑罚执行的方式,突破刑事法律规定的底线,实行惩罚与改造,依法予以监督与考察;三是

〔1〕 王顺安:《社区矫正研究》,山东人民出版社 2008 年版,第 19 页。
〔2〕 王顺安:《社区矫正研究》,山东人民出版社 2008 年版,第 166 页。

对于被判处长期监禁刑罚和死缓、无期徒刑因符合条件假释出的罪犯予以法定的刑事处遇措施的执行,在严格监管的前提下,强调与重视过渡性或者适应性社会帮困扶助,以利于其更生康复,重返社会。

(七)社区矫正的方法是在社区并依托社区资源和力量监督管理和教育帮扶

社区矫正是推进国家治理体系和治理能力现代化的重要制度,是创新社会治理的重要方面,需要充分调动社会力量,帮助社区矫正对象,顺利融入社会,成为守法公民。《社区矫正法》为此规定了诸多国家鼓励、支持企业事业单位、社会组织、志愿者等社会力量依法参与社区矫正工作的措施;创造性地在刑事法律中规定政府购买服务,鼓励发展一批专业化的社区矫正社会工作组织。同时,《社区矫正法》在总结吸收社区矫正试点工作以来,在全国各地充分依靠基层组织和社会力量开展社区矫正工作经验的基础,在第25条中规定了"社区矫正机构应当根据社区矫正对象的情况,为其确定矫正小组,负责落实相应的矫正方案"。根据需要,矫正小组可以由司法所、居民委员会、村民委员会的人员,社区矫正对象的监护人、家庭成员,所在单位或者就读学校的人员以及社会工作者、志愿者等组成。社区矫正对象为女性的,矫正小组中应有女性成员。为了保证社会力量参与社区矫正工作的积极性和可持续性,《社区矫正法》第6条规定,"各级人民政府应当将社区矫正经费列入本级政府预算","居民委员会,村民委员会和其他社会组织依法协助社区矫正机构开展工作所需的经费应当按照规定列入社区矫正机构本级政府预算"。"把矫正小组作为组织动员社会力量参与社区矫正工作的重要抓手,以矫正小组为依托,坚持专精结合,充分利用各种社会资源、动员各种社会力量积极参与到社区矫正工作中来,这既是中国特色社区矫正制度的显著特色,也是新形势下打造共建共治共享社会治理格局的客观需要"。[1]

三、《社区矫正法》蕴含的社区矫正概念之外延

给概念下定义,就是对文章中的某些概念或术语,用简明的语言,对其本质特征作规定性的说明。换句话说,给一个概念或术语下定义,就是用简短的语句扼要地指出它的内涵和外延,使它同相邻的概念区别开来。外延就是能够包容内涵的"邻近的属",即事物内在的本质属性,主要起定性作用并确定适用范围。下定义首

〔1〕 姜爱东:《以学习贯彻社区矫正法为契机,全力推进社区矫正工作高质量发展》,载《〈中华人民共和国社区矫正法〉释义》,中国民主法制出版社2020年版,第385页。

先要找出被定义项"邻近的属"概念,即确定它属于哪一类。然而寻找与确定"邻近的属"概念即定性,则并非容易的事。社区矫正在中国的定性,从 2003 年开展社区矫正试点工作以来,除官方在政策性、改革性、规范性文件确定的"行刑方式"("非监禁刑罚执行方式")、"非监禁刑罚执行活动"以外,非官方的定性更是五花八门,最具代表性的是非监禁刑执行、社区刑罚执行、保安处分执行、刑种、量刑与行刑制度执行和刑事执行。

(一)社区矫正与监狱行刑紧密相连,但不仅仅是与监禁矫正相对应的行刑方式或非监禁刑罚执行活动

现代社区矫正理念与制度是针对监狱行刑与矫正的目的与手段不符及其弊端而生的替代和补救措施,是非监禁化、非刑罚化,甚至是针对未成年人采用的非犯罪化的表现形式和处遇方法。缓刑的社区矫正是针对短期监禁刑的不足和短期监狱行刑的弊端而采用的替刑措施与制度,因其人道、文明、经济,且能充分发挥社区力量参与对犯罪及犯罪人的治理,充分发挥恢复性司法的功能作用,有利于被害人和被害社区的损害修复、犯罪人的重新做人、改过自新,所以缓刑贯穿于刑事诉讼的全过程且形式多样化,如公安机关侦查预审环节的缓处或转处、检察机关审查公诉环节的缓诉、审判机关定罪量刑时的缓判和定罪量刑后的缓执。"缓刑之父"奥古斯塔斯于 1841 年在美国芝加哥首创的缓刑保释及保护观察工作,实际上是法院针对犯罪被告人的附条件的缓判决。我国刑法规定的缓刑制度是属于审判机关定罪量刑后针对已决犯即罪犯适用的附条件的缓执行,其性质不是对原判短期监禁刑即 3 年以下有期徒刑和拘役刑的执行或行刑方式或非监禁刑罚执行活动,而是所附条件和高于或等于原判刑期的考验期内的执行活动。假释的社区矫正是针对长期监禁刑的不足和监狱行刑与矫正给服刑罪犯带来的难以复归社会的监狱人格而采取的开放性的提前出狱的假释放性质的累进处遇措施。由于假释是在监狱将罪犯收监执行之后而发生的刑罚变更执行制度及其活动且在美国等英美法系国家由以监狱方为主体的假释委员会作出假释决定,因此被视为长期监禁刑罚的开放性处遇措施,其监督管理在美国归监狱机关负责。因此,尽管社区矫正与监狱矫正在适用对象、执行场所、监管方法、法律后果上有所不同,但不能将二者相对立甚至相分离而成为两个完全独立的系统,而应该将社区矫正视为监狱矫正的替代与补足,从一前(缓刑)和一后(假释)来解决监狱的弊端和罪犯人口的拥挤等问题,同时也可以解决社区矫正缓刑假释对象因漏罪、新罪和严重违反监督管理法律法规需要撤销缓刑假释考察期收监执行问题。我国独有的监禁刑罪犯暂予监外执行制度,

除法院在监狱收监执行之前直接决定之外,在监狱刑罚执行过程中的保外就医和监外执行则由监狱管理机关负责决定释放和收监,这就进一步地加强了社区矫正与监狱矫正的紧密联系,使二者不能分割。

此外,根据我国《刑法》《刑事诉讼法》《监狱法》《社区矫正法》的规定,社区矫正与监狱矫正具有如下联系与区别:

(1)在法律依据上,都要依据《宪法》和《刑法》《刑事诉讼法》,但社区矫正主要是依据《社区矫正法》,监狱矫正主要是依据《监狱法》。

(2)在适用对象上,二者都是适用已决犯即罪犯,但社区矫正称之为“社区矫正对象”,包括管制刑犯、缓刑犯、暂予监外执行犯和假释犯等四类罪犯,监狱矫正则称之为“罪犯”或“服刑人员”,包括被判处死刑缓期2年执行、无期徒刑和3个月以上的有期徒刑的罪犯。

(3)在执行场所上,社区矫正在社区,监狱矫正在监狱。

(4)在工作主体上,社区矫正由县级以上的社区矫正机构负责,可以委托乡镇街道负责日常管理工作,矫正小组具体落实帮教活动,工作人员包括社区矫正工作人员、政府购买服务的社区工作者和社区矫正志愿者,监狱矫正由省级监狱工作管理局负责,监狱具体负责日常管理和行刑改造工作,工作人员是监狱人民警察。

(5)在监管方式上,社区矫正是采取的开放式非监禁性监督管理方式,监狱矫正是采取的封闭式监禁性狱政管理方式。

(6)在矫正原则上,社区矫正工作坚持监督管理与教育帮扶相结合,专门机关与社会力量相结合,采取分类管理、个别化矫正。监狱矫正工作是对罪犯实行惩罚和改造相结合、教育和劳动相结合的原则。

(7)在矫正目的上,二者都是为了预防与减少犯罪,但社区矫正强调提高教育矫正质量,促进社区矫正对象顺利融入社会,有针对性地消除社区矫正对象可能重新犯罪的因素,帮助其成为守法公民,监狱矫正则是将罪犯改造成为守法公民。

(8)在矫正任务上,社区矫正是为了保障刑事判决、刑事裁定和暂予监外执行决定的正确执行,对社区矫正对象进行监督管理和教育帮扶,监狱矫正是为了正确执行刑罚,惩罚和改造罪犯。

(9)在法律后果上,社区矫正对象矫正期满后,占90%以上的缓刑犯在考验期满后5年内再犯应当判处有期徒刑以上刑罚之罪的不能认定为累犯,而监狱矫正刑满释放人员再犯则构成累犯。

根据2019年11月19日最高人民法院审判委员会第1783次会议、2019年9月

12日最高人民检察院第13届检察委员会第24次会议通过，自2020年1月20日起施行的《关于缓刑犯在考验期满后五年内再犯应当判处有期徒刑以上刑罚之罪应否认定为累犯问题的批复》规定，“被判处有期徒刑宣告缓刑的犯罪分子，在缓刑考验期满后五年内再犯应当判处有期徒刑以上刑罚之罪的，因前罪判处的有期徒刑并未执行，不具备刑法第六十五条规定的‘刑罚执行完毕’的要件，故不应认定为累犯，但可作为对新罪确定刑罚的酌定从重情节予以考虑”。也正因如此，缓刑不是刑罚执行，不能称为行刑方式或非监禁刑罚执行活动。相应而言，我国社区矫正不能定性为刑罚执行、行刑方式或非监禁刑罚执行活动，而我国的监狱矫正则是对死刑缓期2年执行、无期徒刑和有期徒刑的执行活动，其性质是典型的中国特色的死刑执行方式和监禁刑罚罚执行活动，监狱矫正就是监狱行刑。

（二）我国《刑法》《刑事诉讼法》规定的管制刑、缓刑、假释和暂予监外执行属于不同的法律制度，《社区矫正法》调整的是四类不同性质的刑事执行法律关系

由于历史的原因，我国《刑法》规定的管制刑是中国独创的非监禁刑罚种类或方法，尽管其理念和内容与英美法系的社区服刑存在着巨大的差异，但仍然不能否定其是中国特色社区矫正适用的唯一的非监禁刑罚及其活动，可以称为中国特色的“社区刑罚”。缓刑由于《刑法》对其规定得太单一，不存在类似英美国家带有中间刑罚性质的“震惊缓刑”或“休克缓刑”，同时根据罪刑法定原则的规定，不能称为社区刑罚或者根据上述论证得出的非行刑方式。假释在我国《刑法》中的规定仍然很单一，仅是变更刑罚执行场的累进处遇制度，而非英美法系国家的复合刑罚，即便与缓刑不一样，其是收监之后刑罚执行过程中的处遇措施，但其本身也不是刑法典规定的刑罚，因此也不能称之为社区刑罚及其执行活动，当然可以称之为由长期监禁刑和无期徒刑、死刑缓期2年执行依法获得的非监禁处遇的刑罚变更执行制度。暂予监外执行纯属中国《刑事诉讼法》规定的过度人性化的刑罚变更执行场所制度，属于《刑事诉讼法》规定的严重疾病且濒临死亡或丧失自理能力的被判有期徒刑病犯、老年犯和怀孕或者处于哺乳期的被判无期徒刑女犯才能享有的暂时在监外执行的制度，属于法定的行刑方式，域外类似的情况均被刑事法律规定为刑罚中止，可以纳入社区矫正的监管和救助，但不属于社区刑罚的执行活动。

基于上述认识，《社区矫正法》将原来立法草案第1条规定的“正确执行刑罚”，改为“保障刑事判决、刑事裁定和暂予监外执行决定的正确执行”，《社区矫正法》由原来单一的刑罚执行法律关系调整为包括了管制刑罚执行、缓刑替刑措施执行、假

释刑罚变更制度处遇措施执行和暂予监外刑罚执行等在内的综合法律关系。在最后立法的时候,还有全国人大常委会的立法委员们提出《社区矫正法》应分别对被判处管制刑、宣告缓刑、裁定假释和决定或者批准暂予监外执行的罪犯作出不同法律地位(权利和义务)和有针对性的监督管理和教育帮扶,但由于体系结构会因此变化太大,其实体和程序内容已由《刑法》《刑事诉讼法》作出了明确的规定,作为刑事执行法性质的《社区矫正法》只能在总则第3条中强调对四类社区矫正对象"分类管理、个别化矫正",并将其作为社区矫正的一项基本原则被要求贯穿于立法和执法的全部内容与所有工作之中,绝对不允许混淆四类对象的性质,采用一刀切的做法对其予以监督管理和教育帮扶,更不允许把缓刑犯当作刑罚执行的对象予以惩罚,对管制刑犯视为非刑罚措施予以过分宽大而失去刑罚执行的惩罚属性。

(三)中国特色社区矫正的性质是一项非监禁的刑事执行制度

社区矫正的四类对象中,除管制刑是《刑法》明确规定的刑罚主刑,对其罪犯实行的社区矫正,理所当然地属于刑罚执行,关键是缓刑、假释和暂予监外执行都不是《刑法》规定的刑种,不能没有区分地一律将其认定为刑罚执行,尤其是缓刑执行的是原判刑罚的考验期及其考验条件和义务。《刑法》第76条明确规定,在缓刑考验期限内,没犯新罪、没发现漏罪且未严重违反监管法规要求的,"缓刑考验期满,原判的刑罚就不再执行"。由于对"原判的刑罚就不再执行"的理解存在分歧,如有的学者认为,"原判刑罚不再执行",是指由于刑罚已经执行完毕,所以就不必再次执行刑罚。因此,缓刑制度本质上属于刑罚执行制度,缓刑的执行是刑罚执行的一种方式。[1] 显然,此种观点是对短期监禁刑替刑制度之一的附条件暂缓原判刑罚执行的缓刑的错误理解。由于缓刑是伴随着原判3年以下有期徒刑或拘役刑而生的替刑制度,在整个缓刑考验期限内始终存在着因又犯新罪、发现漏罪和严重违反监管而被依法撤销缓刑收监执行的状态,所以《刑法》将其列入"量刑"一节,属于刑罚适用制度,而非刑罚执行制度,其执行的是附条件的考验期及其考验内容。因此不属于刑罚执行,也由此不能认定是刑罚执行方式,更不能将中国特有的死缓属于刑罚执行方式来类比世界范围内普遍适用的针对短期监禁刑的弊端而设计的替刑制度的非刑罚化、非监禁化的缓刑。同理,将包括缓刑在内的非刑罚措施统称为"非监禁刑罚执行活动"更不可取,一是缓刑连"行刑方式"都不属于,何谈"刑罚执行活动",更何况前面还有一个定语"非监禁",这就更容易造成误解与歧义。因为

〔1〕 黄京平、陈鹏展:《缓刑执行说之论证——以'原判的刑罚就不再执行'为切入点》,载《法学评论》2006年第4期。

在“非监禁”和“刑罚执行活动”之间没有加入介词“性”或者“的”，很容易理解为“非监禁刑罚”的执行活动，然后社区矫正的四种对象，除管制刑是非监禁刑罚以外，其他都不属于，其依托的主刑都是监禁刑。至于“非监禁的措施”，如果从《联合国非监禁措施最低限度标准规则》(《东京规则》)来看，最正确的是最广义的社区矫正，其是社区矫正未来的发展方向。但是从我国目前社区矫正工作的适用对象及性质来看，属于狭义的社区矫正，若要定性，就必须使用更接近四种对象不同属性的且皆能包容的属概念，基于此，笔者将其归纳为“刑事执行”，再更进一步就是非监禁的刑事执行制度及其活动。当然，我们也要实事求是地承认，基于社区矫正试点工作伊始的学术研究现状、认识水平及社会治安形势的要求，能够认识到社区矫正的性质是“行刑方式”“非监禁刑罚执行活动”“非监禁的措施”，已经很不容易了。但是，在 17 年之后且已经颁布了《社区矫正法》的今天，仍然坚持中国目前法定的社区矫正性质仍然是“行刑方式”和“非监禁刑罚执行制度”，甚至鼓吹“社区刑罚”则实属不该。

四、结语

基于上述依法对社区矫正内涵即内在内容或基本特征的揭示和外延即适用范围或法律性质的研究，我们可以将二者结合起来给中国特色的社区矫正下一个极具学术研究性质的定义：社区矫正是指法定执行机关及其工作人员在社区并依托社区资源和力量，对被判处管制刑、宣告缓刑、裁定假释、决定或批准暂予监外执行的罪犯，予以监督管理和教育帮扶，旨在有针对性地消除可能重新犯罪的因素，帮助其成为守法公民的一项非监禁刑事执行制度。

由于社区矫正的复杂性和对社区矫正概念认识的差异性，更是由于中国社区矫正的性质未取得一致性的看法或者没有权威性的法律规定，学者们曾一度建议暂时放弃社区矫区概念的讨论，有的学者认为，“对概念的适当讨论是必要的，但没有必要投入太多的时间和精力。在讨论时，需要基于我国和国外社区矫正的现实，明确一些共同遵循的前提条件，否则就失去了对概念进行讨论的实际意义”。[1] 这也在一定程度上致使社区矫正概念的定义在《社区矫正法》中缺席。笔者认为，在社区矫正试点工作的初期，搁置争议，集中精力探索并总结中国特色的社区矫正制度的经验、共识和共性特征，期待未来通过立法给社区矫正定性定位后，下一个科

---

〔1〕 刘强：《社区矫正制度研究》，法律出版社 2007 年版，第 7 页。

学的我国社区矫正概念的定义,是正确的。但是,不争议不等于不研究,尤其是《社区矫正法》颁行以后,其已经明确地肯定了社区矫正试点工作16年来的成功经验和好的做法并取得了一致的共识性特征,实际上已经蕴含着社区矫正的内涵与外延。在此情况下,先从学术层面下一个明确的定义,通过不断的争鸣讨论和修改完善,为未来《社区矫正法》修改中采用,十分必要。

再论社区矫正制度的中国特色

鲁　兰*

摘　要：经过 17 年的深入实践，我国于 2020 年 7 月 1 日迎来第一部《社区矫正法》的正式实施。然而，该法律的颁布似乎并未在多大程度上解决社区矫正实务中的困难和理解上的歧义。

关键词：社区矫正；中国特色

一、立法强调综合治理和社会力量共同参与

社区矫正制度，作为社会内的处遇制度，许多国家都有大致相同或相近的制度运用。某种程度上，也可谓比较成熟地适用于违法、犯罪人的社会内处遇制度。

（一）立法未能回应专职工作者的警察身份需求

在我国，由于四类社区矫正对象都是罪犯身份，就必然引发了社区矫正性质属于刑罚执行、执法权限以及管理者应当具有警察身份等争议。因此，仅仅适用于四类犯罪人之狭义的社区矫正制度，其本身抑或就是中国特色吧。

与国际社会管理监禁罪犯的大多属于国家公务人员，部分国家看守属于警察编制的状况相比，我国监狱的监管人员是人民警察编制，因此社区工作者争取警察身份也属于国情所致，并非不可理解。然而，该国情所致的愿望，并未得到《社区矫正法》的认可，从而导致许多社区矫正工作者倍感失望和委屈。

立法以超前的、融合国际通行理念的态度，充分肯定了综合治理和社会力量共同参与的理念和做法。

（二）立法强调设立社区矫正委员会意义重大

立法明确规定，各级人民政府根据需要设立“社区矫正委员会”，各级社区矫正

---

* 鲁兰，北京大学刑法学博士，原司法部预防犯罪研究所研究员。

委员会分别承担其相应的职责。实践中,基于组建专职队伍的考虑,各地社区矫正机构对于立法要求各级政府设立“社区矫正委员会”的意义认识不足,甚至认为没有什么实际作用。但是,各个机构的职能划分,还是比较清晰的。例如,司法部社区矫正管理局属于行政主管机关;社区矫正委员会属于议事机构;社区矫正机构属于执行主体;司法所属于基层组织,各机构之间相互的职能并不交叉重叠。

社区矫正委员会组成人员:政府或党委负责人,公、检、法、司、财、教、卫、人力资源,工会、共青团、妇联以及村、居委会、社会组织代表、社会工作者。从上述规定就能够清楚地看出,社区矫正工作属于党委政府主导下,各职能部门齐抓共管的社会综合治理系统工程之一。

再加上我国福利制度尚待进一步完善,诸多具体事项需要党委政府加以决策。因此,规定了解其居住情况的“居委会、村委会”以及工、青、妇等组织参与社区矫正的意义非常重大。

(三)社区矫正性质功能之争的理论意义

显而易见,同样也是基于社区矫正对象的罪犯身份,17年来我国社区矫正实务执行中,相对于教育和帮扶两种职能,格外强调“监管”职能。一方面是出于刑事执法的严肃性而重视监管;另一方面则是基于工作者可能因为被矫正对象“脱管等因素被追究责任”的风险意识所致。有事实和理由相信,后者所占的比例更大。

当然,笔者并不赞同现有不合理的追责制度,尤其是追究工作者刑事责任的制度。某种程度上,正是这种不合理、不科学的追责制度,促进且加深了过分强调“监管职责”的倾向和现状。

笔者不敢苟同的观点是:“矫正的本质属性也是唯一特性是惩罚性,这也是社区矫正工作中最为关键的因素。”真不明白该学者为何这样说,即便是针对监禁罪犯,这样的观念也是有失偏颇的。

不过,作为理论探讨,厘清观点的异同,笔者倒是赞成该位学者的另一个观点:社区矫正的功能定位是法律框架搭建和未来路径选择的基础理论问题。刑事制裁方法的功能定位将社区矫正限定于刑事法律的规制范畴,在强调惩罚属性的前提下模糊刑罚与刑罚执行方法的界限,突出其司法属性。社区矫正制度应当以法治化思维为导向,坚持社区矫正刑事制裁本质属性的同时重视多重属性的发挥,为制度未来的功能拓展预留空间。[1]

---

〔1〕 尹露:《中国特色社区矫正的功能定位与进路选择》,载《河北法学》2018年第10期。

或许,未来的某个时点,我国的社区矫正制度也不仅仅针对四类犯罪人,也会不断拓展、创设新的适用对象。

二、为未来社区矫正的工作模式设定方向和路径

毫无疑问,社区矫正立法通过具体指导其工作方法,在相当大的程度上,纠正了过去实践中比较偏颇的做法。例如,比较刻板地规定"双八"(每月 8 小时学习、8 小时劳动),对于工作者完成规定动作很方便,但是对于有不同具体情况的矫正对象而言,涉及工作请假,却不是一件容易的事情。

(一)社区矫正工作的具体工作方法

《社区矫正法》第 3 条规定:"社区矫正工作坚持监督管理与教育帮扶相结合,专门机关与社会力量相结合,采取分类管理、个别化矫正,有针对性地消除社区矫正对象重新犯罪的因素,帮助其成为守法公民。"

在某种意义上,集体性的教育,诸如组织上法治教育课或义务劳动等都相对简单和容易。难就难在分类管理,这就要求首先针对不同的犯罪类型进行科学合理的区分,再根据不同的类型制定相应的矫正计划,且在实践中不断修正完善。即便是集中学习,也应当是相同类别的学习、相同的内容。

所谓个别化矫正,即在分类的基础上,再针对具体的个人情况,制定仅适合于其本人的矫正方案。这就要求矫正工作者对于矫正对象有深入的了解,包括犯罪原因、犯罪手段、悔罪态度、家庭情况、成长史、受教育和交友情况等,通常这些工作都是由专业的社工组织实施。

(二)社会力量参与社区矫正的本质意义

《社区矫正法》鼓励志愿者和专职社工参与社区矫正工作。其中,特别值得强调的是,立法对专职社工所须具备专业知识(教育学、社会学、心理学等),作出了与国际社会相一致的具体要求。

然而,我国当前多数地区政府购买服务的状态还很不理想,正如以下观点认为:社区矫正执法队伍中引入社会力量在实务中很大程度上体现为社工成为司法行政机关社区矫正执法队伍的"临时编外人员",事实上承担与身份和职责不匹配的、大量社区矫正日常监管工作的同时,工作福利和晋升机制也得不到保障。在这种情况下虽然看似实现了社会力量参与社区矫正的预期设定,但职能划分的不明

确、帮助内容的含混不清使得社区矫正的惩罚属性又进一步被削弱。[1]

社工在社工组织的指导下参与社区矫正演变为了一种事实上的劳务派遣,其职能转换不仅面临名不正言不顺的质疑,社工对于自身的职能和身份认同的错位更是不利于社区矫正工作的开展。究竟是提供服务还是监管执法,这种实务困境不仅是当下社工的身份认同困境,事实上也是顶层设计脱离实际所产生的灰色地带。[2]

因此,像上海市的新航总站、江苏省的珍艾社会工作事务所、浙江省宁波北仑的红领之家专职社工组织,以及嘉兴南湖的"先锋助矫"党员志愿者(身边的监管、帮教者)等,在我国依然属于凤毛麟角,尚未获得广泛的认同。这些专业组织和志愿者组织的先进理念和做法,与国际社会的专职社工理念是相一致的,远远超前于非专业性的,招聘工作岗位或仅仅作为社工对待的普遍做法。

(三)高瞻远瞩地构筑两道预防再犯罪防线

笔者始终在强调,立法为我国未来的社区矫正工作构筑了两道防线,第一道防线就是由村(居)委会以及志愿者(先锋助矫)和专业社工们组成。

个别特别值得深思的申请撤销缓刑案例:

其一,《社区矫正法》颁布之前的案例。因为实施相关规定,需要不断请假,导致被矫正人员发牢骚"干脆把我收监算了"。而矫正管理者撰文称:不遵守规定,……认为是对执法的挑衅。……其结果就申报了撤销缓刑建议收监。

其二,《社区矫正法》颁布实施以后,某矫正对象,分别于2019年9月、11月和2020年4月,因违反社区矫正规定,不接听手机、失去联系等行为。分别受到三次警告处分,该局依法向人民法院提出撤销缓刑的申请。

经法院审理:该对象有三个未成年子女,丈夫也在服刑。一次是未经请假就去丈夫服刑的监狱探视,2020年三月失联后在四川刚生下一个婴儿,是与婚外男子偷情所致,上有公婆年老体弱需要人照顾……法庭上表示一定改过,积极配合社区矫正工作,恳请再给一次机会。法院于9月10日作出不撤销缓刑的裁定。

虽然都是个案,但却真实反映出执法人员非常重视监管,工作态度冷漠且没有大局观念。工作热忱和关心远远不及志愿者和专职社工,很少甚至很难得去反思,我们的工作为被矫正对象提供了什么帮助。

[1] 尹露:《中国特色社区矫正的功能定位与进路选择》,载《河北法学》2018年第10期。

[2] 尹露:《中国特色社区矫正的功能定位与进路选择》,载《河北法学》2018年第10期。

据笔者了解很多工作者都不喜欢“帮扶”这个话题和内容，不愿意自己去做帮扶工作。甚至还有人说：如果就仅仅做监管工作，可以继续在社区矫正岗位。如果还要亲自做教育帮扶，就希望能够转岗。

1. 民间蕴藏着巨大的能量

只有能够贴身了解矫正对象入矫之后生活和工作中的喜怒哀乐的人员，才能够有效引导帮助和教育矫正对象遵纪守法，预防重新犯罪。

国际社会广泛存在的缓刑官、假释官们，依旧遵循着创始者的理念，以帮助矫正对象不再犯罪为宗旨，奉献着他们的热情和爱心。

笔者也反复强调：社工们不分国界，都抱着相同的信念，服务于国家，帮助在人生道路上有着重大挫折的人们重新站起来。他们没有穿任何制服才敢去接触犯罪人的心理需求，善于运用有效的方法和措施，逐渐走进缓刑、假释者封闭的内心世界。

2. 专职工作者站在第二道防线处理重大事件

任何技术都有一定的局限性。如今，尽管“智慧矫正”有更多的先进技术可以通过智能手机进行定位跟踪，但是这些技术虽然使监管更加便捷、准确，但始终不能根据矫正对象的实际需求，及时解决困难、消除烦恼。某种程度上，就如同上述两个案例，会使社区矫正的教育矫正效果被大打折扣。

公务员“朝九晚五”的出勤模式，极大地阻碍了亲身靠近社区矫正对象的可能性，社区矫正对象住地分散，若事必躬亲则工作效率极低。这或许也就是各国不采用公务人员在社会内处遇一线的原因。同时，笔者还认为，社区矫正专职工作者站在第二道防线，也能够有效避免不科学追责的执法风险。

综上，可以毫不夸张地说，上述思维和行为模式，正在阻碍社区矫正沿着正确的方向前行。如今《社区矫正法》已经实施，诸多观念仍未改变，导致难以很快地将《社区矫正法》贯彻落实到位。

社区矫正法科学主义与立法后工程现代化

姜斌祥*

摘　要:《社区矫正法》和《社区矫正法实施办法》,是理论界、实务界和立法界十余年来艰辛调研、理论探索、实践归纳、博采众议以及各方博弈之硕果,确立了制度框架、工作流程及法律责任,规避了长期以来的各方争论,为社区矫正未来发展拓展了空间,为社区矫正指明了方向,具备里程碑作用。《社区矫正法》与《社区矫正法实施办法》中处处都体现了科学主义观点,具有时代特征,也回应了社区矫正实践中暴露出来的智慧矫正建设问题以及社区矫正行刑的现代化困惑。以往实践中显露出的有针对性的科学矫正,部门之间的信息共享,以及社区矫正各阶段的现代化建设等诸多难点,还需在今后的立法后工程中逐一解决,在实践和理论探索中继续摸索、磨合和修正,最终形成具有中国特色的智慧社区矫正。

关键词:社区矫正法;科学主义;立法后工程;智慧矫正;智能循证矫正

一、引言

2020 年 7 月 1 日起施行的《中华人民共和国社区矫正法》(以下简称《社区矫正法》)和《社区矫正法实施办法》(以下简称《实施办法》),对我国社区矫正事业发展意义重大。它是理论界、实务界和立法界十余年来艰辛调研、理论探索、实践归纳、博采众议以及各方博弈之硕果,确立了制度框架、工作流程及法律责任,规避了长

* 姜斌祥,中国政法大学青少年犯罪与少年司法研究中心,教授;计算机科学博士。

基金项目:国家十三五重点研发计划经费资助课题项目:所属专项:公共安全风险防控与应急技术装备;课题名称:疑难样品和复杂体系中毒品的快速定性、定量检测新技术研究(项目编号:2017YFC0803604)。

期以来的各方争论，为社区矫正未来发展拓展了空间，为社区矫正指明了方向，具备里程碑作用。《社区矫正法》与《实施办法》体现了科学主义观点，具有时代特征，也回应了社区矫正实践中暴露出来的智慧矫正建设问题以及社区矫正行刑的现代化困惑。以往实践中显露出的缺失针对性矫正、缺失信息共享等诸多难点，还需在立法后的工程中逐一解决，在实践和理论探索中继续摸索、磨合和修正，最终形成具有中国特色的智慧社区矫正。

二、社区矫正法与实施办法的科学主义观

（一）法条文本中体现出来的科学主义

科学主义（Scientism），是指每一件事都应该用科学理论来解释，主张在科学领域行之有效的方法可以而且应当在非科学领域普遍使用。遍历《社区矫正法》的 63 条中直接涉及科学主义观的有 14 条，间接涉及科学主义观的就有 36 条，共计 50 条，占比 79%；而《实施办法》的 59 条中涉及科学主义观的有 42 条，占比 71%。可见科学主义在法条和办法中的分量。分析法条与办法的科学主义知识点：各类科学评估、科学分类、矫正个案、测量、思想、矫正日常监管科学化、信息化、跨部门共享、跨区域共享、监狱社区帮扶信息化与科学、信息保密、电子定位、视频微信报到、教育与时俱进等为主要法律语言体现。

综观这些科学主义条款，最核心的当数《社区矫正法》中的第 3 条、第 5 条、第 54 条。第 3 条规定，“社区矫正工作坚持监督管理与教育帮扶相结合，专门机关与社会力量相结合，采取分类管理、个别化矫正，有针对性地消除社区矫正对象可能重新犯罪的因素，帮助其成为守法公民”。第 5 条规定，“国家支持社区矫正机构提高信息化水平，运用现代信息技术开展监督管理和教育帮扶。社区矫正工作相关部门之间依法进行信息共享”。第 54 条规定，“社区矫正机构工作人员和其他依法参与社区矫正工作的人员对履行职责过程中获得的未成年人身份信息应当予以保密。除司法机关办案需要或者有关单位根据国家规定查询外，未成年社区矫正对象的档案信息不得提供给任何单位或者个人。依法进行查询的单位，应当对获得的信息予以保密”。

（二）社区矫正全过程的科学知识图谱分析

如图 1 所示，入矫前、入矫、矫正执行期、出矫、出矫后等过程中处处体现出系统科学性，以及智慧性，体现了《社区矫正法》立法与实施的时代性和科学性，也为《社区矫正法》立法后工程的现代化治理与实施提出了最高要求和目标：建构智慧矫正

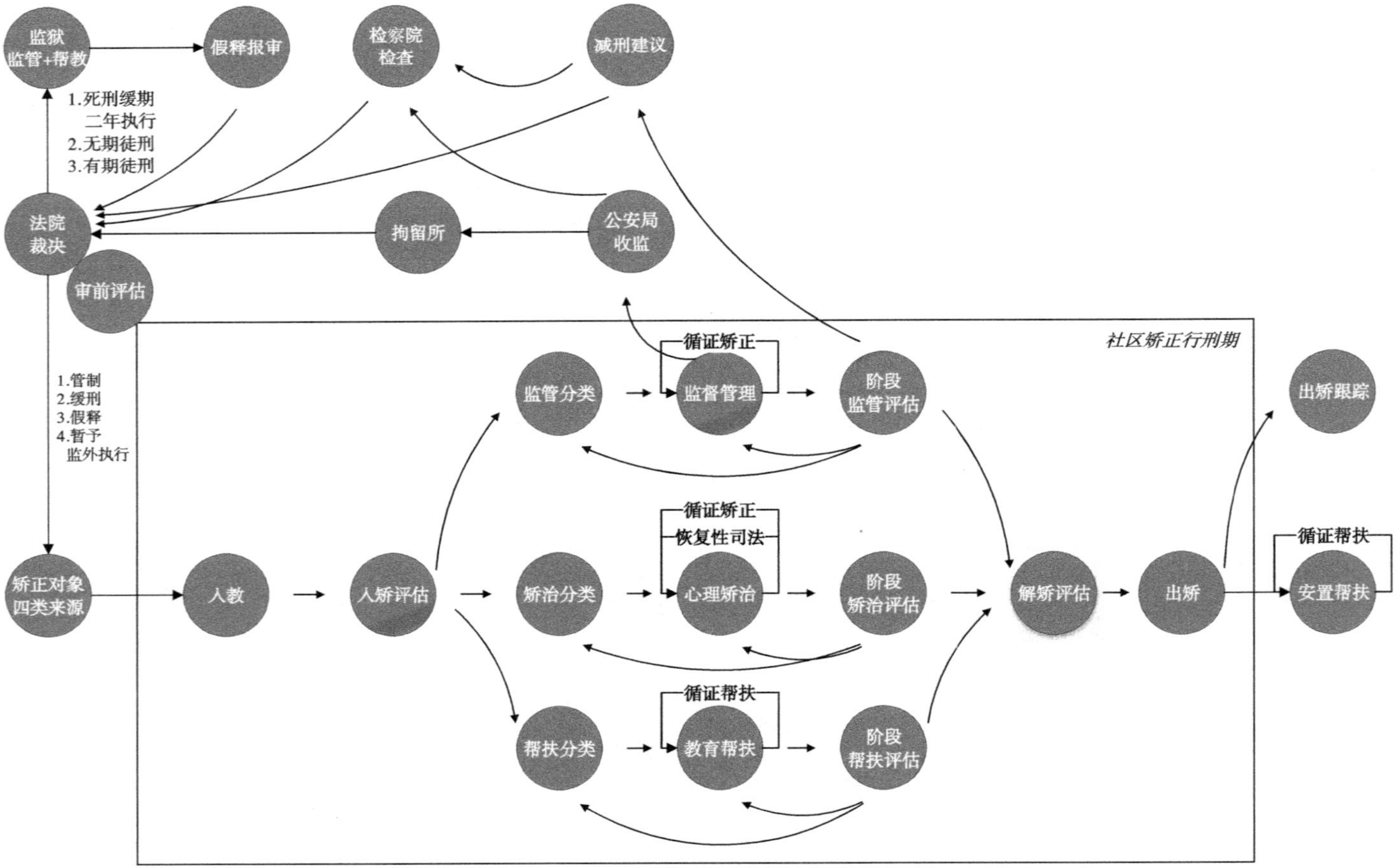

图 1　社区矫正刑事执行知识图谱

关键基础设施,促进跨部门信息共享,通过大数据、人工智能以及区块链技术实现社区矫正全过程的现代化建设,通过科学现代智慧的方法有效解决监管、矫正、帮扶的实质问题。

三、立法后工程现代化难点分析

(一)行业标准尚未完全解决《社区矫正法》的要求

《社区矫正法》明确规定国家支持社区矫正机构提高信息化水平,运用现代信息技术开展监督管理和教育帮扶。伴随《社区矫正法》和《实施办法》施行前后,为深入贯彻落实习近平总书记网络强国战略思想和全面依法治国新理念新思想新战略,司法部陆续颁布和实施了有关智慧矫正相关技术规范。

司法部决定在全国全面开展智慧矫正建设,于 2017 年 4 月 21 日实施了《全国安置帮教信息采集及数据交换技术规范》;于 2019 年 1 月,印发了《司法部办公厅关于加快推进全国"智慧矫正"建设的实施意见》,决定运用互联网、云计算、物联网、大数据、人工智能和区块链等现代信息技术对传统社区矫正工作进行全方位改造,推动社区矫正工作从人工管理到网上管理,从数字管理到智能化管理,全面提升社区矫正工作现代化水平;于 2019 年 9 月 30 日颁布实施了《智慧矫正——移动应用技术规范》《社区矫正电子定位腕带技术规范》;为加快和规范推进全国智慧矫正建设,并于 2020 年 9 月 23 日颁布实施了《智慧矫正——总体技术规范》。由此明显看出,《社区矫正法》《实施办法》中的科学主义法条,逐步通过智慧矫正的建设实施意见以及相关技术规范引领全国社区矫正实现立法后工程的科学化、智慧化,目标是达到社区矫正的现代化大局。

但由于尚处于初期,从目前制定的技术规范以及目前全国的智慧矫正试点与实施看,我国尚未达到《社区矫正法》有关科学主义的要求,技术规范大都在基础设施建设以及信息化硬件设施方面提出了规定,但法条中有关的社区矫正核心本质的智慧化尚未规定,尚有大量理论与实务研究空间。

(二)具体难点分析与困惑

1. 智慧矫正建设出现泛科学主义和形式主义

《社区矫正法》与《实施办法》均站在科学主义视角提出很高的要求,但目前实务实施中有形式主义苗头,实务部门有关现代化建设更多是完成上级任务,实现智慧矫正面子工程和应对上级检查,出现泛科学主义和形式主义。这样既浪费了国家资源,又给一线实务部门带来了大量新的工作压力,丝毫没有减轻其工作量,尤其是并没有取代纸面办公,基层苦不堪言。

2. 智慧矫正的科学设计与标准化建设程度还不够

因为智慧矫正相关技术规范,目前在社区矫正本质问题上并没有真正有规范出来,导致各地的建设除基础设施架构以外,其他各自为政,层次不一,大都体现了智慧监督管理,少有触及核心的矫正与教育帮扶本质问题的解决方法和智慧手段。

3. 分类矫治的科学化尚未达到

分类矫治的可分类性与分类计算方法、不同类别的矫治方法、矫治方法的与效果的评估以及矫治不确定性分析等极其关键,是关乎社区矫正的精准监管和精准有效矫正的前提,但目前尚没有很值得信赖的现代化分类标准方法,尤其是对犯因性和非犯因性分析方面,现在的分类仅仅是不精准的粗分,甚至是主观拍脑壳的分类,缺乏智能评估与科学分类方法且无标准可依。

4. 有信息的保密与安全意识但方法欠缺

社区矫正对象的私人信息需要保密,这是毋庸置疑的,法条也在多处提及,但在实务中,并没有具体的科学方法以供使用,缺乏信息安全的标准化手段,信息保密与检索查阅矛盾依然突出。

5. 信息共享的难度大

法条中有多处明确跨部门的信息共享,但事实是信息共享很难实现,各部门利益保护,或以保密为由,不会轻易贡献数据,尤其是单向供给更加有障碍,比如公安部门向司法部门数据流向,难度就极大,产生大量信息不对称与数字共享鸿沟。

6. 危险性评估算法黑箱化和不可解释化

《社区矫正法》和《实施办法》的评估要求很多,几乎所有过程包括审前评估、入矫、矫正期间、出矫、出矫后等过程都是靠科学评估。但是目前社区矫正理论和实务工作中,评估的方法已经有很多代、很多种,但问题很多,甚至出现泛评估主义。甚至还有大量人工评估操作,不一定科学,但有直接效果。但机器评估,就容易出现数字利维坦现象,以及危险性评估算法是黑箱化,甚至不可解释的。建立在刑罚个别化基础上的再犯防治,离不开有确定评估指标的再犯风险评估。以抽样调查和精算形成的第2~4代再犯风险评估工具,由于存在指标因素不统一,零散而不成体系等问题,因此一直面临评估结论准确性、可靠性不高而难以推广应用的困境。依托大数据的智能化再犯风险评估,理论上虽然可以找到所有影响再犯的指标因素,并通过动态评估和精准推荐,真正实现量刑和行刑的公正,但需要积累所有影响再犯群体和个体的有效数据,并形成可解释的评估结论[1]。

7. 信息化代替智能化误解

目前充其量仅仅是处于信息化阶段,离智能化还有相当距离,但实务部门甚至理论部门很多误将信息化认为就是智能化,出现决策和导向错误。

8. 教育心理矫治方法不得当

9. 理论界与实务界是两个频道,没有一个方法将两者捆绑在一起

10. 其他方面问题

电子定位与动态监管有盲区、思想报告千篇一律("八股文")反映不了真实思想、教条主义的日常监管矫正、恢复性司法无手段、安置帮教没有平台、智慧矫正不智慧等问题。

四、立法后工程现代化建设的核心点分析

(一)立法后工程现代化建设核心任务是什么

综上所述,法条中体现出来的科学主义条款,指明了立法后工程[2]现代化的方向,但诸多条款中现代化建设归纳的是以下几个方面:一是基于智慧矫正的基础信息设施建设[3][4][5];二是监督管理中的信息化和智能化手段;三是教育、矫正与帮扶的手段信息化、智能化以及现代化建设。《社区矫正法》和《实施办法》中的现代化建设无非就是这三个方面全面覆盖,也是社区矫正建设过程中的核心现代化建设内容和需求。当下,有关前两个方面建设实际上各地都已经摸索了很多年,也积累了大量经验教训,相对成熟。司法部也出台了多个行业技术规范规定了其具体做法和目标以及技术指标,在此不是本文研究的重点,而第三个方面恰恰是社区矫正的本质核心内容,也是社区矫正现代化建设最核心的内容,当然第三个方面是在前两个方面的基础上进行建设的,前两个方面是前提。第三个方面的现代化

〔1〕 狄小华:《全要素且可解释智能化再犯风险评估指标体系的理论架构》,载《安徽大学学报(哲学社会科学版)》2020年第5期。

〔2〕 方强:《我国民主与法制建设必须大力强化立法后工程》,在全国政协八届第三次全会上的大会发言。

〔3〕 姜斌祥:《大数据和AI时代下的社区矫正智能管控技术体系建构研究》,载《2017司法保护与犯罪预防论坛论文集》,2017年,台北大学。

〔4〕 姜斌祥:《青少年犯罪防控计算体系架构研究报告》,载《2018福建省预防青少年违法犯罪工作的探索与创新专题研讨会论文集》,2018年,集美大学。

〔5〕 姜斌祥:《论智慧矫正的基础理论研究与实务平台研发》,载《社区刑罚体系构建与社区矫正立法研究论坛论文集》,2019年,吉林司法警察学院。

建设,目前全国各地均处于一个相对盲目的探索阶段,主管部门也尚未出台更加深入的技术规范,各地均摸着石头过河。但究其效果来看,与达到《社区矫正法》中现代化总目标需求,还需要大量理论研究和实务探索。

(二)教育、矫正与帮扶的现代化手段分析

1. 当前的方法与问题分析

教育、矫正与帮扶的现代化建设主要手段是基于危险性评估分类与矫正,危险性评估目前大都是从几个方式进行[1],一般采取问卷量表方式进行,一般采取静态方式进行是因为信息共享不足达不到动态跟踪全要素信息。教育和矫正的方式也大都是采取灌输式方式进行,往往无法达到个案独立进行,对短期矫正更是无法执行矫正。严重阻碍《社区矫正法》的立法后工程现代化实施的情况,通过分析上述各类困惑,有下列几项:一是智慧矫正旨在解决社区矫正立法后工程的科学主义部分,但实际上没有达到,仅仅实现了部分内容,比如基础性设施建设、电子定位、人脸识别等,虽完成了信息档案建立,但其余尚未实现,至少是没有有效实现。二是信息共享无法实现。三是要想有效实现科学主义的立法后工程,需要解决最核心最本质的问题:那就是分类的科学化方法、评估的智能化有效可解释、监督管理的可分类、教育帮扶的分类、心理矫正的分类处遇,阶段评估等。基于RNR、GLM、社会支持理论、实验主义治理理论、系统科学(新、老三论)的循证矫正是有效的方法,但由于理论与实际脱节,导致循证矫正并没有真正大面积使用,只有部分试点实验。从国内外情况看,循证科学在罪犯改造上看是有效的方法。

2. 科学评估分类以及寻找犯因性因素是关键

通过科学的评估解决犯因性因素成为关键[2],一旦找到犯因性因素后,就针对犯因性因素的精准矫正是矫正关键,即RNR模型[3],找到相应的治理手段,从而进行分类矫治。寻找非犯因性因素,针对非犯因性因素的精准帮扶关键是GLM模型,从而对应找到帮扶的治理手段进行分类帮扶,分类帮扶的阶段可分为矫正期内和出矫后进入社会期间。依托大数据的智能化再犯风险评估,理论上虽然可以找到所有影响再犯的指标因素,并通过动态评估和精准推荐,真正实现量刑和行刑

[1] 姜斌祥、刘邦惠等:《基于遗传神经网络的社区服刑人员危险评估模型与云计算研究》,载《第二届海峡两岸社区矫正论坛论文集》,2015年,北京工业大学。

[2] 狄小华:《全要素且可解释智能化再犯风险评估指标体系的理论架构》,载《安徽大学学报(哲学社会科学版)》2020年第5期。

[3] 叶扬:《罪犯与改造工程》,中山大学出版社1992年版,第29~30页。

的公正，但需要积累所有影响再犯群体和个体的有效数据，并形成可解释的评估结论。在实践中，不论是有效数据的产生还是收集，抑或是对评估结论的解释，都有赖于对影响再犯因素进行功能性分类，并以此构建全要素且可解释的智能化再犯风险评估指标体系。

3. 建构基于大数据和区块链的人工智能型循证矫正和循证帮扶是有效出路

从前文分析来看，教育、矫正与帮扶过程实际上就是一个系统工程过程，所以完全可以按照系统科学理论来分析研究社区矫正的核心本质问题。分析来看，社区矫正就是个复杂系统，依据对复杂系统认知的规律，采取渐进认知主义，逐步进化认知，通过建构主义解决复杂系统问题，依据系统论、信息论、控制论与博弈论、耗散结构轮、协同轮等系统科学理论介入研究，采用实验主义治理理论解决立法后科学工程。AI、大数据和区块链介入循证矫正是真正实现循证矫正的关键，是具备有效性、科学性、理论与实践协同性、跨区域性的，通过系统科学的方法构建立法后科学矫治工程成为社区矫正中智慧矫正的理论基础。

从系统科学角度研究社区矫正，那么输入（入矫）的是社区矫正对象，经过系统内部的不断教育矫正和帮扶（矫正期），使其达到合格公民进行输出（解矫）、进行社会生活和工作过程（安置帮扶）。那么在矫正期中应按照系统科学理论，尤其是基于信息论、控制论、协同轮、博弈论进行不断评估和反馈调整矫正方案，使其精准地达到矫正效果。循证科学与实践方法被引入医学与社会科学之中，提供了一套科学的解决方案，之前也有学者将其引入罪犯改造中，我们将其引入社区矫正之中，从精准智慧矫正视角看是非常合理且有效的。尤其是循证矫正中矫正管理者、理论研究者、矫正实践者、社区矫正对象等多元参与，改变了原来社区矫正对象被动参与的思维模式，改为直接参与，有利于矫正。另外一个就是动态化，不断进化适合自然矫正的规律，人思想的改进也是进化的。还有最关键的是循证矫正采取最佳证据方法，我们可以根据犯因性因素和非犯因性因素〔1〕，根据个案具体情况分析出其最佳证据。

采用区块链和云计算合作方式进行链数据和大数据结合存储，从而解决多部门信息共享、信息不对称与数字共享鸿沟以及最佳证据的共识共享；利用 AI、大数据解决智能评估与科学分类方法无标准的问题；利用人脸识别、电子腕带技术、电子定位以及电子围栏等解决电子定位与动态监管有盲区问题；采用常规测量、智能

---

〔1〕 周愫娴：《犯罪成因、社区矫正与监狱刑：罪与罚的对位》，载《第六届海峡两岸暨香港澳门地区社区矫正与恢复性司法论坛论文集》，2019 年，集美大学。

投射心理测量、智能投射心理矫治以及社会心理服务体系解决心理矫治问题;采用NLP自然语言理解技术解决思想报告的自动理解与获知社区矫正对象的真实思想动态问题;构建智慧社区矫正和智慧安置帮教大数据平台;采用可搜索性加密技术解决信息保密与检索查阅矛盾问题。

基于大数据和人工智能算法研究团体社区矫正指数算法模型,构建团体社区矫正指数体系,达到智能化评估团体的社区矫正状态量化指标,作为各级主管部门的决策依据。

五、基于区块链和大数据技术构建人工智能循证社区矫正和循证安置帮扶体系

在智慧矫正的框架中,循证社区矫正和循证安置帮扶两个基于循证科学的用于社区矫正行刑工作的方法是核心,之前主要是没有构成循证家政体系,这方面的理论研究严重缺乏,更没有建构循证矫正的证据案例库等原因,导致循证矫正之前未能发扬光大、起到作用。进入人工智能和数字时代,将大数据、人工智能、云计算、边缘计算、5G移动互联、区块链等结合进循证社区矫正和循证安置帮扶,将会真正有效解决社区矫正的监督管理、教育矫治与安置帮扶的功能。

循证社区矫正是建立在矫正社区矫正对象有关证据基础上的实践和证据基础上的研究,是指在社区矫正领域内,实践者在所研究的证据中,遵循最佳证据原则,结合实践者个体社区矫正经验,在矫正对象的配合下,针对矫正对象犯因性特点,开展高效社区矫正的一系列社区矫正活动。循证社区矫正是社区矫正工作的一种方法论、策略。在社区矫正对象教育转化过程中,由于社区矫正对象不同,犯因性和个性需要不同,如何借鉴教育转化社区矫正对象的经验和方法这个难题便摆在了我们面前。循证社区矫正的引入和研究,将会为我们提高教育矫正质量,提升工作效率奠定科学基础。循证社区矫正是一项技术,在教育矫正社区矫正对象过程中,可采用心理疏导、行为干预、教育引导等技术,对社区矫正对象实施矫正行为,以达到矫正效果,从而降低社区矫正对象重新犯罪风险目的。

循证社区矫正在运用的过程中遵循着精准评估、强化内在动机、目标干预、认知行为疗法等原则对社区矫正对象进行科学的评估以确定其再犯罪风险,然后针对再犯罪风险等级较高的社区矫正对象利用评估量表进行犯因性需求的评估,利用评估的结果搜集最佳证据,利用最佳证据制订有针对性的矫正方案。循证社区矫正中的最佳证据是通过大量同类研究的元分析或者是大样本的随机对照试验而

获得的,具有较高的科学性、客观性和有效性。循证社区矫正依据最佳证据制订的矫正方案,避免了传统矫正依据矫正工作者的个人经验以及个人判断来制定矫正决策,提升了社区矫正的科学性。循证社区矫正聚焦于社区矫正对象的犯因性需求,在充分考虑矫正对象差异性和独特性的前提下,收集与社区矫正对象犯因性需求相关的证据制订出具有针对性、个性化的矫正方案,在实践的过程中注重矫正形式的多样性和矫正内容的独特性,避免了传统矫正形式单一的问题,能够使有限的矫正资源得到充分的运用,避免了因矫正形式单一而产生的资源浪费,提升社区矫正效益。有研究表明,采用循证社区矫正的方式能够使社区矫正对象的再犯罪率降低10% ~20% 。更多的研究结果能够有力地证明循证社区矫正的有效性[1]。

由于循证社区矫正和循证安置帮扶的传统做法有着固有的障碍,如证据贡献处于各机构,由其各自数据利益保护不愿无私奉献出来共享;最佳证据靠特别有经验和研究能力的研究人员才能做好;评估的方法不够科学性测量评估不精准;社区矫正对象的动态活动轨迹数据采集与共享受数字鸿沟影响,具备众多困难;犯因性因素的分析以及对应每种犯因性因素的响应矫正对策需要跨专业研究和试验,有相当难度;非犯因性因素的分析以及对应每种非犯因性因素的响应帮扶对策需要跨专业研究和试验,也有相当难度等。种种障碍致使传统的循证社区矫正和循证安置帮扶未能发挥出效能出来,理论和实践严重脱节,循证是一个很好的方法但无法付诸实战,循证社区矫正也是促进理论研究和矫正实践紧密结合的一个有效办法。因此本文提出将云计算、边缘计算、大数据、区块链、人工智能、VR/AR/MR 技术、5G 移动互联等新型科技接入循证社区矫正和循证安置帮扶,解决上述问题。

(一)建构的模型基础

1. RNR 矫正模型

循证矫正作为一种新兴的矫正方法既具有科学性也具备有效性。为了有效地降低服刑人员的重新犯罪率,推动科学矫正的进一步发展,在《犯罪行为心理学》中,安德鲁斯和邦塔提出了 RNR 矫正模型。该理论提出科学矫正需要遵循三个核心原则:危险原则(Risk)、需要原则(Need)和响应原则(Responsivity)。违背三个原则的矫正方案,不能有效降低重新犯罪率。RNR 矫正模型是由安德鲁斯(Andrews)和邦塔(Bonta)在 1990 年发表的《犯罪行为心理学》中提出,RNR 矫正模型提出要进行危险性评估,有针对性地对矫正对象开展矫正。大量事实证明,遵循 RNR 矫正

[1] 康姣:《循证矫正的生成根据及其本土实践再思考——基于“有效矫正”的诉求》,载《中国人民公安大学学报(社会科学版)》2019 年第6 期。

模型的矫正,能有效降低矫正对象的重新犯罪率[1]。RNR模型是指在循证矫正中的风险、需求与反应性原则模型。风险原则表明什么样的人要接受矫正,风险原则认为人的风险水平与其再犯罪可能性成正比,矫正的力度要与风险水平相关。需求原则认为社区矫正对象以犯罪的方式来满足的某种需求,即犯因性需求。反应性原则是指根据社区矫正对象的犯因性需求和实际情况制订具有针对性与个性化的矫正方案与矫正项目,解决社区矫正对象的犯因性需求,使其顺利地回归社会。循证矫正作为一种新的矫正方法,对传统的社区矫正进行了全面的总结与反思,在实证主义的指导下开展矫正活动,是对传统矫正思维的全新变革,实现了矫正思维的科学化。循证矫正强调由传统的"经验矫正"转变为"技术矫正",更强调在精准评估的前提下注重社区矫正对象的差异性与独特性,实现有针对性的矫正。此外,循证矫正在实践的过程中更注重通过信息共享、协同合作等机制来避免不科学矫正措施的过度使用和科学矫正措施使用不足的局面,充分体现了循证矫正思维的科学性。运用循证社区矫正有利于形成社会协同、公众参与的社区矫正局面,符合我国社会治理体制建设的要求。循证矫正强调科学和有效的矫正有利于提升社区矫正的科学性与专业性,最终提升社区矫正的治理能力与治理水平,实现社会治理的科学化与现代化[2]。

危险原则主要强调社区矫正对象的犯罪行为可以预测,根据矫正对象再犯罪可能性的大小可以将其危险程度分为不同级别。而社区矫正对象的危险程度可由危险量表,或其他评估模型进行(目前已经有第1~5代评估模型)确定,对危险程度不同的社区矫正对象所采取的矫治对策也要相应发生变化,干预措施要与社区矫正对象的危险级别相对应[3][4]。

需要原则将社区矫正对象的需要分为犯因性需要和非犯因性需要。犯因性需要是影响犯罪的动态因素,当环境改变时重新犯罪率也会相应改变,主要涉及有问题的环境或矫治需要。如果将危险原则理解为确定需要矫正的对象,那么需要原则可以理解为确定需要矫正的内容,也就是社区矫正对象需要被干预的目标。犯

---

〔1〕 Andrews D. A., Bonta J. *The Psychology of Criminal Conduct*. New Providence: An - derson Publishing, 2010: 69 - 70.

〔2〕 玄计华、吕云青:《GLM矫正模型能否取代RNR矫正模型》,载《中国监狱学刊》2020年第1期。

〔3〕 狄小华:《全要素且可解释智能化再犯风险评估指标体系的理论架构》,载《安徽大学学报(哲学社会科学版)》2020年第5期。

〔4〕 姜斌祥:《基于遗传神经网络的社区服刑人员危险性评估算法研究》,载《第四届海峡两岸暨香港澳门地区社区矫正论坛论文集》,2017年,湘潭大学。

因性需要与重新犯罪关系密切,相比非犯因性需要更应该被关注,是矫正方案干预的重点和关键。干预的目的就是要降低危险程度,从而降低社区矫正对象的重新犯罪率。根据需要原则,因非犯因性需要导致犯罪的可能性较低,因而没有必要对其进行干预。安德鲁斯和邦塔总结出八项影响犯罪危险和矫正需要的因素,也就是说,这八个因素既与犯罪危险相关,也与社区矫正对象的矫正需要相关。八项相关因素分别是[1]:反社会态度、反社会组织、反社会人格和情绪、反社会行为史、婚姻家庭、社会工作、休闲娱乐、物质滥用,其中前四项因素相对后四项因素更为重要,故前四项被称为“主要四因素”,而后四项被称为“温和四因素”。违背需要原则的矫正,则会导致眉毛胡子一把抓,不能有效地进行矫正。经过观察大量现实现象,侥幸心理也是很特别的一个犯因性因素,因此本文在安德鲁斯和邦塔的八项犯因性因素基础上增加了第九项因素:侥幸心态。我们通过对犯因性因素的上述九个方面分析,可以明确罪犯的犯因性需求,从而将循证矫正服务集中于其最重要的犯因需求,制订循证矫正方案,更有效地提高矫正质量。具体包括[2]:

(1)反社会行为。是指“个人与社会道德和法律规范相抵触并可能导致犯罪的行为”。反社会行为包括以下行为:不和谐的言语、非言语行为;暴力行为;欺骗行为;盗窃、赌博习惯;好逸恶劳、无组织和无纪律行为;粗心大意习惯;盲目听从的习惯;夜不归宿习惯。(2)反社会个性。是指“缺乏道德观念和罪恶感、自我控制能力较差、情感不成熟以及以自我为中心的不良个性”。具有这类个性的人行为容易冲动,并且不负责任。它包括以下方面:道德意识错误;认知错误;反社会态度;反社会思维模式。(3)犯罪观念。错误的人生观;错误的社会观;错误的价值观;错误的法治观;错误的权力观。(4)犯罪同伙。犯罪同伙是指“参与共同故意犯罪的同犯”。(5)家庭功能不全。是指“家庭在结构、氛围、经济状况、道德状况等方面存在缺陷,功能不健全”。家庭功能不全的犯因性作用体现在以下方面:家庭氛围不和谐;家庭道德状况不佳;家庭结构不完整;家庭的经济状况差。(6)教育与工作。不良的教育;不良的工作环境。(7)休闲与娱乐。休闲与娱乐方式不当,便有可能成为犯罪的因素:大众传媒的不当宣传;网络聊天工具的不良使用;休闲洗浴场所的不良使用。(8)物品滥用。物品滥用是指“人们滥用可能诱发、助长或促成犯罪心理与犯罪行为的犯因性物质”。犯因性物质主要包括“武器、酒精和毒品”:滥用武器;滥用酒精;滥用毒品。(9)侥幸心态。社区矫正对象由于种种原因存有侥幸心理,认

---

〔1〕 陈文峰:《循证矫正犯因性因素之分析》,载《犯罪与改造研究》2014 年第 10 期。

〔2〕 陈文峰:《循证矫正犯因性因素之分析》,载《犯罪与改造研究》2014 年第 10 期。

为自己可服刑是外界原因,自己“点背”才被判刑,所以会总结经验服刑后继续犯罪。具体:对服刑期短时不接受矫正;服刑期间总结教训,服刑后再继续;社会不接受自己,破罐子破摔,不接受矫正。上述九大因素之间还有一定的相关性,需做大量实证研究后再下结论。

响应原则要求矫正策略和矫正方法要与社区矫正对象的性格和能力相匹配,是回答如何去干预的问题。研究社区矫正对象的认知、性格、文化、历史等因素,有助于在矫治过程中更有效地干预社区矫正对象。矫正策略与矫正方法要与社区矫正对象的具体情况相对应,缺乏针对性的矫正方法取得的效果有限。违背响应原则,矫正方案就会缺乏针对性,不能有效解决犯因性问题。特别我们提出采用觉性科学模型ASM(Awareness Science),此方法我们引进陈履安发明的“知止而后有定,定而后能静,静而后能安,安而后能虑,虑而后能得”等觉醒科学,它是一门研究和开发人类觉性的新的综合学科,包括心智科学、医学、心理学、大脑学、量子物理学等学科,重点是研究帮助人开发潜能、慈悲、智慧的觉性方法。因为很多社区矫正对象心存侥幸,认为自己很快就可出矫,对于矫正不积极配合,甚至解矫后再犯罪,所以采取ASM帮助其觉性,从而降低再犯罪问题,可以将ASM与RNR结合使用。

2. GLM矫正模型

GLM矫正模型是由沃尔德(Ward)和斯图尔特(Stewart)在2003年提出,其充分发掘社区矫正对象的兴趣、能力和愿望,并由此设计一系列矫正方案,帮助社区矫正对象提高能力素质,充分运用各种社会资源,从而实现有意义的目标。GLM模型基于三项假设:一般假设、病因学假设、实践启发[1]。

一般假设:犯罪是获得幸福失败的结果,而干预的目的是帮助社区矫正对象追求幸福。沃尔德及其同事在2004年提出11类生活幸福的因素:生活健康;知识丰富;道德高尚;技术娴熟;自我管理;内心平静;人际和谐;资源丰富;精神充实;幸福快乐;创造力发挥。该理论假设人会从某种程度上追求上述幸福,当然每个人对于幸福的侧重会有不同。有人可能追求道德高尚,认为拥有好的道德才幸福;有人可能追求人际和谐,认为拥有好人缘才是幸福;有人可能追求创造力发挥,认为能展示聪明才智才幸福;不同人会有不同的幸福观,人生追求也会各不相同。当对社区矫正对象进行干预时,其内心对幸福追求也会改变。该理论假设,每一项达成幸福的因素都与一项或几项犯因性问题相关。例如有些人盗窃,是因为生活不能得到保障;有些人

[1] 玄计华、吕云青:《GLM矫正模型能否取代RNR矫正模型》,载《中国监狱学刊》2020年第1期。

吸毒,是因为内心不能平静;有些人犯罪,是因为要展示自己的聪明才智等。

病因学假设:正是因为在追求幸福的过程中遇到困难,以至于社区矫正对象最终走向犯罪的道路。人们有两种途径来达到自己的目的:一种是直接满足自己的幸福要求。而当自身能力不足时,则会借助犯罪手段来达成,例如,性犯罪者没有正当途径满足欲望,就会选择借助犯罪手段达成;另一种是间接途径,当有多个追逐目标时,会产生波纹效应或层叠效应,以致产生意外或走向犯罪,例如,当性亲密与自主权产生矛盾,最终导致二人关系破裂,以致行为人陷入孤单和痛苦之中。为了减轻痛苦,行为人会用酒精甚至毒品来麻醉自己,导致行为失控陷入犯罪。在GLM模型中,犯因性需要被转变为内在或外在的障碍,这些障碍拦阻个人实现幸福。在社区矫正对象追求幸福的过程中,常常会遇到四类困难:第一,使用不恰当的方法来追求幸福;第二,一些幸福在他们的计划中被遗漏;第三,在追求幸福的过程中产生困难,以致产生严重的心理压力;第四,缺乏内在或外在的能力去实现自己的计划。社区矫正对象之所以选择犯罪,是因为在追求幸福的过程中受挫,最终选择借助犯罪手段来达成幸福。换句话说,只要社区矫正对象有能力或借助合法途径达成幸福,就会不再选择犯罪手段。

实践启发:矫正干预就是帮助社区矫正对象通过恰当的途径来追求幸福,以增强社区矫正对象的内心快乐感。在实施GLM之前,需要绘制出社区矫正对象的基本幸福需求图,以及其在犯罪时每项幸福因素的权重,具体有一般按照下列五个步骤进行:(1)确定社区矫正对象犯罪之时以及过去的社会、心理、身体状况以及危险等级;(2)确定与犯罪行为相关的直接或间接的幸福因素;(3)确定关键行为特征以及相关的幸福因素,以完善社区矫正对象的人生规划;(4)确定能帮助他们达成幸福的各种社会、心理、物质资源;(5)制订详细而全面的执行计划。而利用GLM模型进行矫正干预就是充分利用好各种社会、心理、物质资源,帮助社区矫正对象达成幸福,从根本上使社区矫正对象不再犯罪。

总之,GLM模型有利于帮助社区矫正对象建立积极的矫正关系,从长期来看有利于改善社区矫正对象再次犯罪的状况。GLM矫正模型更多考虑的是非犯因性需要,使社区矫正对象更好地融入社会,可以成为RNR矫正模型的有益补充,即可在矫正期间使用,也可在解矫后使用。

(二)智能循证社区矫正大数据服务体系的建构

1.智能循证社区矫正体系建构

循证矫正的原则公认的有八项:(1)精准评估风险与需求原则。其核心要求为风险筛查、分流和需要评估。(2)强化内在改正动机原则。矫正工作者要以敏锐和富有建设性的人际方式与罪犯交往。(3)目标干预原则。具体可细分为风险原则、犯因性需求原则、因人施教原则、干预度和处遇原则。(4)运用认知行为疗法提供技能培训原则。矫正工作者应当了解反向思维能力、社会习得能力和适当的沟通技巧。(5)增强正面强化原则。当一个负面强化有四个正面强化应对时,这样的比例才是促进行为改变的最佳比例。(6)在自然社区中施与不断支持原则。社区巩固法对改变许多行为有效,如失业、酗酒、吸毒、婚姻冲突等,高危人群家人、配偶以及直接生活环境支持者[1]。(7)评估相关过程与业务原则。准确详细案件信息以及有效的结果评估机制,如罪犯认知变化,技能发展变化,重犯风险。(8)反馈评估情况原则。评估结果必须用于监控矫正进程和变化,将评估的矫正结果反馈给囚犯。这八项原则相互依赖,形成高效、一体化的循证矫正模式。

智能循证社区矫正中,社区矫正对象个案矫治方案的设计是一个科学分析、理性思考并实施项目的一系列行动规划,也是一个分阶段、分步骤、有条理的过程,其内容主要包括:

首先,是专业关系的建立与犯因性因素和非犯因性因素的分析。社区矫正工作者与社区矫正对象之间建立一种认同关系,在双方互动过程中形成的以相互认同、相互信任为基础的助人关系。建立这类专业关系是个案矫治工作实施程序的第一步,当然是在双方的联系以共情、尊重、关怀、积极关注为纽带时方为建立。在专业关系的建立过程中,社区矫正工作者适当运用感同身受、制造氛围和积极主动等技巧,以便更好地维护双方的信任。在专业关系建立之后,社区矫正工作者便可采用阅档、观察、面谈、问卷、量表、调查走访等方式,全面客观地收集社区矫正对象的成长经历、生理状况、性格特征、犯罪历史、心理健康、家庭情况、社会交往等各种信息,继而从中分析出关键的犯因性问题[2]。

其次,是循证证据的筛选与矫治目标的制定,以及为了达成目标而运用多种技术以实施矫治策略。社区矫正工作者针对社区矫正对象具体的犯因性问题对已有的证据进行筛选、甄别和归纳,制定出从矫正问题诊断、干预到矫治目标以及评估的指南、标准或手册。在制定社区矫正对象个案矫治目标时,既要制定整体的目标,还要根据每一阶段的具体任务订立阶段性目标。社区矫正的目的是帮助社区矫正

---

[1] 金莹莹:《犯因性差异:犯罪的渊薮及其矫正》,载《检察日报》2020年2月5日,第3版。
[2] 狄小华:《全要素且可解释智能化再犯风险评估指标体系的理论架构》,载《安徽大学学报(哲学社会科学版)》2020年第5期。

对象顺利回归社会，因此社区矫正工作者在制定个案矫治目标时应该在与社区矫正对象充分互动、协商一致、达到共识的基础上进行。如果双方目标不一致，应讨论协商，直至达成共识。若社区矫正对象的认知水平难以达到预期的目标，社区矫正工作者要尊重社区矫正对象的选择，只要双方都认为某个目标既重要且能够接受，则不妨先从这个目标开始。矫治策略的实施需要运用教育矫治、心理矫治等多种技术。技术、方法是达成目标的手段，策略是达到目标的中介。采取什么样的技术、方法、策略，应征得社区矫正对象的同意，尽量避免欲速则不达、事倍功半的状况。而有效的个案矫治方案主要包括方案编号、社区矫正工作者的基本情况、社区矫正对象的基本情况与犯因性问题、预期矫治目标、矫治周期时间、矫治服务与行动、矫正协议、结案时间、效果评估、跟进与反思等十项构成要素，其中循证矫正的心理矫治技术一般采取行为疗法、认知疗法、来访者中心疗法和精神分析疗法〔1〕，本文认为还可考虑采取觉性科学方法等。

最后，是评价矫治效果以修正原有方案等。社区矫正对象个案矫治效果评价一般包括：矫治实施过程中的阶段性效果评价、矫治周期结束后的综合效果评价。通过相关效果评估，社区矫正工作者可以发现矫治方案中矫治目标、矫治内容、具体方法、时间安排等存在的缺陷、疏漏和失误或者社区矫正对象产生了新的需要矫治的问题，接着可以对原有矫治方案进行调整、修改和更正。

智能循证社区矫正，包括解决社区矫正对象解矫前的审前评估、入教、监督管理、心理矫正、教育帮扶、出矫等全过程的核心现代化建设。建构多维模型：包括（1）主体。矫正管理者、理论研究者、体系研发者、矫正实践者（社区矫正工作人员、社会力量）、被矫正者（社区矫正对象）。（2）客体。社区矫正对象个案犯因和非犯因、个案最佳证据、个案矫正方案、进程评估、更新证据库。（3）其他。犯因证据库、非犯因证据库，采用 RNR + GLM 两类模型解决犯因性因素和非犯因性因素的社区矫正，全因素智能化可解释的矫正评估是核心之核心。

智能循证社区矫正体系结构参见图2。

〔1〕 王彩霞：《循证矫正的心理学视角》，载《法制博览（社科纵横）》2017 年第 11 期（中）。

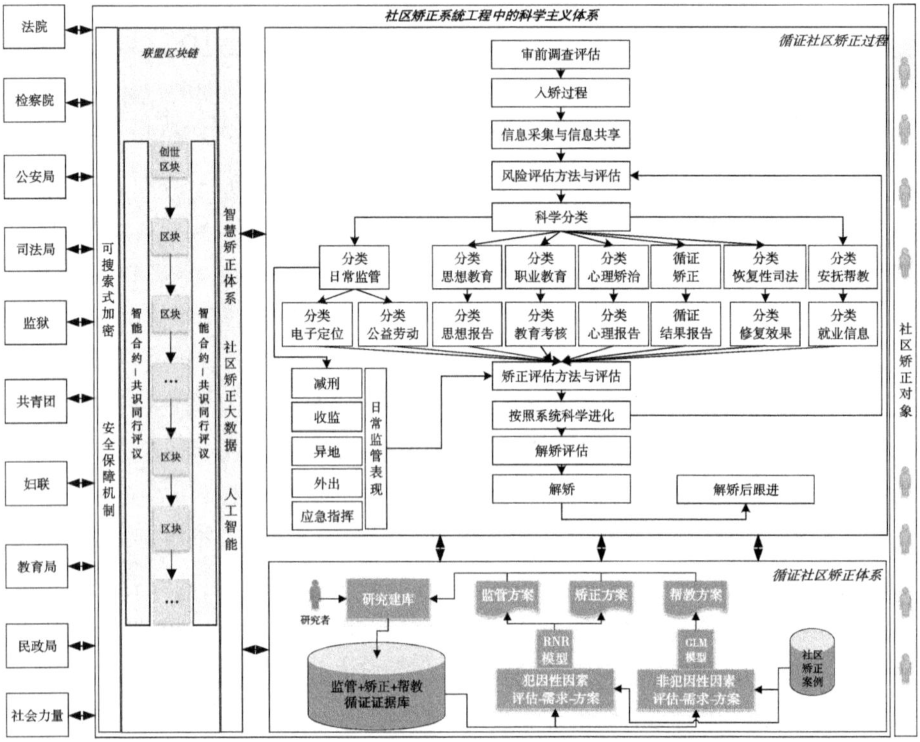

图2　智能循证社区矫正体系结构图

2. 智能循证安置帮扶体系建构

智能循证安置帮扶主要解决社区矫正对象的安置帮扶、危险性评估等全过程的核心现代化建设,全因素智能化可解释的矫正评估是核心之核心,采用GLM模型建构,其中GLM模型见前文所述。智能循证安置帮扶体系架构参见图3。

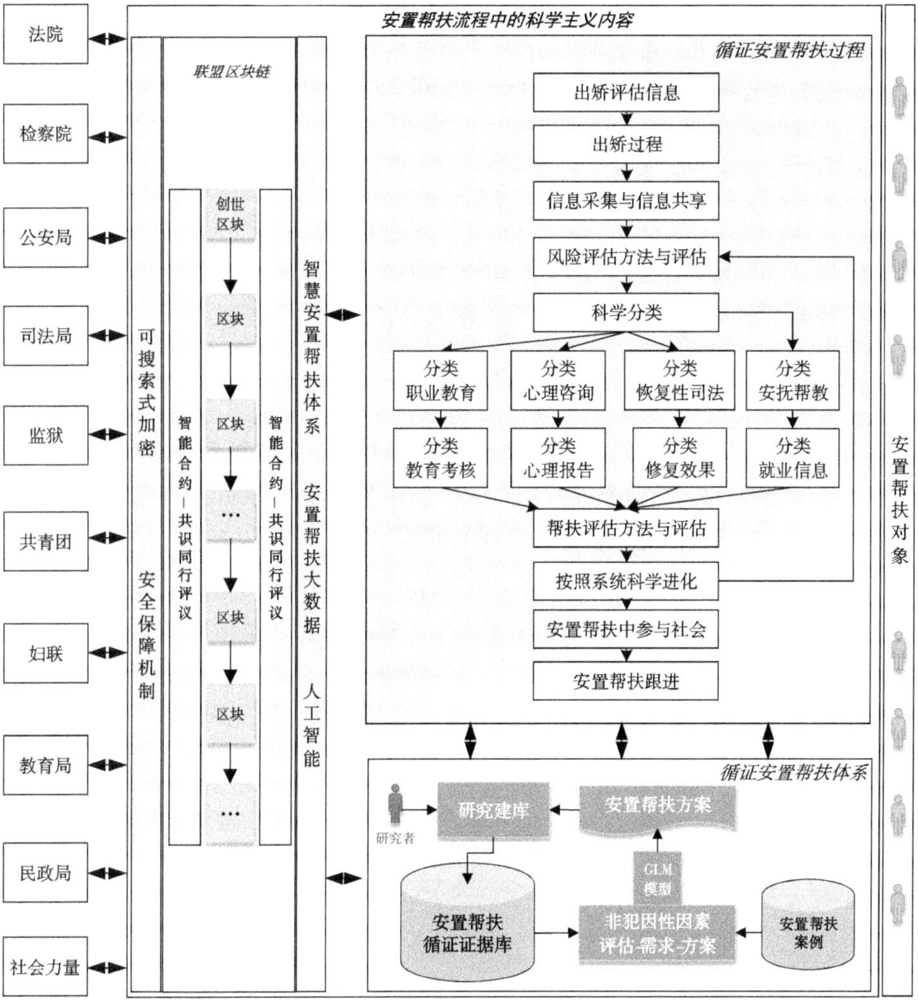

图3　智能循证安置帮扶体系结构图

（三）实施建议

1.组成联合研究实验基地

由职业研究人员组成智能循证社区矫正和循证安置帮扶的理论研究团队，并领导研发人员构建和开发智能循证社区矫正与智能循证安置帮扶的服务体系平台，并由研究人员组成证据科学家团队，负责搜集和调查资料，归纳经验，研究证据库。研究证据库针对各社区矫正和安置帮扶机构的实务的使用方式和流程，并负责不断发布证据以及向广大实务部门人员以及社会力量进行培训。

2. 构建平台

研发团队在研究理论基础上,架构体系平台,开发软件,做好服务接口规则,开源接口服务于实务部门和社会力量以及实践者和社区矫正对象、安置帮扶对象等。

3. 研究证据库

组织专业理论研究人员和研发人员进行证据库的归纳整理和构建。

4. 实践者培训与协同

组织培训与实验,培养大批专业循证社区矫正工作人员和循证安置帮扶工作人员。这类工作人员可以是社区矫正工作人员,也可以是社会力量。

六、结论

本文剖析了《社区矫正法》和《实施办法》的科学主义知识点,并找出了立法后工程的现代化核心内容;研究分析了立法后工程现代化建设的困难;提出了立法后工程现代化的建设核心是在智慧矫正框架下的智能循证社区矫正和智能循证安置帮扶体系建设;在循证社区矫正传统八项犯因性因素基础上提出了第九项犯因性因素——侥幸心态,同时提出了采取循证社区矫正的心理矫治新方法——觉性科学方法;并研究出了以智能循证社区矫正和智能循证安置帮扶为核心的大数据人工智能服务体系的建设方案,供理论和实务研究使用和参考。

社区矫正中文化的教化和规制

连春亮*

摘　要:文化具有多元功能,是社区矫正中最为活跃的要素。社区矫正工作中,多元参与主体的文化认同和文化共识,激活了文化对社区矫正对象价值观念的文化引领功能、意识形态的文化导向功能、思想教育的文化整合功能和道德规范的教化功能等。反之,社区矫正不仅丰富了文化发展的内容,而且在社区矫正对象社会责任和政治品格的培育、法治精神和行为自觉的养成等方面,为社区矫正目标的实现提供了文化功能发挥的平台。

关键词:社区矫正;文化;教化;规制

在世界范围内,法学家、心理学家、哲学家、社会学家、人类学家、历史学家和语言学家等,从不同的侧面,在不同语境下,对文化作出了不同的定义,并解读了它的内涵。更有美国著名人类学家克罗伯和克鲁克洪在其合著的《文化,关于概念和定义的检讨》一书中,仅对西方的文化定义现象就归纳总结出了164种文化定义。但是,无论中外,迄今为止没有一个精确的定义获得学界的公认。所以,"文化"就像"百变金刚",在整个人类社会的活动中,"来无影,行无踪"地存在于各种社会活动的形态中,可以说,文化是无处不在,是社会活动中最为活跃的因素。

一、社区矫正中的文化基因

文化存在于一切事物之中,而一切事物又无一不是物化的文化现象。社区矫正作为一种社会治理活动,也必然蕴含着特有的文化基因。

---

* 连春亮,河南司法警官职业学院教授。

文化与社区矫正之间的关系,是基于社区、社会、文化、社会文化、社区文化、社区矫正等元概念而产生的。一是社会与文化是融为一体的。社会创造了文化,所以,文化是社会的文化,也是社会构成的基本要素,社会通过文化而体现自身的社会品格。反之,文化是共享共有的,自身具有传承性,通过后天习得而具有教化功能,文化以它独有的特质影响和改变着社会,推动社会的发展和进步。二是社区是社会的基本构成单位,社区文化是社会文化的有机组成部分。三是社区是社区矫正的物质基础,是社区矫正的基本依托和载体,社区矫正是基于社区开展的对矫正对象的监督管理、矫正教育、社会帮扶等活动。四是社区矫正是社会治理的基本形态,因此,文化和社区文化就成为社会治理中社区矫正的治理手段、工具和目标,寓于社会治理活动的各个层面,也必然融入社区矫正中。所以说,文化的社会性和社区矫正的社会治理性,决定了文化与社区矫正是相伴而生的统一体,二者之于社会的样态必然是既有独立的特性,又相互融合。社区矫正离不开社区文化,乃至社会文化的滋养;而社区文化,乃至社会文化必然是社区矫正的内在品质和灵魂所在。

(一)文化寓于社区矫正行为中

社区矫正在自身属性上是社会行为,是由社会中的专门机构、社会组织、企事业单位、社会成员等共同组成的群体,以维护社会安全和秩序为价值导向,整合各种社会资源,运用包括社会文化在内的诸多社会手段,对社区矫正对象进行主动的教育改造行为。其中,矫正文化的规制性是社区矫正参与主体多元化的基础;社区矫正理念认同的人文化是社会文明进步的体现;法律文化是社区矫正制度法治化和社区矫正机制科学化的支撑;社会的民主文化则是社区矫正决策中协商合作的保障。因此,文化与社区矫正之间存在着相互渗透、相互补充、相互影响的关系。正如有的学者所言:"文化从根本上不是与政治、经济等相并列的领域或附属现象,而是人的一切活动领域和社会存在领域内在的、机理性的东西,是从深层制约和影响每一个个体和各种社会活动的生存方式。"[1]英国人类学家费思认为,"文化就是社会,社会是什么,文化就是什么"。"文化是社会的文化,文化伴随着社会的产生而产生,随着社会的发展而发展。文化根源于人们现实的生活实践,任何文化都是人们对现实的物质生产过程、社会关系的反映。社会是人的社会,文化是人的文化"。[2] 由此可以作出推论:(1)文化是社会形成和发展的动因,一切社会行为,无

〔1〕 衣俊卿:《文化哲学——理论理性和实践理性交汇处的文化批判》,云南人民出版社2005年版,第66页。

〔2〕 谢新松:《文化的社会治理功能研究》,云南大学2013年博士学位论文,第65页。

不包含文化的动因，文化是组成社会生活领域的基本要素，同时，文化又是社会经济、政治行为的反映，反作用于现实社会的政治和经济。(2)一切社会行为，无不彰显着文化精神和特定的文化内涵。社会制度中，政治、经济、法律等，都是人类精神领域的产物，都是人类经验和智慧的成果，无不贯穿着特定的文化品性。(3)社区矫正是社会对犯罪的治理行为，因此，社区矫正也同样包含着文化的动因、文化的精神和特定的文化内涵。

在社区矫正这一社会行为中，没有正确的现代人文文化价值观对社区矫正的引领，社区矫正活动就失去了价值目标；没有现代法治的人权保障理论和思想，社区矫正对象的尊严和人之所以为人的价值就不可能得以体现；没有现代民主政治协商文化的保障，社区矫正活动就不会具有多元主体参与和民主协商决策的格局。所以，文化是对社区矫正一切行为的统领与整合。从这个意义上说，文化与社区矫正是共生共长的统一体。

(二)社区矫正的根基在于文化共识和社区认同

文化共识是社区矫正成长和发展的内在动力，社区认同使社区矫正有了生存的空间和依托的资源。

第一，在我国，文化介入社区矫正是一个过程，经历了文化冲突到文化融合，再到文化认同，并形成文化共识的过程。对于我国的社区矫正工作而言，“社区矫正”是一个“舶来品”，在21世纪初才走进社会公众的视野。2003年最高人民法院、最高人民检察院、公安部、司法部联合发布了《关于开展社区矫正试点工作的通知》，社区矫正才作为官方认可的一个名词被固定下来。这时，社会公众对社区矫正的社会认知度非常低，甚至有相当多的社会成员根本不知道社区矫正为何物。这是因为，在我国社会文化的框架中，每一个社区都有表现在文化规范、文化道德和文化伦理等方面相对独立的社区文化，不仅存在着居住环境、风俗习惯、人际交往、人际感情、社会资源分配等方面特殊的文化精神纽带，而且还存在着“表现在共同文化上的共同心理素质”。[1] 对于社区成员而言，每一个社区都拥有相对稳定的文化规范体系，在文化的历史传承、信仰体系、语言形态、文化认同、行为模式、心理归属等方面具有共性特征，相互之间形成了“社区文化共同体”。这样，外来的社区矫正的监督管理文化、矫正文化、教育文化、帮扶文化、救助文化、人文关怀文化等，就和我国本土的社区文化产生了冲突，即“文化冲突”：“是两个或两个以上的文化群体

〔1〕 斯大林：《马克思主义民族问题》，载《斯大林全集》(第2卷)，人民出版社1953年版，第294页。

由于文化模式中存在较大差异,产生了文化认同上的障碍,继而导致文化间的交锋、紧张与对抗。"[1]一方面是两种文化在价值理念上的冲突。现代社会条件下,社区文化呈现出多样性,社区成员的思想也越来越多元化,价值追求各不相同。我国是个重刑主义国家,形成思维定式的传统观点认为,罪犯犯罪行为对社会和他人造成了危害,理应关进监狱接受惩罚,对罪犯的行刑和管理教育是政府的专有权力,是社区成员不应介入的领域。社区矫正的社区主导理念冲击了传统的刑罚观念。另一方面是两种文化表现出来的监督管理、矫正教育、教育帮扶等外在形式上的文化冲突。社区矫正要组织社区成员参与到社区矫正对象的矫正教育活动中,并施之以人文化关怀,与社区成员传统的对犯罪者的敌意、仇视和社会排斥观念产生冲突,难以在心理上产生认同,甚至对社区矫正和矫正对象产生抵触心理。

随着社区矫正试点工作的推进,关于社区矫正的宣传越来越普及化,特别是在试点地区的社区成员,通过参与社区矫正工作,逐步接受了社区矫正基本价值理念,并把这种价值理念应用于社区矫正实践,在心理上逐步接纳了社区矫正工作和社区矫正对象,成为社区矫正文化的第一批践行者和创造者,产生了社区矫正"文化同化"现象,即"两种文化在接触过程中各自改变自身,导入对方文化要素与本文化相适应要素发生融合、借用、替代等的过程"。[2] 2012年以后,随着社区矫正工作在全国的全面推行,社区矫正已为社会公众所认同,在政府的强力推导之下,各个社区不仅参与到社区矫正工作中,而且还组建了相对稳定的社区矫正队伍,同时不断探索社区矫正的新模式、新举措、新项目,出现了外来社区矫正文化和本土社区文化的"文化整合"现象,即"从目的看,指有关的社会机构和人员通过社会政策和文化沟通使某一文化内不同的亚文化及其不同的价值思维方式和行为模式等求同存异,整合为统一的整体;从结果看,指上述不同的文化成分达到一体化或整体化的状态"。[3] 在社区矫正的文化选择上,无论是国外主流社区矫正文化,还是我国传统的优秀教育文化,通过多种表达方式融入社区矫正对象的监督管理和矫正教育中,从外而内地影响每一个社区矫正对象,促使社区矫正对象在大多数社会成员的文化同化中,遵循和接受占主流地位的核心观念,潜移默化地形成共同的价值目标和价值尺度,进而外化为每个社区矫正对象的行为准则。这样,在对于社区矫正的认知上,社区矫正机构和社区之间、社区成员之间、社区成员和社区矫正对象

〔1〕 陈华文:《文化学概论新编》,首都经济贸易大学出版社2009年版,第255页。
〔2〕 朱智贤:《心理学大词典》,北京师范大学出版社1989年版,第571页。
〔3〕 朱智贤:《心理学大词典》,北京师范大学出版社1989年版,第712页。

之间，在矫正教育理念、价值取向、参与意识、逻辑预设、模式选择、目标实现等方面形成了文化认同和文化共识。这种文化相关以及最终形成的文化共识正是社区矫正工作所需要的文化支撑。

第二，社区认同激活了社区矫正的文化滋养。社区认同是社会认同的一种表现形式。社会认同是施伦科（B. R. Schlenker）提出的“在社会相互作用中定义人们和看待人们的方式”，“是对自己或他人认同的知觉”，“可分为定位认同和混合认同。前者是与特定的他人进行特定的相互作用的特殊认同，后者则是包含着与不同的人们产生广泛的社会相互作用的普遍认同”。[1] 目前，我国的社区矫正工作不仅得到了全社会的认同和支持，而且社区成员对社区矫正对象的基本观念也发生了根本性的变化，社区矫正对象首先是人，是生活在我们身边的公民，是我们教育帮扶的对象，这成为普遍的“社区认同”。因此，在社区矫正的运行上，社区成员参与到社区矫正中成为一种文化自觉，运用社区矫正的主流文化，帮助社区矫正对象构筑和社区成员同向的价值取向、价值追求、价值尺度和价值准则，不断外化并凝结为社区矫正的价值目标。因此，对社区矫正的文化共识和社区成员的文化认同，形成了社区文化的核心价值，统领着社区矫正活动，对社区矫正对象的行为进行约束和规范，这不仅成为社区矫正的遵循和依据，而且也体现了社区矫正的基本内涵和要求。

二、社区矫正功能发挥的文化教化

辩证唯物主义认为，经济基础决定上层建筑。文化属于上层建筑的范畴，受制于经济基础的发展状况，从我国的社区矫正文化的发展看，文化介入社区矫正领域，从最初零散的文化思想发展到完整的文化体系，与我国改革开放以来的经济发展密不可分。反之，传统的优秀文化、国外社区矫正文化、中外法律文化、行刑文化、矫正教育文化等都成为社区矫正实践活动发展的动力。因此，社区矫正功能的发挥，离不开文化的教化。正如费孝通先生所言：“文化是人为的，也是为人的。”[2] 文化为社区矫正提供了思想指引。

（一）价值观念的文化引领功能

改革开放四十多年以来，由于中西方文化的交流与冲突、交融与排斥、借鉴与扬弃，使社区矫正对象在价值观上出现了“多元化”“杂乱化”“碎片化”的现象，在

---

〔1〕 朱智贤：《心理学大词典》，北京师范大学出版社1989年版，第712页。

〔2〕 费孝通：《反思·对话·文化自觉》，载《北京大学学报（哲学社会科学版）》1997年第3期。

价值取向上存在着明显的追求个人利益和个体价值的倾向,因此,从思想认知和价值认同上,对社区矫正对象进行价值引领,使其树立科学的世界观和人生观,增强矫正对象的政治认同,最大限度地统合个人和社会共同发展的价值观念,提升对社会主义核心价值观的社会认知,抑制或转化社区矫正对象的错误价值观,以达到教育转化社区矫正对象的目的。

(二)意识形态的文化导向功能

在社区矫正中,意识形态功能是根本功能,意识形态的政治文化引导是核心。从政治学的角度讲,社区矫正是对社会特定对象实施管理的政治行为,对社区矫正对象的持续矫正教育行为是意识形态的政治教化过程。有学者指出,“文化与政治同属上层建筑,文化是一定政治的反映,又巨大影响和作用于一定的政治,一方面政治的构建要以文化为思想基础,另一方面一定的政治又对文化具有根本性的指导作用”。[1] 意识形态功能主要表现为对维护政治统治、社会安全和秩序、推动人的政治社会化等方面的政治认知、政治认同、政治情感、政治立场、政治方向和政治信念。我们按照社会主义核心价值观的政治要求和“国家本位”的政治标准,在矫正教育社区矫正对象时,就是在分析研究社区矫正对象犯因性问题的基础上,运用说服诱导的方法,使社区矫正对象对国家的法律法规,对党的方针、政策和路线,形成一致的政治认知,支持和弘扬正确的政治观点,反对和批评错误的政治观点,培育社区矫正对象的政治情感,引导社区矫正对象的政治立场回归到正确的轨道上来。使矫正对象的政治意识内化为思想观念,外显为行为规范。其目的是达成政治认同和正确的政治立场,树立坚定的政治信念,实现社区矫正的政治目标。其中,政治认知是最为基础的,也是社区矫正工作对矫正对象最低层次的政治要求;政治认同是矫正对象对政治制度的价值同化和内化;政治情感是社区矫正对象对我国政治制度在政治认同上的进一步升华;政治信念是规范、引导社区矫正对象的内在力量。只有这样,社区矫正对象才能对社区矫正产生政治认同,保持科学而理性的政治辨别能力,改造自我、回归社会,使社区矫正对象成为政治上合格的“社会人”,成为推动社会发展的政治活力和政治力量。

(三)思想教育的文化整合功能

随着我国社会经济的发展,我国社会也由传统的社会形态转化为现代社会形态,进入了新时代中国特色社会主义时期,社会主要矛盾发生了根本性的变化,由

[1] 韩美群:《和谐文化论》,武汉大学2008年博士学位论文,第17页。

此也带来了社会文化传播的多元化，各种各样的意识、观点、观念、理论、思想、主义，甚至是物化的精神成果等对人们的思想意识产生着影响作用。因此，在社区矫正中，思想教育是根本。从哲学层面看，思想教育就是解决社区矫正对象的世界观和方法论的问题。从社会认知的客观性上进行区分，社区矫正对象的思想意识可以分为正确与错误、科学与愚昧、先进与落后、现代与传统等。多元的思想文化导致社区矫正对象在选择吸收时产生迷茫，甚至产生错误的价值观念，有相当一部分社区矫正对象正是由于思想和行为的偏差，才走上了犯罪道路。

在社区矫正的工作任务中，转化和改造社区矫正对象的思想是其重点工作。正确的、科学的、先进的思想会对社区矫正工作产生巨大的能动作用，传统的、现代的思想文化中优秀的思想文化同样是社区矫正工作所需要的精神食粮，反之，错误的、愚昧的、落后的思想观念，则是社区矫正工作所要转化、改造的客体。要求我们用一定的思想文化知识对社区矫正对象进行有目的、有组织的宣传教育，对社区矫正对象的错误思想观念进行整合归类，运用矫正教育的方式和手段，进行批判、否定和摒弃，整合价值冲突，培育价值观念，达成思想认同和文化共识，然后引导社区矫正对象形成适应现代社会需要的新的思想观念，统一在社会主流文化观念之下，提高社区矫正对象认知水平和思想素质，提高社会适应技能，共同促进社会的发展。其中，核心的问题是形成新的和现代社会要求协调一致的科学的世界观和方法论。

（四）道德规范的教化功能

对社区矫正对象的矫正教育主要是通过两种途径而实现的：一是发挥以法律法规为主导的制度文化规范对社区矫正对象的强制规范作用。这是对社区矫正对象由外而内的行为矫正和规训过程，是以强制约束力为表征的。二是发挥以道德伦理规范为主导的对社区矫正对象的柔性约束作用。这是对社区矫正对象由内而外的教化引导，是以社区矫正对象内心自觉遵守和主动作为为表征的。道德教化是文化功能潜在的软实力的表现。

社区矫正中，道德教化是矫正教育的基础。“思想政治教育的一个重要任务就是培养人们具有高尚的道德情操，它内在地要求人们坚持不懈地进行道德教育”。[1] 道德教化是要发挥道德伦理规范对社区矫正对象的劝善化育作用，不断提升社区矫正对象的道德认知、道德情操和道德人格，强化社区矫正对象对社会主义

〔1〕 陈万柏、张耀灿：《思想政治教育学原理》（第2版），高等教育出版社2007年版，第196页。

道德规范的认同,塑造健全的适合现代社会要求的道德品格,激发社区矫正对象的社会责任感和奉献精神。

三、社区矫正目标实现的文化规制

社区矫正的目标可以分为三个层次:以报应为表征的实现刑罚惩罚性目标;以预防为价值的改变社区矫正对象的心理与行为,回归社会成为守法公民的目标;以恢复性司法为指引,追求被犯罪破坏的社会关系恢复的目标。[1] 围绕社区矫正的目标,通过文化的象征符号、价值观念、规范体系和物质文明等要素,文化对社区矫正目标的实现具有自主的能动的作用,同时,社区矫正丰富了文化发展的内容。

(一)社区矫正为文化功能发挥提供平台

社区矫正追求的目标,决定了文化功能发挥的广度和深度;社区矫正目标的复合性,决定了实现目标的途径多元化;而文化功能的多元价值追求,契合了社区矫正目标的实现。"社会除了追求秩序、安全、繁荣之外,还要追求和谐、自由、幸福,这不仅需要经济、技术、法治等工具理性,也需要文化、价值所塑造的认同等价值理性,其根本意义不仅在于维系团结和秩序,更在于为人提供终极的价值和意义关怀。当一种文化不能提供这种价值和意义系统或者得不到人们的自觉认同,共同体便会陷入断裂和破碎"。[2] 因此,文化是社区矫正中最为活跃的因素,社区矫正为文化功能发挥提供了平台。

第一,借助文化的分析功能,为社区矫正实践提供了分析工具。一是通过文化分析功能的发挥,从理论层面挖掘社区矫正工作所面对的社会关系、社会政策、社会结构、社会阶层、社会制度、社会运行、社会变迁,以及社会管理中的逻辑关系、价值观念、理想信念、内部结构、民主协商、社会规范等内涵的文化资源、文化形态、文化品质,进一步促进社区矫正的文化动力。二是分析社区矫正和文化的内在联系、运行机理,整合文化资源对社区矫正的助推作用,可以探索更多的基于文化因素的社区矫正方式方法、措施途径、矫正项目等。

第二,应用文化的教化功能,培育社区矫正对象"社会人"的社会责任。社会化理论认为,人只有经过社会化才会成为社会的人,才能按照社会规范和社会规则,规范自己的社会行为。社区矫正对象是社会规则和社会规范的越轨者、破坏者,大

---

〔1〕 连春亮:《社区矫正学教程》,群众出版社2013年版,第102页。

〔2〕 魏波、孙颖:《在治理创新与文化发展的互动中培育社会认同》,载《中国特色社会主义研究》2012年第1期。

多存在着或多或少的社会化缺陷,或者社会化不健全,是需要再社会化的人。文化教化的基本功能就是对社区矫正对象的再社会化,使社区矫正对象重新掌握现代社会生活技能和社会经验,把握社会人际关系的交往规则,学会自觉遵守社会规则和社会规范,成为现代社会所要求的"社会人",承担起自己应承担的社会责任。

第三,应用文化的规训功能,培育社区矫正对象"政治人"的政治品格。在我国社会政治制度下,社区矫正行为是社会治理行为,同时,更是维护政治统治、维护社会安全和秩序的政治行为,必然要依照社会主义核心价值观的"国家本位"的标准,对社区矫正对象的意识形态进行教育改造,一是使社区矫正对象对国家、对社会,形成正确的世界观和方法论;二是"四项基本原则"教育,即坚持社会主义道路、坚持人民民主专政、坚持中国共产党的领导、坚持马克思列宁主义、毛泽东思想,形成政治认同和政治共识;三是形成政治思想上的"五个认同",即认同伟大祖国、认同中华民族、认同中华文化、认同党的领导、认同中国特色社会主义。四是思想观念上树立正确历史观、民族观、国家观、文化观、宗教观,减少对立和仇视,减少反社会情绪,使矫正对象具备符合社会主义要求的政治品格。

第四,应用文化的规制功能,塑造社区矫正对象"守法人"的法治精神。法律文化具有对社区矫正对象的规制功能。社区矫正中蕴含了法律文化中的矫正文化、刑法文化、刑罚文化等文化形态,通过对社区矫正对象的法律文化灌输、法律知识的学习、法律行为的规制,培育他们的法律意识,树立法律理念,尊崇法律精神,具有法律信仰,顺利回归社会,真正成为遵纪守法的社会公民。

第五,应用文化的规范功能,培养社区矫正对象"道德人"的行为自觉。文化具有完整的规范体系,具有规范人的内在心理意识和外在行为的作用。考察社区矫正对象违法犯罪的内在原因,都与自身的道德修养和道德品质有着内在的关系。文化的规范功能体现在:一是让社区矫正对象运用社会规范和社会规则,提升辨别对与错、善与恶、美与丑、真与假、是与非、好与坏的能力;二是让社区矫正对象把自己的行为规范和价值体系置于社会判断标准之中,陶冶情操,净化心灵,培育自己的正义感、审美感、羞耻感、是非感等一系列道德情感,重建自己的道德规范体系和理想信念体系,形成良好的道德品格和遵守道德规范的行为自觉。

第六,发挥文化的养成功能,培养社区矫正对象职业适应的基本素质。社区矫正对象的社会生存是基本需要,也是矫正教育的基本内容。对社区矫正对象的职业生涯规划和职业技能教育,就成为社区矫正的基本要求,这是因为:一是社区矫正对象的文化知识水平普遍较差,本身不具有在劳动力市场就业竞争的能力,需要用现代文化知识、职业技能对其进行教育,提高其回归社会后的就业需要和竞争能力。二是现代社会是快速发展的社会,需要社区矫正对象适应社会发展的需要,不断学习新的文化知识和职业技能,回归社会后能够融入社会生活中,不被时代淘汰。三是运用文化所凝结的人类智慧、知识和经验,挖掘社区矫正对象自身的潜能,提升自我发展的品质。

(二)社区矫正丰富了文化发展的内容

一方面,社区矫正是我国社会治理创新的新举措,是我国在刑事执行领域探索构建的一种新型刑事执行制度,特别是《社区矫正法》的颁布,以法律的形式将这一制度固定下来,使我国的刑事执行制度从结构和功能上都发生了重大变化。应该说,社区矫正作为刑事执行制度的新形态,为文化研究和文化创造提供了环境条件和动力机制,有利于推动文化研究的繁荣和发展,为法律文化研究、社区文化研究、矫正教育文化研究、社区民主文化研究等提供了新的研究视角。

另一方面,社区矫正制度的创立、发展和完善,丰富了多领域的文化内容。社区矫正工作具有综合性特征,涉及了法学、犯罪学、教育学、社会学、管理学、心理学、政治学等学科领域,在为这些学科领域增添新内容的同时,也为这些学科的文化研究注入了活力,特别是社区矫正文化,既属于法律文化的范畴,也属于社区文化的范畴,同时又具有政治文化和矫正教育文化的特质。所以说,社区矫正工作丰富了文化研究的内容,在所涉及的领域都呈现出新型的文化样态。

基本理论研究

社区矫正本质研究

王志亮　危攀攀　骆晓玲*

摘　要:关于社区矫正的本质,学术界有诸多观点,迄今未能明确达成一致,而且2020年7月1日开始实施的《社区矫正法》也未作出明确规定。因此,非常有必要就社区矫正的本质进行研究。实际上,社区矫正的本质就是在社区执行刑罚。

关键词:社区矫正;本质;在社区行刑

中共中央印发的《法治社会建设实施纲要(2020~2025年)》明确指出,"建设信仰法治、公平正义、保障权利、守法诚信、充满活力、和谐有序的社会主义法治社会,是增强人民群众获得感、幸福感、安全感的重要举措"。这无疑对社区矫正提出了更高的要求,但当下的社区矫正还存在诸多的短板和弱项,严重掣肘其服务法治社会建设的能力,追根溯源是由于社区矫正的法律属性未明确。正式颁布实施的《社区矫正法》未明确社区矫正的法律属性,虽为社区矫正向科学、完善的发展预留出了空间,但未为学术的争论画上休止符。因此,以严谨的态度、科学的方式深入研究社区矫正法律属性,仍是实务界与理论界的热点问题。就此,笔者本着"事越辩越清、理越辩越明"的态度,立足于实际工作,理论联系实际,比较学术界的诸多观点,就社区矫正的本质,谈谈自己的看法。

一、社区矫正定性观点论辩

关于社区矫正的本质,学术界提出了诸多代表性的观点,可归纳为以下七种观

* 王志亮,上海政法学院刑事司法系教授,法学博士;危攀攀,江西省抚州市金溪县司法局人民参与和促进法治股股长;骆晓玲,甘肃政法大学教师教学发展中心副主任,副教授。

点。这些观点,虽有一定合理性,但都未达精准落地的程度。

(一)社区矫正定性诸观点的诸说

1. 社区刑罚执行说

社区刑罚执行说[1]认为,社区矫正是一项刑罚执行活动,是对犯罪性质比较轻微或社会危害性较小的罪犯在社区中执行刑罚活动的总称。其理由主要有两点:社区矫正的本质是惩罚,惩罚与改造、教育、矫正并不相互对立和排斥。社区矫正是以国家强制力为保障的刑罚执行活动,是根据法院的生效判决、裁定或决定,依照法定程序,将确定的刑罚付诸实施的刑罚执行活动。[2] 就此,社区矫正符合刑罚的性质和特征,应被视为刑罚的范畴和类别,而惩罚是刑罚和刑罚执行的本质属性。

2. 非监禁刑罚执行说

非监禁刑罚执行说[3]认为,社区矫正是与监禁矫正相对的行刑方式,是指将符合条件的罪犯置于社区内,由专门的国家机关在相关社会团体和民间组织以及社会志愿者的协助下,在判决、裁定或决定确定的期限内,矫正其犯罪心理和行为恶习,并促进其顺利适应的非监禁刑罚执行活动。其理由主要有两点:符合实际情况,满足行刑社会化的要求。

3. 刑罚执行与社会福利说

刑罚执行与社会福利说[4]认为,社区矫正不仅是一种刑罚执行措施,还带有社会福利性质,且社区矫正措施的惩罚性功能相对较弱,而教育矫正等社会福利性功能是其主要的、处于核心地位的属性。其理由主要有两点:社区矫正具有社会福利属性,有利于平衡社区矫正的三大任务。

4. 实施矫正和提供社会服务说

实施矫正和提供社会服务说[5]认为,社区矫正是国家机关及社区各种力量联合对社区矫正对象采取的矫正措施和提供的帮助的总称。其理由主要有两点:社区矫正不宜强调惩罚,福利化是趋势。

---

[1] 刘强:《上海社区矫正的发展与评价》,载《法制丛林》2002年第6期。

[2] 高莹:《社区矫正工作手册》,法律出版社2011年版,第3页。

[3] 2003年7月10日,最高人民法院、最高人民检察院、公安部、司法部联合下发的《关于开展社区矫正试点工作的通知》。

[4] 史柏年:《矫正性质定位思辨》,载《华东理工大学学报(社会科学版)》2009年第1期。

[5] 王平、何显兵:《社区矫正概念的反思与重构》,载《犯罪与改造研究》2010年第2期。

5. 非监禁处遇方式说

非监禁处遇方式说[1]认为,社区矫正是一种综合性的与监禁处遇相对的非监禁处遇方式。其理由主要有两点:社区矫正的适用范围应放宽,贯彻人道主义精神。

6. 保安处分说

保安处分说[2]认为,社区矫正措施是对犯罪人的保护管束和保护观察措施,具有限制人身自由的保安处分性质。现采用保安处分制度的国家普遍接受的是二元论,认为保安处分与刑罚有着本质区别,其是通过改善和教育对罪犯未来可能再次犯罪的预防。其理由主要有三点:社区矫正既有"管束"又有"保护",保安处分与缓刑、假释的适用条件相适,社区矫正的价值是使社区矫正对象适应社会。

7. 刑事执行说

刑事执行说[3]认为,社区矫正是法定机关依法对被判处管制、宣告缓刑、假释和暂予监外执行的罪犯,在社区并依托社区所进行的旨在提高教育矫正质量、促进其顺利融入社会、预防和减少犯罪的监督管理和教育帮扶工作,是一项非监禁的刑事执行。其主要理由有三点:以缓刑定性观点不一致为由,认为将社区矫正定性为刑罚执行不正确;刑事执行是刑罚执行和非刑罚执行的上位概念,将社区矫正的性质定为刑事执行理所当然;《社区矫正法》关于"正确执行刑事判决、裁定和暂予监外执行决定"的规定,不排斥将社区矫正定性为刑事执行。

(二)社区矫正定性诸观点的辨析

1. 关于刑罚执行说

该说将社区矫正纳入刑罚执行的范畴内,具有极大的合理性,落脚于社区矫正是在特定的场所对特定人员进行刑罚执行活动,是最为实务工作者所接受的社区矫正定性观点,甚至不少人说社区矫正的法律属性只有刑罚执行及与之相对的非刑罚执行两种。

其理由需要商榷。其一社区矫正的本质是惩罚,从大的范围讲是对的,但没有限定是何性质的惩罚,即没有精准落实。其二惩罚与改造、教育、矫正并不相互对立和排斥,将改造与矫正这两个同义反复的词并列使用,实为不妥。而且,没有阐明现行刑事法的缺陷,没有进一步论述缓刑、假释的本质以及与社区矫正的关联。

---

[1] 王顺安:《社区矫正的法律问题》,载《政法论坛》2004 年第 3 期。

[2] 程应需:《社区矫正的概念及其性质新论》,载《郑州大学学报(哲学社会科学版)》2006 年第 4 期。

[3] 王顺安:《论〈社区矫正法〉的五大立法目的与十大引申意义》,载《中国司法》2020 年第 5 期。

2. 关于非监禁刑刑罚执行说

该说把社区矫正定性为非监禁刑刑罚执行,具有一定的合理性,属于刑罚执行是正确的,但是非监禁刑刑罚执行的表述是不妥的。我国《刑法》规定的刑罚体系是由主刑和附加刑组成的,主刑包括死刑、无期徒刑、有期徒刑、拘役和管制,附加刑包括罚金、没收财产、剥夺政治权利,并无非监禁刑,怎么能有非监禁刑刑罚执行呢?即使认为非监禁刑属于理论概念,这也与社区矫正不是一一对应关系,如死刑、罚金、没收财产、剥夺政治权利都属于非监禁刑,其执行显然不属于社区矫正。由于我国《刑法》关于刑罚体系的规定中根本就没有非监禁刑,皮之不存,毛将焉附。

3. 关于刑罚执行与社会福利说

该说将社区矫正定性为刑罚执行和社会福利的有机结合是不可取的,因为混淆了刑罚执行与社会福利的本质和功能。社区矫正的本质是在社区执行有关刑罚,刑罚执行就是以法定刑罚惩罚犯罪服刑人。社会福利是指国家依法为所有公民普遍提供旨在保证一定生活水平和尽可能提高生活质量的资金和服务的社会保障制度,包括为全体社会成员提供的公共福利、为本单位本行业从业人员及其家属提供的职业福利、专为老年人提供的老年福利、为婴幼儿少年儿童提供的儿童福利,为妇女提供的妇女福利,为残疾人提供的残疾人福利。

国家历来对犯罪持坚定不移的打击态度,犯罪服刑人怎么能享受什么社会福利待遇呢?该说与国家打击犯罪的坚定态度不符。国家始终以法定的刑罚制裁犯罪人,执行刑罚就是落实刑罚对犯罪服刑人的惩罚即剥夺限制其权益,显然该说与刑罚及其执行不符。犯罪被害人都没有什么社会福利待遇,犯罪服刑人怎么能享受什么社会福利待遇呢?尽管对犯罪服刑人给以行刑人道主义待遇,但也不是什么福利待遇,该说与现实情况不符,难以被接受。

4. 关于实施矫正和提供社会服务说

该说将社区矫正定性为国家机关及社区各种力量联合对社区矫正对象采取的矫正措施和提供的帮助的总称,混淆了刑罚执行与社会服务,与第三种观点类似。社区矫正本身就是对犯罪服刑人执行刑罚,只不过行刑环境和场所就在自由社会环境里,实施矫正和提供社会服务说的理由是站不住脚的。其理由之一:社区矫正不宜强调惩罚与社区矫正实际不符,社区矫正就是执行刑罚,如不强调刑罚惩罚则失去了其根本,这样会更不清楚社区矫正是什么了。其理由之二:社区矫正走向福利化的必然趋势与社区矫正本质不符,社区矫正的本质是执行刑罚即刑罚惩罚,刑罚惩罚的必然趋势必然是刑罚惩罚,其间当然有社会帮教,但不同于社会服务,况且最需要社会服务的犯罪被害人都享受不到,社区矫正无论如何也不会转变为社会福利的。

5. 关于非监禁处遇方式说

该说将社区矫正定性为一种综合性的与监禁处遇相对的非监禁处遇方式,失之于把社区矫正原本为在社区行刑的定性降格为非监禁处遇方式;而非监禁处遇方式,实为散放处遇,具有合理性,这是社区矫正的特点。事实证明,司法行政队伍承担这项非监禁处遇方式工作并没有公安队伍那样"得心应手",社区矫正机构工作人员无法满足社区矫正工作的实际需求,实践中社区矫正队伍的建设问题就是证明。

6. 关于保安处分说

该说把社区矫正定性为保安处分性质实不可取,因为我国没有保安处分而有治安处罚,而社区矫正是在社区行刑且不同于治安处罚。保安处分说的理由之一社区矫正既有"管束"又有"保护",其实社区矫正的"管束"即"保护",是指约束使之不违法犯罪,而非等同于对守法公民的保护。理由之二保安处分与缓刑、假释的适用条件相似,缓刑、假释是对刑罚的变更执行,虽然与保安处分的条件相似,但性质截然不同,前者是刑罚变更执行措施,后者属于预防措施。

7. 关于刑事执行说

该说认为社区矫正是法定机关依法对被判处管制、宣告缓刑、假释和暂予监外执行的罪犯的刑事执行,失之于定性过于宽泛而没有精确到位。刑法学界对于缓刑的定性观点不一致,是因为刑法学界的学者普遍偏重于研究刑法总则的犯罪构成和分则的各类罪名而少有问津刑罚所致,《刑法》以"缓刑"专节用 6 个条文作了明确规定,如果第四章"刑罚的具体运用"之下的缓刑在判决生效后的执行都存有争议,那确实是理论研究不深了。《刑事诉讼法》在执行编,不仅明确规定了各种刑罚的执行(移交执行)而且以"非监禁罪犯的社区矫正"专条明确规定,宣告缓刑的罪犯,依法实行社区矫正,其实就是以隐式方式规定了缓刑的执行。

在法学理论和实务界,"刑事"二字的表述一般用以区别"民事""行政""经济",如刑事责任年龄、刑事责任、刑事处罚、刑事案件、刑事判决。刑事执行属于学者个人的学术用语,《刑法》中根本就没有"刑事执行"明确规定。而且,刑事执行涵盖的范围太广,不仅有针对犯罪案件的强制措施,而且包括刑罚执行。强制措施由《刑事诉讼法》以专章共 36 个条文作了规定,具体包括"取保候审、监视居住、拘留、逮捕",其执行机关有人民法院、人民检察院和公安机关,《刑法》规定有"刑事处罚"

即刑罚,刑罚执行言简意赅,无须赘述。《刑法》规定的非刑罚性处置措施,实践中有法院当庭作出的"予以训诫或者责令具结悔过、赔礼道歉、赔偿损失",具体具结悔过、赔礼道歉、赔偿损失则由犯罪人自己履行作出,根本不属于执行,更谈不上刑事执行。

以《社区矫正法》关于"正确执行刑事判决、裁定和暂予监外执行决定"的规定,认定社区矫正的定性为刑事执行,属于半途而终,没有精准到底。刑事判决、刑事裁定和暂予监外执行决定都属于法律文件或文书,说执行这些法律文件或文书没有错,但并没有具体指明执行什么,因为它们是应执行具体对象的载体。因此准确地讲,社区矫正是执行具体对象,《刑法》《刑事诉讼法》《社区矫正法》作出了明确规定,即对相应的罪犯执行管制、执行缓刑、执行假释或者暂予监外执行。具体来讲,执行管制属于执行刑罚,执行缓刑、执行假释、暂予监外执行均属于刑罚变更执行,前者属于监狱收监行刑前变更执行,后两者属于监狱收监执行中变更执行,四者归纳起来是在社区执行刑罚。

二、社区矫正应定性为在社区执行刑罚

笔者前文梳理了理论界关于社区矫正本质的思辨,但我们必须清楚《社区矫正法》是以实践为先导的产物,为此社区矫正的进一步发展和完善应充分尊重社区矫正一线工作者的呼声,社区矫正的本质应表述为在社区执行刑罚,即定性为在社区执行刑罚。以增设社区刑为基础,在社区执行刑罚包括两个方面,即社区刑执行、变更为社区行刑。

(一)社区矫正应定性为在社区执行刑罚

1.社区矫正的本质是在社区执行刑罚

刑罚是我国《刑法》规定的以强制力对犯罪人的制裁方法,刑罚是要执行的,否则制裁犯罪人就是一句空话。刑罚执行,以《刑法》规定的刑罚体系中的刑罚种类为基础,以法院刑事法庭对犯罪人判决或裁定的具体刑罚为对象,其中主刑执行包括死刑、无期徒刑、有期徒刑、拘役、管制五种刑罚的执行。除死刑立即执行外,以监狱行刑为常规,以在社区行刑为补充并且发展成为与监狱行刑并驾齐驱的一种行刑模式;以缓刑、减刑、假释、暂予监外执行为变更行刑方式,其中,减刑在于缩短刑期,缓刑、假释、暂予监外执行在于把监狱行刑变更为在社区行刑。

刑罚执行以监狱行刑、在社区行刑为两种基本模式,以缓刑、假释、暂予监外执行作为沟通两者的桥梁措施。根据社区矫正实践和《社区矫正法》,管制、宣告缓

刑、假释和暂予监外执行的罪犯,实行社区矫正,也就是说,被判处管制的罪犯在社区执行,缓刑、假释和暂予监外执行的罪犯由监狱行刑变更为在社区执行。可见,社区矫正的实质是在社区执行刑罚。我国的社区矫正是初级阶段。[1] 成熟的社区矫正制度应该是四位一体,既集合刑罚种类—社区刑、行刑场所—开放式场所、行刑方式—散放式行刑及社区行刑为一体,但目前仅处于在开放型社会环境内对特定罪犯执行刑罚活动这一初级阶段,由此才导致了社区矫正定性问题的争论不休。

建议《社区矫正法》第1条修改为,为了推进和规范社区矫正工作,对非监禁的罪犯正确执行刑罚,提高教育矫正质量,促进社区矫正对象顺利融入社会,预防和减少犯罪,根据宪法,制定本法。

2. 应引入社区刑

由于《社区矫正法》取消了《社区矫正实施办法》关于社区矫正对象应当参加社区服务的内容,导致社区矫正的实质惩罚程度低,威慑力严重不足,未形成一个从最轻到最重的刑罚惩罚程度阶梯,社区矫正缺乏本源根据。引入社区刑可以有效解决这一问题,社区刑是指强制犯罪人在社区服刑的刑罚方法,包括无偿义务劳动和公益劳动等。刑罚体系中增设社区刑种类,社区刑执行、在社区行刑则顺理成章、名正言顺。其实,社区刑也不是什么创新,国际社会中的英国、芬兰等国家早已把社区刑作为刑种纳入刑罚体系,效果良好。

我国现在是有社区刑之实而无社区刑之名,已有地区对社区刑进行了有益且成功的探索,为社区刑在刑罚体系里立足提供了实践尝试。2001年8月22日《北京晚报》报道,河北省石家庄市长安区人民检察院向17岁的黎明(化名)发出了中国第一道“社会服务令”。社会服务令写道:“黎明,我院已收到石家应市公安局长安分局移送审查起诉你涉嫌盗窃一案。因你犯罪时未满18周岁,犯罪情节轻微,为维护未成年人的合法权益,对失足的未成年人坚持教育为主,惩罚为辅的方针,现指令你到居委会进行无偿社会服务”。在社会服务令生效以后,黎明在石家庄市长安区一居委会,以“社会志愿者”的身份进行了100小时的补偿、无薪社会服务。服务的内容主要是帮助居委会做一些事务性的工作,此外,还为居委会办暑期足球培训班当教练做指导。[2] 我国应修改《刑法》,将社区劳动和公益劳动等内容作为社区刑纳入刑罚体系,规定为主刑之一,这样便可以名正言顺毫无争议地将社区刑的执行纳入刑罚执行范畴内,围绕刑罚执行建立和完善社区行刑制度。

---

〔1〕 王志亮、王俊莉:《关于我国社区矫正制度的思考》,载《中国司法》2004年第12期。

〔2〕 丁亚文:《中国发出第一道“社会服务令”》,载《北京晚报》2001年8月22日,第2版。

3. 应废止管制

自1979年《中华人民共和国刑法》正式确立管制的主刑地位至今,对于管制的或废止或保留问题一直争论不休,对此笔者持废止观点,管制已经完成了其历史使命,无法再适应当下的惩治罪犯、保护社会的需求,从多次的《刑法》修正来看,管制刑也没有了继续完善的必要。

在实践中,法院对于管制的适用率极低,有些地区一年也难以见到一起管制案例,有法官坦言,他们对于管制一直是能少用就少用。根据罪责刑相适应原则,对罪犯人进行判决必须以事实为依据,以法律为准则,犯罪人的犯罪行为轻微、人身危险性低就要考虑对其适用管制。

管制刑极度缺乏惩罚力度,《社区矫正法》第46条规定:"社区矫正对象具有刑法规定的撤销缓刑、假释情形的,应当由人民法院撤销缓刑、假释。"实践中管制犯多次严重违反社区矫正规范无法被收监的案例不在少数,不少案例凭借社区矫正工作人员的价值选择和职业敏锐性判断得出的结论是必须启动收监执行程序的,但因立法与执行的脱节而没有法律依据。本应当收监执行的管制犯无法收押,会对社会安全和社区矫正监督管理秩序产生不利影响。

管制是我国特殊时期的刑罚方法,采取了人民群众监督改造的方式,当时管制犯都是反革命分子、贪污犯等"阶级敌人",而社会中阶级斗争氛围强烈,为此群众非常积极,甚至不少人将与阶级敌人斗争当做光荣的、有价值的行为。随着改革开放政策的推行所带来的诸多变化,我国从计划经济体制逐步过渡发展为市场经济,生产生活方式发生了巨大的变化,导致了群众对管制犯改造的热情大大降低。[1]当下,群众将对管制犯的改造监督更多当做道德义务,热衷于为个人创造财富,缺乏主动参与意识,导致管制适用效果日益萎靡。

笔者建议废止管制刑,替代以缓刑,捋顺刑罚与行政处罚之间长期存在的模糊对接关系。

(二)在社区执行刑罚定性的意义

1. 有利于解决适用问题

现在从执行的层面上看,真正与社区刑具有异曲同工之妙的仅有管制一种,缓刑、假释和暂予监外执行属于对监狱行刑模式的变更行刑,变更为在社区行刑。那么,在将来设置了社区刑、废止了管制的情况下,在社区行刑的对象就明确具体了,

〔1〕 杨通新:《管制刑废除研究》,广西民族大学2018年硕士学位论文,第20页。

共包括两大类:第一类为判处社区刑的罪犯,第二类为变更刑罚执行在社区行刑的罪犯,变更刑罚执行的罪犯细分为缓刑犯、假释犯、监外执行犯三种罪犯。

在社区行刑的适用对象——在社区服刑罪犯,明确具体,便于日常开展行刑工作。社区行刑模式,将犯罪服刑人散放在自由开放的社会环境上,限制其行为自由,实施开放式管理、引导式教育、公益和谋生性劳动、个体式改造,但不影响其个人生活、家庭生活和社会生活。将社区矫正定性为在社区执行刑罚,体现了国家对罪犯坚定不移的行刑惩罚教育态度,既可提升普通群众的社会安全感,又有利于社区服刑犯罪人的服刑意识。

同时有必要修改《社区矫正法》第 42 条:“社区矫正机构可以根据社区矫正对象的个人特长,组织其参加公益活动,修复社会关系,培养社会责任感。”公益活动一词使用不恰当,公益代表着参与群体需要无私、自愿的奉献,是可以自我选择是否参加,没有任何的强制性,不利于社区服务刑的设置。另外公益活动的对象目前多为体育赞助、教育赞助、福利慈善、文化赞助,参与的群体以经济实力良好的企业家为主,而社区服务刑的目的之一是通过更好地培养社区矫正对象勤劳的品格,减少因好逸恶劳、游手好闲导致再次犯罪的意念,也避免社区矫正工作人员因解读法条不到位,不敢、不愿甚至错误组织公益活动,毕竟不是所有的社区矫正对象都是富裕的企业家。

对于社会上的普通群众而言,同为刑罚执行机构的监狱在群众的心中的形象一直是严肃、权威,如社区矫正定性为刑罚执行,则群众通过经验和理性会更加理解,顺应了广大群众的安全感期待,获得其更深层次的认可、信任和支持。不少社区矫正对象在入矫后并不认为自己处于服刑的状态,甚至并不认为自己是犯罪人,对待社区矫正工作持可有可无态度。不少社区矫正对象在适用社区矫正之前已被投入过看守所或监狱,该两处监禁场会使其感受到“恐惧”的氛围,及非正常社会的价值理念和行为规范,再到开放性的社区矫正执行场所后会经历精神的由涨到落、由紧到松,一定程度上让其轻视道德规范和法律规范,进而可能对社会和他人产生恶意。在社区执行刑罚的定性,社区服刑人背负着罪犯身份,刑罚执行的权威性明显,能起到有力的震慑作用,让社区矫正对象对法律及社区矫正机构保持敬畏。

2. 推动社区矫正警察设置

我国《刑法》第 94 条规定:“本法所称司法工作人员,是指有侦查、检察、审判、监管职责的工作人员。”既然社区矫正是执行刑罚,社区矫正工作机构工作人员就必须是具备监管职责的工作人员,但现在社区矫正机构工作人员为司法行政编制而不具备监管职责,且实践证明该群体不适合承担社区矫正工作,存在着没有监管职责、素质不适应、力量薄弱等问题。显然,社区矫正定性为刑罚执行便于将来破解队伍建设难题,推动建立一支正规化、高素质、专业化、职业化的社区行刑警察队伍,彻底解决社区行刑工作人力资源的问题。

设置社区行刑警察具有法律正当性、理由正当性。警察权亦称警察职权,一般是指主权国家,为维护国家安全和社会治安秩序,预防、制止和惩治违法犯罪行为,依法使用的强制力量。[1] 与在社区执行刑罚惩罚和改造罪犯、预防和减少犯罪的内容完全契合。赋予在社区行刑工作人员的警察身份,将彻底解决以下四个问题。一、人员流失严重,正规化使得社区行刑警察仅从事社区行刑工作,不需要再从事复杂繁重的人民调解、法制宣传、乡镇中心工作等非执行刑罚工作,而且增强社区行刑工作队伍的职业荣誉感与成就感,基于警察的延时津贴、警衔工资、办案补助等提升待遇而确保工作队伍稳定。二、社区行刑对象不愿意配合,在社区行刑警察权威之下,社区行刑工作将改变以往社区矫正对象身份意识、服刑意识薄弱的现象,有力震慑潜在的不服管、不守纪社区服刑人。三、群众安全感不足,在社会普通群众的认识中,人民警察能够给予他们人身安全、人身自由和合法财产最好的保护和保障,这正是社区行刑警察身份所具有的职业功能。四、执行水平不高,社区行刑警察的警察身份就决定了他们需具备较高的法治意识、教育意识、改造意识,具有较高的教育人、改造人、挽救人的专业素质、职业道德和专业技能。[2] 这些都是社区矫正队伍专业化的标准之一。不难想象社区行刑警察参与社区矫正工作之后将使得其优秀的业务知识及技能流入社区矫正机构,完善社区矫正机构工作人员的知识结构及业务技能,能够在避免使用武力的情况下解决或避免冲突,在不失严肃性的前提下进行感化教育工作。

3. 推动刑罚执行一体化建设

2018年司法部《关于推进刑罚执行一体化建设工作意见》指出,应“有序推进监狱警察支持和参与社区矫正工作”。自此监狱、社区矫正执行一体化建设驶上了快车道,大量监狱人民警察被派驻参与社区矫正工作,大量监狱与社区矫正机构联合成立警示教育基地,两者相互贯通、交互共进,顺应了刑罚结构调整的大势,开创了

〔1〕 载 https://baike.sogou.com/v48826084.htm? fromTitle=%E8%AD%A6%E5%AF%9F%E6%9D%83,2020年4月22日访问。

〔2〕 司法部印发《2003-2005年监狱劳教人民警察队伍建设规划纲要》。

司法行政刑罚执行工作新局面。[1] 从各地的实践反馈来看，监狱派驻警察参与社区矫正工作既未导致执行主体分散又平衡了其刚柔性，使得我国行刑走向社会化的步子迈得更为稳健，但这种模式却并非完美无缺，还是存在问题。如若社区矫正与监禁矫正同为刑罚执行，那刑罚执行一体化建设中的问题将迎刃而解，社区矫正机构与监狱两者的行刑内容将科学衔接，形成制度化的互动，在一定程度上统一执行标准、理顺衔接机制、降低行刑资源消耗，有效实现刑罚执行公正。

4. 促进社区矫正机构与公安机关信息数据共享的实现

我国的科技水平正呈飞速发展的状态，大数据时代已悄然来临，为社区矫正管理手段由“人防”过到“技防”提供保障，依托数据、信息对社区矫正对象进行信息化管控，已然是不可逆的趋势。借助互联网，很多地区已经开发了社区矫正管理平台，很好用，但远远不够用。社区矫正机构与公安机关之间一直存在着各自为政、互不信任、利益梗阻等问题，导致社区矫正机构无法将公安机关的数据汇入自己的平台，影响监管帮教工作的信息研判。如社区矫正执行机构在执行禁止令过程中，调取社区矫正对象的银行消费记录、乘坐车情况、进出入高消费场所等信息时需要依靠公安机关配合，现实中公安机关会轻易将这些数据和信息给社区矫正执行机构吗？难，惩戒机制往往落空。社区矫正定性为在社区行刑后，社区矫正机构就有底气、有立场要求公安机关提供信息支撑和服务。

三、社区矫正应更名为社区行刑

在社区行刑简称社区行刑，这个本质宜直接定为名称，这样名实相符言简意赅，明确具体，不易产生误解和误导，便于实践操作。

（一）在社区行刑与社区行刑的概念辨析

1. 社区矫正

“社区矫正”是舶来语，译于英文“Community - correction”，“correction”含义包括：①改正、纠正，修改，矫正；校正；【数】补植②（对罪犯的）教养；③责备；惩罚④制止；中和⑤（市价上涨后的）回落。[2] 可见，“correction”有五类含义，其中第一类就有六个含义，与“矫正”不是一一对应关系，怎么就翻译成中文“矫正”呢？如果一定要理解翻译成行刑领域的含义，则有“（对罪犯的）教养”“责备、惩罚”，而惩罚更为

〔1〕 鲁兰、李红霞、李云：《监狱矫正区执行一体化工作探索路径》，载《宜宾学院学报》2019 年第 7 期。

〔2〕 《新英汉词典》（增补本），上海译文出版社 1979 年版，第 259 页。

合适,译成“矫正”不够精准。不论将社区矫正定性为什么,只要偏离了“社区行刑”或“在社区执行刑罚”的定性定名,那么“社区矫正”的概念在我国刑事法领域就是非常不准确的,不利于解决其性质争论不休的局面,以及目前棘手的对象适用范围、队伍建设和工作人员待遇等问题,现实充分证明了这一点。

2. 社区刑执行与在社区行刑

社区矫正的本质就是“在社区行刑”简称“社区行刑”,定名为“社区行刑”,直截了当,言简意赅。根据我国《刑法》的规定,刑罚执行可分为主刑执行和附加刑执行,主刑执行包括死刑、无期徒刑、有期徒刑、拘役、管制执行,附加刑执行包括罚金、没收财产、剥夺政治权利执行,均不包括社区矫正。刑罚体系进行整合,取消拘役、管制两种刑罚,增设社区刑,那么自然就有了社区刑执行。根据《刑法》《刑事诉讼法》的相关规定,刑罚执行以监狱行刑为常规,那么缓刑、假释、暂予监外执行则是常规监狱行刑的变更方式,即通过缓刑、假释暂予监外执行就将常规的监狱行刑变更为在社区行刑了。由此,社区行刑包括社区刑执行和在社区行刑。

(二)更名为社区行刑的意义

1. 社区行刑定名简洁明了

社区行刑是指由刑罚执行机关在社区执行刑罚,简明扼要,既明确又具体,科学准确,直截了当表明了社区行刑属于刑罚执行的本质特征。社区行刑是指在社区对犯罪人执行刑罚,包括社区刑执行和在社区行刑,犯罪人在社区服刑。

社区行刑对象即犯罪人在社区服刑,许多社区矫正对象是因为对社区矫正的法律属性理解不到位,认为其将要实施的犯罪行为达不到刑罚惩罚的程度,而实施的犯罪。社区行刑的定性和定名,明确具体地表明了社区行刑对象的法律地位,有助于起到预防犯罪的作用。

2. 利于解决本质模糊的问题

理解一个词的含义,往往通过分析最基本的单个文字及其组成的词组的方式。社区矫正可以拆分为社区与矫正两个词,社区的含义是指“在一定地域内由相互关联的人们所组成的社会生活共同体,是由从事政治、经济、文化等各种活动的人们所组成的区域性的社会实体”;矫正的含义是指“改正;纠正”。[1] 由此,社区矫正的含义则是,在由相互关联的人们所组成的社会生活共同体的一定地域内进行改正或纠正。

〔1〕 载 https://cidian.aies.cn/MjcONDg1.htm,2019年8月12日访问。

社区矫正的这个含义，无论如何都难以联系到刑罚执行这一严肃的法律实践活动，无疑一定程度上阻碍了社区矫正执行机构与社会群众的交流，弱化了社区矫正预防、惩治犯罪的功能。“社区矫正”一词是社会用语而非法律用语，容易产生歧义，导致其法律属性产生误解，这个误解的群体不仅包括社会普通群众，同样也包括专家学者、实务工作者。如2019年12月，笔者前往香港开会，受人之托，在香港当地上网查“社区矫正”，结果搜索到的信息却是“面部矫正”“牙齿矫正”“视力矫正”，真是啼笑皆非。相比之下，社区行刑的表述，简明扼要，明确具体，不仅本身没有歧义，而且也不会使人产生误解。

3. 顺应基层实践需要

社区行刑是由国家机关主导的刑罚执行工作，社区行刑机关的工作人员是社区行刑队伍的核心力量，社会团体、民间组织和志愿者是社区行刑的辅助力量，获得社区人员的支持是社区行刑措施落实及最终目的实现的关键。如果社会群众不支持、不理解，社区行刑机关日常工作定难开展，导致相关工作人员职业认同感低、人员流动大、工作积极性低。

在社区行刑这一称谓中，“行刑”二字毫无疑义地突出了社区行刑工作的意义与价值，使地方党委政府领导充分认识到社区行刑工作的好坏关乎着当地社会秩序的稳定。领导重视支持了，就会根据实际情况和需要，给予相应的人、财、物等方面资源的支持，进而推进社区行刑工作的进一步完善。而且，能满足社区行刑机关及其工作人员的期盼，提升其工作积极性、主动性，使其充分发挥职能作用。

综上所述，依社区行刑的本质定名，名正言顺，名副其实，不仅本身无疑义，而且不会导致误解，具有客观合理科学的意蕴，符合法治国家、法治政府、法治社会建设的要求。《社区矫正法》的正式实施，为我国搭建起了轻重有序的刑罚执行体系，既对宽严相济形势政策进一步贯彻，又有力回应国际刑罚轻缓化趋势。可以想象管制、缓刑、假释、暂予监外执行的刑种和刑罚执行方式被更多地适用，社区矫正逐渐取代监禁矫正存在可能，因此理论界和实务界需将目光聚焦在社区矫正的定名、定性之上，抛开本质，研究手段、措施、组织、队伍，是本末倒置，无益于社区矫正迈入发展快车道！

参考文献

[1]刘强：《社区矫正立法不应忽视“惩罚”》，载《上海法治报》2019年7月10日，第6版。
[2]吴宗宪：《论我国社区矫正的适用对象》，载《北京师范大学学报（社会科学版）》2017年第3期。

[3]曹华、侯习敏:《农村社区矫正问题分析及其完善——基于四川省绵阳市Z县的实证分析》,载《四川文理学院学报》2019年第2期。
[4]肖乾利、薛宁夫:《社区矫正审前调查评估制度研究》,载《宜宾学院学报》2019年第7期。
[5]王珏:《准确把握社区矫正的本质属性在现行法律框架内不断推进社区矫正试点工作的深入开展》,载《中国司法》2004年第10期。
[6]赵秉志:《我国刑事立法领域的若干重大现实问题探讨》,载《求是学刊》2009年第2期。
[7]连春亮:《社区矫正法制化:转型与升级》,载《河南警察学院报》2017年第6期。
[8]郑艳:《社区矫正机构的建设构想》,载《河南司法警官职业学院学报》2018年第2期。
[9]杨春洗:《刑事政策》,北京大学出版社1994年版,第453页。
[10]但未丽:《社区矫正:立法基础与制度构建》,中国人民公安大学出版社2008年版,第27页。
[11]李晟:《我国社区矫正性质的反思与抉择》,载《广西社会科学》2017年第10期。
[12]周国强:《社区矫正制度研究》,中国检察出版社2006年版,第25页。

论“枫桥经验”对社区矫正工作的启示

陈鹏忠*

摘　要:“枫桥经验”时代内涵丰富,实践价值极高,对社区矫正工作的启示也是多方面的。具体表现为:“刑事和解”对恢复性监管改造的启示;“人民调解”对个别教育谈话的启示等。

关键词:枫桥经验;社区矫正工作;启示

“枫桥经验”这一概念的提出,源于1963年11月20日毛泽东同志对浙江省诸暨枫桥干部群众创造的“依靠群众、发动群众,就地化解矛盾”的“枫桥经验”的批示。“枫桥经验”起初是在当时“以阶级斗争为纲”的社会背景下,以发动群众、依靠群众的方式进行政治斗争和社会改造的经验,后来发展为群众广泛参与社会治安综合治理的经验,最后发展成为村民自治、基层民主法治建设的经验。“枫桥经验”经历半个多世纪的发展,在一次次的实践和与时代的不断契合中,被赋予了新的内涵,成为一项基层社会治理的成功经验。

一、“枫桥经验”的时代内涵和实践价值

新时代的“枫桥经验”是以人为本的经验、与时俱进的经验、公平正义的经验、和谐稳定的经验。其中以人为本是“枫桥经验”创新发展的核心思想,与时俱进是“枫桥经验”创新发展的活力源泉,公平正义是“枫桥经验”创新发展的不懈追求,和谐稳定是“枫桥经验”创新发展的价值取向。[1]“枫桥经验”在巩固基层政权,开辟一条中国特色预防犯罪之路,为经济发展保驾护航,促进基层社会治理现代化,筑

---

* 陈鹏忠,浙江警官职业学院刑事司法系教授。

〔1〕 蒋国长、徐向群、施峥:《新的历史起点上“枫桥经验”的时代内涵》,载《公安学刊》2009年第1期。

牢社会和谐稳定的根基，努力建设更高水平的平安中国等方面为基层社会治理提供了极具实践价值的示范样本。[1]

首先，“枫桥经验”的主要目标在于有效预防和化解基层矛盾，这是“枫桥经验”的主线索。

其次，“枫桥经验”包含了三个有机统一的基本取向，即在化解基层矛盾的各项机制中需要贯彻的参与取向、文明取向与成本取向。其中，“发动和依靠群众”话语显然强调了一种参与取向，即动员群众参与，充分发挥群众的主体性来化解矛盾；“用说理斗争”“实现捕人少、治安好”等话语是强调了一种文明取向，旨在通过尽量减少暴力强制手段而采取理性文明的方式来解决社会矛盾，实现治理目标；“矛盾不上交，就地解决”的话语强调的是一种成本取向，即在化解基层矛盾时，要采取尽量少的行政成本、社会成本和政治成本。

再次，“枫桥经验”所蕴含的“参与、文明与成本”三个取向，实际上促成了实现善治的三个关键机制：“合作机制、伦理机制和效率机制。”“参与取向”通过各种合作机制让多方主体(从各种机构、群众到社会组织等)能够最为广泛地参与，并在这个过程中提升社区社会资本，推动不同社会阶层或群体间普遍建立信任。“文明取向”通过各种伦理机制，使得政府治理行为文明化，并采取各种措施积极培育民众理性、温和、有序的利益表达方式与行为习惯。“成本取向”则通过各种效率机制，例如不断完善考核制度、纠纷解决制度，甚至通过发展民主、民生、法治以及对各种技术的充分使用等，来降低化解基层矛盾时所承担的政治、行政与社会等各种成本。正因为如此，这三者之间构成了相辅相成、内在有机统一的关系。治理所追求的伦理价值需要合作机制和效率机制来实现，参与和合作的实现需要伦理的引导和效率的保证，效率的实现也需要伦理机制和合作机制的有效配合。

最后，“枫桥经验”的“参与、文明与成本”三个具有目标导向功能的取向，以及它们在实现手段层面相应的“合作、伦理和效率”三个关键机制，不仅在实践层面上“历久弥新”，也在理论层面上展现出超强的有关治理知识方面的整合能力；不仅体现了现代社会治理的系列价值追求，也体现中国特色社会主义的基本价值追求；不仅吸纳了世界上先进的治理经验，也贡献了社会治理现代化的中国话语与治理

[1] 冯树梁：《学习“枫桥经验”探究中国特色预防犯罪之路》，载《犯罪与改造研究》2020年第2期。

图景。[1]

二、"枫桥经验"对社区矫正工作的若干启示

从物理环境上看,社区矫正采取的是对社区矫正对象实行限制自由的监管方式,使社区矫正对象的生活受到一定的约束。在现实的社区矫正对象管理中,社区矫正对象往往与其他社区矫正对象、家庭、社会、政法机关等方面存在矛盾。面对十分复杂的社区矫正对象矛盾,如果处置稍有不慎,不仅直接影响社区矫正对象改造质量,还极有可能造成非常严重的后果,严重影响社区矫正稳定的监管改造秩序。因此,如何从新时代的"枫桥经验"里找寻实践智慧,获得有益启示,预防和化解社区矫正对象矛盾,确保社区矫正工作秩序的持续安全稳定,已成为社区矫正工作人员亟需探索和实践的重要课题。

笔者通过挖掘"枫桥经验"的深刻内涵,体悟"枫桥经验"的实践价值,梳理出"枫桥经验"对社区矫正工作两方面的启示。

(一)恢复性监管改造的新提法:"枫桥经验"中"刑事和解"的启示

"枫桥经验"中的"刑事和解"与《刑事诉讼法》规定的"当事人和解"在内涵和外延上不完全重合。"当事人和解"存在于公诉案件程序当中,该程序是 2012 年《刑事诉讼法》修改中新创建的四个特别程序之一,是指公安机关、人民检察院、人民法院在法定范围的公诉案件中,犯罪嫌疑人、被告人真诚悔罪,通过向被害人赔偿损失、赔礼道歉等方式获得被害人谅解、双方当事人自愿达成协议的,可以对犯罪嫌疑人、被告人作出不同方式的从宽处理的程序。该程序适用于两类案件:一是因民间纠纷引起,涉嫌《刑法》分则第四章(侵犯公民人身权利、民主权利罪)、第五章(侵犯财产罪)规定的犯罪案件,可能判处 3 年有期徒刑以下刑罚的;二是除渎职犯罪以外的可能判处 7 年以下有期徒刑及以下刑罚的过失犯罪案件。该程序只适用于刑事诉讼的侦查、起诉和审判阶段,并不包括执行阶段;同时侧重于解决社会纠纷。[2]

"枫桥经验"中的"刑事和解"与国外兴起的一项刑事司法改革运动——恢复性司法极为相似。

---

〔1〕 王国勤:《"枫桥经验"的话语实践与治理图景》,载《江西师范大学学报(哲学社会科学版)》2020 年第 3 期。

〔2〕 陈光中:《刑事诉讼法》(第 6 版),北京大学出版社、高等教育出版社 2016 年版,第 450 ~ 453 页。

恢复性司法,是指通过在犯罪方和被害方之间建立一种对话关系,以犯罪人主动承担责任消弭双方冲突,从深层次化解矛盾,并通过社区等有关方面的参与,修复受损社会关系的一种替代性司法活动。[1] 它起源于英美法系国家,强调加害人对受害者的补偿和对社会关系的修复,以降低犯罪对社会所带来的影响。

刑事和解作为"枫桥经验"中的重要部分,正是恢复性司法在中国的生动实践。它没有法定刑的限制,并贯穿于侦查、起诉、审判、执行各个阶段,在解决社会纠纷的同时,更强调一种交流、沟通、对话,达到心灵的回归,主张加害人回归社会。它依靠人民调解委员会这一由村(居)民委员会下设的调解民间纠纷的群众组织,在基层人民政府和人民法院指导下进行调解工作。它对刑事自诉案件的和解、公诉轻罪案件的刑责追究、重罪的量刑等提供参考依据。

"枫桥经验"中的"刑事和解"特别强调对与犯罪有关的所有人的人文关怀,既关注被害人的权益,也关注犯罪嫌疑人、被告人的合法权益,特别重视二者的权益平衡。它站在人性高度看待犯罪问题并对犯罪后的社会秩序进行修复,体现了刑法对人权的保护和人本主义精神,从而体现了人文价值取向。同时,由于犯罪违反了社会行为准则,制造了社会矛盾纠纷,打破了社会秩序,破坏了和谐的人际关系,刑事和解就是要修复被破坏的人际关系,使被破坏的人际关系步入正轨,即让被害人恢复正常生活,犯罪人重回社区,社区得以恢复和谐和安宁,从而体现和谐价值取向。

笔者尝试从"枫桥经验"中的"刑事和解"中,结合社区矫正工作实际,引申出恢复性监管改造的定义,即社区矫正工作人员在对社区矫正对象进行监管改造的过程中,通过劳动、教育、惩罚等方式,使其主动消解自身犯罪心理,积极修复受损的社会关系,降低犯罪行为对受害者和社会造成损害的一种惩罚改造活动。

要想真正做到对社会的"恢复性",关键在于社区矫正对象是否愿意主动弥补对被害人或社会所造成的损害。如何成功地转变社区矫正对象心理,如何有效地教育社区矫正对象,如何充分调动社区矫正对象的主观能动性,是我们当下需要解决的问题。

如前所述,"刑事和解"贯穿于侦查、起诉、审判、执行各个阶段。同时,刑罚执行过程中的和解,虽不能影响其原判刑罚,但可以一定程度上修复社区矫正对象与被害人之间被破坏的人际关系。社区矫正机构可以组织类似于像"一封忏悔信,一

[1] 张杜:《浅谈恢复性司法中的被害人权利保护》,载《知识经济》2012年第3期。

颗忏悔心”“亲口对您说一句‘对不起’”等主题社会帮教活动，邀请社区矫正对象户籍所在地的调解组织以“家乡人”的身份参与对社区矫正对象的帮教与和解，激发社区矫正对象对社会利益损害的悔改、对被害人损害的悔改和弥补。

（二）个别教育谈话的新机制：“枫桥经验”中“人民调解”的启示

在枫桥镇，对民间矛盾纠纷的处理，一般都以优先调解的方式解决。枫桥镇建立了较为完善的人民调解组织网络，对待调解工作遵循“因人而异、因事而异”的原则，根据“以防为主，防调结合”的方针，积极发挥人民调解组织的职能作用，首创“四前工作法”预防机制：“组织建设走在工作前”“预测工作走在预防前”“预防工作走在调解前”“调解工作走在激化前”，及时发现纠纷、化解争端，防止矛盾的激化，预防和控制犯罪的发生。调解工作做到以理服人，以法服人，秉公办事，取信于民。调解组织对内进行业务技能的培训，提高调解人员的业务水平；对外扩大宣传，对矛盾纠纷当事人进行引导，向其提示人民调解的优点，使绝大多数的矛盾纠纷化解在人民调解的环节，有效防止了矛盾的激化，减轻了诉讼的压力。

社区矫正对象矛盾既有对抗性的，也有非对抗性的。对抗性矛盾主要表现为对社会仇恨、对政法机关不满等，化解社区矫正对象“仇恨”等对抗性矛盾是决定社区矫正对象改造质量的关键，但又是社区矫正改造工作的难点，必须作为重中之重加以化解；非对抗性矛盾主要表现在社区矫正对象与家人和社会之间涉及婚姻、子女抚养、财产、债务等民事和经济等方面的不满，妥善处置这类矛盾，有助于稳定社区矫正对象情绪，调动社区矫正对象改造积极性。

人民调解是由民间自治组织、义务调解员主持，通过协商、沟通等方法，由双方当事人达成调解协议。社区矫正对象矛盾调解的基本方法是调解控制，并强调“事中”的调解控制，即在社区矫正工作人员的主导下，通过教育、疏导、控制等多种手段对社区矫正对象生活中的矛盾加以调解和处置，这与人民调解有所不同。我们需要借鉴人民调解经验，结合社区矫正工作特点，探索应对社区矫正对象矛盾的规律和方法。因此，应发挥“枫桥经验”的积极作用，按照“调解走在激化前，管理贯穿全过程”的要求，坚持全面开展矛盾调解工作，群策群力予以防范，确保社区矫正工作的安全稳定。

社区矫正工作可以充分借鉴“枫桥经验”中的人民调解，把说理斗争的基本内涵和人文精神运用到矛盾处理的“个别教育谈话”中，结合“以防为主，防调结合”的方针，创建富有社区矫正特色的“三前”工作机制。

一是“思想教育走在预防前”。一个集体的氛围影响着其中的每一名成员，社区矫正机构也是如此。社区矫正机构可以积极组织社区矫正对象思想教育和学习,切实提高社区矫正对象守规意识,发动社区矫正对象共同营造规范、自律、和谐、阳光的改造氛围,鼓励社区矫正对象遇到纠纷主动寻求工作人员谈话解决,从根源上减少矛盾的产生。

二是“预防工作走在谈话前”。社区矫正工作人员在犯情排摸上,应当充分化被动处理为主动排摸,通过多种途径和方法,主动发现犯情,掌握社区矫正对象动态,在社区矫正对象矛盾未激化前就地解决,从而实现有效预防;社区矫正工作人员在预测分析上,应当提前制订相应的预测方案,对重点人员进行矛盾分析和预测,并制订相应的解决方案,真正发挥预防作用。

三是“说理谈话走在处理前”。在对相应社区矫正对象矛盾进行化解时,首先不要过早凭借主观意志和社区矫正对象的一面之词将事件定性,急于对社区矫正对象进行处理。在矛盾已经得到有效控制的前提下,可以先对社区矫正对象进行谈话,有利于更好地了解矛盾产生的来龙去脉,使社区矫正对象拥有认识自身错误和不足的机会,便于工作人员更加有理有据地对社区矫正对象进行处理,真正使社区矫正对象“心服口服”,避免因社区矫正对象“面服心不服”所造成的矛盾复发和激化。

另外,社区矫正工作人员在对社区矫正对象进行谈话的过程中,应充分抓住问题的关键所在,谈话紧紧围绕原因探究、矛盾解决展开,不空谈,不漏谈,切实做到以法服人、以规服人、以理服人,对社区矫正对象的处理要方案统一、有理有据、公平对待。使个别教育谈话真正成为工作人员有效及时掌握社区矫正对象思想动态,提高教育矫治质量,预防和解决矛盾的有效手段。

社区矫正机构作为刑事司法体系的最后环节,也需要与时俱进的思想观念和工作方法。本文从新时代的“枫桥经验”里挖掘出的对社区矫正工作的两方面启示仅仅是初步的、粗浅的,我们仍须充分珍惜“枫桥经验”,对之进行持续的研究和应用,借助“枫桥经验”,创新社区矫正工作,奋力开创新时代社区矫正工作新局面。

社区矫正工作中的难点问题及对策研究

蔡晓东　刘兴云*

社区矫正是一种与监禁刑相对的执行刑罚方式，起源于西方社会，是刑罚轻缓化、文明化，不再一味强调惩罚和报复的国际刑罚趋势的体现。在减轻监狱机关管理压力，避免轻刑罪犯交叉感染，合理配置司法资源，促进罪犯顺利融入社会、适应社会，预防和减少犯罪，促进社会治安良性循环等方面具有重要意义。当前，社区矫正工作是司法体制改革工作的重要内容，伴随着司法体制改革工作的开展，得到了快速发展，为其自身的发展和完善迎来了历史性机遇。为此，我们对社区矫正工作中遇到的难点问题进行总结和反思非常必要。

一、社区矫正工作的基本现状

依照《刑法》《刑事诉讼法》《社区矫正法》等相关法律的规定，社区矫正的适用对象为被判处管制、宣告缓刑及被裁定假释、暂予监外执行的罪犯。人民法院、人民检察院、公安机关、司法行政机关及企业事业单位、社区居民委员会、村民委员会等基层组织、社会团体、社会志愿者等社会力量依法共同参与对上述矫正对象的社区矫正工作。从社区矫正对象来看，实际上包括三类服刑人员：第一类是罪行比较轻微、主观恶性较小、社会危害性不大的罪犯，包括管制、缓刑罪犯；第二类是罪行虽然比较严重，但是经过监狱改造，证明确有悔改表现，将其放到社会中继续改造而不至于再危害社会的罪犯，如假释的罪犯；第三类是依据相关法律规定，有特殊情况，可以暂予监外执行的罪犯，主要存在以下三种情形：一是有严重疾病需要保外就医的，二是怀孕或者正在哺乳自己婴儿的妇女，三是生活不能自理适用暂予监外执行

* 蔡晓东，四川省长宁县人民检察院检察长；刘兴云，四川省长宁县人民检察院第三检察部检察官助理。

不致危害社会的暂予监外执行罪犯。

根据《社区矫正法》规定,社区矫正机构负责社区矫正工作的具体实施,但在司法实践中,由于社区矫正机构无编制、无人员,一般由司法所根据社区矫正机构的委托开展社区矫正相关工作,公安机关基层派出所配合完成。从社区矫正工作的内容来看,《社区矫正法》第2条第2款规定,主要包括两个方面:一是监督管理,二是教育帮扶。监督管理主要是落实有关对社区矫正人员开展监管工作的法律、法规、规章、制度;制定并落实统一的社区矫正人员报到、外出请销假、学习、迁居等管理制度;成立由基层司法所、居民委员会、村民委员会的人员,社区矫正对象的监护人、家庭成员,所在单位或者就读学校的人员以及社会工作者、志愿者等组成的矫正小组,对社区矫正人员开展见面、走访、组织学习和参加公益活动等,全力查找因各种原因而下落不明的社区矫正人员,防止脱管、漏管,维护社区安全。帮扶教育主要是对社区矫正对象进行法治、道德等教育,增强其法治观念,提高其道德素质和悔罪意识;协调有关部门和单位,依法对就业困难的社区矫正对象开展职业技能培训、就业指导;帮助社区矫正对象中的在校学生完成学业;等等。通过积极解决社区矫正对象的一些实际困难,从而促进其积极改造,进一步融入社会,适应社会,从根源上防止其再犯罪,促进社会和谐发展。

二、社区矫正工作中存在的困难

(一)社区矫正对象违反行政法规,收监执行难,相关法律法规需进一步完善

社区矫正对象旷某某,系服刑罪犯,在社区矫正期间,因多次参与赌博被公安机关予以治安处罚,被处以行政拘留并处罚款。县司法行政机关以社区矫正对象旷某某在社区矫正期间,有违反行政法规、社区矫正监督管理规定、人民法院禁止令的行为,严重违反《刑法》第77条以及《社区矫正法实施办法》第46条“社区矫正对象在缓刑考验期内,有下列情形之一的,由执行地同级社区矫正机构提出撤销缓刑建议:其他违反有关法律、行政法规和监督管理规定,情节严重的情形”之规定,建议某区人民法院对社区矫正对象旷某某撤销缓刑。某区人民法院收到撤销缓刑建议书后,进行了认真审查。根据《行政复议法》第6条第1款“对行政机关作出的警告、罚款、没收违法所得、没收非法财物、责令停产停业、暂扣或者吊销许可证、暂扣或者吊销执照、行政拘留等行政处罚决定不服的,公民、法人或者其他组织可以依照本法申请行政复议”。第31条“行政复议机关应当自受理申请之日起六十日

内作出行政复议决定”。《行政诉讼法》第81条“人民法院应当在立案之日起六个月内作出第一审判决”之规定,某区人民法院及时回复了某县司法行政机关不予采纳对社区矫正对象旷某某撤销缓刑收监执行的建议,其理由是:社区矫正对象旷某某对某县公安局的行政处罚决定有申请行政复议以及提起行政诉讼的权利,且社区矫正服刑罪犯旷某某申请行政复议以及提起行政诉讼的时限未满,故该决定书效力还处于一种可能被撤销的状态。

此时,对社区矫正对象旷某某是否收监执行就只能等待行政复议或者行政诉讼结果出来了才能作决定。即使行政复议或者行政诉讼结果出来了,如果社区矫正对象矫正期限已满而行政复议或者行政诉讼的结果是公安机关的行政处罚决定是正确的,那么社区矫正对象旷某某在社区矫正期间,严重违反了《刑法》第77条以及《社区矫正法实施办法》第46条之规定,就应该对其收监执行刑罚。但此时,旷某某社区矫正期限已经届满,由谁提请收监执行,《社区矫正法》及《社区矫正法实施办法》并没有明确规定,因此,需要进一步完善相关法律。目前存在以下两种观点:一种是旷某某作为社区矫正对象,虽然社区矫正期限已经届满,但其违反行政法规、社区矫正监督管理规定、人民法院禁止令是在社区矫正服刑期间,那么向人民法院提出撤销缓刑收监执行建议,应当由县司法局提出。另一种是社区矫正期限已经届满,旷某某已经不再是社区矫正对象,此时由县司法行政机关向人民法院提出撤销缓刑收监执行建议,于法不合。根据目前司法实践情况来看,司法行政机关对社区矫正对象的矫正情况及违规违法的处理情况等最为熟悉,由司法行政机关提请人民法院收监执行比较符合实践工作。

(二)各部门之间缺乏联系沟通,社区矫正工作机制有待完善

社区矫正工作牵涉到人民法院、人民检察院、公安机关、司法行政机关、民政、劳动和社会保障等多个部门,社区矫正工作虽然是由司法行政机关主管,但是在实施过程中与其他部门的联系合作是密不可分的。当前,社区矫正工作因部门之间联系合作不紧密而出现以下三种突出问题:

一是社区矫正对象有被依法决定拘留、强制隔离戒毒、采取刑事强制措施等限制人身自由情形的,有关机关应当及时通知社区矫正机构。但是在司法实践中,社区矫正对象因违法行为被公安机关行政、刑事拘留或者逮捕的,公安机关并没有及时向司法行政机关通报。司法行政机关无法联系到社区矫正对象时,就会动用大量的人力、物力资源进行查找,这不仅浪费了大量国家资源,在很大程度上也加重了司法行政机关工作人员的工作压力和心理压力。近年来,长宁县就出现了两例

比较典型的这类案件:一件是,2016年6月,长宁县社区矫正对象杨某某,在社区矫正期间,因涉嫌伪造、倒卖伪造有价票证罪,被公安机关刑事拘留并送看守所关押,但公安机关并未将刑事拘留杨某某告知司法行政机关,司法所工作人员在多次通知杨某某到司法所进行学习教育时发现无法联系。随后,司法行政机关工作人员了开展大量的查找工作,但并未找到并准备联系公安机关协助查找。此时,县检察院驻看守所检察室工作人员在对看守所在押人员进行谈话时发现杨某某是社区矫正对象,并将此情况及时告知县司法行政机关,县司法行政机关才知道杨某某被刑事拘留的情况。另一件是,2019年11月,社区矫正对象李某某,因寻衅滋事罪被公安机关刑事拘留,在送往看守所收押时发现,李某某佩戴的金属定位手环无法取脱,而根据相关规定,看守所拒绝收押。此时,办案人员才通知县司法行政机关工作人员到县看守所为李某某取定位手环,县司法行政机关才知道社区矫正对象李某某已被公安机关刑事拘留。

二是审前调查评估工作难落实。根据《社区矫正法》第18条规定,“社区矫正决定机关根据需要,可以委托社区矫正机构或者有关社会组织对被告人或者罪犯的社会危险性和对所居住社区的影响,进行调查评估,提出意见,供决定社区矫正时参考”。但是在实际工作中,有的司法行政机关还在进行调查时,法院判决书就已经下来了,司法行政机关的审前调查评估形同虚设。有些通过审前调查不适合进行社区矫正的被告人或罪犯,如果法院不采纳司法行政机关的意见而对被告人适用社区矫正,这无疑给司法行政机关的监督教育工作带来了不小压力。

三是暂予监外执行的孕妇的收监执行问题。孕妇在哺乳期结束后,暂予监外执行条件消失的应当收监执行,但是婴儿的抚养问题由于其亲属以各种原因不愿意收养,而公安机关、民政部门又没能及时与相关部门协调好如何处置婴儿的收养问题,导致收监执行迟迟得不到解决。在此期间,法院的收监执行文书也已下达,如何尽快将其收监执行已是考验当前社区矫正工作中各部门协作配合的问题之一。例如,社区矫正对象韦某某,于2012年10月被浙江省某市人民法院以组织卖淫罪判处有期徒刑5年6个月。判决时因罪犯韦某某正值哺乳期,因此被决定暂予监外执行,并送达了暂予监外执行决定书。2013年11月,罪犯韦某某哺乳期满,暂予监外执行的情形消失,原判法院决定对韦某某收监执行,并下达了收监执行决定书。但是,县司法行政机关在对其进行收监过程中发现罪犯韦某某家中有3个未成年子女,父母年纪大且无自理能力,男友又在浙江省某监狱服刑。如果此时将罪犯韦某某收监执行,其三个未成年子女将面临无人抚养的境况。县司法行政机关及公安局机关积极协调民政部门和地方政府对其家庭进行帮扶援助，但由于三个小孩一直无法落实安置，因此，未能将罪犯韦某某及时收监。直至 2015 年 5 月，经当地政法机关、民政部门及政府多次、多方协调，罪犯韦某某的亲属愿意代为抚养小孩后，罪犯韦某某才被送到县看守所代为送监狱执行刑罚。

（三）群众法律价值的取向影响社区矫正工作的开展

我国经过了几千年的封建专制统治，传统的封建法律思想对人民群众的思想意识影响深远，短期内很难改变。同时，人民群众对社会主义法律、法规知之甚少，主观思维大于法律思维。因此，在人民群众中，对犯罪控制的价值取向尤为严重。严惩犯罪分子，将其关押进监狱，是对被害人及其家属的一种安抚，能够适当平息民愤。但是受自身对法律的不了解及传统法律思维、意识的影响，部分群众对犯罪分子进行社区矫正表现出一种怀疑和不理解，他们认为，犯罪分子就应该坐牢，不坐牢即是无罪，就没有受到应有的惩罚，这种怀疑和不理解在被害人及其家属的思想上表现得尤为突出。因为怀疑和不理解，一些群众对社区矫正工作表现出思想上不支持，有人甚至表现出抵触情绪，这为社区矫正工作的开展带来了不小的困难。

（四）矫正队伍人才匮乏，管理模式经验化

一方面，矫正工作的主要特点体现为工作性质和人员的特殊性，社区矫正对象不同于关押在监狱的罪犯，他们享有一定的人身自由。因此，社区矫正工作不同于其他工作，在监督管理教育上需要采用特殊的工作方法，同时也要求从事社区矫正工作的人员必须要具有较高的理论水平和极强的专业技能，即社区矫正工作人员在理论方面不但需要有广博、精深的法律知识，还必须掌握相关的管理学、心理学、社会学、教育学等多学科专业知识，还要有极高的政策理论水平；在专业技能方面除了具备较高的管理能力外，还必须要掌握较高的社交技能、口才技能，以及应对突发事件的应急技能等实用技能。但是，目前基层社区矫正工作人员中掌握专业技能的矫正工作人员非常缺乏，如心理咨询师。当前的社区矫正工作人员是通过政府公开招聘或者临时聘用而来，经过简单培训就上岗或者先上岗再培训，其自身相应的专业知识和专业技能与社区矫正工作的要求相差甚远。虽然社区矫正工作人员队伍的职业道德水平较高，具有高度的事业心和责任感，在社区矫正工作中也取得了一定成绩，但是从专业技能方面来看还存在工作经验、工作能力和工作水平等方面的不足，在一定程度上仍然制约着社区矫正工作的发展。

另一方面，社区矫正工作需要一支稳定的社会志愿者队伍，尤其是既能开展社区矫正工作又懂法律知识、心理学、教育学等知识的志愿者,但是就目前的情况来看,因为多种原因,社会志愿者在社区矫正工作中绝大部分都只是有其名而无其实,普通群众根本不愿意参与社区矫正工作,挂名志愿者都是无奈之举,更不用说具有专业知识的专业人士参与到社区矫正工作中来当志愿者。

(五)社区矫正对象的心理健康教育、咨询和治疗相对滞后

对社区矫正对象的监督管理教育的目的是帮助其重新融入社会,使其成为自食其力的守法公民。这些人之所以走上犯罪道路,与他们存在一定的心理障碍甚至心理疾病有或多或少的关系;另外,由于社区矫正对象往往受到来自家庭或者社会的歧视,对社会产生仇视、报复或者破罐子破摔的心理,容易对自己重新做人失去信心。因此,社区矫正机构通过对社区矫正对象进行心理健康教育、心理咨询和心理治疗,逐步消除其心理障碍和心理疾病,使其逐步建立正确的世界观、人生观、价值观,从而使其适应社会、融入社会。但是,目前基层司法行政机关受到资金短缺、地域条件等限制,心理专家配备几乎为零,相应的基础设施也未配备,从而导致司法行政机关无法对社区矫正对象开展专业的心理健康教育和咨询、治疗工作。

(六)工作人员配备、经费等与不断发展的社区矫正业务存在矛盾

司法行政机关基层司法所目前承担着社区矫正、法律援助、法律服务、人民调解等多项工作,工作任务非常繁重,而与之配套的工作条件难以保证社区矫正工作的正常运转:一是人员配备少。多数司法所工作人员配备不足,部分司法所存在一人所情况,只有所长一人,身兼数职,工作人员严重不足。二是基层司法所工作经费紧张。社区矫正各项工作开展需要一定的经费予以保证,其工作经费主要由县司法局根据财力安排,由于县财政较为困难,尤其是西部地区,县级司法局工作经费都难以保证,司法所的工作经费就更不足了,所以直接影响到社区矫正工作的正常开展。

三、解决社区矫正工作中的难点问题的对策

(一)进一步完善相关法律、法规、政策,强化工作落实

社区矫正工作是一项严肃的刑事执行活动,必须严格依法办事。如果法律法规不完善,缺乏相应的法律支持,社区矫正工作很难收到实效。一是针对当前社区矫正工作中遇到的收监执行难等问题,应尽快完善相关法律、法规,出台相关细则,对社区矫正实践中遇到的特殊情况给予法律保障。二是强化工作落实,严格依法履职。《社区矫正法》《社区矫正法实施办法》已于2020年7月1日正式实施,人民

法院、人民检察院、公安机关、司法行政机关及相关部门应加强组织学习。检察机关作为社区矫正工作的法律监督机关，应加强对人民法院、公安机关、司法行政机关是否依法履职的监督，及时发现和纠正各类违法，确保社区矫正工作依法、依规顺利进行。

（二）强化部门配合，推动矫正工作稳步发展

根据《社区矫正法》第8条规定，加紧成立统一领导的社区矫正委员会，可由人民法院、人民检察院、公安机关、司法行政机关、民政、劳动和社会保障等部门相关人员组成，便于社区矫正工作的衔接与协调。各部门紧密配合，形成工作合力，确保矫正对象“收得下、管得住、矫得正”，减少社区矫正对象在矫正期间重新犯罪。人民法院应当加强对被判非监禁刑到社区矫正对象的调查评估，加强与社区矫正工作部门联系，了解社区矫正对象的重新犯罪风险，研究判决的精准度。检察机关应明确职责，对社区矫正工作实施法律监督，保障社区矫正工作依法、依规、公正进行。公安机关应与矫正机构密切配合，严防社区矫正对象脱管、漏管。社区矫正组织要协调各部门，定期召开联席会议，及时将社区矫正工作情况向有关部门通报，并将矫正对象的情况反馈给人民法院和监狱，共同做好矫正对象的转化工作。当地党委政府要把社区工作摆上议事日程，纳入社会管理综合治理考核评价体系，形成社区矫正工作“一盘棋”，推动矫正工作稳步发展。

（三）强化社区矫正队伍建设

社区矫正工作的本质属性决定了其是一项严肃、专业性很强的执法活动，客观上要求造就一支思想政治合格、业务能力过硬、保障有力的队伍来。针对队伍建设方面暴露出的问题，需要强化队伍建设。一是加强专业知识培训。对社区矫正工作人员应定期、分批进行专业培训，尤其是对新颁布的《社区矫正法》《社区矫正法实施办法》等相关法律、法规进行培训，使之不断更新知识，正确熟练地运用法律、法规和矫正工作方法、技巧，更好地适应新形势下社区矫正的工作需要。二是充实社区矫正工作队伍。可以面向社会公开招考一批懂法律、政策以及教育学、心理学等专业知识且具有较高综合素质和道德修养的社区矫正专业人才，充实社区矫正执法队伍。三是可以通过“政府购买服务”的方式，吸收文化水平高、经验丰富、热心社区矫正事业的专家学者、居（村）民委员会成员和老党员、老干部参与到矫正教育帮扶工作中来，进一步完善社会志愿者队伍，并将聘用经费纳入同级财政预算予以保障，确保社区矫正工作顺利开展。

（四）加大宣传力度，努力提高社会力量的参与度、认可度

社区矫正是一项社会性和综合性很强的工作，需要社会各方面的支持和参与。

要积极通过新闻媒体等多种宣传途径,加大对社区矫正工作的正面宣传,向人民大众进行宣传有关社区矫正工作的性质、内容、目的和意义,发放宣传资料、办理宣传板报,改变群众传统观念里只有监狱才能改造犯罪的思想,赢得群众对社区矫正工作的理解、支持及认可,消除群众对社区矫正对象的担忧和不安心理,以便使社区群众、社会团体组织进一步认识、了解社区矫正工作在促进社会和谐稳定中具有的重要作用。扩大社会影响面,增强社会影响力,争取社会各界的认可和支持,进而使群众主动关心、支持、参与社区矫正工作,为社区矫正工作营造良好的社会氛围。

社区矫正调查评估的经验与问题

苏明月　岑培凯*

摘　要：社区矫正具有的减轻监狱压力、节约社会资源、促进行刑社会化等优点自不待言。理想的状态是充分发挥社区矫正制度的优势，将应放入社区处遇的罪犯适用社区矫正，具有人身危险性或再犯风险性的罪犯监禁在监狱中，但现实却呈现出一些不能忽视的问题。作为监禁刑与非监禁刑的分流工具，调查评估工作对于保障刑罚机能的实现至关重要。论文梳理了社区矫正调查评估规定的立法历程，分析了实践中调查评估方式方法及其存在的问题，重点论述了调查评估意见的法律性质及其采纳问题。进而指出社区矫正调查评估问题是一个小缩影，反映出社区矫正工作既需要《社区矫正法》的顶层法律依据，同时也亟须科学研究调查评估工具的设计、人员的培训和整体社会支持体系的支持。

关键词：社区矫正；调查评估；评估意见的法律性质

社区矫正自2003年试点至今，由点到面、由小到大，在全国推行并得到广泛适用。作为与监禁刑相对的刑罚执行方式，这一制度影响深远。社区矫正具有的减轻监狱压力、节约社会资源、促进行刑社会化等优点自不待言。理想的状态是充分发挥社区矫正制度的优势，将应放入社区处遇的罪犯适用社区矫正，具有人身危险性或再犯风险性的罪犯监禁在监狱中，但现实却呈现出一些不能忽视的问题。具体

---

* 苏明月，北京师范大学刑事法律科学研究院副教授，法学博士；岑培凯，浙江省慈溪市人民法院法官助理。

基金项目：国家法治与法学理论项目研究“中国社区矫正制度本土化研究”（项目编号：15SFB2017）；四川省高等学校人文社会科学重点研究基地社区矫正研究中心项目“社区矫正立法问题研究”（项目编号：SQjz2018－01）。

来说,我国社区矫正存在分流不当的问题。一方面,将不适宜在社区进行矫正的罪犯错误地置于社区,是对社会潜在被害人和犯罪人家属及其本人的伤害,学者孔一对假释失败的未成年犯进行的个案研究即体现了此问题。另一方面,目前也存在将应当进行社区矫正的罪犯置于监狱的案例,此种做法既打击了罪犯的服刑积极性,也不利于后续的矫正工作开展。作为监禁刑与非监禁刑的分流工具,入矫前调查评估的重要性由此凸显。本文旨在通过审视该制度在实践中的发展状况,发现问题,从而为社区矫正调查评估制度建言献策。

一、社区矫正调查评估规定的立法进程

社区矫正调查评估,又被称为社区矫正适用前调查评估,在特定情形下还被称为审前调查评估,是指针对拟接受社区矫正的刑事案件,由委托机关要求受委托机关出具的,评估犯罪人再犯可能性与社区接纳度,供委托机关进行酌情考量决定是否予以社区矫正的程序与内容。

调查评估的内容与程序随着司法实践的发展在法律层面也相应修改更新。2012年颁布的《社区矫正实施办法》第4条规定,社区矫正调查评估是指"人民法院、人民检察院、公安机关、监狱对拟适用社区矫正的被告人、罪犯,需要调查其对所居住社区影响的,可以委托县级司法行政机关进行调查评估。受委托的司法行政机关应当根据委托机关的要求,对被告人或者罪犯的居所情况、家庭和社会关系、一贯表现、犯罪行为的后果和影响、居住地村(居)民委员会和被害人意见、拟禁止的事项等进行调查了解,形成评估意见,及时提交委托机关"。

因为社区矫正工作涉及各部门的衔接与配合,最高人民法院、最高人民检察院、公安部、司法部于2016年8月发布《关于进一步加强社区矫正工作衔接配合管理的意见》(以下简称《衔接配合管理意见》),对社区矫正调查评估工作的规定进行了修改或细化,具体规定为:"人民法院、人民检察院、公安机关、监狱对拟适用或者提请适用社区矫正的被告人、犯罪嫌疑人或者罪犯,需要调查其对所居住社区影响的,可以委托其居住地县级司法行政机关调查评估。对罪犯提请假释的,应当委托其居住地县级司法行政机关调查评估。对拟适用社区矫正的被告人或者罪犯,裁定或者决定机关应当核实其居住地。"

关于社区矫正调查评估工作的规定,《衔接配合管理意见》与2012年颁布的《社区矫正实施办法》相比较,有以下修改或细化:一是考虑到《社区矫正实施办法》规定人民检察院有权在起诉前委托司法行政机关对犯罪嫌疑人进行社区矫正调查

评估，但因《社区矫正实施办法》用语表达中遗漏了“犯罪嫌疑人”，因此《衔接配合管理意见》将犯罪嫌疑人补充到调查评估的适用对象中；二是强调了受委托进行调查评估的机构为居住地县级司法行政机关；三是规定提请假释的罪犯应当进行调查评估，而不再是“可以”；四是详细规定了委托调查评估所需要的委托函、附的各项材料以及注意事项；五是规定了受委托机关完成调查评估的时限；六是从法律上规定了社区矫正调查评估的性质，即适用、提请社区矫正的参考。

社区矫正自2003年开始试行以来，实务部门积累了工作经验，也遇到一些实施中的问题，一直盼望着法律出台，从顶层设计上给予支持和梳理。2019年12月《中华人民共和国社区矫正法》（以下简称《社区矫正法》）通过，并于2020年7月1日开始实施。《社区矫正法》第17条规定：“社区矫正决定机关判处管制、宣告缓刑、裁定假释、决定或者批准暂予监外执行时应当确定社区矫正执行地。社区矫正执行地为社区矫正对象的居住地。社区矫正对象在多个地方居住的，可以确定经常居住地为执行地。社区矫正对象的居住地、经常居住地无法确定或者不适宜执行社区矫正的，社区矫正决定机关应当根据有利于社区矫正对象接受矫正、更好地融入社会的原则，确定执行地。本法所称社区矫正决定机关，是指依法判处管制、宣告缓刑、裁定假释、决定暂予监外执行的人民法院和依法批准暂予监外执行的监狱管理机关、公安机关。”第18条规定：“社区矫正决定机关根据需要，可以委托社区矫正机构或者有关社会组织对被告人或者罪犯的社会危险性和对所居住社区的影响，进行调查评估，提出意见，供决定社区矫正时参考。居民委员会、村民委员会等组织应当提供必要的协助。”《社区矫正法》作出了如下确认：一是社区矫正决定机关为人民法院、监狱管理机关与公安机关，排除了人民检察院；二是明确了社区矫正执行地的认定办法；三是规定受委托进行调查评估的主体为社区矫正机构、有关社会组织；四是明确了调查评估内容为被告人或者罪犯的社会危险性和对所居住社区的影响。

为做好《社区矫正法》的贯彻实施，进一步推进和规范社区矫正工作，最高人民法院、最高人民检察院、公安部、司法部对2012年《社区矫正实施办法》进行了修订，制定了《中华人民共和国社区矫正法实施办法》（以下简称《社区矫正法实施办法》，并于2020年6月18日印发，于2020年7月1日与《社区矫正法》同步实施。《社区矫正法实施办法》第14条规定：“社区矫正机构、有关社会组织接受委托后，应当对被告人或者罪犯的居所情况、家庭和社会关系、犯罪行为的后果和影响、居住地村（居）民委员会和被害人意见、拟禁止的事项、社会危险性、对所居住社区的影响等情况进行调查了解,形成调查评估意见,与相关材料一起提交委托机关。调查评估时,相关单位、部门、村(居)民委员会等组织、个人应当依法为调查评估提供必要的协助。……社区矫正决定机关对调查评估意见的采信情况,应当在相关法律文书中说明。对调查评估意见以及调查中涉及的国家秘密、商业秘密、个人隐私等信息,应当保密,不得泄露。”

《社区矫正法实施办法》是对《社区矫正法》的落实与细化,具体可归纳为:第一,明确了社区矫正调查评估的委托单位是人民法院、公安机关、监狱管理机关以及监狱。第二,社区矫正机构接受委托进行调查,提出评估意见。第三,调查评估的对象是拟判处管制、缓刑的被告人,拟决定暂予监外执行的罪犯,拟提请假释的罪犯。同时法院拟判处管制、宣告缓刑、决定暂予监外执行的,可以委托进行调查评估;公安机关对看守所拘留所服刑罪犯拟暂予监外执行的,可以委托开展调查评估;而监狱管理机关以及监狱对监狱关押罪犯拟提请假释的,应当委托调查评估。尤其是法院与公安机关在是否决定委托调查评估上具有选择权,而监狱管理机关以及监狱对拟提请假释罪犯必须委托调查评估。第四,调查评估的内容包括核实社区矫正对象的居住地、居所情况、家庭和社会关系、犯罪行为的后果和影响、居住地村(居)民委员会和被害人意见、拟禁止的事项、社会危险性、对所居住社区的影响等。第五,社区矫正决定机关对调查评估意见的采信情况,应当在相关法律文书中予以说明。

二、调查评估的方式与方法

调查评估的方式往往决定了调查评估报告的质量。这里所述的调查评估方式包含两个层面:第一层面是以何种方式进行调查(调查方式),涉及问卷法、访问法、观察法等;第二层面是以何种方式进行评估(评估方式),涉及临床判断法、精算预测法等。

就评估方式而言,犯罪风险评估工具目前有四代:临床判断、精算预测、静态风险与动态需求综合评估、风险评估与个案管理相结合。临床判断法是由矫正人员和临床专家(心理学家、精神病专家和社会工作者)基于自身的专业训练和经验进行主观评估;精算预测法主要是利用统计学方法,以相似环境中其他个体的可能性行为,或者其他在过去被证明确实有风险的个体的相似行为等作为参照制作量表(被纳入量表的要素仍以静态的为主);静态风险与动态需求综合评估是将临床判断与精算预测相结合的方法;而风险评估与个案管理相结合是融合了系统性干预和监测，将迄今未纳入评估的更广泛的罪犯风险因子及其他对矫正有重要影响的因子都囊括进来的评估方法。[1] 我国多数地区并未规定评估方式。少数地区有所提及，如江西省规定以集体讨论的方式，围绕“是否具有再犯罪危险性、是否可以实现有效监管、是否可以适用社区矫正”这一核心进行讨论；上海市规定由“社区民警、社会工作者、志愿者、社区居民代表和有关单位人员参加评议会”，作出是否适用的决定。

在司法实践中，学者认为我国主要采用的是临床判断法。[2] 实践中，往往是司法所调查人员根据调查收集的信息进行主观判断作结论。[3] 这里课题组调研以 S 省 C 市 Q 区的调查评估分值表（见表 1）为例。

〔1〕 孔一、黄兴瑞：《刑释人员再犯风险评估量表（RRAI）研究》，载《中国刑事法杂志》2011 年第 10 期。

〔2〕 张吉喜：《论刑事诉讼中的社会调查报告》，载《刑事法评论》2015 年总第 36 期第 1 辑。

〔3〕 黄智聪：《关于开展社区矫正适用前调查评估工作的实践与思考》，载《中国司法》2019 年第 5 期。

表1　S省C市Q区犯罪嫌疑人、被告人、罪犯调查评估表内容整理

<table>
<tr><th></th><th>犯罪嫌疑人</th><th>被告人</th><th>罪犯</th></tr>
<tr><td>居所情况</td><td>犯罪嫌疑人家庭有无固定居所(4分)</td><td>被告人家庭有无固定居所(4分)</td><td>罪犯家庭有无固定居所(5分)</td></tr>
<tr><td rowspan="5">家庭和社会关系</td><td>犯罪嫌疑人有无配偶(2分)</td><td>被告人有无配偶(3分)</td><td>罪犯有无配偶(4分)</td></tr>
<tr><td>犯罪嫌疑人有无父母(2分)</td><td>被告人有无父母(3分)</td><td>罪犯有无父母(4分)</td></tr>
<tr><td>犯罪嫌疑人家庭是否和睦(4分)</td><td>被告人家庭是否和睦(4分)</td><td>罪犯家庭是否和睦(5分)</td></tr>
<tr><td>犯罪嫌疑人家庭成员中有无不良恶习和违法犯罪记录(4分)</td><td>被告人家庭成员中有无不良恶习和违法犯罪记录(4分)</td><td>罪犯家庭成员中有无不良恶习和违法犯罪记录(4分)</td></tr>
<tr><td>犯罪嫌疑人是否与有劣迹的人员交往过密(2分)</td><td>被告人是否与有劣迹的人员交往过密(2分)</td><td>/</td></tr>
<tr><td rowspan="5">一贯表现</td><td>犯罪嫌疑人有无吸毒、赌博、嗜酒等恶习(2分)</td><td>被告人是否迷恋网络游戏(2分)</td><td rowspan="5">/</td></tr>
<tr><td>犯罪嫌疑人是否易冲动、有无暴力倾向(2分)</td><td>被告人有无吸毒、赌博、嗜酒等恶习(2分)</td></tr>
<tr><td>犯罪嫌疑人性格是否孤僻,是否有较重的报复心理(2分)</td><td>被告人是否易冲动、有无暴力倾向(2分)</td></tr>
<tr><td rowspan="2">犯罪嫌疑人有无精神病史或精神病遗传史(2分)</td><td>被告人性格是否孤僻,是否有较重的报复心理(2分)</td></tr>
<tr><td>被告人生活作风是否正派(2分)</td></tr>
<tr><td>犯罪行为的后果和影响</td><td>/</td><td>/</td><td>/</td></tr>
<tr><td rowspan="3">居住地村(居)民委员会和被害人意见</td><td>村、社区意见(10分)</td><td>村、街道意见(10分)</td><td>村、街道意见(10分)</td></tr>
<tr><td>辖区公安派出所意见(10分)</td><td>辖区公安派出所意见(10分)</td><td>辖区公安派出所意见(10分)</td></tr>
<tr><td>辖区司法所意见(10分)</td><td>辖区司法所意见(10分)</td><td>辖区司法所意见(10分)</td></tr>
</table>

续表

	犯罪嫌疑人	被告人	罪犯
拟禁止的事项	/	/	/
成长经历	犯罪嫌疑人在个人成长中有无重大挫折(2分)	被告人在个人成长中有无重大挫折(2分)	/
		被告人在个人成长中是否缺少关爱(2分)	
犯罪情节	犯罪嫌疑人是否初犯、过失犯(2分)	/	/
事后表现	犯罪嫌疑人是否承认自己所犯罪行(5分)	被告人是否认罪悔罪(10分)	罪犯是否认罪悔罪(20分)
	犯罪嫌疑人是否愿意承担相关责任(8分)		
	犯罪嫌疑人是否取得被害人谅解(5分)		
矫正条件	犯罪嫌疑人家庭对其有无约束力(4分)	被告人家庭对其有无约束力(4分)	罪犯家庭对其有无约束力(5分)
	犯罪嫌疑人家庭有无稳定的收入和经济来源(4分)	被告人家庭有无责任感(4分)	罪犯家庭有无固定居所(5分)
	犯罪嫌疑人所在村(社区)的综合评价是否良好及以上(4分)	被告人家庭有无稳定的收入和经济来源(4分)	罪犯家庭有无稳定的收入和经济来源(4分)
	/	被告人家庭居住地有无良好的治安环境(4分)	罪犯家庭居住地治安环境是否良好(4分)
其他方意见	犯罪嫌疑人家属意见(4分)	被告人家属意见(5分)	罪犯家属意见(5分)
	被害人或家属意见(6分)	被害人及家属意见(5分)	被害人及家属意见(5分)

表1中所列事项多以笼统概括性的词语进行描述,且选项为简单的二分选项,缺乏符合实际情况的中间项。例如"犯罪嫌疑人有无吸毒、赌博、嗜酒等恶习"这一调查事项,这里把影响程度不同的吸毒、赌博与嗜酒放在同一个设问选项里进行评估,且对于有相应恶习的人未区分偶尔性或是经常性,仅提供是与否的二分选项。同时,S省C市Q区的分值表中设置了许多占分比重大的征求意见选项(如征求辖区公安派出所、司法所意见),且该类选项的计分方式为"同意纳入的,得满分,反之不得分"。此类选项共占40分的分值,而全有或全无的计分方式很容易造成被征求意见方的主观态度左右调查评估结果的局面,不利于得出被调查评估对象适合社区矫正的结论。[1]

临床判断法具有很强的主观性,因而随机性大、评估结果不稳定、预测信效度结果低。部分地区拥有结构化调查表,但设问方式与计分规则存在问题。以表1 S省C市Q区的调查评估分值表为例。相比之下,有些地区制定和应用了精算预测工具(如北京的"北京市社区矫正人员综合状态指标体系"、江苏的"社区矫正风险评估系统"),但相关研究表明这些工作不尽完善,存在一定缺陷,例如:(1)实验组与对照组选择错误。如用在监狱内服刑的短刑犯和社区矫正人员直接对照来分析差异,并将这些差异作为解释社区矫正人员再犯的因素。(2)没有计算出不同相关因子对社区矫正人员再犯的不同影响力,即没有赋予不同因子以不同权重。如酗酒和吸毒对再犯的影响程度不同,而上述评估系统中却给予了同样的权重系数。(3)评估题目中涉及过多的主观和含糊项目,缺乏客观、统一的标准。(4)已制定的预测工具的信度、效度也未见公开的检测报告。[2] 调查评估量表制作后,还需要有专业的调查评估技巧与足够的调查评估人手支撑,这对于具有多重职能的司法行政机关来说无疑是一项挑战。实践中往往由于案例量大,社区矫正工作人员缺乏使用风险评估工具所需的专业资格和培训,风险评估工具并不经常被使用,现实中社区矫正工作人员仅进行简单的社会背景调查工作。[3]

---

〔1〕 S省C市Q区对社会调查评估实行百分制量化评估:在80分以上的,调查评估小组可以提出适宜纳入社区矫正的意见;评估分值在60~80分的,由调查评估小组报县(市、区)司法行政机关负责人审定后,提出是否纳入社区矫正的建议意见;对60分以下的,调查评估小组可以提出不适宜纳入社区矫正的意见。

〔2〕 孔一:《社区矫正人员再犯风险评估量表研究》,载《犯罪与改造研究》2012年第7期。

〔3〕 Enshen Li: "*The Rhetoric and Practice of Community Corrections in China*". Asian Journal of Criminology, Vol. 12, No. 2, 2016, p. 143 – 162.

三、调查评估意见的采纳问题

2012年至2017年,全国社区矫正调查评估率从23.9%上升至58.4%[1]。整体呈上升状态,这些调查评估结果被社区矫正决定机关采纳的比率目前没有全国性的统计数据。关于调查评估的法律性质,2016年《衔接配合管理意见》将其表述为"作为依法适用或者提请适用社区矫正的参考"。《社区矫正法》并没有对是否采纳调查评估意见给予明确的规定。

课题组在调研访谈中了解到,对于调查评估意见为"不建议适用缓刑或暂予监外执行执行",而法院、公安机关或者监狱仍然决定适用社区矫正,基层司法行政机关对这种情况意见较大,认为这一部分的罪犯不好管或者成为监管负担。课题组针对这一问题,也分别访谈了法官与监狱管理人员。从法官的角度,由于我国的刑法基本品格处于古典学派,刑罚的基准主要基于行为,而不是人身危险性,所以当行为的严重性与缓刑相当时,法官在自由裁量权限内,是可以在司法行政机关调查评估反对适用社区矫正的情况下仍然判处缓刑。这一问题的解决,一方面要求调查评估科学准确,能够真实呈现行为人的人身危险性或科学预测其再犯风险性。另一方面,《刑法》今后在修改时根据实证学派的研究成果给予人身危险性的量刑空间,这样法官在根据评估意见作出判决或决定时更有法律根据,也会更为安心。从监狱的角度来看,中国假释率一直处于较低水平,社区矫正适用后不但没有如期扩大假释适用,反而在一定程度上降低了假释的适用。拟提请假释的,必须委托进行调查评估,调查评估时需征询被害人的意见和所在社区的影响,当被害人及其家属产生反对时,监狱往往不再提请假释,因为一旦发生假释犯再犯或与被害人及其家属产生冲突的情形,监狱方面将面临舆论压力并承担相应责任。因此社区矫正实施后假释反而更难了。在暂予监外执行的问题上,又与医疗保险、社会保险等社区问题相关联,在监狱内服刑的罪犯所需费用已经实现了由国家财政负担,包括医疗救治等费用,但一旦被保外就医暂予监外执行,有些罪犯回归地方没有医疗保险,其家属难以或不愿承担其医疗费用,也会成为司法行政机关的负担,因此会出现监狱要决定暂予监外执行,而社区矫正机构不愿或没有充足条件接受的问题。

这一问题,其实已经超越了法律层面,实际上是一个社会问题,需要医疗保险、社会保险等社会支持体系的整体建构。社区矫正调查评估问题是一个小缩影,反

[1] 司法部社区矫正管理局:《2012~2017年全国社区矫正工作统计分析报告》,法律出版社2018年版,第2页。

映出社区矫正工作既需要《社区矫正法》的顶层法律依据，同时也亟须科学研究调查评估工具的设计、人员的培训和整体社会支持体系的支持。

参考文献

孔一:《失能的惩罚与宽泛的矫正——一个假释失败未成年犯的个案研究》，载《青少年犯罪问题》2019年第1期。

社区矫正社会调查评估的现实困境与规则建构*

王鹏飞

摘　要:社区矫正适用的法定条件上的再犯风险有无设置、评估项目设置的强烈主观色彩、评估量表研发的顶层设计缺失以及再犯行为诱发原因的错综复杂,导致评估任务要求成为司法行政机关"不能承受之重"。在评估机制完善问题上,应当科学归位风险评估目标,以"再犯罪危险性较小"取代"没有再犯罪的危险"的社区矫正适用标准。通过大数据信息处理技术的运用,合理筛选征表罪犯"犯因性需求"的相关因子,以提升测评因子与再犯危险之间的相关性。根据社区矫正类型的不同以及犯罪大类的划分,对评估量表的类型进行多元化设计,以满足调查评估的个性化需求。着眼于调查对象人身危险性的可变性,以阶段性的评估考察取代现有的"以点概全"式的传统评估模式,以实现对风险变化趋势的全面掌握。此外,还需要正确看待社会调查评估的目的与作用,不应将评估报告的地位绝对化,只要调查机构按照有关的程序要求进行了风险评估并且结果呈现低风险状态,其对于社区服刑期间的再犯就应当免责。

关键词:社区矫正;风险评估;立法;内容;责任

2019 年 12 月 28 日,第十三届全国人民代表大会常务委员会第十五次会议通过了《社区矫正法》,标志着我国社区矫正司法实践迈入了一个崭新的阶段。其中第 18 条确认了社区矫正社会调查评估制度,实现了与《刑法》《刑事诉讼法》之于法律层面的规范协调。随后的 2020 年 7 月 1 日,司法部会同最高人民法院、最高人民检察院、公安部联合制定的《社区矫正法实施办法》颁布,取代了 2012 年《社区矫正

---

* 王鹏飞,西北政法大学刑事法学院讲师,法学博士。

基金项目:四川省高等学校人文社会科学重点研究基地项目"社区矫正社会调查评估完善问题研究(SQJZ2020-06)"阶段性研究成果。

实施办法》。新出台的《社区矫正法实施办法》全篇共计59个条文,在细化了立法规定的同时,对实践中存在的、立法未有细化指引的新情况新问题,进行了回应,在社区矫正社会调查评估方面也设置了相应条款。自2003年试点以来,社区矫正社会调查评估机制的建立完善问题一直处于探索中,为契合基本法律对于社区矫正适用"没有再犯罪的危险"之标准,各省纷纷通过社区矫正实施细则的具体规范进行调节。然而,由于顶层设计缺位、再犯诱因复杂、评估时间短,加之基层司法行政系统人手不足等因素,评估结果的准确性难以保证。而一旦出现矫正期间再犯罪的现象,工作人员往往还要面对一系列的责任追究,这使得社会调查评估任务成为司法行政机关"不能承受之重"。于是,如何解决社区矫正调查评估工作中面临的上述现实困境,建构起科学合理的调查评估规则,便成为理论界与实务界面临的一项重要课题。

一、现状窥探:基于规范与实践的二维分析

(一)社会调查评估的规范演变

在社区矫正社会调查评估规范化建设方面,实践中主要依靠各地出台的规范性文件予以调整。具有代表性的如2012年司法部出台的《社区矫正实施办法》以及最高人民法院出台的《关于审理未成年人刑事案件的若干规定》、司法部《司法行政机关社区矫正工作暂行办法》,对于社会调查评估问题仅作了原则性的规定,难以指导实践操作。鉴于此,各地方于实践中进一步通过法规、实施办法的制定予以调整。缺乏统一的评估标准直接导致在评估内容的设计上各地的侧重点有所不同,以江苏、湖南和陕西三省社区矫正调查评估内容要求为例,江苏省社区矫正风险评估内容主要有被矫正人的教育、就业、家庭、经济、生活方式、人际关系等方面内容,而湖南省社区矫正风险评估内容主要有居住情况、家庭成员和主要社会关系、一贯表现、犯罪行为的后果和影响、再犯罪风险、村(居)委会意见、被害人意见、矫正环境等方面内容。陕西省社区矫正风险评估的主要内容则包括家庭基本情况、社会关系、居住地、文化程度、在工作单位、学校和社会上的表现情况、在监所的表现情况、社区群众和单位职工的评价和反映、受害人的意见等方面内容。社会调查评估缺乏统一的标准和形式,导致实践中调查评估报告所涵括的项目和内容差异性较为明显。

新出台的《社区矫正法》第 18 条规定，社区矫正决定机关[1]根据需要，可以委托社区矫正机构或者有关社会组织对被告人或者罪犯的社会危险性和对所居住社区的影响，进行调查评估，提出意见，供决定社区矫正时参考。居民委员会、村民委员会等组织应当提供必要的协助。这是立法中对社区矫正社会调查评估制度的确认。该内容承袭了 2012 年《社区矫正实施办法》第 4 条的部分内容，并将受托主体由原来的"县级司法行政机关"扩展到"社区矫正机构或者有关社会组织"，一定程度上缓解了县级司法行政机关的压力；将调查评估动因由原来的"需要调查其对所居住社区影响的"，变更为"根据需要"，在社区矫正调查评估的程序启动上更为灵活；明确了调查评估报告的地位，即为社区矫正的决定环节提供参考。但与此同时，立法删除了《社区矫正实施办法》对评估内容的规定[2]，概括为"对被告人或者罪犯的社会危险性和对所居住社区的影响，进行调查评估"，赋予了实践部门更高的灵活性。与 2012 年《社区矫正实施办法》规定相同，《社区矫正法》对调查评估的启动均系"可以"进行，而非应当，亦即调查评估非为社区矫正适用的前置性程序。至于随后出台的《社区矫正法实施办法》，取代了 2012 年的《社区矫正实施办法》，顺应《社区矫正法》的规定，并对其中的有关内容进行了细化完善，如在社会调查评估制度方面，就四类罪犯社区矫正前调查评估的适用标准、评估模块设定、委托与受托主体、评估意见的地位等问题进行了规范，并设置了社区矫正工作人员履职保障条款。

（二）评估指标体系建设的实践探索

评估内容缺乏顶层设计，导致了实践操作过程中标尺不统一。对此，部分地区纷纷探索社区矫正社会调查评估指标体系的建构，目前北京、上海、广东等地的研究处于国内领先地位。2007 年，首都师范大学接受北京市司法局委托，进行"北京市社区服刑人员综合状态指标体系中期量表研发"项目，尔后首都师范大学团队按照协议要求，针对社区服刑人员中的管制犯、缓刑犯研发出《北京市社区服刑人员综合状态评估指标体系－表Ⅰ－GH（试行）》《北京市社区服刑人员综合状态评估指标体系－表Ⅱ－GH（试行）》，前者为社区矫正工作人员填写的他评量表，后者为

---

[1] 根据《社区矫正法》第 17 条规定，社区矫正决定机关，是指依法判处管制、宣告缓刑、裁定假释、决定暂予监外执行的人民法院和依法批准暂予监外执行的监狱管理机关、公安机关。

[2] 《社区矫正实施办法（2012）》第 4 条第 2 款规定，受委托的司法行政机关应当根据委托机关的要求，对被告人或者罪犯的居所情况、家庭和社会关系、一贯表现、犯罪行为的后果和影响、居住地村（居）民委员会和被害人意见、拟禁止的事项等进行调查了解，形成评估意见，及时提交委托机关。

自评量表。在评测内容上,于他评量表中对社区服刑人员的基本信息、家庭居住情况、犯罪与刑罚历史、接受社区矫正态度四个方面信息进行测评分析,于自评量表中通过60个题目对社区服刑人员的再社会化程度、认罪悔过与法律法规认知程度、心理人格特征以及接受社区矫正态度及回归社会倾向进行测评。评测结果根据分数的不同分为A、B、C三个档位,并于实践中对接北京市社区矫正工作领导小组办公室2005年制定的《社区服刑人员分类管理分阶段教育实施方案(试行)》的规定,对于社区服刑人员进行人身危险性评估与分类管理。上海地区则研发了包含22个评测指标的《社区矫正风险评估初次测评表》,设置了基本因素、个性及心理因素、社会因素以及综合因素四个调查类别,根据测评分值与总分值的百分比划定风险等级,其中稳定级为"≤45%",重点关注级为"45% ~55%",高危控制级为"≥55%"。广州市司法局与尚善社会服务中心合作开发了《社区服刑人员评估报告》,设置了包括犯罪历史、经济、同辈群体、罪行态度等12个评估指标,将评测分值划分为"0~7分轻度级"、"8~15分中度级"以及"16分以上深度级"三个档次。[1] 杭州市余杭区司法局与浙江警官职业学院合作,研发了《社区矫正人员再犯风险评估软件系统(CIRAI)》,该评估体系涵括了早年家庭与学业、早年行为、第一次犯罪情况第一次受刑与其他受罚情况、现在的情况以及近期行为六个方面的调查内容、43个测评因子。[2]

以加拿大为代表的西方国家社区矫正风险评估已经完成四代更替,从最初的通过临床医生采用现成的罪犯信息对于风险作出主观评价的第一代临床方法,到通过信息筛选与经验分析构建起来的以静态因素为核心的精算风险量表,进而对于罪犯作出风险评价的第二代精算方法,再到基于"犯因性需求"理论基础、合并起与犯罪行为相关的动态因素和静态因素的第三代评估方法,之后再到以实践性评估为核心的、整合了风险管理与风险评估两层面内容的第四代评估手段。这一发展脉络呈现出其评估内容更为深入、评估视角更为客观和全面的发展趋势。[3] 相对而言,我国在罪犯评估机制建设问题上,除了上述部分比较成熟的地区之外,多数地区还是通过简单的经验评估或直觉的临床评估作为人身危险性调查评估的方式,走访调查犯罪人的家庭成员、亲属、邻居、村级组织、辖区派出所等有关个人或机

〔1〕 迟大奎:《论社区矫正中的"裁前风险评估"——实体与程序的双重展开》,载《河南警察学院学报》2019年第4期。

〔2〕 孔一:《社区矫正人员再犯风险评估量表研究》,载《犯罪与改造研究》2012年第7期。

〔3〕 参见杨诚、王平:《罪犯风险评估与管理:加拿大刑事司法的视角》,知识产权出版社2009年版,第2~6页。

构，了解其家庭状况、社会关系、一贯表现、矫正环境、悔罪态度等方面的情况，从而得出适宜或不适宜纳入社区矫正对象的调查结论，也就是说，多数做法尚处于加拿大第一代主观评价状态。而已经开发出来的风险评估量表，大多处于第二代精算风险量表的层次。

二、社区矫正社会调查评估之可操作性困局

在社区矫正调查评估内容问题上，尚有许多关键问题有待解决，具体表现为立法上的“没有再犯危险”设置的科学性、调查内容范围的合理性、调查内容与再犯风险对应程度的贴合性、评估结果的说明性等，影响了调查评估的可操作性，妨碍了实践工作的有序开展。

（一）评估结果的“有”与“无”

《社区矫正法》以及《社区矫正法实施办法》规定了适用社区矫正的刑罚范围，但未能详细规定适用的具体条件，故而这方面内容需要寻找《刑法》《刑事诉讼法》的相关内容。根据规定，缓刑、假释的适用需要满足“没有再犯罪的危险”之条件。相应地，在司法解释中设定了“没有再犯危险”的衡量标准。如2011年11月最高人民法院通过的《关于办理减刑、假释案件具体应用法律若干问题的规定》第15条指出，“办理假释案件，判断‘没有再犯罪的危险’，除符合《刑法》第81条规定的情形外，还应根据犯罪的具体情节、原判刑罚情况，在刑罚执行中的一贯表现，罪犯的年龄、身体状况、性格特征，假释后生活来源以及监管条件等因素综合考虑”。已有规范在暂予监外执行的适用上，将“对适用保外就医可能有社会危险性的罪犯”作为排除条件。对于管制刑而言，虽无明确的条件限制，但该种刑罚方法在实践中适用率极低。就其他的社区矫正类型而言，“没有再犯罪的危险”是核心要求。实践中，调查者往往通过走访、约谈等调查方式，得出显示在调查评估报告中的是否适用社区矫正的结论，部分地区研发出了测评量表作为评估工具。有论者对社区矫正适用条件中的“没有再犯罪的危险”这一评估结果要求给予了支持，认为“审前调查评估作为一种实质性审查，是就犯罪人进入社区矫正之前的表现和社区对其评价为依据做出的一种对此后是否会成功再社会化、不再犯罪的预估，除去特殊的外在环境事件和个人发展不确定性的影响，也可以算作一种事前保证，保证犯罪人不会再触犯刑律”。[1]

---

〔1〕 任文启：《完善我国社区矫正审前调查评估制度的思考——基于文本和现实的比较分析》，载《甘肃政法学院学报》2016年第2期。

然而,前述立法条文忽略了一个重要问题,导致调查评估出现了“前提性错误”。应当认为,人身危险性评估的结果并不是“有无”的问题,而是“程度”的问题。详言之,人身危险性并不能简单地以“有无”来论断,这一标准是违背客观规律的,社会对于评估结果不应加诸极端化要求。已形成的较为成熟的人身危险性评估量表的测量结果往往分为一定的区间,将调查对象的人身危险性归类为三到五个级别,以相应的分数段为对照,说明其人身危险性程度或倾向,而非简单的有或无、0或100的评价结果。司法实践中,社区矫正社会调查评估的这种“前提性错误”导致评估工作者承担了过重的责任。如在调查评估报告中,评估机构需要给出“是否适用社区矫正”的结论意见。根据立法规定,调查评估意见作为社区矫正机关决定社区矫正时的参考,而实践中,社区矫正决定机关往往会基于其肯定性意见作出适用社区矫正的裁决,如若社区矫正期间矫正对象出现了二次犯罪的情况,舆论往往将责任归咎于评估机构。

(二)评估内容的“广度”与“深度”

社会调查评估也有谓之曰“判决前人格调查制度”,通过援引人格行为理论来论证再犯罪可能性能够被科学量化和评估,认为“对罪犯人格的正确评价,可以从行为人的素质和所处的环境进行,通过对形成人格的因素的了解来查看行为人的人格”。[1] 论者力图通过对罪犯进行人格测量,计算其人身危险性的大小。西方国家已有的人格调查量表有艾森克人格问卷(EPQ)、青年人格调查量表(PIY)、明尼苏达多项人格调查表(MMPI)等,所设置题目包括了对身体情况、精神状态、婚姻家庭、认知情况、社交技能等方面的调查。就罪犯风险评估制度处于引领地位的加拿大来说,其罪犯风险评估量表的开发已经完成了四代更替。相对而言,我国由于司法部未能出台统一的调查评估量表,在评估的详细内容上一般只能通过各地司法厅出台的具体实施细则来了解实践工作中调查评估的内容范围,在评估内容的广度与深度上存在较大问题。

首先,评估内容涉及较多无关项目。在调查范围上,很多内容虽然具有统计学上的意义,但是与罪犯人身危险性没有直接的关联,即评估内容与人身危险性预测之间出现错位,如拟矫正对象的年龄、实际居住地、家庭成员个人信息等调查项目设置,于社区矫正对象再犯罪预测并无实际的影响,其信息统计学意义凌驾于风险评估意义之上,而类似无关项目的过量设置,反而会弱化调查评估报告的专业性。

---

〔1〕[日]大塚仁:《犯罪论的基本问题》,冯军译,中国政法大学出版社1993年版,第171页。

其次，评估内容具有强烈的主观性。除了少数经济发达地区尝试建立评估量表体系之外，大部分地区目前仍处于主要采用依靠主观经验和直觉的临床评估的状态之下，评价标准缺乏实证基础与客观性。例如，许多评估报告中都包含了诸如不良嗜好、个性特点、家庭关系、一贯表现、被害人意见、公众态度、村（居）委会意见等内容，这些考察项目有相当程度的模糊性和主观色彩，并且极易由于犯罪人的身份地位、社会影响力等因素而对评价结果产生根本性的影响，很难准确反映出人身危险性的实际状况，根据这些内容而得出的是否适用社区矫正的评估结论难以做到科学和公正。

再次，评估内容停留在浅层次。调查评估在内容设计上并未体现出人格测量的专业性，未在实证研究的基础上以调查对象人身危险性的征表为核心展开设计。"调查目的仍仅停留于对犯罪人基本信息和社区对其适用社区矫正意见的确认上，更多是为了协助委托机关核实犯罪人今后接受社区矫正的列管地，也没有涉及对犯罪人性格特征、生活背景等方面的了解"〔1〕。相对而言，西方一些国家和地区在调查内容的针对性和深入性方面值得我们借鉴。以美国为例，美国的危险性评估工具以威斯康星危险性评估工具、宾夕法尼亚州危险性评估工具为代表。而该两份量表在内容设计上，威斯康星危险性评估工具主要包括了对居住地变更频率、就业情况、饮酒、药物使用、改变态度、犯罪情况、缓刑、假释情况等 11 个方面，而宾夕法尼亚州危险性评估工具在内容上与前者未见明显差别。加拿大的社区矫正人身危险性评估量表一般包括犯罪历史、教育情况或就业情况、婚姻家庭情况、居住情况、交往情况、饮酒或药物使用情况、情绪状况等 10 个方面的内容。进一步讲，加拿大对罪犯的评估因素又区分为静态评估因素和动态评估因素两个类别。"其中静态风险评估因素包括：犯罪历史记录、犯罪严重性记录、性犯罪者历史审查表、惯犯的统计信息；动态因素确认和分析的内容涉及就业、婚姻家庭状况、伙伴和社会交互作用、药物滥用、社区功能、个性/情绪倾向和态度"。〔2〕

最后，调查评估内容设置缺乏个性化考量。社区矫正适用的对象包含法定的四类人，不同类型的社区矫正人员具有其个性化特征，需要重点评估的项目也有极大差异，不能一概而论。如对于管制犯与假释犯之间存在犯罪恶性与刑罚执行过程的显著差异、暂予监外执行犯与其他类型的社区矫正对象之间存在身体状况的

〔1〕 周文庆：《社区矫正审前社会调查制度研究》，上海交通大学 2012 年硕士学位论文，第 9 页。

〔2〕 杨诚、王平：《罪犯风险评估与管理：加拿大刑事司法的视角》，知识产权出版社 2009 年版，第 37 页。

显著差异，于是，在评估内容设计上也应当注意到前述差别而予以分别安排。然而目前，实践中或是未有进行分类设计，或是只针对其中的部分适用对象设计了评估量表〔1〕。

（三）人身危险性考量的"变"与"不变"

人身危险性并非恒定不变的状态，而是根据调查对象所处的不同的时间阶段呈现不同的变化。一般而言，犯罪行为实施当时、犯罪行为实施之后、被采取强制措施期间、审判期间以及刑罚执行过程中的不同阶段，随着刑事司法过程参与的不断深入，犯罪人的人身危险性都会有波动。已有研究表明，在实施犯罪行为的诱因中，基于冲动或是法律意识不强犯罪是其中的关键因素之一，而随着行为人司法程序参与的不断深入，其越来越能够意识到自己犯罪行为的社会危害性及其法律后果，因而对于其认罪悔罪意识的出现以及强化具有一定的推动作用，相应地，其人身危险性也会逐渐减弱。而就在监狱中关押了一段时间的服刑人员来说，由于监狱环境的封闭性与狱外社会发展变化之间存在难以克服的矛盾，随着服刑时间的增长，犯人的监狱型人格愈发稳固，而在假释评估的问题上，服刑人员假释出狱那一刻，由于社会适应和融入方面存在的障碍，其人身危险性会有所回升。同时，行为人的人身危险性还会随着自身身体或心理状态、外界环境等方面的变化而出现差异，因此，此一时点的人身危险性衡量结果并不能代表彼一时点的人身危险性的真正状况。鉴于以上所述，在犯罪行为实施后某一时点的"一刀切"式的评估方式的合理性值得反思，其确有加重评估人员责任之嫌，而基于此作出的适用社区矫正的相关意见结论也只能反映调查当时的状态，在评估结果作出之后直至社区矫正对象再犯罪期间，社区矫正对象人身危险性的变化应当全面纳入考量范围，同时风险评估也应当在人身危险变化的各个关键节点及时予以跟进和测量。

（四）"犯"与"不犯"的一线之间

实证学派在犯罪原因问题上的研究结论说明，犯罪行为的发生是个人因素、自然因素以及社会因素等综合作用的结果，不同人的犯罪诱因有很大差异，因而应当重视犯罪人分类基础上的刑罚个别化，同时强调保安处分措施的应用。而在诱发犯罪的上述因素中，有些是可控、可测的因素，能够通过量表中的评估因子的合理设计予以科学评估和分级管理，但仍有部分因素属于不可控或难以评测的因素，这种因素的存在导致一些情况下调查对象的危害行为可能毫无征兆地出现，这就是

〔1〕 如北京地区对于调查评估量表的设计就是针对于管制、缓刑两类人员而设计的。

为什么一些人在实施了极端犯罪行为之后，其周围人都表示难以置信的根源所在[1]。

犯罪学上的犯罪行为的产生可以通过生物学领域的原癌基因理论予以阐释：在生物个体的正常细胞基因组中，都会存在原癌基因。在一般情况下，原癌基因处于内隐状态，与正常细胞和谐共生，对正常的细胞无害。而当某些培养条件出现之时，如在外在的辐射作用、毒素的过量摄入、体内废物的过度累积、内在基因突变等情况下，原癌基因被异常激活，异化成为癌基因，从而诱发细胞癌变，引致人体肿瘤疾病的产生。诚如人的犯罪行为的发生机理一样，在通常情况下，每个守法者同时也都是潜在的犯罪人，在守法与犯罪之间偏向何方，取决于其"犯因性需求"[2]是否被满足。当文化与技能缺乏、物质滥用、失业、无家可归、患精神性疾病等条件出现时，行为人犯因性需求得到(一定程度的)满足，越轨行为或犯罪行为产生。但与此同时，每个个体自身特点、所处的环境、以及个体与外部环境的联结情况存在差异，这些都形成了个体在犯罪发生中的"犯因性差异"。国内外学者对个体之间的犯因性差异开展了实证研究，如德国犯罪学家汉斯·格平格尔(Hans Coppinger)对200名年龄分布于20~30岁区间的男性罪犯进行研究分析后发现，罪犯中有六成人存在着工作、家庭责任观念淡漠、缺乏生活目标等问题，也有四成比例的人不存在上述情况。有超过九成的罪犯缺乏正确的金钱观但也有6%的罪犯不存在这个问题。可见，相同的因素作用于不同个体身上，会出现不同的效果。于是在人身危险性评估问题上，我们所能够做的努力实质上是围绕着影响再犯的可控可测因素的尽可能掌握而展开的。诱发调查对象再犯罪的因素过于复杂，其"犯"与"不犯"可能仅在一线之间，即使评测再犯可能程度低的人也有可能因为各种外界因素的诱发而实施犯罪行为，而评测再犯可能程度较高的人也会由于其个性化的"犯因"未被激发而不去实施犯罪行为。因此，社区矫正决定机关要正视评估报告中结论性意见的合理定位和实际作用，其立法定位仅在于决定机关作出适用社区矫正与否的裁决的参考，仅能够说明调查对象犯罪行为实施的概率高低，难以作出绝对确定的评价，因而不应加诸于评估结论过高的期待。

---

〔1〕 如云南大学的马加爵杀人案、西安音乐学院的药家鑫杀人案等，都存在着对行为人的评价口碑较好、案件发生后周围人难以置信的情况。

〔2〕 "犯因性需求"术语最早为英国犯罪学家菲利普·费尔曼提出，用来描述那些与犯罪行为相关的因素，在此基础上，加拿大学者开发出了第三代风险评估方法。

三、社区矫正社会调查评估的规则建构

社区矫正社会调查评估的规则建构,应当在科学设定风险评估目标的基础上,以司法机关执法办案数据为依托,利用大数据处理技术合理筛选评估因子指标体系,着眼于评估过程中的个体差异与群体差异,建构不同面向的多元化的评估量表类型,同时还应当扭转结果导向的评估思维,基于评估对象的人身危险性变化,建立起动态的、阶段式的评估新模式。

(一)风险评估目标的科学归位

评估目标的科学归位是理性构建风险评估机制的前提,这就需要在立法层面破除社区矫正适用上的"没有再犯罪的危险"的刚性要求,进一步以"再犯罪的危险性较小"为替代标准。如前所述,风险评估的分级标准往往是不同的分数区段,评估结果所对应的分级仅能够说明再犯罪的可能性高低,而非绝对的"有"或"无"再犯危险,当前有无标准的设定只能导致人手本就不足的评估机构承担起超出其能力范围的过重责任。司法实践中调查评估任务主要交由司法所工作人员进行,根据黄志聪对厦门市某区下辖的八个司法所的调查结果显示,在负责社区矫正适用前调查评估工作的20名工作人员中,专业对口只占20%,获得相应资格证书的只占25%。同时,司法助理员因学习或借调常不在位,造成调查人员数量明显不足。[1] 应当认识到,绝对的"没有再犯罪的危险"是不存在的,任何人都是犯罪学意义上的潜在犯罪人,都有实施犯罪行为的可能性,更何况是已经实施过犯罪行为的人。评估对象的亲友尚不能完全、准确地了解其各方面的具体情况,对于评估机构工作人员而言更是如此,力求在有限的时间范围内、利用有限的人力资源,去精确掌握调查对象的真实情况,也欠缺实际可能性。可以说,"没有再犯罪的危险"这一定位本身就是一个伪命题,这是风险评估机制不可避免的"先天不足",如此设定只会导致评估工作的大方向把握不清。因此,社区矫正对象识别上的绝对结果导向性的评价思路,应当转为过程导向性的评估模式,在程序正义的前提下,评估机构只要按照评估内容要求开展了尽职调查,而评估结果显示调查对象再犯可能性较低,就允许提出适用社区矫正建议,并且允许评估人员对该结论免责。

(二)风险评估因子的合理筛选

应当告别风险评估依靠主观经验和直觉的临床评估方式,将大数据处理技术

---

[1] 黄智聪:《关于开展社区矫正适用前调查评估工作的实践与思考》,载《中国司法》2019年第5期。

的最新研究成果服务于风险评估量表的开发。近年来，我们已步入以大数据作为技术支撑的信息社会，大数据应用研究作为近年来新兴的一个研究领域，由于其在海量数据发掘、处理与预测方面具有独特优势，因而越来越成为社会科学领域极其重要的研究工具。因此，在风险评估因子的合理筛选问题上，首先要强调的就是基于大数据支撑下的评估因子体系构建。风险评估量表应当联合办案机关共同研发，由办案机关提供全面的各类案件的犯罪行为信息和犯罪人信息，以此为基础，将个案转化为各类的非结构化离散数据、半结构化数据，并进一步进行智能化的数据挖掘、处理、存储和结果形成。从以往的带有强烈主观色彩的“我认为”型评估内容安排，转为客观化的基于大数据支撑的“我发现”型评估因子设计〔1〕，从海量的案件数据中筛选出那些具有一定集中性的犯因性需求因子，科学计算出不同因子对于犯罪行为发生的影响力，进行相应赋值，并剔除那些徒具统计学意义，而与罪犯人身危险性没有直接关联的因子，以增强评估结果的指导性意义。

其次，在评估因子的权重设计上，要注意动态因子与静态因子的平衡。动态因子与静态因子是一组风险评估与管理领域的基本概念，顾名思义，动态因子其实就是那些能够受到影响而减少风险程度的可变因子，而静态因子则是那些历史形成的、难以受到影响的不可变因子。〔2〕罪犯的人身危险性并非一成不变的，动态因子的纳入能够克服评估内容僵化的缺陷，对调查对象的人身危险性状况进行动态的反映。加拿大学者在量表的研发过程中，就意识到了静态风险评估量表不能提供全面的犯因性需求信息，于20世纪90年代的第三代量表创立过程中，吸纳进了与犯罪行为相关的动态因素。〔3〕

最后，在评估因子的内容面向上，应当坚持需求原则与回应原则并重。需求原则即评估因子的设定要与罪犯的犯因性需求相对应，这是提升量表效度的关键；而回应原则即倡导在评估内容的设计上，应当考虑到在后期的危险管理与分级处遇过程中，能够对罪犯产生影响的因素的充分吸收，这是提升量表应用价值的重要手段。研究显示，调查对象的人身危险性程度直接影响着矫正强度，二者呈现正相关

〔1〕 吴之欧、方翌：《基于数据挖掘技术的社区矫正人员再犯风险评估》，载《贵州社会科学》2016年第7期。

〔2〕 迟大奎：《论社区矫正中的“裁前风险评估”——实体与程序的双重展开》，载《河南警察学院学报》2019年第4期。

〔3〕 杨诚、王平：《罪犯风险评估与管理：加拿大刑事司法的视角》，知识产权出版社2009年版，第119页。

关系[1]。因此,风险评估不仅应当面向调查对象再犯风险的强弱测评,还应当结合罪犯风险管理与分级处遇的实际需要进行内容安排,为下一步的矫正项目设计做准备。

(三)风险评估类型的多元设计

评估量表的类型应该根据调查群体、调查阶段的不同而予以多元化设计,以切合调查对象的个性化特征。同时,不同地域的犯罪群体也有其生活环境、经济背景、职业类别、价值观念等方面的区域化特点,因此,应当在共性化的量表设计的基础上,允许各地进行个性化的调整。详言之:

一方面,在量表大类上,应当区别为管制、缓刑适用风险评估量表,假释适用风险评估量表与暂予监外执行适用风险评估量表三个类别。这三类群体在社区矫正适用的风险程度要求上应当有所差异,尤其是其中拟假释的服刑人员,根据《刑法》的规定,属于被人民法院判处有期徒刑或无期徒刑的情况,就犯罪的恶性与社会危害性而言,要比拟管制和缓刑的两类犯罪群体要重得多。而就暂予监外执行人员而言,根据《刑事诉讼法》的规定,属于有严重疾病需要保外就医的、怀孕或者正在哺乳自己婴儿的妇女,或是生活不能自理的情形,这类人员就在身体条件方面相较于其他几类群体有显著差异。因此,如果对于这几类人群在适用社区矫正的风险评估条件上完全"一刀切",则会导致假释制度难以适用,加之执行部门很难承受假释犯于社区矫正期间再犯罪的压力,从而造成假释制度在司法实践中适用率越来越低,产生执行机关更倾向于以减刑的适用取代假释的现象。因此,假释风险评估的结果要求宽松于其他社区刑罚为宜。同时在考评内容上,应当突出服刑人员狱内改造情况。对于暂予监外执行而言,其并非典型的社区矫正,该项制度的设置是刑罚人道主义的体现,是为身体有特殊状况的服刑人员提供狱外救治的渠道。暂予监外执行制度的适用有两个排除条件,一是适用保外就医可能有社会危险性的情况,二是有自伤自残的可能性的情况,前者是行为人的外在侵害性,属于社区矫正调查评估的共通内容;后者则是行为人自我伤害性,是暂予监外执行独有的立法排除要件,也是该类社区矫正调查评估的特殊内容。

另一方面,在量表因子设置上,需要兼顾罪犯群体共性的犯因性需求与区域性差异,进行顶层设计的同时,允许地区根据特殊情况予以调整。当然,风险评估量表需要顶层统一设定,在国家层面考虑,由司法部牵头,整合办案机关、刑罚执行机关

---

[1] D. A. Andrews and J. Bonta, *The Psychology of Criminal Conduct*, 3rd ed. Cincinnati: Anderson Publishing, 2003, p. 260.

的信息平台系统的资源优势进行数据挖掘，并根据犯罪大类，如人身伤害类、财产侵害类、性侵害类、毒品类、过失类等犯罪类型，进行同类致罪因子的筛选，并根据致罪因子在同类案件中反复出现的概率，进行相应的赋值。在此基础上，构建起全国范围内的风险评估系列量表，以保障量表构建的专业性。另外，考虑到不同地区罪犯群体有其犯罪诱因上的区域化特点，应当允许各地在顶层设定的风险评估量表的大框架范围内，根据情况进行评估因子的增删调整。

（四）风险评估过程的阶段考察

人身危险性并非恒定不变的状态，根据社区矫正决定机关委托而进行的当下的风险评测只能说明调查时被调查人的危险性程度如何，其后的升降趋势调查机构难以掌握。因此，致力于更为全面地了解调查对象人身危险性程度的发展趋势，应当进行分阶段的风险评测，在被调查者参与案件过程中的关键节点，分别进行人身危险性的阶段性评估，使得风险的动态变化过程可视化，以增强评估结果预测的精确度。在审判前风险评估的关键节点选取上，根据刑事案件的办理流程，可以考虑采取强制措施时点、侦查终结时点、审判程序启动时点以及裁判结果作出前这几个时点，进行人身危险性的评估。该四个节点的评测能够直接反映出随着刑事程序参与的深入，被调查者的法律意识、认罪悔罪态度等的变化趋势，以便为管制、缓刑这两类社区刑的裁决的作出提供充分的参考资料。而对于刑罚执行过程中风险评估的关键节点选取上，根据刑罚执行的过程，可以考虑选取入监时点、入监教育结束时点、改造过程中某一时点以及拟提请社区矫正时点，进行风险评估，这些时点的考量能够反映出随着刑罚执行时间的延长，调查对象的人身危险性变化的过程，以便为假释后其人身危险性变化趋势做出更为科学的预测。总之，转原来的“以点概全”式的传统评估模式为动态的、阶段式的评估新模式，实现对调查对象人身危险性变化趋势更为全面的掌握，以提升风险预测的精确度，是完善风险评估机制的重要一环。

余论：正确看待社会调查评估之目的与作用

实践中发生的一些社区矫正对象社区矫正期间再犯罪的案件，确实存在着部分基层司法行政机关在调查评估过程中严重失职的情况，但与此同时，即使根据规范性文件要求进行了尽职调查，或按照量表的内容进行了评测，所获数据也未必能准确预测调查对象的犯罪趋势。质言之，再犯风险有无的判断绝对依赖风险评估是不现实的，会给司法行政机关带来过重压力，出现“司法行政机关为降低自身工作量和工作难度，做出不适宜判处社区矫正的最终意见"[1]的"接纳懈怠"的适用效果。风险的评测目标不应定位于绝对的"没有再犯罪的危险"，而应兼顾对调查对象人身危险大致情况的了解和风险管理的需要，为日后社区矫正过程中的风险防控与分类管理做准备。评估报告的地位不应绝对化，再犯原因纷繁复杂，只要调查机构按照有关的程序要求进行了风险评估并且结果呈现低风险状态，其对于社区服刑期间的再犯就应当免责。同时，风险评估毕竟存在着"先天不足"，社区矫正决定机关在作出裁决的过程中，也应当避免对评估报告的绝对依赖，综合考虑案件相关事实情况进行判断，而《社区矫正法》第18条对于评估意见之为"供决定社区矫正时参考"的定位，以及《社区矫正法实施办法》第56条"社区矫正工作人员依法履职的，不能仅因社区矫正对象再犯罪而追究其法律责任"这一尽职免责条款的置入，为正确处理风险评估与社区矫正之间的关系提供了指引。当然，虽然部分地区已经开始了评估量表的研发，但顶层设计的缺位，仍是未来一段时间里影响评估内容专业性的紧迫问题。

[1] 任文启：《完善我国社区矫正审前调查评估制度的思考——基于文本和现实的比较分析》，载《甘肃政法学院学报》2016年第2期。

浅谈当前暂予监外执行中存在的问题及建议

孔小彬*

摘　要:暂予监外执行改变了执行的场所,其执行机关与执行方式的变更大大降低了被执行人人身自由被剥夺的程度,故一直成为检察机关对刑罚执行进行法律监督的重点。从近年来的实践看,暂予监外执行制度本身还存在一些缺陷,执行过程中也遇到一些问题亟待解决。

关键词:暂予监外执行;病情复查;保外就医;保证人

暂予监外执行是指对于被处无期徒刑、有期徒刑或者拘役的罪犯,由于符合法定情形,决定暂不收监或者收监以后又决定改为暂时监外服刑,由社区矫正机构负责执行的刑罚执行制度。暂予监外执行制度是一项重要的刑罚执行制度,这一制度的设立体现了我国惩罚罪犯与改造罪犯相结合和人道主义的刑事政策,有利于对罪犯的教育、感化、挽救。

一、开展社区矫正工作以来暂予监外执行的基本情况

自正式开展社区矫正工作以来,南溪区共接收暂予监外执行罪犯 23 人,其中不符合暂予监外执行条件收监执行 8 人,刑满释放 11 人,截至 2020 年 12 月在矫暂予监外执行罪犯 4 人。

二、当前暂予监外执行中存在的主要问题

对暂予监外执行罪犯的日常监管是社区矫正工作的基础性、常规性的工作,也是刑罚执行的一个过程。《社区矫正法》和《社区矫正法实施办法》对暂予监外执行

---

* 孔小彬,四川省宜宾市南溪区司法局社区矫正执法大队科员。

罪犯的日常监管作出了特殊规定，在日常监管环节，除了定期报告遵纪守法、接收监督管理情况等一般性监督管理规定外，暂予监外执行的罪犯还应当每个月报告本人身体情况；保外就医的，应当到省级人民政府指定的医院检查，每3个月向县级社区矫正机构、受委托的司法所提交病情复查情况。并且还规定，在处罚环节，除其他使用警告的情形外，保外就医的无正当理由不按时提交病情复查情况，经教育仍不改正的，将会对其给予警告处分；还规定了出现不符合暂予监外执行条件、受到社区矫正机构两次警告等八种情形，社区矫正机构应当提出收监执行建议。然而在现实中，这些规定很难得到贯彻执行，还有待进一步完善，主要存在以下问题：

(1)恶意怀孕逃避收监问题。如我区管理的一名暂予监外执行罪犯王某，女，因犯容留他人吸毒罪被法院判处有期徒刑1年6个月。因罪犯王某系正在怀孕的妇女，不宜收监执行，法院遂决定对罪犯王某暂予监外执行。罪犯王某于2018年6月21日在某医院顺产一男婴，哺乳期应于2019年6月20日届满，依照《四川省暂予监外执行实施办法》的规定，罪犯王某暂予监外执行情形消失，刑期未满，应予以收监执行。2019年6月2日，罪犯王某向社区矫正机构报告，声称自己已经怀孕。社区矫正机构随即委托宜宾市第五人民医院对罪犯王某进行妊娠检查，医院诊断意见为"约25周孕，单活胎"，确认妊娠。由于罪犯王某有新的暂予监外执行情形，刑期未满，社区矫正机构建议法院继续决定对其暂予监外执行。尽管《刑事诉讼法》对因怀孕、哺乳情形而暂予监外执行的规定是以"可以"而非"应当"表述，但在司法实践中基于人权保障考虑，对正怀孕的或正哺乳自己婴儿的罪犯基本不予收监执行。罪犯王某为逃避收监而恶意怀孕，钻法律空子，人性化条款在此被异化。但若严格执行收监，如何平衡对婴幼儿的保护与对罪犯的惩罚着实棘手。

(2)保证人法律责任不明确问题。保证人担保是暂予监外执行工作的重要环节，一方面促使暂予监外执行罪犯的近亲属积极参与对罪犯的监督管理教育，实施内部制约，可起到良好的辅助作用，暂予监外执行的罪犯慑于亲属家庭利害关系，不敢随意违规违法，增强守法改造的自制力；另一方面保证人可以照顾好暂予监外执行罪犯的生活，充分发挥他们对监外执行罪犯的教育和感化作用。但是目前我国《刑事诉讼法》对保外就医罪犯的保证人的条件、义务和法律责任均没有作出规定，导致现实中许多保证人根本没有履行责任要求，出现了"只保不管，只保不教"的情况，保外就医罪犯失去制约，保外就医之后即成为"自由人"，严重损害了法律的尊严及司法公正。

(3)病情复查不规范问题。一是定期病情鉴定相关规定存有漏洞。《暂予监外执行规定》第21条规定,“社区矫正机构应当及时掌握暂予监外执行罪犯的身体以及疾病治疗等情况,每三个月审查保外就医罪犯的病情复查情况,并根据需要向批准、决定机关或者有关监狱、看守所反馈情况。”《社区矫正法实施办法》第24条规定,“保外就医的,应当到省级人民政府指定的医院检查,每三个月向县级社区矫正机构、受委托的司法所提交病情复查情况”。依据上述两条规定,暂予监外执行罪犯可自行进行病残鉴定,自行提交病情复查报告,社区矫正机构判断保外就医罪犯是否病情好转主要依赖于罪犯本人提供的病情复查报告,这为其伪造“病情尚未好转”的证明文件以继续逃避羁押监禁提供了可乘之机,使权钱交易、弄虚作假、徇私舞弊有机可乘,导致“以保代放”和“收监难”等问题。二是病情鉴定、诊断证明难以判断。司法实践中,医院仅就暂予监外执行罪犯病情提供诊断证明,该证明仅仅是对罪犯患了什么病或可能患什么病等病情的客观描述,常常使用一些医学术语。至于是否符合暂予监外执行条件、是否属于保外就医严重疾病范围,对不具备专业医学知识的社区矫正机构工作人员而言难以判断。三是困难人员主动鉴定难。《暂予监外执行规定》第4条规定:“罪犯在暂予监外执行期间的生活、医疗和护理等费用自理。”由于有些保外就医罪犯生活困难,有的甚至要靠低保维持生活、治病,根本无法负担高额的医疗和体检费用,社区矫正机构也没有专项经费来开展保外就医罪犯的病情复查。规定要求是罪犯主动鉴定、主动提交报告,但在司法实践中,罪犯往往不能及时提供相关病情证明和复查的资料,所以3个月进行一次的病情检查常常沦为了形式。从刑罚执行程序上看,由于缺乏关键证明材料,已影响到法律及相关司法解释的正确实施。

(4)暂予监外执行的罪犯管控难。社区矫正是一种以教育、感化、挽救为核心的刑罚制度,接收的矫正对象中被判处管制、宣告缓刑、裁定假释的,都有一个前提条件——社会危害性不大、却有悔改表现的,唯独暂予监外执行的罪犯主要以身体状况为条件,这在客观上就已经留下了这类人员“难管、不好管”的隐患。有些自恃身患严重疾病,漠视监管规定,对负责监管的社区矫正工作人员的劝说、警告充耳不闻,我行我素。身体状态对某些人而言,成了违法犯罪的豁免书。

三、关于完善监外执行制度的几点建议

第一,严格把控源头审核。决定机关对保外就医罪犯应严格把控源头审核。严格按照《暂予监外执行规定》和“保外就医严重疾病范围”进行实质性审核,决定机关不能过多考虑其他因素而忽视基本的原则性条件,不能人为地降低条件标准,应

当客观、公正地进行审核。与此同时,决定机关应当充分运用好调查评估手段,核实罪犯在其居住地是否适合暂予监外执行,坚决把不符合暂予监外执行对象拒之门外。

第二,完善保证人法律责任制度。以法条形式明确保证人义务及可能会承担的法律后果,具体而言,需要细化规定保证人条件,建立保证人的保证金制度和担保责任追究制,就保证人的范围、保证义务、法律责任、需要满足的条件等内容进行明确的规定,使保证人真正地发挥作用。如在保证人条件上,不仅需要其具有完全民事行为能力、人身自由未受限制,还需要其提供一些量化的经济或生活情况说明;在保证人担保责任上,可让保证人缴纳一定数额的保证金,当保证人未履行担保义务时根据未履行程度分别予以处理,情节较轻者可予以一定的行政处罚,也可同时没收保证金,情节严重构成犯罪的,依法追究刑事责任,促使保证人对暂予监外执行罪犯进行监督管理教育。完善保证人法律责任制度,对进一步规范监外执行工作,促进监外执行罪犯的改造和维护社会治安的稳定都将发挥积极的效用。

第三,建立刑罚暂缓或中止执行制度。我国暂予监外执行制度之所以在实践中出现种种问题,主要是因为该制度为罪犯带来直接利益——将暂予监外执行的期间计入实际服刑期,这自然会使权力与利益相勾结,损害司法的权威。破解该难题,可借鉴国外立法经验,调整暂予监外执行制度的设计。建立刑罚暂缓或中止制度,在最大限度地给予罪犯人道主义关怀的同时,有效地防止罪犯借疾病或怀孕、分娩等理由来变相逃避刑罚的实际执行。暂缓执行只是在行刑的时间上作了推迟,在监狱外时间不计入刑罚执行期间,因为刑罚内容没有变更,当暂缓的原因消除后,罪犯仍须收监服刑。更为重要的是,由于刑罚的暂缓或中止执行不可能给罪犯带来任何减免的实质好处,自然能如釜底抽薪一般有效消除保外就医鉴定和决定环节的腐败机会。

第四,畅通收监渠道。实践中存在保外就医罪犯在监外执行的过程中违法违规或者重新犯罪,但是其身体健康状况仍然符合保外就医标准,且不适合监内执行的现象。根据《刑事诉讼法》,对有严重疾病需要保外就医的是可以暂予监外执行而不是必须,且对可能有社会危险性的罪犯,不得保外就医。根据《暂予监外执行规定》,对在暂予监外执行期间因违法违规被收监执行或者因重新犯罪被判刑的罪犯,需要再次适用暂予监外执行的,应当从严审批。对符合收监执行条件或严重违反保外就医规定和社区矫正监管规定的暂予监外执行罪犯,畅通收监渠道,社区矫正机构要及时通报并会同相关部门给予收监执行,与暂予监外执行决定机关、看守所、监狱等机构进行沟通、协调，看守所、监狱对被暂予监外执行决定机关已作出收监执行决定的罪犯不得以身体健康原因拒收，确保收监执行决定不沦为一纸空文，保障刑罚执行的严肃性和强制性。

第五，建立完善病情复查机制。一是建立专门鉴定机构，审查指定医院作出的病情诊断证明和病情复查报告。二是多途径解决诊断鉴定经费来源问题。建立与社会接轨的罪犯医疗保险制度，降低罪犯及其家庭的医疗费用支出；建立和完善经费保障制度，对于必需的诊断鉴定经费应列入财政预算；推进政府购买服务方式，积极协调相关医院为暂予监外执行罪犯病情复查在挂号、付费、候诊、检查、治疗等具体环节开设绿色通道，确保能及时完成相关检查和诊疗工作。三是严格执行暂予监外执行相关规定。承担监督管理职责的社区矫正机构建立保外就医罪犯就医医疗和鉴定档案，对符合收监执行条件或严重违反保外就医规定和社区矫正监管规定的暂予监外执行罪犯依法收监执行，维护法律的权威。

四、结语

虽然我国对暂予监外执行罪犯实施社区矫正已经有十余年的历史，但在制度建设方面依然存在诸多问题，各地在对法律的理解和执行上也各不相同。建议有关方面对暂予监外执行作出有别于管制、缓刑以及假释的专门规定，通过科学可行的制度建设有效破解暂予监外执行工作中的难题。

《社区矫正法》推动了社区矫正专业化建设的发展

刘 箴*

摘 要:《社区矫正法》给社区矫正工作带来了理念更新和实践可行性,起到了跨时代的作用,这部法不仅能够破解当下工作的难题,也给社区矫正工作未来的发展预留了空间。社区矫正实务部门应该以《社区矫正法》为指引,有效开展社区矫正工作,注重运用个案管理的方法,以循证为基础,遵循风险—需求—响应的原则,以消除重犯新罪风险需求为目标开展专业化的社区矫正工作。

关键词:《社区矫正法》;社会力量;购买服务

《社区矫正法》的制定和颁布不仅为社区矫正工作提供了法律依据,在推进和规范社区矫正工作的同时,也为社区矫正工作指明了方向。显然,《社区矫正法》在广泛征集意见的基础上,对全国各地以往社区矫正实践中好的做法予以了提升和总结,以立法的形式加以固定,更加强调社会矫正工作的规范性、科学性和有效性。《社区矫正法》实施后将加快社区矫正工作专业化、规范化的建设步伐。社区矫正工作专业化建设是必然的趋势,其中的突破点就是要积极探索如何引导专业性社会组织在区县社区矫正中心这个层级和平台参与社区矫正个案管理工作,运用循证矫正原则与社区矫正机构共同开展有效的,以降低重新犯罪风险为重点的矫正和干预项目。

一、《社区矫正法》给社区矫正工作带来的理念更新和实践可行

我国社区矫正工作发展至今,已经进入了一个相对难以突破的"瓶颈"期:专业

* 刘箴,江苏省扬州珍艾社会工作事务所主任。

支撑跟不上，经费保障跟不上，人员数量跟不上，可是工作却越做越多，标准化内容制定的越来越细，追责的紧箍咒越念越紧。社区矫正的一线工作人员疲于应对，不敢走偏，工作很累心，但也不敢掉以轻心。各地的创新层出不穷，但偏离社区矫正基本规律，有的只是为了创新而创新。所以，大家期待的是可以给基层工作直接"送枪送炮，送弹药"的加强式支持，期待社区矫正立法能确立工作人员的身份和地位，使之在社区矫正对象面前有相当的威严和庄重感，管住矫正对象之前至少要先"唬"住他们。可是当看到《社区矫正法》在严格限定使用定位、核查；取消教育学习、社区服务"双八"的时长；放宽请销假等的限制之后，基层工作人员反倒有点蒙了，感觉手里没有什么可以对付"犯罪分子"的武器和抓手了，工作似乎做不下去了，基层司法行政工作人员反响比较激烈。

但当我们仔细梳理、对照社区矫正的工作现状，反复、仔细地研读《社区矫正法》时，深感这部法起到了跨时代的作用，这部法不仅能够破解当下工作的难题，而且也给社区矫正工作未来的发展预留了空间。《社区矫正法》主要解决了社区矫正实务工作中的以下几个核心问题：

（一）社区矫正工作人员数量不足，专业化程度不够

社区矫正工作一直存在工作人员数量不足的问题，主要原因是每年招录的政府公务员数量有限，即使以政法专编的名义招录进司法局，分配到司法所，有的公务员在工作几年后又被人事部门调离到其他岗位。社工有一部分是乡镇街道录用的，由乡镇街道发工资，即使是司法局招录或者通过劳务公司代理招录的，下放到街道司法所后，也有可能被安排做其他工作，而不能专职做社区矫正。而且大部分社工实际只是合同聘用制用工，招来的社工专业背景五花八门，主要是在做内勤工作，缺少对社区矫正对象开展工作的专业技巧。《社区矫正法》通过确立"县级以上地方人民政府根据需要设置社区矫正机构，负责社区矫正工作的具体实施"，"社区矫正机构根据需要，组织具有法律、教育、心理、社会工作等专业知识或者实践经验的社会工作者开展社区矫正相关工作"，以及"鼓励、支持企业事业单位、社会组织、志愿者等社会力量依法参与社区矫正工作"，从机构设置和鼓励社会力量参与两个方面解决了社区矫正工作专业人员不足，尤其是司法所工作人员不足的问题。

（二）发挥区县一级社区矫正工作机构的作用，实现资源有效配置

在立法设计中，区县一级社区矫正工作机构应当是中央处理器 CPU，是处理社区矫正日常事务和工作的核心。首先，从人员专门化来说，在现有的政府行政体系下，县级社区矫正机构的人员配备可以由县级人事部门直接招录或者司法局通过

招聘社工,专门开展社区矫正工作。其次,县级矫正机构承担社区矫正的日常工作,司法所只是根据矫正机构的委托开展工作,这样在县一级矫正机构和各街道司法所之间就可以实现资源的有效调配,尤其是人员的调配和工作任务的分配。将相邻的几个司法所辖区内的社区矫正对象实现片区式管理,能够节约人力资源和专业资源。统一按照社区矫正对象和工作人员1∶15或者1∶30的比例配备的建议在向上级部门争取人员的报告中有用,但在实际工作中显然是不合理的。其实,所谓的队建制工作的奥妙也就在于此——执行层面上,充分发挥矫正中心的实战作用,实现分片管理,而不是均匀地向司法所配置资源。全覆盖是必要的,但不分重点地均匀配置资源尤其是人力资源实际上也是一种浪费,着力点不恰当,司法所"贫富不均"的问题永远难以彻底解决,在矫正机构和司法所之间划片区开展对社区矫正对象的管理,同时依靠司法所链接的社区网络实现监管的最后一公里能够优化人力资源配置,提高工作效率。

(三)向专业的社会力量购买服务,快速提升工作专业性

社区矫正实际上是一个跨学科的专业,涉及法律、社会工作、教育、心理等相关专业的知识。政府不可能配齐配全所有需要的专业人才,必然要让渡一部分职能出来,向社会上的专业人士和专业机构,以购买岗位和项目服务的方式,通过阶段性或者长期的合作,引进专业力量充实到社区矫正工作队伍中来,改变人员和专业化不足的困境。目前政府不仅在招录公务员的名额上有限制,在聘用社工的程序方面也更加严格,一时难以向社区矫正工作补充更多新鲜血液。虽然在此之前,各地包括扬州也有许多这方面的尝试,但《社区矫正法》将引入社会力量,与矫正机构形成合力共同开展社区矫正工作写进法律,是充分肯定了这种做法,给予了社会组织、社会力量一定的法律地位,也为政府花钱购买社区矫正社会化的服务提供了依据。

广东省江门市司法局是一个正处级单位,从2014年开始,每年通过招投标的方式购买社区矫正岗位和专项服务,以下是2020年的购买事项[1],见表1:

---

〔1〕 载http://www.jiangmen.gov.cn/jmsfj/gkmlpt/content/2/2053/post_2053134.html#142,2020年6月18日访问。

表1　2020年江门市司法局社区矫正购买社会服务项目需求

拟购团队人数:6人,拟购服务总标的:45万元

序号	工作内容	工作量	单项报价(万元人民币)	内容描述	说明
1	心理团体健康教育及社会服务	38场次(各市区10场,其中各包含2场社会义工服务)	5	以集中授课方式,开展多元化的心理教育课程对社区矫正对象进行心理矫正,需各市区巡回开展教育活动(需要设计课程方案及活动方案)。	
2	日常电子监控	35,000人次(各市区顺次滚动抽查)	7.5	每日对在管社区矫正对象进行电话抽查,记录抽查情况,对违规人员进行跟踪并及时上报处理,做好月度、季度以及年度统计。	每日电话抽查社区服刑人员120人左右,需由专人驻司法局指挥中心执行。
3	就业和职业技能培训资源链接	60人次(蓬江、江海、新会各8人,台山、开平、鹤山、恩平各9人)	6	为辖区内有需求的社区矫正对象提供就业资讯,联系人社、职业教育等部门,链接技能培训。	应提前在各市区社区矫正对象中开展意向调查。
4	重点人员走访、跟踪帮扶	动态人数	15.5	各市区每月根据在管社区矫正对象现实表现情况列出重点人员,社工机构分组按名单进行跟踪走访(需要一人一档,需保留每个重点人员家访记录、电话沟通记录及谈话笔录)全部重点人员需全覆盖。	其中每月新入矫对象40%必列为重点人员,由社工机构进行为期3个月的跟踪(工作要求见合同)。
5	解难帮困及关怀服务	60人(蓬江、江海、新会共28人,其他市区各8人)	6	整合各方资源(如社区、政府、社会等)向特困社区服刑人员及其家庭提供帮扶服务,帮助其申请政府补助、节日慰问等。(需一人一档,保留服务记录、慰问记录等)	

续表

序号	工作内容	工作量	单项报价（万元人民币）	内容描述	说明
6	一对一心理测评及心理辅导	50人(蓬江、江海、新会共26人,其他市区各6人)	5	(1)通过专业社区矫正人员心理测试量表、结合犯罪类型以及面询评估,对在管社区服刑人员情况进行统计,并关注其心理及思想变化。 (2)对存在心理问题的社区服刑人员进一步开展一对一心理咨询及情绪疏导。(保留咨询记录,制订心理辅导方案)	全部未成年人均需进行心理测评及辅导
供应总价（万元人民币）		小写:45万元			
		大写:肆拾伍万元			

由表1可以看出,江门市司法局通过合理的政府财政支出,购买了一个6人的服务团队,结合工作实际,通过项目分解和岗位购买的方式不仅为市一级指挥中心配备了核查人员,还为各区县司法局提供了工作支持。在此基础和示范下,各区县司法局也积极向当地的社会组织购买服务,并开展项目评估工作。为进一步提升社区矫正社会服务项目的营运质量,检验项目团队的服务成效,2019年年底,江门市蓬江区司法局邀请第三方评估机构蓬江区邑正社会公益评估与研究中心对其所购买的德信行社工机构服务进行了末期评估[1]。

二、关于社区矫正工作的进一步思考

在转换了视角之后,我们发现《社区矫正立法》看似未能逐一回应实务部门在警察身份等方面的诉求,但是定下了战略性的基调,通过强调对矫正对象的人权保障、科学开展工作,帮助社区矫正对象重新融入社会,一方面指明了方向,另一方面极大地降低了社区矫正工作的职业刑事风险,能够让社区矫正从业人员放开手脚,把重点放在对社区矫正工作的方式方法上的探索,有效开展社区矫正。

分析X市Y区2005年到2020年5月社区矫正对象的被警告、收监和重新情况

〔1〕 载https://www.sohu.com/a/359060579_726398,2020年6月18日访问。

犯罪的情况(见表2),可以发现工作中存在以下问题,未能得到重视和解决:

(1)涉毒成为重新犯罪的首要因素。2005~2019年重新犯罪的12人中,9人涉毒;而这9人中仅有2人初次犯罪时与毒品有关。这有两种可能:一种是在审前调查时或者入矫以后没有及时掌握他们有涉毒的情况或者吸毒史,另一种说明在工作上重点不够突出,没有对导致本区重新犯罪的第一大因素——社区矫正对象涉毒问题,采取相应的措施,工作重心有所偏离,至少存在以下两个方面问题:一是没有在集中教育的时候强化宣传毒品的危害。集中教育的内容设计没有反映出真正的工作需要,而是想当然,满足于教育的形式,忽略了目的和效果;二是没有及时掌握矫正对象交往的朋友或者是家人是否有吸毒人员,社会调查不够详尽。

(2)"不假外出"现象未得到足够重视。截至2020年6月被警告的人总计561人次,总人数是540人,15年里X市Y区接收的社区矫正对象累计人数为2890人,将近五分之一的人受到过司法行政的警告处罚,其中近一半的事由是"不假外出"。这说明,一方面矫正对象需要外出,因为工作、家庭或其他原因需要流动。这使得社区矫正对象不惜代价,想方设法外出,大多数人是为了工作和生计;另一方面也暴露出工作中的问题,工作人员在矫正过程中对请销假的制度解释宣传不够,一般只是入矫的时候进行过告知,但在入矫之后鲜有提及,尤其是对不假外出所要承担的后果和严重性传达得不够透彻,针对性的教育甚至是警示教育没有做到位,这使得矫正对象存在极大的侥幸心理。这个情况也体现在表2"收监执行"的矫正对象数据中,因为社区矫正对象脱管而被收监仅次于涉毒。

表2　X市Y区社区矫正对象被警告、收监以及重新犯罪情况统计表

年份	警告		收监执行			重新犯罪		
	警告次数/次	警告事由人次(次)	人数/人	事由	原罪名	人数/人	事由	原罪名
2012	2	超期报道2人次	0			0		
2013	33	2人次不假外出、6人次不按规定参加社区矫正活动、9人次超期报到、16人次手机无故关机	3	2人脱管 1人赌博	赌博 抢劫 容留他人卖淫	1	赌博	容留他人卖淫
2014	66	5人次不假外出、20人次不按规定参加社区矫正活动、10人次超期报到、11人次人机分离、20人次手机无故关机	0			0		

续表

年份	警告		收监执行			重新犯罪		
	警告次数/次	警告事由人次(次)	人数/人	事由	原罪名	人数/人	事由	原罪名
2015	66	7人次不假外出、21人次不按规定参加社区矫正活动、15人次超期报到、12人次人机分离、11人次手机无故关机	3	2人吸毒	盗窃	3	1人吸毒	盗窃
					贩卖毒品		1人吸毒	贩卖毒品
				1人嫖娼	非法经营		1人嫖娼	非法经营
2016	98	30人次不假外出、24人次不按规定参加社区矫正活动、13人次超期报到、15人次人机分离、16人次手机无故关机	3	1人脱管	诈骗	1	吸毒	聚众斗殴
				1人警告3次	故意伤害			
				1人吸毒	聚众斗殴			
2017	88	42人次不假外出、25人次不按规定参加社区矫正活动、11人次超期报到、10人次人机分离	7	1名拒不履行法院生效判决	诈骗	4	1人吸毒	非法拘禁
				3人吸毒	非法拘禁		1人吸毒	非法拘禁
					非法拘禁			
					合同诈骗			
				1人脱管	故意伤害		1人吸毒	合同诈骗
				1人警告3次	故意毁坏财物		1人危险驾驶	危险驾驶
				1人危险驾驶	危险驾驶			

续表

<table>
<tr><td>年份</td><td colspan="2">警告</td><td colspan="3">收监执行</td><td colspan="3">重新犯罪</td></tr>
<tr><td></td><td>警告次数/次</td><td>警告事由人次(次)</td><td>人数/人</td><td>事由</td><td>原罪名</td><td>人数/人</td><td>事由</td><td>原罪名</td></tr>
<tr><td rowspan="3">2018</td><td rowspan="3">83</td><td rowspan="3">53 人次不假外出、19 人次不按规定参加社区矫正活动、8 人次超期报到、3 人次人机分离。</td><td rowspan="3">3</td><td rowspan="3">3 人都是吸毒</td><td>容留他人吸毒</td><td rowspan="3">3</td><td>1 人吸毒</td><td>容留他人吸毒</td></tr>
<tr><td>非法经营罪和伪 造、买卖国家机关印章</td><td>1 人吸毒</td><td>非法经营罪和伪 造、买卖国家机关印章</td></tr>
<tr><td>妨碍公务罪</td><td>1 人吸毒</td><td>妨碍公务罪</td></tr>
<tr><td>2019</td><td>102</td><td>62 人次不假外出、8 人次不按规定参加社区矫正活动、10 人次超期报到、21 人次人机分离、1 人次保外就医 3 个月未向司法所提供复查情况。</td><td>1</td><td>被暂予监外执行情形消失</td><td>受贿</td><td>0</td><td></td><td></td></tr>
<tr><td>2020(截止到 6 月)</td><td>23</td><td>2 人次不假外出、2 人次不按规定参加社区矫正活动、10 人次超期报到、5 人次人机分离、4 人次手机无故关机</td><td>0</td><td></td><td></td><td>0</td><td></td><td></td></tr>
<tr><td rowspan="6">总计</td><td rowspan="6">561</td><td>203 人次不假外出</td><td>20</td><td></td><td></td><td>12</td><td></td><td></td></tr>
<tr><td>125 人次不按规定参加社区矫正活动</td><td></td><td></td><td></td><td></td><td></td><td></td></tr>
<tr><td>88 人次超期报到</td><td></td><td></td><td></td><td></td><td></td><td></td></tr>
<tr><td>77 人次人机分离</td><td></td><td></td><td></td><td></td><td></td><td></td></tr>
<tr><td>67 人次手机无故关机</td><td></td><td></td><td></td><td></td><td></td><td></td></tr>
<tr><td>1 人次保外就医 3 个月未向司法所提供复查情况</td><td></td><td></td><td></td><td></td><td></td><td></td></tr>
</table>

(3)未能掌握科学的矫正方法。一方面,由于社区矫正的从业人员缺乏相关的专业背景,也缺乏系统性的培训,导致工作人员对科学的社区矫正工作方法掌握不

多,手段单一,工作技能综合运用能力不足。另一方面,由于理论与实务结合有相当的差距,有些高校、研究所的专家、学者参与研发或者制定的工作指导或软件工具不好用,导致实务工作中缺少抓手。理论和实务未能得到很好的同步发展,一些研究成果未能被实务部门及时了解、掌握,也是导致实践中工作人员常常感到工作陷入困顿,找不到出路的原因。

这些数据和存在的现实情况足以说明,实际的社区矫正工作,虽然看上去面面俱到,好像什么都做了,也投入了不少精力、人力、无力,但以问题为导向,需要解决的工作上的问题却未得到足够重视,工作针对性不够,方法手段不够,导致工作缺乏成效,这点从表2 2005年到2019年数据的连续性上可以看出,关键的几个问题一直存在,而且已经形成了工作的关联性,几乎每一年在警告、收监的环节都有所体现,但却没有得到实质性的改变。以往的社区矫正工作更像是流水线的工作,而没有体现出个别化工作的差异性。表面上是工作难做,人少任务重,但具体难在哪里,又很模糊,主要是缺乏对所存在问题客观、细致的分析,眉毛胡子一把抓,随之而来的便是工作陷入困境的挫败感,觉得现有的手段和力量无法管住社区矫正对象,需要依靠更强大的外力或者威慑力。

三、以《社区矫正法》为指引,有效开展社区矫正工作

《社区矫正法》的出台,为社区矫正工作指明了方向,首先是卸下了"标准化"工作的包袱,避免"流水线作业"带来的无效工作以及"人盯人"战术带来的工作疲惫感,强调科学、规范、有效地开展社区矫正工作。这是对现实社区矫正工作强有力的指引。司法行政应当从以下几个方面开展工作尝试:

(1)以问题为导向,制定工作策略。在当前情况下,有必要换一种思路重新审视和评估当前的社区矫正工作,以问题为导向,对工作中长期存在的问题进行梳理和分析,制定短、中、长期工作计划和策略,形成方案后,邀请专家论证,以试行作为检验,必要时调整工作策略,着力解决工作长期存在的如涉毒或者脱管导致的重新犯罪的问题。

(2)打开工作思路,寻求多方合作。社区矫正是一个涉及多学科的综合性工作,是一个需要多方力量介入的工作。运用专业工作方法,协调并引导多方力量共同参与,是打开工作困局的途径。对于人员不足、专业力量不够的问题可以尝试政府购买服务的方式,转移一部分职能,减轻工作压力,同时做好指导、督察和工作效果的评估工作。

(3)推动科学工作方法的运用,开展系统性的工作培训。《社区矫正法》多次提到分类管理、个别化矫正。这实际上是要求社区矫正工作运用个案管理的方法,以循证为基础,做好社区矫正对象的犯罪风险评估,按照风险高低进行分类,遵循风险—需求—响应的原则,以消除重现犯罪风险需求为目标,制订个别化矫正方案,由区社区矫正中心和司法所共同实施,必要时可以修正或调整方案。个案管理是社区矫正的基础工作,个案管理的好坏对社区矫正工作质量的高低关系密切。要做好个案管理,首先需要做好两项基础工作:一是风险评估,二是需要评估,在此基础上做好个性化管理。个案管理模式包括五个方面:(1)危险性评估。可以产生较为正确的对社区服刑人员的分类。(2)对社区服刑人员的需求开展结构性系统评价。用来决定什么样的问题需要着重加以解决。(3)确立与社区矫正对象联系的标准。根据社会危险性大小,将其分类为不同的监督管理等级,对有较大风险和较多需要的社区矫正对象给予相对多的监督和接触,避免工作人员把时间浪费在那些能够积极合作而不需要更多监督管理的罪犯身上。(4)制订个案的监督管理和教育矫正计划。根据每个社区矫正对象的情况和特点,制订监督管理的书面计划,包括主要问题以及主要的监督管理方式和教育矫正方法。(5)工作量的计算。便于测算每个案件的实际工作量。研究表明,只要至少采取个案管理体系中的三项内容开展工作,社区矫正工作就能变得更为有效。但这种"个案管理"方法对于实务部门来说还比较陌生,需要在较长一段时间内开展系统的讲解和培训。接受并运用科学的工作方法是十分必要的,必须改变以往"流水线"式批量生产的工作方式,采取个别化矫正的方式,重点突破社区矫正对象中存在的共性或者个性的问题,才能有效提高工作效率和质量。

四、结语

一线的社区矫正工作实务工作者从最初社区矫正试点到全面试行一直承担着"先行先试"的重担,是一支在不具备条件的时候就敢打硬仗的"冲锋队",也是社区矫正工作从实践到理论再到实践的"践行者",他们值得尊敬,更需要多方面的支持。呼吁相关部门能够跟上社区矫正发展的步伐,在政策层面对社区矫正从业人员在专业化提升、职业晋升渠道以及工作待遇方面给予更多的倾斜和支持,专家学者能够从理论层面发布更多紧密结合实践的研究成果给社区矫正工作以知识支撑。《社区矫正法》必将掀开社区矫正工作的新篇章,历史发展的车轮从来不会停下,跟上这个步伐,是社区矫正工作实务工作者唯一正确的选择。

社区矫正的功能分化及实践效果研究

罗 娟 王 晓*

摘 要:社区矫正制度自从国外引进以来一直围绕预防犯罪与维护社会和谐稳定的功能旨意展开,随着《社区矫正法》及其实施办法的出台,社区矫正的原初功能被进一步分化为社会融合、帮扶教育与权利保障。依循细化的功能系统,社会矫正的预期效果本应得到较好的实现,但由于预防犯罪效果不明显且惩戒度过低、矫正决定机关权责划分不清以及区分矫正对象是否改过自新难以确定等困境,社区矫正的实践效果并未达到预期。鉴于此,可以教育帮扶为重点,拓宽社区矫正的适用范畴,结合规范的矫正机制设计,对矫正措施监督机制予以完善。

关键词:社区矫正;教育帮扶;再社会化;预防犯罪

作为舶来品的社区矫正,源于西方国家法治发展初期运用的一种刑事执行方式——借由对老年人轻微犯罪的恻隐之心而生,意图避免社会充斥着满怀怨恨的职业罪犯。被誉为“缓刑之父”的奥古斯塔斯开创了美国法律史上“惩罚与教育”相结合的新的惩治模式。[1] 随着1973年世界上首部《社区矫正法》在美国明尼苏达州议会的通过,美国境内28个州相继确立了《社区矫正法》,社区矫正这一刑罚在美国正式铺开。刑罚的目的是将社会人格不完善、不能正常进行社会生活的犯罪人再社会化,这已成为现代社会共识,社区矫正正是基于此,注重对犯罪人的改造、

* 罗娟,西华大学法学院讲师,法学博士;王晓,西华大学法学院本科生。

基金项目:四川省高等学校人文社会科学重点研究基地—社区矫正研究中心2020年度项目“司法社工参与涉罪未成年人社会调查制度研究”(编号:SQJZ2020-05)阶段性研究成果。

〔1〕 江山河:《美国社区矫正的起源、发展、现状及对中国的启示》,载《青少年犯罪问题》2019年第2期。

完善而非报复。相较于传统监狱矫正,社区矫正的优越性在社会化环境中体现得更为明显,目前已成为西方国家占主导地位的刑罚模式,推进了世界各国刑罚体制的不断发展和完善。虽然我国在晚近时期才引入社区矫正,但随着时间的推移,社区矫正在国内亦历经了试点、扩大试点、全面试行和全面推进的发展过程。数据表明,全国累计接受社区矫正对象达478万,累计解除矫正对象411万,每年新接收矫正对象50余万,解除矫正59万,全年正在列管的对象达126万,社区矫正对象矫正期间再犯罪率一直处在0.2%的较低水平。由此可知,社区矫正在我国取得了良好的政治效果、法律效果和社会效果。鉴于此,将社区矫正以法律文本的形式确立下来成为必然结果,直至全国人大常委会全票通过《社区矫正法》,确定该法于2020年7月1日实施。

一、社区矫正的功能原旨

作为一种非监禁性矫正的刑罚方式,社区矫正针对的是被判处管制、缓刑、假释以及暂予监外执行四类刑罚的犯罪对象。在社区矫正过程中,矫正对象需要遵守法律法规、规章和监管规定,迁居或离开居住区域时必须经矫正机构和公安机关批准,须每周以书面形式报告思想活动情况,并接受街道、乡镇矫正机构、检察机关的监督考察。当社区矫正期限届满时,矫正机构应对矫正对象进行考核,视其矫正情况进行奖励宣布解除矫正或予以惩处。如果矫正对象有减刑的情形可以提前解除社区矫正,但如果在矫正期限内矫正对象重新犯罪或有余罪被发现,则移送检察机关处理,其社区矫正被迫解除。(社区矫正的详细流程如图1所示)在功能意旨层面,社区矫正从最初在国外创立到当下国内以专门法的形式予以落实,都绕不开预防犯罪与维护社会和谐稳定两大核心功能。

(一)预防犯罪

传统刑罚方式以预防犯罪为主要目的,其中包括对犯罪人的重新犯罪进行预防即特殊预防和对不特定的一般人实施犯罪行为的预防即一般预防,而社区矫正作为刑罚模式的有效创新,必然要延续其预防犯罪的主要目的。[1] 预防的目标是兴利,而预防兴利针对的是社会整体。作为刑罚执行方式的一种,社区矫正并不单单只在乎惩罚除弊,预防犯罪乃是其主要的预期效果。预防体现了"向前看"的思维模式,寄望于以严厉的惩罚的威慑力尽可能地打消一般人可能的违法犯罪动机。

---

〔1〕 李川:《修复、矫治与分控:社区矫正机能三重性辩证及其展开》,载《中国法学》2015年第5期。

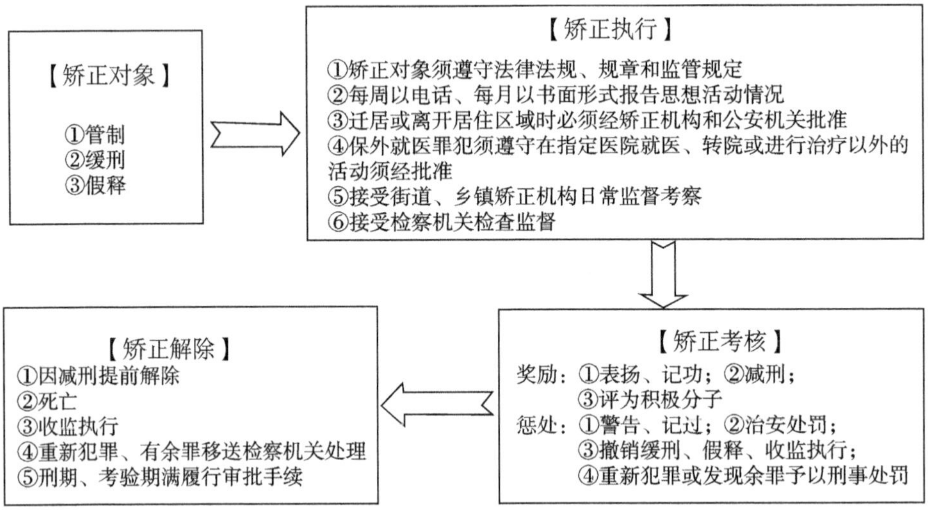

图1　社区矫正流程图

基于社区矫正的原初理论构想，一方面，可以通过结合政府、社会、亲属等群体，形成一种有机连带，监督、教育、帮扶、感化社区矫正对象，使其认识错误、改正错误；另一方面，在大量社会群体的参与和协助过程中，遵纪守法理念得以扩散，与此同时，这种对矫正对象的管制和约束可以使得传统刑罚的威慑理论发挥效用。[1] 相较于传统刑罚执行方式全部由国家行政机关和司法机关管控和教化的模式，社区矫正加入了社会组织、爱心人士、犯罪人亲属等多元群体，融入了公民自治自助的思想意识，大大促进了国家专业机关与社会、公民的结合，打破了原初只由国家承担的片面化的预防犯罪功能，转向将国家权力与社区公共管理等积极因素结合起来的犯罪防控体制。

（二）维护社会和谐稳定

刑罚理论主张罪刑相当，处罚时应考虑犯罪原委尽力体现人道主义精神。当下，我国在不断地发展和历史实践中摸索出了属于自己的社会主义人道观念，即坚持以人为本。刑罚执行体系随之转变，从“杀人偿命、以牙还牙、以眼还眼”的“一刀切”刑罚方式转向对犯罪人的关注和重视，意图以关注罪犯、教育罪犯为出发点，构建现代刑罚执行体系。社区矫正恰好能够满足当今社会对于刑罚执行方式的基本

〔1〕 高梅书：《社区矫正社会参与不足之深层原因及对策探析——基于市民社会视角》，载《中国刑事法杂志》2013年第8期。

要求，改善短期自由刑的弊端，注重矫正犯罪人的不良习惯，重塑犯罪人的健全人格，帮助犯罪人重回社会。[1] 通过社区矫正，轻微型和主观恶性不大的罪犯可以免受监狱其他罪犯的影响，且其生命及身体健康权可以得到充分的保障，社区矫正过程中，政府及社区公共力量会提供一些技术和劳动帮扶，使其在社会上生活、工作，避免其出狱后难以适应社会的状况。若犯罪人是未成年人，其亲属可以加入社区矫正，使未成年罪犯感受到家庭和社会的关心，以便其快速建立健全的人格。通过实现社区矫正去监狱化的目标，犯罪人再社会化功能显著，从而维护社会稳定，实现国家的长治久安。

二、社区矫正的功能分化

根据卢曼的功能分化理论，没有任何一个功能系统能够将个体的全部生活资源和生活内容包含于其中。[2] 具化至社区矫正中，社区矫正的功能原旨自其存在以来便一直被遵循，随着时代发展变化，依循预防犯罪与维护社会和谐稳定两大功能进行社区矫正显得过于笼统，不能起到适恰地指导实践活动的作用。因此，从制度旨意出发予以功能分化或许是适应现今社会发展趋势的正确方式。根据已颁布的《社区矫正法》，社区矫正的功能已有了分化趋势。

（一）社会融合

监狱的封闭环境使得罪犯与社会隔绝，无法接触到社会中的新鲜事物，长期关押容易与社会脱节，刑满释放后难以融入社会。相较而言，社区矫正打破了监狱的阻隔墙，将罪犯放置于社区中，使其与社会充分接触，通过融入社会，了解社会的真善美从而预防和减少犯罪。鉴于此，《社区矫正法》提出了培养社区矫正对象专业素养的要求，并大力要求国家、社会组织、居民委员会、村民委员会、社区矫正对象的监护人、家庭成员、所在单位或者就读学校参与到对社区矫正对象的教育帮扶中。同时，结合现代信息技术对社区矫正对象进行管理和教育、根据社区矫正对象自身条件确定对其有利的居住地、要求各单位部门协助社区矫正机构对社区矫正对象进行监督管理和教育帮扶、针对不同类别的社区矫正对象采用区别性矫正方式，促进其顺利融入社会，培养社区矫正对象的社会责任感和使命感。[3]

---

〔1〕 屈学武：《中国社区矫正制度设计及其践行思考》，载《中国刑事法杂志》2013 年第 10 期。

〔2〕 泮伟江：《中国超大规模城市法律治理》，载《国家检察官学院学报》2020 年第 6 期。

〔3〕 谢超：《我国社区矫正现状及立法建议》，载《法学杂志》2017 年第 11 期。

(二)帮扶教育

涂尔干在《社会分工论》中指出,有机连带以个人的相互差别为基础,社会成员之间存在相互连带的关系,并经由这一关系实现生存,因此,社会成员需要团结互助来实现社会正义。[1] 社区矫正充分体现了社会连带理念,其将监外执行的几种刑罚方式整合于社区矫正机构中,对社区矫正对象进行集中教育帮扶,提出其他社会组织和个人协助社区矫正机构的构想。《社区矫正法》及其实施办法从提高社区矫正教育质量、国家福利、多元社会主体参与、社会责任感、法治教育、职业技能培训、就业指导、信息共享、分工合作等层面印证了有机连带内含的社会成员间的依赖感、团结感与社会联系感。

(三)权利保障

作为我国基本方略的依法治国为在新时代新征程上推进中国特色社会主义法治建设提供了重要的思想指引。尊重和保障人权是依法治国的重要内容,也是我国《宪法》的基本原则。社区矫正对象虽为服刑人员,其基本权利亦应受到尊重和保障,《社区矫正法》及其实施办法要求从立法、执法、监督多维度保障矫正对象的权利,规范社区矫正工作。在立法层面,直接明确规定法律保障社区矫正对象的人身权利、财产权利以及就业、就学、享受社会保障等方面的基本权利不受侵犯。[2] 同时,通过严格管理社区矫正机构工作人员违反法律规定限制或者变相限制社区矫正对象人身自由的行为,要求工作人员履行信息保密义务,以间接保障社区矫正对象的合法权益。在执法层面,为了确保执法的正确性与科学性,法律规定对社区矫正工作人员开展管理、监督、培训,合理规划社区矫正的执行程序,明确执法部门与社区矫正机构之间的衔接和分工。在监督层面,赋予社区矫正对象申诉、控告和检举的权利,使之能运用法律的武器进行自我维权,社区矫正机构应当给予必要的协助。此外,明确了检察机关对社区矫正各个环节的监督和对社区矫正相关部门和单位的监督。

三、社区矫正的预期效果与实践效果

《社区矫正法》及其实施办法以分化的形式将原初社区矫正的功能旨意予以细

---

〔1〕 [法]埃米尔·涂尔干:《社会分工论》,渠敬东译,生活·读书·新知三联书店2017年版,第91~92页。

〔2〕 张德军:《短期自由刑执行机制改革研究——以社区矫正制度的完善为视角》,载《法学论坛》2014年第4期。

化，循此，应更利于社区矫正制度实践的落实，然而，预期效果与实践效果却存有不小差距。

（一）社区矫正的预期效果

1.缓解监狱罪犯过多产生的压力

从资源占用角度来讲，监禁刑罚的执行需要国家投入大量的成本，包括但不限于修建监狱费用、监狱工作人员的工资和生活费用、罪犯的生活费用、罪犯劳动改造费用等，这些成本均由国家财政承担。根据司法部2005年的报告，我国在押罪犯近180.76万人，据不完全统计显示，2012年关押一个罪犯的成本约为17,000元，加上通货膨胀率保守计算，每年监狱系统实际需要至少318亿元经费方能正常运转。从长远看来，随着国家人口数量的增加，犯罪人数亦相应增加，监狱的有限容量将被打破，若一味采取关押矫正刑罚，不得不再新建监狱，国家投入的刑罚成本将越来越高。如果将所有的罪犯都关押在监狱，大多数主观恶意和损害结果较小的罪犯可能会被同监狱重犯影响，进而增加其再犯罪率。[1] 与之相较，社区矫正的成本一般不超过监狱关押的20%，能够减少国家财政支出，有力地缓解监狱压力。在矫正效果上，社区矫正将矫正对象置于社区，通过社区矫正机构和其他有关组织的教育帮扶，使得社区矫正对象在接受惩罚的同时也不与社会脱节，实现罪犯的社会内部消化和改造，国家也可集中财力、物力矫正主观恶性较大的罪犯。[2]

2.帮助社区矫正对象再社会化

刑释人员与社会脱轨较为常见。监禁刑罚虽然有较大的惩戒力度，罪犯在刑满释放后却很难融入社会，遭遇社会排挤后甚至会故意再次犯罪，重回“熟悉的”监狱。社区矫正将轻微型和主观恶性不大的罪犯置于社区环境中，使之免受被监狱限制人身自由的刑罚，同时借助政府及社区公共力量提供技术和劳动帮扶，使其一直与社会相融合，不至于出现社区矫正结束后难以适应社会的情形。在矫正执行过程中，社区矫正机构会通过谈话教育、建档考核、因人施教的制定方案、公益劳动、学习教育、心理矫正等方式，对社区矫正对象进行教育帮扶，以此教化社区矫正对象的心灵，减少社区矫正对象对社会的主观恶意，社区矫正对象再社会化功能显著。

---

〔1〕 王利荣：《行刑一体化视野下的矫正体制架构——写在〈社区矫正法〉征求意见之际》，载《当代法学》2017年第6期。

〔2〕 张绍彦：《社区矫正的现实问题和发展路向》，载《政法论丛》2014年第1期。

(二)社区矫正的实践效果

从四川省司法厅社区矫正局获知的调研数据可知,经由社区矫正后,矫正对象的再犯罪率很低。(具体数量如表1所示)社区矫正应当取得了较好的制度效果,然而,通过实地调研,却发现社区矫正的实践效果并不似数据所反映的那般乐观。

表1　四川省社区矫正对象再犯罪情况统计表

	再犯罪数	列管数	在册数
2020年	663	56,907	33,811
2019年	623	64,337	35,218
2018年	539		36,132

1. 预防犯罪效果不明显,惩戒度过低

《社区矫正法》详细规定了社区矫正对象的权利保障和教育保护内容,却对具体惩罚措施着墨较少,与传统的监禁刑罚区别较大。关押在监狱的罪犯不仅人身自由被剥夺,通信、会客自由受到严格限制,还需进行无偿劳动。而社区矫正对象因居住在家,除了平时定期思想汇报和教育汇报外,其人格自由与基本权利与常人并无明显区别,刑罚的惩罚性功能明显缺失。在矫正对象范围上,社区矫正虽然针对管制、假释、缓刑和暂予监外执行,但在《社区矫正法》中并未规定特定犯罪的特定惩戒、教育方式,且不同地域的社区矫正机构所实施的惩戒、教育方式并不完全一致,刑罚的严厉性难以体现。因此,社区矫正缺乏威慑力与警示力,给予罪犯查处成本低、惩罚力度弱的错觉,进而可能滋生其犯罪行为。

2. 社区矫正决定机关权责划分不清

对于暂予监外执行的社区矫正对象而言,如若出现《刑事诉讼法》规定的予以收监的情形,应报送社区矫正决定机关决定。《社区矫正法》规定的决定机关包括人民法院、监狱管理机关、公安机关,在多部门均有决定权的情况下,容易出现部门与部门之间相互推诿、懒职怠职的情形,也可能出现争相履职致重复执法的现象。公安机关并不掌握符合收监的矫正人员的行踪和动向,要求其立即羁押矫正对象难以实现。而掌握矫正对象行踪的社区矫正工作人员没有羁押权,势必造成社区矫正工作人员执法无能,大大提高执法成本。此时,社区矫正对象完全可以利用这一制度漏洞,大行其道。在教育帮扶的实施上,政府、公安机关、检察院、人民法院、社区矫正机构、社会组织或志愿者等均有义务对矫正对象进行教育帮扶,但具体由哪一主体实施,如何实施,却没有明确规定。

3. 社区矫正对象是否改过自新难以确定

《社区矫正法》规定的矫正方式是由矫正对象定期进行思想汇报或者参加矫正机构组织的教育活动，由社会多元主体协助矫正机构共同对矫正对象进行教育帮扶，改造其犯罪心理和犯罪倾向。当社区矫正期满后，如何衡量矫正对象是否认清错误，如何评估其再犯罪的可能性，都尚未出台明确的标准。形式上确实可以通过矫正对象提交的思想汇报或认罪悔过书推断其改造完成，但却很难知悉矫正对象的真实想法。同时，社区矫正机构工作人员的温和态度将会使得延长矫治期限、收监执行等惩罚性措施缺乏实践保障。

四、社区矫正实践效果未达预期的缘由及制度因应

面对社区矫正的实施困境不得不令人思考为什么达不到预期效果以及如何从制度本身、执行力度、保障程度等层面寻求因应之道。

（一）社区矫正实践效果未达到预期效果的可能缘由

1. 社区矫正针对的犯罪对象范围过窄

根据《社区矫正法》的规定，仅有管制、缓刑、假释和暂予监外执行四类情形的罪犯将被纳入社区矫正范畴，除此之外的其他犯罪对象则会通过其他的刑罚方式予以处罚。如此来看，社区矫正针对的犯罪对象范围过于狭窄，有些虽不属于四类情形却应当适用社区矫正予以矫治的情形因未囊括在法定范畴内而不能得以实现。[1] 典型如未成年人犯罪，或主观恶性较小、犯罪情节较轻微的犯罪情节，如果在四类情形以外，便只能被关押入监狱，由此，不利于《社区矫正法》预期效果的实现。

2. 矫正机构基础薄弱，矫正措施不规范

自社区矫正由公安部门划入司法部门以后，社区矫正工作一直由最底层的司法所开展。受制于人员、经费、管理问题，基层司法所在社区矫正问题上先天基础薄弱，而其需要面对的却是数量庞大的矫正对象，在资源与需求严重不配比的情况下，势必会导致其所进行的矫正活动效果不佳。《社区矫正法》要求社区矫正机构运用现代信息技术开展监督管理和教育帮扶，这一规定的落实需要技术、资金等多重资源的辅助，即使将社区矫正所需经费纳入政府预算，也不能够完全解决经费短缺难题，而经费不足势必造成矫正措施的不规范。

---

〔1〕 郑丽萍：《互构关系中社区矫正对象与性质定位研究》，载《中国法学》2020年第1期。

(二)化解社区矫正实践难题的制度因应

1. 以教育帮扶为重点,拓宽社区矫正的适用范畴

惩戒并非社区矫正的制度原点,站在更为深远的维度,社区矫正坚持监督管理与教育帮扶相结合,专门机关与社会力量相结合,采取分类管理、个别化矫正,有针对性地消除社区矫正对象可能再犯罪的因素。其间,运用社会多元主体之力对矫正对象进行教育帮扶是社区矫正的核心要义。教育与社会需要相勾连,在社会连带思想的指引下,教育的指向对象应具有广泛性,具体至社区矫正,教育帮扶不能仅局限于管制、宣告缓刑、假释和暂予监外执行的罪犯,对于其他犯罪,即使主观恶性较大,如果经评估适合适用社区矫正予以规制,也应当将之纳入社区矫正范畴,以体现社区矫正教育帮扶的精神。当然,也需注意刑罚转化,如若经社区矫正依然不能达到去犯罪化的目标,可将之转化为适合的监狱刑罚。

2. 规范矫正机制设计,强化矫正措施的监督

我国社区矫正走的是自下往上的逆行之路,而正确的社区矫正机制设计应是一项从上到下的工程,先有顶层设计,再依据地域特征进行细化。鉴于此,社区矫正机制应予以改进,《社区矫正法》及其实施办法的出台正是对社区矫正机制的顶层制度改良,后续需要的是各地依实情予以落实。对于矫正措施实施不规范的问题,一者是经费不足,二者是因监督不力。因此,应将基层司法所的社区矫正成本纳入上级司法部门的经费预算中,通过司法系统进行经费保障。同时,针对社区矫正机构工作人员的不作为或者侵害矫正对象权利的行为,上级行政机关、公安机关、检察机关均有权进行定期或不定期的监督。

社区矫正工作若干疑难问题研究

孙　毅*

摘　要:《社区矫正法》以及《社区矫正法实施办法》实施后,执行地社区矫正机构应当本着促进社区矫正对象融入社会的原则,通过机构建设提高对社区矫正对象的接收能力;采取有针对性的矫正措施做好暂予监外执行罪犯的监督管理,通过灵活运用强制措施、提高监狱医院收治能力破解收监难题;根据不同的矫正类别,妥善处理被采取强制措施的矫正对象的解矫问题,对于处于缓刑、假释考验期的社区矫正对象,在其涉嫌新罪、漏罪处理完毕前不应办理解矫手续。

关键词:社区矫正;执行地;暂予监外执行;执行原判刑罚;解除社区矫正

《社区矫正法》以及《社区矫正法实施办法》已于2020年7月1日起实施。社区矫正作为创新社会治理体系的重要一环,落实上述"一法一办法"是推进社会治理现代化的必然要求。但"一法一办法"的颁布只是社区矫正工作迈向法治道路的第一步,在具体工作实务中依然存在着一些疑难问题有待解决。例如,在《社区矫正法》将社区矫正执行地的确定权收归决定机关的情况下,如何确定执行地才能够平衡社区矫正对象的个体需求与社区矫正机构的安全关切,如何有针对性地对暂予监外执行的罪犯开展监督考察。此外,社区矫正对象被采取强制措施期间矫正期限届满如何处理,也是在实践中争议较大的问题。本文试图围绕上述三个问题进行分析探讨,进而提出对策。

---

* 孙毅,山东省淄博市临淄区司法局金岭司法所科员。

一、如何按照《社区矫正法》确定社区矫正执行地

《社区矫正法》第17条在社区矫正执行地决定机关、执行地的确定路径以及原则等方面作出了不同于以往实践做法的规定。那么,应当如何依照《社区矫正法》确定社区矫正执行地,执行地的社区矫正机构又应当如何做好同决定机关的衔接,把好入口关,就成了社区矫正工作面临的首要问题。

(一)社区矫正执行地的确定主体

根据《社区矫正法》第17条第1款、第4款,依法判处管制、宣告缓刑、裁定假释、决定暂予监外执行的人民法院和依法批准暂予监外执行的监狱管理机关、公安机关。在依法作出上述裁判、决定时应当确定社区矫正执行地。

根据本条,社区矫正执行地的确定权被授予了社区矫正决定机关,同时明确要求决定机关在作出适用社区矫正的裁判、决定时,应当同时确定执行地。与此同时,法律并没有赋予社区矫正执行机关对此提出异议的权力。也就是说,社区矫正对象在何处执行社区矫正,完全由社区矫正决定机关根据实际情况确定,社区矫正执行机关对此无权置喙。

立法机关之所以作出这样的规定,其实是有深刻的现实背景的。在当前的社区矫正工作实践中,存在着各地社区矫正执行机关通过自定规矩对社区矫正执行推诿扯皮、能推就推,社区矫正对象被决定矫正后还需要四处搜罗证据材料向社区矫正执行机关证明自己居住地的不正常现象。其中最为典型的莫过于发生在湖北汉川和广州增城之间的一起因无法确定社区矫正执行地,而将社区矫正对象收监执行原判刑罚的案件。

据正义网报道,广州市增城区法院以尹某犯危险驾驶罪判处尹某拘役2个月,缓刑3个月,并要求其到其户籍地湖北省汉川市接受社区矫正。但由于尹某及其全家长期在外,早已不在其户籍地居住,并不符合湖北司法行政机关规定的社区矫正对象接收条件。而其在广州市增城区实际居住又不满1年,也不符合广州市的接收条件。最终尹某被以没有社区矫正执行地为由收监执行原判刑罚拘役2个月。而若从其判决生效的2018年12月3日开始计算,到2019年3月18日尹某被裁定收监执行之日,其3个月的缓刑考验期早已届满。

缓刑原本是国家对于部分罪行轻微、社会危险性不大,可以不予收监执行原判刑罚的犯罪分子的宽大手段,是落实我国宽严相济刑事政策的重要环节。但这一刑罚执行制度却在本案中因为户籍地、实际居住地的社区矫正执行机关均不愿意

接收执行而落空,最终导致矫正对象在两地有关机关文书往来无果之下,于法院生效裁判文书确定的缓刑考验期满后被收监执行原判刑罚。这样的结果显然并不利于维护司法权威,一定程度上也不符合我国《刑事诉讼法》尊重和保障人权的任务和原则。

立法者注意到了这个问题,将确定执行地的权力(同时也是义务)赋予了社区矫正决定机关,这对保障国家刑事政策和刑罚制度落实、维护司法权威、保障矫正对象合法权利不受侵犯,都是十分必要的。

有些同志可能认为,如果将社区矫正执行地的决定权完全授予决定机关,那么必然会使社区矫正执行机关丧失工作主动权,使一些不具备在本地区进行社区矫正条件的矫正对象涌入本辖区,不利于矫正工作开展。其实这种担心是完全不必要的,第 17 条第 2 款、第 3 款关于如何确定执行地的规定很好地解决了这个问题。

(二)社区矫正执行地如何确定

《社区矫正法》第 17 条第 2 款、第 3 款规定:“社区矫正执行地为社区矫正对象的居住地。社区矫正对象在多个地方居住的,可以确定其经常居住地为执行地。

社区矫正对象的居住地、经常居住地无法确定或者不适宜执行社区矫正的,社区矫正决定机关应当根据有利于社区矫正对象接受矫正、更好地融入社会的原则,确定执行地。”

上述两款规定对于如何社区矫正执行地规定较为明确,即以居住地、经常居住地为社区矫正执行地。且明确了确定执行地的基本原则,即有利于社区矫正对象接受矫正、更好地融入社会。

《社区矫正法》第 17 条第 3 款之所以强调有利于社区矫正对象接受矫正、更好地融入社会这一确定执行地的原则,主要是因为实践中存在部分社区矫正对象的户籍地同居住地分离,四处打工,没有经常居住地的现象。对于这类矫正对象,社区矫正决定、执行机关往往将其户籍地作为确定执行地的最后选项,确定不了经常居住地就一律发往户籍地接受矫正。而现实中一些社区矫正对象已经长期不在户籍地居住,其在户籍地一无亲属、二无住房、三无收入来源,如仅仅因为其适用社区矫正前流动性强,无经常居住地,就简单地将其放到户籍地接受矫正,将导致其基本生活条件都无法保证,更谈不上服从管理,安心接受矫正。强制这类社区矫正对象到户籍地接受矫正,看似是解决了执行地争议,实际上则给之后社区矫正工作埋下了严重隐患。

笔者在实践中还遇到这样一起案例,罹患艾滋病的某犯原本在省城监狱医院服刑,因病危需要保外就医到省城传染病医院治疗,但是省城的司法行政机关却以省城非该犯经常居住地为由拒绝接收。最后该犯由距离省城100多公里的户籍地司法行政机关接收,并指定其户籍所在乡镇的司法所进行日常监管。户籍地司法行政机关及司法所到省城传染病医院同监狱办理了交接手续,而该犯也在入矫10余天后病逝。根据本案的实际情况,户籍地执行机关及司法所显然难以对在100多公里外的省城医院保外就医的社区矫正对象进行所谓日常监督考察,对于此类矫正对象显然应当由其住院医院所在地的社区矫正执行机关进行监督考察更为实际。

要避免出现此类现象,就应当坚持有利于社区矫正对象接受矫正、更好地融入社会这一确定执行地的原则,摒弃以户籍地兜底的做法。这样既有利于矫正对象安心受矫,更有利于矫正机构工作人员安心开展工作,再也不必为矫正对象由于生存需要违规外出而日夜焦虑。

(三)提高社矫机构对特殊矫正对象的执行能力

面对《社区矫正法》的上述规定,社区矫正机构应当加强自身建设,提高对矫正对象,尤其是没有经常居住地矫正对象开展矫正工作的能力。

比如对于户籍不在本地,在本地居住时间短的矫正对象,可以给予特别关注,加强走访、约谈、信息化核查的频次,及时掌握其工作、生活动态。而对于没有住房和生活来源的矫正对象,可以为其提供临时居所(如北京等地建立的中途之家)和就业指导,帮助其自食其力,自主解决生活问题。同时这也要求各地地方行政机关应当加强社区矫正机构和社区矫正专业的队伍建设,吸收相关部门和社会力量广泛参与社区矫正工作,从而实现对特殊群体的差异化监督帮教,让无家可归、无亲可投、无业可就的矫正对象也能在社会上找到自己的一席之地,顺利回归社会。

二、对暂予监外执行罪犯的监督考察有关问题

(一)关于暂予监外执行罪犯矫正期限

实践中,县级司法行政机关在接收没有明确监外执行期限的暂予监外执行罪犯时,往往习惯于将矫正期限直接计算至剩余刑期届满,并载入宣告书等法律文书,笔者认为,这种做法值得商榷。

虽然司法部、最高人民检察院、公安部于1990年联合颁布的《罪犯保外就医执行办法》中有“依据罪犯病情,可以一次批准决定保外就医时间半年至一年”的规定,但在2014年《暂予监外执行规定》中,由决定机关确定暂予监外执行期限的规

定被取消。

《刑事诉讼法》第268条规定,“对暂予监外执行的罪犯,有下列情形之一的,应当及时收监:(一)发现不符合暂予监外执行条件的;(二)严重违反有关暂予监外执行监督管理规定的;(三)暂予监外执行的情形消失后,罪犯刑期未满的”。该款规定中第(三)项表明暂予监外执行的情形消失后,罪犯刑期未满的应当及时收监。

在最高人民法院2015年7月29日公布的暂予监外执行案件典型案例“罪犯黄谨依法收监案”中,罪犯黄某患肥厚型心肌病,经治疗,病情较为稳定,心功能未达Ⅲ级且未见器质性心脏病导致的心律失常等临床体征变化,不符合《罪犯保外就医疾病伤残范围》的相关要求。故经上海市徐汇区司法局提请,上海市徐汇区人民法院依法作出收监执行决定,将黄某收监执行剩余刑期。

根据上述规定及案例可以看出,在决定机关没有明确执行期限的情况下,只要出现了暂予监外执行的情形消失的事实,就应当将罪犯收监。而《社区矫正宣告书》作为具有公信力和公示效应的法律文书,如果在其中将暂予监外执行的期限予以固定,无疑会给暂予监外执行人员以刑期未满之前均可暂予监外执行的错觉,损害社区矫正工作的严肃性。

故笔者认为,在对暂予监外执行罪犯进行社区矫正宣告时,不应当确定并向其宣告具有明确终期的矫正期限,而应当表述为:自××××年×月×日起,依法实行社区矫正。

(二)如何破解暂予监外罪犯的收监难题

曾有媒体报道,新疆乌鲁木齐一名犯贪污罪的女性暂予监外执行罪犯,利用暂予监外执行期间反复怀孕来逃避收监长达10年。而在现实中,因身患重病或者严重传染病而迟迟无法收监的违规、再犯罪、发现漏罪的暂予监外执行罪犯也不在少数。笔者认为,对于这些暂予监外执行监督工作中的难点、痛点,只靠现有规定是不够的,司法部应当及时修改《暂予监外执行规定》,进一步细化对暂予监外执行罪犯的监督考察和教育帮扶措施,作出有别于管制、缓刑以及假释的专门规定,通过科学可行的制度建设有效破解暂予监外执行工作中的难题。例如,对于利用反复怀孕逃避收监或者利用自身所患疾病难以收监而不服从监管的暂予监外执行罪犯,可以引入指定监视居住和强制医疗制度来解决此类问题。同时也建议有关方面在人才培养、队伍建设、医疗设备以及基础设施建设方面加大对监狱医院的投入,切实提高监狱医院收治病犯的能力和水平,从源头上减少暂予监外执行罪犯的数量。

三、被采取强制措施的社区矫正对象解除社区矫正问题

我国刑事诉讼中的强制措施,是指公安机关、人民检察院和人民法院为了保证刑事诉讼的顺利进行,依法对犯罪嫌疑人、被告人的人身自由进行限制或者剥夺的各种强制性方法。从性质上说,强制措施是预防性措施,而不是惩戒性措施,同刑罚和行政处罚存在着本质区别。我国现行《刑事诉讼法》所规定的强制措施有拘传、取保候审、监视居住、拘留、逮捕五种。

社区矫正实践中常常会遇到这样一种情况:社区矫正对象在接受矫正期间因再犯罪被司法机关采取了强制措施,在强制措施执行且案件未决期间,其矫正期限却已经届满。对于此种情形,究竟是按时解除社区矫正还是待其案件处理结束后再根据结果处理?对此实务界有不同的看法。

第一种观点认为,社区矫正对象被刑事拘留、逮捕期间矫正期满,司法行政机关不应解除社区矫正,应待刑事实体处理后再根据情况作出处理。

第二种观点认为,社区矫正对象被采取强制措施期间,没有应当撤销缓刑、撤销假释或者暂予监外执行收监执行情形的,如矫正期满,社区矫正机构依法对其解除社区矫正。

这两种观点都有一定道理,但均无法涵盖四种矫正类型,也就是说,两种观点都没有在社区矫正对象被判处的刑罚性质上进行区分,而是希望能用一种通用的办法解决这一问题,在这样思路之下显然难以得出正确的结论。

笔者认为,在目前社区矫正的四种类型中,对于暂予监外执行的罪犯,如果矫正对象被采取强制措施且案件未决期间其矫正期限届满,可以对其解除社区矫正。但对于一部分管制以及全部缓刑、假释罪犯,则需要待其刑事实体案件处理结束后再根据情况进行处理。

(一)就暂予监外执行而言

根据《暂予监外执行规定》第26条和第27条,如果没有不计入刑期的情形(不符合暂予监外执行条件的罪犯通过贿赂等非法手段被暂予监外执行的、在暂予监外执行期间脱逃的两种情形),被监狱和公安机关决定暂予监外执行的罪犯刑期届满后,则应当由监狱、看守所办理释放手续;被法院决定暂予监外执行的,在刑期届满后则应宣告解除社区矫正并通报原判法院。在这个问题上,不论《刑事诉讼法》《监狱法》还是《暂予监外执行规定》均没有针对暂予监外执行期间再犯新罪或者发现漏罪作出例外的规定。

对于在押罪犯再犯罪后刑期届满应如何处理的问题，司法部等四机关颁布的《关于监狱办理刑事案件有关问题的规定》第 2 条规定："罪犯在监狱内犯罪，办理案件期间该罪犯原判刑期即将届满需要逮捕的，在侦查阶段由监狱在刑期届满前提请人民检察院审查批准逮捕，在审查起诉阶段由人民检察院决定逮捕，在审判阶段由人民法院决定逮捕；批准或者决定逮捕后，监狱将被逮捕人送监狱所在地看守所羁押。"从这一规定可以看出，在押罪犯涉嫌再犯罪并不影响其刑期计算，笔者认为同样的结论也可以适用于暂予监外执行的罪犯。

暂予监外执行决定是社区矫正机构对该类矫正对象进行矫正的唯一依据，如果刑期届满，社区矫正也就失去了基础。故笔者认为，暂予监外执行罪犯从其被决定暂予监外执行之日起至又犯新罪或者发现漏罪后新判决执行前这段时间，如果原判刑期届满，且没有不计入刑期的情形的，就应当宣告其解除社区矫正，并在宣告书鉴定意见中注明其再犯罪或发现漏罪的情况。

(二)就管制而言

最高人民法院 1981 年 7 月 27 日颁布的《关于管制犯在管制期间又犯新罪被判处拘役或有期徒刑应如何执行的问题的批复》中规定："在对新罪所判处的有期徒刑或者拘役执行完毕后，再执行前罪所没有执行完的管制。对于管制犯在管制期间因发现判决时没有发现的罪行而被判处拘役或有期徒刑应如何执行的问题，也可按照上述意见办理。"

2015 年 11 月 1 日施行的《刑法修正案(九)》吸收了上述规定，在刑法第 69 条中增加一款作为第 2 款："数罪中有判处有期徒刑和拘役的，执行有期徒刑。数罪中有判处有期徒刑和管制，或者拘役和管制的，有期徒刑、拘役执行完毕后，管制仍须执行。"

那么在司法实践中上述规定是如何执行的呢？2015 年 4 月 22 日，河南省清丰县人民法院审结一起管制期间又犯新罪的盗窃案件，被告人罗某某因犯盗窃罪于 2014 年 3 月 28 日被该院判处管制 2 年。管制期间自 2014 年 4 月 9 日开始，折抵刑期 30 日，至 2016 年 3 月 9 日刑满。罗某某在管制期间因涉嫌犯盗窃罪于 2015 年 2 月 10 日被清丰县公安局刑事拘留，尚未执行的管制刑期为 1 年又 1 个月。该院最终以盗窃罪判处被告人罗某某有期徒刑 7 个月，并处罚金人民币 5000 元；与前罪未执行完毕的管制剩余刑期 1 年又 1 个月，并处罚金人民币 4500 元数罪并罚，决定执行有期徒刑 7 个月，管制 1 年又 1 个月，并处罚金人民币 9500 元。

根据上述规定，管制期间发现漏罪或者又犯新罪的，应当按照《刑法》有关规定进行数罪并罚,未执行完毕的管制在有期徒刑或拘役执行完毕后仍需要执行。而从案例则可以看出,被判处管制的社区矫正对象,因被羁押导致管制无法执行的,其未执行完毕的管制应当同新罪数罪并罚。但上述规定及案例并不能体现被采取非羁押强制措施的管制犯是否继续计算管制刑期的问题。

笔者认为,对于管制类社区矫正对象,被采取羁押性强制措施导致管制无法执行的,应当停止计算管制刑期,在此期间矫正期限届满的,自然也不能解除社区矫正。但如果这类社区矫正对象仅仅是被采取拘传、取保候审、监视居住的强制措施,并不影响管制执行的,自然也无法产生停止计算管制刑期的后果,故其矫正期限届满,依然可以解除矫正。

(三)就缓刑、假释而言

《刑法》第77条第1款规定:"被宣告缓刑的犯罪分子,在缓刑考验期限内犯新罪或者发现判决宣告以前还有其他罪没有判决的,应当撤销缓刑,对新犯的罪或者新发现的罪作出判决,把前罪和后罪所判处的刑罚,依照本法第六十九条的规定,决定执行的刑罚。"第86条第1款、第2款规定:"被假释的犯罪分子,在假释考验期限内犯新罪,应当撤销假释,依照本法第七十一条的规定实行数罪并罚"。"在假释考验期限内,发现被假释的犯罪分子在判决宣告以前还有其他罪没有判决的,应当撤销假释,依照本法第七十条的规定实行数罪并罚。"根据上述规定,被判处缓刑、裁定假释的罪犯,其再犯的新罪或者被发现的漏罪被法院作出生效判决前,其原判刑罚是否会同新罪、漏罪所判刑罚进行数罪并罚实际上处于不确定的状态。如果对于处于此种情形下的缓刑、假释类矫正对象解除矫正,则意味着产生其原判刑罚不再执行或执行完毕的法律后果。这样一来,如果其漏罪、新罪成立,其羁押期间解除矫正所产生的法律后果势必同其后人民法院作出的数罪并罚的判决相冲突,违反了《刑法》的规定。

笔者认为,对被采取刑事强制措施期间的缓刑、假释类矫正对象解除矫正,只能适用于其新罪、漏罪被审判机关宣告无罪、检察机关决定不起诉以及侦查机关撤销案件的情形,届时可以向其补发解除社区矫正证明书。但在其新罪、漏罪未决之前,不能对其解除矫正。

(四)被采取留置措施的处理

值得注意的是,2018年3月20日颁布的《中华人民共和国监察法》第22条规定,对涉嫌涉嫌贪污贿赂、失职渎职等严重职务违法或者职务犯罪的被调查人以及对涉嫌行贿犯罪或者共同职务犯罪的涉案人员,监察机关可以采取留置措施。留置虽然属于调查活动，并非刑事诉讼中的强制措施。但从其执行方式、留置时间（不得超过3个月，但在特殊情况下，可以延长不超过3个月）上来看，其对人身自由的限制强度并不弱于羁押性强制措施。故被留置的社区矫正对象是否按期解除社区矫正，也应当参照被采取羁押性强制措施的情形处理。

参考文献

[1]陈光中:《刑事诉讼法》(第6版),北京大学出版社、高等教育出版社2016年版。

[2]黄国华、陆成雄:《湖北汉川:检察监督防止无法执行缓刑犯漏管脱管》,载正义网,http://jcy.jcrb.com/jcsc/2537464.shtml,2020年6月15日访问。

[3]饶俊华、白雪晴:《女子怀孕14次欲逃避坐牢》,载《乌鲁木齐晚报》2015年8月12日,第15版。

[4]许刚:《社区服刑人员被刑事拘留、逮捕期间矫正期满是否解除社区矫正?》,载社区矫正宣传网,http://www.chjzxc.com/index.php/Article/info/id/12572.html,2020年6月15日访问。

[5]最高人民法院:《最高人民法院关于管制犯在管制期间又犯新罪被判处拘役或有期徒刑应如何执行的问题的批复》,载《人民司法》1981年第12期。

[6]邵慧亮:《管制期间犯新罪数罪并罚》,载濮阳市中级人民法院网站,http://pyzy.hncourt.gov.cn/public/detail.php?id=6891,2020年6月15日访问。

论社区矫正社会调查报告制度

唐　昕*

摘　要:2020 年关于未成年人最低刑事责任年龄是否降低的讨论,使得未成年人犯罪这一问题再次进入人们的视野,而未成年人犯罪如今也已成为我国目前刑事司法保护制度的一项重要议题;在法律法规明确规定了“教育为主,惩罚为辅”的未成年人犯罪处理原则后,我国积极建构了如社区矫正、少年法庭等一系列针对未成年人的司法保护体系,其中明确规定了对于未成年犯罪的社会调查报告制度,这一制度在对于未成年犯罪嫌疑人、被告人的定罪量刑方面起着重要的作用,在以审判中心主义为背景进行的刑事诉讼程序中,社会调查报告制度的属性定位直接关系到其是否能够得到充分的适用,只有准确地对其进行定性,才能够使其价值得到充分的重视与认可。

关键词:社区矫正;社会调查报告制度;未成年人犯罪;量刑

一、社会调查报告制度的定位

社会调查报告是指在未成年人涉嫌犯罪的案件中,经由特定的调查主体对涉罪未成年人的个人生活、成长环境、性格特点以及其被指控犯罪前后的个人表现进行调查后,针对调查结果所制作的文字材料,是社会调查报告制度重要的核心,也是公检法机关最后作出决定和判决的重要参考资料。

由于社会调查报告制度的地位并没有明确的法律给予确认,笔者只能从相关

* 唐昕,西华大学法学院硕士研究生。

基金项目:四川省高等学校人文社会科学重点研究基地四川省社区矫正研究中心 2020 年项目:司法社工参与涉罪未成年人社会调查制度研究(项目编号:SQJZ2020-05)的研究成果。

的司法解释中去寻找关于社会调查报告制度的一些模糊的说法，因此对于社会调查报告的属性定位也就难以进行准确的界定。

如今学界有许多看法，但其中最大最核心的争议焦点就是社会调查报告是否属于证据，而学界的争议讨论与看法也大多是围绕着该焦点展开。有学者认为，社会调查报告是对于涉罪未成年人的品格和以往行为表现进行的调查所制作的报告〔1〕，其从内容和性质上都更加接近于品格证据，根据《刑事诉讼法》第 48 条的规定来看其并没有证明案件事实情况，与犯罪事实是否真实存在、是否该未成年人实施、罪责轻重等并无实际关联，并且《刑事诉讼法》第 50 条也规定了只有用于证明案件事实的材料才能作为证据，对证据的种类也作了明确的规定，其中并没有包括品格证据，故这些学者认为社会调查报告并不属于证据。

笔者认为，证据之所以能够用于证明案件事实，是由其所特有的客观性、关联性与合法性这三性决定的，对于社会调查报告与案件所存在的关联性不能够仅从表面分析，不能一言以蔽之。社会调查报告的确在实际中大多是从涉罪未成年人案外表现来进行调查分析，看似与案件的发生没有实际关系，但笔者认为在对社会调查报告定性时需明确一点，社会调查报告制度虽然起源于西方的人格调查制度和品格制度，在理念和构造上都与之存在许多相似之处，但在我国少年司法的制度框架下又呈现出一定的差异，西方的调查制度主要是用以证明当事人品格和品格特征，虽然与案件事实本身不具有直接的联系，但可以在一定程度下反映和预测当事人的人身危险性和犯罪的主观恶性程度，其广泛适用于成人犯罪案件，并且可以自行收集所需材料，必要时才需要由司法机关依职权进行调查；而社会调查报告制度则是仅限于适用未成年人犯罪的案件，未成年人无论身体还是心智都还正处于一个不断成长和发育的阶段，他们对世界的感知和对自我的认知较成年人来说更为敏感，对于压力和不良外界影响的处理分辨能力也较弱，更容易受到影响和误导，这就导致在许多时候他们对于违法犯罪的警惕性和对于法律的敬畏心不足，从而误入歧途，这些因素也是社会调查报告虽然接近品格证据，却与品格证据不同的原因，对于未成年人案件来说，社会调查报告能够更好地帮助司法机关理清涉罪未成年人走上犯罪道路的原因，通过全面考察未成年人的性格特征和行为倾向，可以帮助司法机关更好地认定其主观恶性、人身危险性等要素，所以笔者认为虽然社会调查报告并不能用于证明案件事实，但其对于案件处理的作用也是不可忽视的，故

〔1〕 孙碧莹：《未成年犯罪社会调查报告制度研究》，黑龙江大学 2015 年硕士学位论文，第 13 页。

如果要将社会调查报告认定为证据,应当从定罪证据与量刑证据角度切入,将社会调查报告认定为一种量刑证据,使得其在对涉罪未成年人量刑轻重与后期教育矫治方面发挥效力。

二、社会调查报告制度的价值

《刑事诉讼法》明确规定,在未成年人涉嫌犯罪的刑事诉讼程序中,由专门的机关对涉罪未成年人的性格特点、家庭情况、成长经历以及实施被指控犯罪前后的表现等情况进行调查分析,帮助司法机关推进诉讼进程,由此可见社会调查作为我国未成年人犯罪处理的一项重要制度,其在未成年刑事案件中有着独特的作用,无论是国内还是国外,皆是少年司法审判程序中一项必不可少的制度,对于未成年被告的合理量刑方面和矫正、预防未成年犯罪等方面都有着独特的参考价值和应用意义。

(一)社会调查报告制度与合理量刑

笔者已经对社会调查报告的性质与作用以及社会调查报告制度这一制度的定位与存在意义进行了阐述,其中社会调查报告能够为涉罪未成年人合理量刑提供可信可行的参考依据。

人民法院在审判和处理未成年人犯罪的案件时,应当秉持着"教育为主,惩罚为辅"的原则,但需要明确一点,"教育为主,惩罚为辅"并不代表对于未成年人犯罪皆采取宽大处理、教育处理的方式。对于未成年人犯罪的案件来说,对他们应该受到处罚的错误绝不姑息,这既是对于收到伤害的被害人及其家属的一种交代,也是对于社会期待的一种交代。无论是未成年人还是成年人,社会的期待永远都是对于违法犯罪坚决地处罚,这说明了司法机关对于未成年人犯罪的处理不能够因为未成年人的年龄而一味地将他们所犯罪的原因归纳成没有形成良好的是非观,价值观等,不能让年龄成为未成年人犯罪的一块"免死金牌"。在社会上造成"未成年犯罪不是犯罪"或者"未成年犯罪不会受到惩罚"这类错误的风气指引,这对于立法者保护未成年人的理念原意相违背。但对于未成年人来说,其心理特征和思维方式确与成年人有所区别,将他们与成年人犯罪同罪同罚的处理方式也不可取,在这种两难的情况下社会调查报告就起到了非常重要的参考作用,通过对涉罪未成年人的成长环境,教育经历,监护信息等情况进行全面的调查,能够帮助司法机关更为准确且直接地掌握未成年人的心理健康和犯罪的主观恶性,以及犯罪后的表现,不仅有利于司法机关考察涉罪未成年人是否是真正地认识到错误,诚心反省,并且也能够使得法官在审判时仔细审查社会调查报告的内容，在庭审中全面且准确地把握住与案件有关的事实证据，帮助他们在事实与证据的前提下合理地进行“自由心证”，使其对法律的适用以及未成年被告人的定罪量刑有自己的判断和考量。

在未成年犯罪刑事诉讼中，社会调查报告也是公检法对涉罪未成年人采取措施与否，起诉与否，从轻、减轻、免除处罚或者是决定是否适用缓刑的重要参考依据〔1〕，也就是说，在对涉罪未成年人进行处罚教育时，要将社会调查报告的内容进行全面和充分的考量，综合以上因素对于未成年人确定从宽比例，例如涉罪未成年人的成长环境恶劣，完全是由于监护人的失职以及学校的监管不力，导致其不慎误入歧途，但在对其追究责任时能够真正且充分认识到自身的问题与错误，积极配合案件处理调查，承诺改正学习的话便可以适用较大的量刑调节比例，能够更好地实现刑罚的教育功能。

在对未成年人案件的审判活动中，罪名的确立在实务中并没有过多的衡量空间，故对于未成年人以后的成长发展更多的还是来自量刑上的作用，通过合理的量刑帮助认罪态度好、能够深刻自我反省错误的未成年人早日摆脱诉累，给予他们正确态度的肯定，能够更好地引导他们以后改正错误，走上正轨，并对国家司法产生敬畏和感激之心，这才是立法者设置未成年人特殊保护的原意和期待。

（二）社会调查报告制度与矫正和预防未成年犯罪

未成年人肩负着国家未来的发展和希望，对于未成年的保护和教育也成为国家最为关注的问题之一，能否引导未成年人形成明确且端正的是非观念、价值观念和世界观念直接导致了未成年人能否为国家发展做出贡献，为社会稳定提供帮助。在如今科技迅速发展，社会观念交织的时代背景下，未成年人每天接收着各式各样的观念和知识，这对于他们自我世界观的形成有利有弊，监护人的一时不察便有可能使得未成年人接收到错误信息的指引，在潜移默化的影响之下，未成年人非常容易“思想抛锚”走上歧途，在这种情况下对这些一时走错路的青少年给予强硬的打压和惩罚，反而会激发他们的逆反心理，若是再经不法分子的怂恿挑逗，则会造成更大的伤害，使得青少年就此走上歧途无法回头，这对于他们个人和家庭都是一种极为深刻的打击。

我国相关法律规定在庭上辩论结束后，法庭可以根据具体情况对未成年被告人进行教育，由此可见在针对未成年人的教育改造和案件处理中，对他们进行法庭

〔1〕 孙雪琳：《未成年刑事案件社会调查报告制度研究》，四川师范大学2014年硕士学位论文，第2页。

教育是一项重要程序步骤，也是“教育为主，惩罚为辅”中“教育为主”的具体体现，是少年审判中必不可少的一个环节。而对于涉罪未成年人的教育最重要的便是通过社会调查报告找到“切入点”，找到不同未成年人各自不同的“感化点”，通过社会调查报告对未成年的家庭情况和成长经历进行社会调查后，能够加深对涉罪未成年人的了解，这能够帮助司法机关掌握该涉罪未成年人的性格特点。社会交往以及误入歧途的原因和经过，帮助办案人员有针对性地寻找帮助未成年犯罪嫌疑人、被告的办法，做到因材施教，使得对这些未成年人的教育达到预期的教育效果。

《刑事诉讼法》中针对未成年人犯罪设立了社会调查报告制度说明了立法者对未成年人特殊的保护问题的重视，全面合理地考虑到未成年人犯罪的情况大多是心智发育不成熟、自我控制能力较低所导致的激情犯罪，他们作为建设社会的未来力量，有很长的路需要走，采取正确的方法教育感化挽救他们就更为重要。一方面，预防未成年人犯罪也是需要社会给予高度重视的一个问题，让未成年人接触到真实的案例，能够对他们的内心产生触动，当他们认识到违法犯罪的严重后果，对于刑罚产生了相应的敬畏，便能够有效地进行自我约束；另一方面，通过总结归纳未成年人犯罪的规律，可以尽可能地把握导致这种局面的因素，能够更好地对其中可控的方面进行控制，有利于预防未成年人犯罪，降低他们的犯罪率，为他们提供一个健康成长的社会环境。

要解决未成年犯罪的问题其实最根本的还是后续对于他们的教育改造功能，绝大多数青少年由于知识阅历浅，道德法制观念单薄，自我控制能力也较为有限，要帮助他们形成完整且正确的世界观、人生观、价值观需要社会各界的参与与长期的努力，之前他们极易受到外界不良影响而走上歧途引发犯罪行为，这恰恰证明了对于未成年的教育和改造应当全面并且区别于成年人。目前未成年犯罪逐渐低龄化也提醒我们需要对于社会调查报告的重要性予以重视，只有充分了解未成年走上犯罪道路的前因后果，并从中进行思考和归纳出规律，才能更好地掌握未成年人的心理特征，更好地“对症下药”，预防未成年人犯罪，保护未成年的心理健康，从而保证社会的稳定、有序发展。

三、社会调查报告制度的现状分析

目前我国的少年司法制度体系正在逐渐趋于完善，如今也建立了少年法庭、社区矫正等未成年人司法保护体系，但仍旧存在着许多不完善的地方，还有许多的问题需要改进和完善，在此笔者主要从以下三个角度进行阐述。

（一）定性不明确，导致适用“可有可无”

基于社会调查报告在判决中的应用情况的调研成果[1]，其实不难发现社会调查报告在公检法机关作出的决定或者是判决中并没有得到应有的重视，反而更偏向于是一种“可有可无”的状态，这很大程度上归咎于我国对于社会调查报告制度并没有制定专门性的法律，而将其作用仅仅定位于“参考”，这在很大程度上降低了它的司法效力；并且上述也提到了目前学界对于社会调查报告的定性依旧存在着争议，其适用的“可有可无”也与我国的“以事实为根据，以法律为准绳”的原则有关，对于涉罪未成年人的定罪与量刑要切合案件事实，罚当其罪，做到罪责刑相适应，而由于社会调查报告性质在法律中无法明确，在程序正义与事实正义相作用的犯罪活动打击中，《刑事诉讼法》的秩序价值明确要求了一切追究犯罪的行为应当是有序的，有迹可循的，换言之，追究犯罪应当讲事实、讲依据，而在我国刑事诉讼活动中，对于社会调查报告的性质不明确直接导致了公检法机关在诉讼程序中不敢轻易采用社会调查报告，造成了公检法机关对于社会调查报告的参考价值与参考程度有所怀疑和保留。

当代表国家行使权力的公检法机关都对社会调查报告的作用持中立怀疑和暧昧不明的态度时，这会导致社会调查报告在现实中大众中也无法得到应有的重视，如此反复便形成了一个恶性循环。

（二）启动及适用规定模糊，导致“举棋不定”

由于上述提到的社会调查报告制度有关规定不够具体和明确，只是从宏观上确立了社会调查报告制度的存在以及启动主体和社会调查的范围等事项，却缺少了针对主体权限范围、调查方法、调查标准等问题的规定，这样直接导致各地的施行情况参差不齐，对于社会调查报告制度的适用产生了差异，这其实对于推行这项制度的发展和完善是无利的。

针对涉罪未成年人的社会调查是一个逐渐深入的进程[2]，那么其中就需要给予调查主体充分的调查时间，以此保证最后的报告结论全面且真实可信，这就意味着对于主体何时展开社会调查是至关重要的，因为其直接决定了准备社会调查报告的时间是否充分，是否能够在期限内正确且尽可能全面地搜集到有关涉罪未成年人的各种信息。我国对于社会调查报告制度的启动并没有作出明确规定，而只

---

〔1〕 孙碧莹：《未成年犯罪社会调查报告制度研究》，黑龙江大学2015年硕士论文，第9页。

〔2〕 孙雪琳：《未成年刑事案件社会调查报告制度研究》，四川师范大学2014年硕士学位论文，第34页。

是对于启动主体进行了设定,但对于立法者来说设定多个主体的目的是社会调查在不同的阶段都能够启动实施,以此为涉罪未成年人最及时最恰当的保护和处理提供参考,但实际情况确是因为适用规定的模糊,从而导致了适用阶段的不确定,并且对于调查主体的规定和调查标准等都没有具体的法律规定,因此对于调查启动时间和调查进程发展都产生了负面影响。

(三)监督规定缺失,导致诉讼"僵持不下"

虽然在具体地区的司法实践中、地方法规等规范性文件中有不断地对社会调查报告制度进行完善与补充,但整体而言法律法规数量依旧远远不够,并且在这些零散的规定中对于该项制度的描述语句多是原则性的规定,少有具体且细节上的解释,这也就造成了司法人员在适用这项制度时有很大的不确定性,法律没有严格对于其进行规定导致执法人员拥有过多的操作空间,例如对于社会调查的监督问题,调查主体在对涉罪未成年人进行社会调查时是否尽职,是否有客观全面地收集相关情况,对影响案件的关键信息和材料是否妥善收集并且保存,并正确地将这些信息和材料制作成最后呈现在庭上的报告中都无相关规定予以监督。

在缺乏法律全面正确的约束下,调查报告很大程度上依赖于调查主体的个人素质和职业道德。但对于这一问题并不是完全没有解决办法,在《关于规范量刑程序若干问题的意见》中规定当事人如果对于社会调查报告内容存在异议的话,可以向法庭提出,但实际上这项规定的实施却存在着很大的问题,例如在很多未成年犯罪的案件庭审中并没有设置宣读报告内容这一环节,也就更不存在对于报告内容提出异议。如果发生了上述问题,司法机关应当如何审查、审查的标准和后果处理也是导致诉讼僵局出现的一个因素。

四、社会调查报告制度的完善

总结上述不足可以发现,社会调查报告制度在实践过程中存在着如报告法律定性不明、规定模糊过于原则和监督不力等不足之处。基于此,立足实际并引起重视,对症下药对问题进行改善,能够加快该制度的建立和发展完善。

(一)明确定性,促进立法完善

社会调查报告是否属于"证据"这一问题,直接影响其在刑事诉讼活动中的适用和在定罪量刑中的作用发挥。所以笔者认为应当加快完善立法,以法条的形式对调查报告的性质加以确定,认真贯彻"教育为主、惩罚为辅"的原则和"教育、感化、挽救"方针,并且对于该制度的具体操作进行更加明确细致的规定,提高规范程度和可操作程度，避免适用混乱这一阻碍发展的因素出现。

（二）规范适用，发挥报告作用

在“审判中心主义”的影响下，刑事诉讼活动逐渐开始有序地朝这个方向发展，笔者认为这也为社会调查报告制度的规范适用提供了一定程度的导向性，追究犯罪的诉讼活动需要以审判阶段为主，换言之，侦查、起诉等审判前程序都被视为保证审判程序顺利开启的预备活动，这也说明只有在审判阶段，诉讼参与人的合法权益才能得到充分的维护，其中最核心的被告人的刑事责任问题才能得到最终的、权威的确定，这就要求对被告人定罪量刑的辩论以及证据等的审查都应当在审判中经过了控辩双方的充分表达后再经由人民法院确定。对于未成年犯罪来说，这就从侧面反映了对于社会调查报告制度的启动和结束都需要在开庭之前，正如上述所说，社会调查报告最关键的一点就在于对于涉罪未成年人充分且全面的调查环节，而这一环节最核心的就是合适的调查主体、充分的调查时间以及明确统一的调查报告标准。

首先，调查主体的选择应当不仅仅考虑其是否具备专业知识和专业能力，还需要对其工作态度和调查观念进行考察，作为社会调查报告制度中的主体，其能否严谨地完成社会调查任务，保持客观中立的态度制作调查报告是这项制度能否得到贯彻实施的首要因素，对于调查人员的定期考察和选拔也应当通过立法对其进行规范，加强专业的训练和理论的学习，以保证这一队伍的专业性和公正性。

其次，调查时间的充分也是保证报告全面和灵活的一大关键，笔者认为对于社会调查不能只简单地追究其实施犯罪时与犯罪前的表现与特点，还应当追踪其在侦查、审查起诉阶段的表现与社会活动等。对于涉罪未成年人来说，对于他们的错误既要给予认真地对待处理，绝不能因年龄等因素放纵犯罪，滥用刑罚轻缓化，同时也要注意对于他们的身心健康进行合理适当保护，真正做到“教育为主、惩罚为辅”。

最后，要构建明确统一的调查报告标准，笔者认为对于调查报告的内容应当包括当事人基本信息、当事人的风险评估以及对于案件参考的理由等汇报评价。基本信息是对于法定的调查范围进行调查，例如成长环境、性格特征、监护教育等信息；风险评估则是对涉罪未成年人的主观恶性和人身危险性等进行的调查，例如平时表现和交往情况等；最后的汇报评价则是联系案件的具体事实对其的犯罪成因和后续认识悔罪态度等内容进行调查，并提出量刑和处罚的建议。

（三）加强监督，保证诉讼顺利

为了保证制度的顺利实施，保证报告内容的真实和准确，笔者在此列举出以下三个原则来加强对于社会调查报告制度实施的监督。

1. 确立调查主体回避原则

在调查主体对涉罪未成年人进行社会调查时,如果调查员是该当事人的近亲属或者有其他直接利害关系,为了防止社会调查报告出现偏向导致影响公正审判等情况的发生,应当对其采取回避措施,可以主动回避或者申请回避。

2. 调查主体出庭原则

对于调查主体是否有必要出庭的问题,笔者认为可以参照证人出庭制度,规定社会调查的主要调查人员在必要时刻出庭宣读调查报告,并且听取双方意见接受质证。这样可以使得如果双方当事人对调查报告有异议能够及时地得到处理解答,法官也应当对于调查报告的采用理由和具体采用方面进行释明,并且在判决书中加以书面明确,以此可以对于社会调查报告的重要性给予司法实践上的肯定。

3. 违反规定的处罚原则

在实施该制度时,由于目前司法社工的人数不足,编制不明以及专业化程度没有统一标准等,导致不同地区、不同主体制作的调查报告内容良莠不齐。在专业能力不足或者各种消极因素的影响下,难以保证所有的调查员都能够尽职调查,有的甚至会存在虚假调查、恶意调查的行为。对于这些行为要以法律的强制手段进行规制和处罚,例如设置专门的人员和机构对调查员的调查和报告制作行为进行考察,通过这些方式促使调查人员能够正确履行职责,保证调查报告的质量和真实。

五、结语

在未成年人犯罪逐渐低龄化的今日,社会调查报告制度作为少年司法的重要组成部分,能够更好地为未成年人的提供保护,但这种保护也需要更多的细节对其进行明确。如何才能使社会调查报告制度切实地发挥作用,对于社会调查报告的法律定位等问题亟须司法明确,只有这样才能使社会调查报告制度得到更多的重视和合理的应用,才能更好地针对未成年人的问题进行改正,保护他们的合法权益。

基层司法所在社区矫正工作中面临的困境研究

王　军*

摘　要：作为非监禁的刑事执行制度的社区矫正，自试点以来，在降低行刑成本、预防和减少重新犯罪等方面取得了显著成效。《社区矫正法》《社区矫正法实施办法》的施行，为司法行政机关从事社区矫正工作提供了法律依据与具体规范。

但是当前基层司法所在社区矫正工作面临着一些困境，探寻突破困境的出路，才能更好地推动我国社区矫正工作顺利开展。

关键词：社区矫正；基层司法所；刑罚执行；困境

2020年7月1日起施行的《中华人民共和国社区矫正法》（以下简称《社区矫正法》）中明确，社区矫正工作主要由司法行政部门牵头组织，相关部门协调配合，社会力量广泛参与，全面对社区矫正对象进行监督管理、教育矫正、帮困扶助的工作机制。实施社区矫正符合国际行刑制度的发展趋势，具有行刑成本低的优势，有利于增进罪犯和社会的联系，有助于加强社会主义法治教育，增强公民的遵纪守法意识。

一、司法所在社区矫正工作中承担的职责

司法所作为我国司法行政系统中最基层的职能工作部门，作为区司法局在乡镇人民政府（街道办事处）的派出机构，承担着面向基层社会和广大人民群众提供法律保障、法律服务、法治宣传教育等多项重要任务，同时指导管理人民调解工作，参与重大疑难民间纠纷调解工作，组织开展对刑满释放和解除劳教人员的过渡性

* 王军，四川省宜宾市翠屏区司法局思坡司法所所长。

安置和帮教工作,参与社会治安综合治理工作,代表乡镇人民政府(街道办事处)处理民间纠纷。

自2003年开始实行社区矫正工作以来,特别是在2013年公安机关将社区矫正工作全面移交给司法行政部门后,乡镇司法所的职能有所增加。《社区矫正法》明确指出,基层司法所根据社区矫正机构的委托,承担社区矫正相关工作,包括:接收组织宣告社区矫正对象,确定社区矫正小组,制订矫正方案,建立社区矫正工作档案。在社区矫正实施过程中,司法所要监督社区矫正对象的定期报告,采取实地检查、通信联络、信息化核查等措施及时掌握社区矫正对象的活动情况;重点时段、重大活动期间或者遇有特殊情况,可以根据需要要求社区矫正对象到办公场所报告、说明情况;定期到社区矫正对象家庭、所在单位、就读学校和居住社区进行了解、核实社区矫正对象的思想动态和现实表现等情况;发现社区矫正对象脱离监管时,及时向区级司法行政机关报告;对社区矫正对象7日以内的外出审批;组织日常教育学习活动和社区服务;开展有针对性的个别教育和心理辅导;对社区矫正对象进行考核并实施分类管理等。在期满解除矫正时,司法所要对社区矫正对象作出书面鉴定,提出安置帮教建议;组织解除社区矫正宣告;向社区矫正对象告知帮教有关规定,与安置帮教部门做好交接等。此外,司法所经区级司法行政部门授权,在一定范围内参与社会调查评估等。

二、乡镇司法所社区矫正工作中面临的困境

随着我国社会体制转型、经济结构调整的快速变革,社会各阶层的利益诉求冲突愈加强烈,发展中不平衡、不协调、不可持续的问题仍然比较突出,人民内部矛盾关联性、聚合性、复杂性、敏感性和对抗性明显增强,刑事案件一直在高位运行。相应的,社区矫正工作也处于全负荷状态,在社区矫正第一线的司法所不可避免地存在一些问题和困境。

(一)社区矫正工作在我国存在"城乡发展不平衡"的现象严重

长期以来,由于社会经济等原因,社区矫正工作存在区域发展不平衡的问题。"城乡发展不平衡"的现象,影响了刑事执行制度的统一性和公正性,阻碍了刑罚体系的构建和完善,由于社会经济条件悬殊,相比城区社区矫正工作,部分乡镇的社区矫正工作存在不少问题:农村社区矫正工作中刑罚执行的严肃性不足,农村居民对社区矫正工作的认同度不高,相关制度建设滞后,保障落后,矫正方法手段不科学,矫正效果不明显等。农村村(社区)承担了大部分的矫正任务,问题较城区社区

突出，所以农村社区矫正工作需要社会更多的关注和重视，亟待改革矫正制度。农村地区社区矫正对象的犯罪类型与城区有较大区别。在城区社区矫正对象中，职务和未成年人犯罪较多；而在农村社区矫正对象中，侵财型犯罪和伤害类犯罪较多。这些情况使得农村地区社区矫正对象重新犯罪的可能性较大。

（二）人员不稳、专业不强是困扰基层司法所社区矫正工作的重要问题

（1）职能增加，配置不变。从近五年来看，我区 17 个镇（街道）司法所新增社区矫正职能，但人员配置上依旧延用了老配置，一般都是 1～3（包括司法辅助人员）名工作人员。司法所工作人员是具体承担矫正工作的主要力量，1～3 名司法所工作人员，他们承担着辖区社区矫正、安置帮教、普法宣传、人民调解、社会治安综合治理等九项工作职能，工作强度大，使得他们真正用于社区矫正的精力和时间较少。特别如宗场司法所 1 名，思坡司法所 1 名，菜坝司法所 2 名，象鼻司法所 2 名，李庄司法所 2 名等。社区矫正职能增加，但是近几年司法所人员数量一直没有太大变化。所以我区 17 个镇（街道）司法所中没有一个司法所设专门负责社区矫正工作的人员。对比我区各镇（街道）司法所人员数量和镇（街道）司法所的职能，我区镇（街道）司法所力量确实薄弱。

（2）人员变动频繁，业务时常生疏。社区矫正工作对工作人员的要求更高，网络信息化的要求更高。按照《四川省司法所规范化建设标准》的规定，所长的任免由区（市、区）司法局协助组织部门按干部管理权限办理，新任司法所工作人员必须经过区级以上司法行政机关的初任培训，方能持证上岗。但是每年各乡镇司法所人员变动频繁均未按照此标准操作，造成新进入司法所的人员业务不够熟练，每年都要对分管社区矫正工作的人员进行业务培训，这样耗时耗力又耗钱。而我区乡镇还没有专职社区矫正工作人员。

（3）社区矫正专职人员严重缺乏，工作队伍力量薄弱。社区矫正工作具体负责实施的主体是基层司法所，承担社区矫正对象的日常监督管理，教育矫正和考核奖惩等工作的是基层司法所，而司法所现行的管理体制是司法局和乡镇（街道）双重管理模式，司法所工作人员除了要完成繁重的包括社区矫正工作在内的九项职能，还要参与乡镇的部分中心工作，要完成如此系统而复杂的社区矫正工作，司法所工作人员普遍感到力不从心。按照现在法治化进程来看，经法院判决被宣告缓刑罪犯会越来越多、缓刑期限会越来越长，按目前对矫正对象的接收速度来看，在不增加人员的情况下，如仅靠司法所的 1～2 个人，即使不履行司法所的其他几项职能，也很难将社区矫正工作做好，更谈不上矫正的效果和质量了，司法所工作人员无法

承受如此繁重的工作压力,导致社区矫正有些制度和内容流于形式,工作虚而不实。另外司法所工作人员学科背景单一,离社区矫正工作需具备的法学、心理学、社会学和教育学等全方位人才的需要还相差甚远。社会工作者是由乡镇(街道)财政出钱聘请的专职社区矫正工作人员,由于目前农村地区基层政府财力有限,因此很少有乡镇(街道)聘请社会工作者从事社区矫正工作。

(4)志愿者参与积极性不高。社区矫正志愿是社区矫正工作中一支不可或缺的力量,他们可以为帮助社区矫正对象重返社会起到重要的作用。但目前群众参与志愿者活动的意识还较为淡薄,自愿来做社区矫正志愿者的人数很少。因而我区矫正力量单薄,矫正效果难以突出。

(三)思想观念存在障碍,宣传力度不够,群众认知度低

社区矫正工作虽然从制定到试行,再到《社区矫正法》的正式施行已有十多年之久,但由于没有广泛向社会宣传与发动,只有监管、执法等部门掌握,老百姓根本不了解社区矫正工作的具体内容、目的、意义,不理解社区矫正工作人员的工作性质、方式、方法,特别是在实行社区矫正之前就监外执行的罪犯,之前由派出所监管,交接到司法所后,监管方式、方法发生了变化,但他们的思想还没有转变过来,认为以前就这样也没有出事,现在搞这些东西没有实际意义。有些社区工作人员在实施社区矫正的具体工作,对矫正对象走访、调查,安排社区公益劳动,参加法律知识学习等活动时,由于社区居民对社区矫正这一新生事物不了解,对接受社区矫正的犯罪人普遍存在防范心理,认为他们会给自己正常的生活带来负面影响,使得工作人员难以取得矫正对象、社区居民全面配合,造成工作很难开展。另外由于社区矫正工作开展的时间还不长,农村群众普遍认为要控制和打击罪犯,监禁刑是最好的选择。大多数农村老百姓认为一个人犯了罪不用“坐牢”,没有接受其应得的惩罚,仍然可以在其生活的社区中服刑,是其所不能接受的事情,认为这难以体现社会公平。并且群众担心实行了开放式的社区矫正工作,一旦对社区矫正对象管理过松或者矫正不得当,则会让社区矫正对象更容易重新走上犯罪的道路。

(四)管理制度不完善

在工作中经常遇到社区矫正对象以各种借口请假外出务工,如果不同意请假,就会出现新的社会矛盾,但同意其请假外出务工的话,又不符合规定,可能导致脱管、漏管的现象发生,成为社会不稳定因素。如果采取变更居住地的办法,又要面临着比较严格复杂的程序和原居住地司法行政机关、变更地司法行政机关的态度(是否批准、是否接受)等问题,所以往往很多社区矫正对象都不愿意或没有能力去办

理相关手续。比如,因交通肇事而获刑的社区矫正对象,他们虽然犯罪,但对社会的危害性并不大,他们很多在被刑事处罚的同时承担了较高的民事赔偿,因此而背上债务,需要外出务工挣钱还债。

(五)经费短缺是制约基层司法所社区矫正工作发展的“瓶颈”

按照上级要求,对每个社区矫正对象的投入经费每年需达1400元/人,而我区社区矫正工作经费,由区司法局统筹安排,由于总量少,缺额大。司法所在社区矫正工作过程中面临投入过少,保障不力的情况,致使社区矫正工作陷入困境。

(六)社区矫正监管工作也受地域因素制约

由于我区农村地区社区矫正对象数量大,很多镇村与村之间的距离较远,庞大的地域面积加上社区矫正对象居住分散,流动性较大,都给社区矫正对象的管理工作带来了很大的难度。因而我区所有镇(街道)1~3人的司法所是很难做好矫正工作的。

三、几点建议及对策

由于社区矫正工作起步比较晚,尚处于发展阶段,实践经验相对不足,在推行过程中难免会遇到各种困难,况且社区矫正是一项系统、复杂的工程,前期投入大,出成果慢。但因其蕴含着巨大的人文价值和降低监禁刑成本的经济价值,我们要立足现实,寻求工作上的突破。

(1)把社区矫正执法人员纳入警察编制并制定统一的着装制式。社区矫正本质上属于刑罚执行活动,为了体现这项工作的严肃性和权威性,有利于社区矫正工作的开展,加强对社区矫正对象的管理、监督,建议把社区矫正执法人员纳入警察编制和制定统一的着装制式。

(2)加大社区矫正工作经费保障力度。社区矫正的优势是能降低国家监禁的成本,发挥社会力量化解矛盾的作用,提高矫正质量。虽然财政部、司法部出台了《关于进一步加强社区矫正经费保障工作的意见》,但由于当地经济发展水平等因素导致社区矫正经费短缺,制约着社区矫正工作的推进。建议区财政应针对社区矫正工作的新情况,按照上级要求,统筹谋划、适当倾斜,在力所能及的情况下逐步改善司法所的交通工具、办公设施和经费投入,为其开展好社区矫正工作提供必需的物质保证。

(3)充实工作队伍,加强人力配备。要按照依法承担社区矫正工作对司法行政机关的新要求,科学、合理地解决司法行政机关的专项编制、人力补充和职责设定等问题，有针对性地利用每年的公务员考试、大学生村官考试、事业单位招考等方式，招录一批法学、教育学、心理学的专业人才充实到这个队伍中。强化队伍建设，建立一支职业化、专业化的高素质的社区矫正队伍，为开展社区矫正工作提供必要的人力保障。

（4）强化队伍建设，提升综合能力。提高社区矫正工作人员的执法水平和开展工作的综合能力，是搞好社区矫正工作的前提条件，没有一支高素质能胜任社区矫正工作的队伍，社区矫正的各项制度规定就不可能得到真正的落实，更不可能创造性开展工作，会直接影响社区矫正的效果。因此建议上级部门多提供专业技能培训，不断更新工作人员知识，使其能够熟练正确地运用矫正工作方法和技巧，提高其工作的掌控能力、胜任能力。建议有针对性地对组织队伍进行培训，吸取他人别地的经验，提高社区矫正工作者素质，减少人员流动，稳定矫正工作队伍。

（5）完善配合机制，加强沟通协作。社区矫正工作是涉及千家万户、事关国泰民安的大事，单靠司法行政机关“单打独斗”收效甚微。应尽快根据《社区矫正法》，对社区矫正的法律性质、适用范围、监管措施、保障体系、工作程序及社区矫正工作机构、人员设置、职责、权利、义务、执法监督、法律责任等事项再次明确到各单位部门，为社区矫正工作创造良好的法治条件。公安机关、人民法院、人民检察院、监狱及其管理机关、看守所等相关职能部门一定要顾全大局、鼎立协作，在各司其职中加强配合，建立长效机制，克服司法行政机关孤军作战的被动局面。如各部门之间每月或每季度召开成员单位联席会议，各自通报工作情况，探讨存在的问题。进一步界定对脱管对象的追逃责任主体及其职能。建立变更居住地常态化机制，对在本地无正当经济来源，生活困难，而在其他地方有工作单位和合法收入的矫正对象，应允许其变更居住地，接受地社区矫正机构必须依法接收。推行联合谈话制度，对不服管理的矫正对象，由派出所、司法所、社区共同对其进行训诫。

（6）加大宣传力度，提高社会知晓度。进一步拓宽宣传渠道，不断创新宣传方式，细化宣传内容，发挥电视、广播、报纸等媒介的作用，面向广大干部群众宣传什么是社区矫正、社区矫正的性质和内容、社区矫正的执行方式等内容，广泛宣传在社区矫正中涌现出的遵纪守法、勤劳致富、助人为乐等方面的社区服刑人员典型，使群众都能够正确认识、理解和协助社区矫正工作。通过政府的大力宣传和帮扶，从而让全社会都知晓和关注社区矫正，不断扩大社会影响面，争取社会各界的认同和支持。

（7）强化对社区矫正社会调查评估报告的参考。一是建立社会调查评估问责制，确保司法行政机关认真对待法院、监狱对适用社区矫正前的委托调查评估工作，深入全面调查，形成客观、公正的调查评估报告，为法院、监狱提供有价值的参考。二是法院、监狱判处社区矫正刑罚前，在适用法律的前提下充分考虑罪犯（犯罪嫌疑人）的社会调查评估报告（报告包括矫正地的各项情况、罪犯的家庭情况、个人情况、悔罪态度、被害人及其家属的意见等），这样可以更好地发挥社区矫正的职能，真正让社区矫正对象早日回归社会。

《社区矫正法》实施后审前调查评估实务操作思考

萧楚薇*

摘　要:审前调查是社区矫正工作中的一项前置程序,不仅彰显了社区矫正工作中的宽严相济,更为推进社区矫正工作,保障刑事判决、刑事裁定和暂予监外执行决定的正确执行,提高教育矫正质量,促进社区矫正对象顺利融入社会,预防和减少犯罪起了重要作用。

关键词:社区矫正;审前调查评估;决定机关;时限性

社区矫正审前调查是指由社区矫正机构或者有关社会组织对拟适用社区矫正的对象的社会危险性和对所居住社区的影响进行专门调查评估,提出意见,供决定社区矫正时参考。此项制度作为社区矫正工作中的一项前置程序,不仅彰显了社区矫正工作中的宽严相济,更为推进社区矫正工作,保障刑事判决、刑事裁定和暂予监外执行决定的正确执行,提高教育矫正质量,促进社区矫正对象顺利融入社会,预防和减少犯罪起了重要作用。本文以四川省G县司法局为例,就社区矫正审前调查评估工作在实务操作中存在的一些问题进行浅显的思考与探索。

一、社区矫正审前调查评估工作现状

G县司法局自2012年7月开展社区矫正试点工作以来,累计开展社区矫正审前调查605件,调查主体以G县法院为主。其中,拟适用缓刑案件495件,假释案件98件,暂予监外执行案件12件。605份审前调查案件中,调查评估意见未被采信的有78件,占总体的13%。

自《中华人民共和国社区矫正法》(以下简称《社区矫正法》)实施以来,截至

---

* 萧楚薇,四川宜宾市高县司法局社区矫正执法大队副大队长。

2020 年 9 月，累计开展审前调查 33 件，调查评估意见未被采信的有 16 件，占总体的 48%。

当前 G 县审前调查评估工作的程序为：一是社区矫正决定机关（调查评估委托机关）向被调查对象经常居住地区司法行政机关，即县司法局发出委托调查评估函，县司法局社区矫正中心收函后登记备案并委托对应司法所开展调查；二是司法所接到通知后指派社区矫正工作人员联合当地派出所民警、向被调查人家庭、周围邻居、村（居）委会、学校及有关单位开展调查，针对拟适用社区矫正的对象的社会危险性和对所居住社区的影响提出意见，形成调查结论报县司法局审核；三是由司法局反馈至委托机关，作为判决参考。开展调查评估并提出意见的时限为自收到委托调查函及所附材料之日起 10 个工作日，对于适用刑事案件速裁程序的时限为 5 个工作日。

二、社区矫正审前调查在实务操作中存在的一些问题

（一）调查评估过程中的时限问题

根据最高人民法院、最高人民检察院、公安部、司法部 2020 年 6 月发布的《社区矫正法实施办法》（以下简称《实施办法》）第 14 条规定："社区矫正机构、有关社会组织应当自收到调查评估委托函及所附材料之日起 10 个工作日内完成调查评估，提交评估意见。对于适用刑事案件速裁程序的，应当在 5 个工作日内完成调查评估，提交评估意见。评估意见同时抄送居住地县级人民检察院。需要延长调查评估时限的，社区矫正机构、有关社会组织应当与委托机关协商，并在协商确定的期限内完成调查评估。"实践中，存在调查评估过程中的时限问题。其一，文书邮寄过程中耽误的时间问题，外地社区矫正委托机关邮寄的委托调查评估函需要 2～3 天送达县级司法行政机关，同时，县级司法行政机关邮寄的调查评估意见书需要 2～3 天送达外地社区矫正委托机关。司法所如遇到多个委托调查评估且人员有限情况下，除去文书送达时间，剩下的短短 5 个工作日极难完成调查评估。其二，不同委托机关对调查评估时限要求不一，有的调查评估委托机关未严格按照《实施办法》时限规定进行委托，要求被委托机构在仅仅 3～5 天内完成调查评估。其三，法院在委托时间内提前开庭的问题，如市某法院委托县司法行政机关在某时限内对姚某涉嫌盗窃罪开展调查评估，县司法行政机构提前完成调查评估，评估意见为：对所居住地社区影响较大，不适宜纳入社区矫正。在正准备邮寄《调查评估意见书》的时候，由于该法院提前判决此案，已将社区矫正对象姚某被判处缓刑的相关法律文书

邮寄至县司法行政机构,使调查评估制度形同虚设。

(二)调查评估委托机关开展调查评估案件的依据不同

《社区矫正法》第18条规定,社区矫正决定机关根据需要,可以委托社区矫正机构或者有关社会组织对被告人或者罪犯的社会危险性和对所居住社区的影响,进行调查评估,提出意见,供决定社区矫正时参考。而实践中,有的社区矫正决定机关觉得启动调查评估程序的原因是检察机关建议缓刑而委托司法行政机构开展调查评估。另外,是《社区矫正法》对什么案件应当开展调查评估、什么罪名根据需要开展调查评估未进行详细规定,若每件案件都开展调查评估将造成司法资源浪费,而某些案件未开展调查评估,对犯罪嫌疑人宣告缓刑后对其所居住社区有较大影响,也不利于社区矫正机构的监管。如社区矫正对象邹某,因非法捕捞水产品罪被判处拘役4个月,缓刑10个月,该罪所产生的社会危害性较小。但邹某前科累累,曾因犯故意伤害罪被判处有期徒刑11个月,因犯非法持有枪支罪被判处有期徒刑1年6个月,因犯非法持有毒品罪被判有期徒刑1年2个月,因犯寻衅滋事罪被判有期徒刑1年11个月,可见其犯罪已成习性,且在较长时间内,反复多次地实施危害社会行为的犯罪,可能以犯罪所得为主要生活来源或挥霍来源,经常犯罪而屡教不改。该人员虽不是累犯,但其符合惯犯的构成要素,社区矫正决定机关未经过调查评估便对该员判处缓刑,未考虑其社会危害性,对其所在社区的社会稳定有一定影响。

(三)调查评估委托由非社区矫正决定机关提出

《社区矫正法》第18条规定,开展委托调查的主体为社区矫正决定机关。《实施办法》中列出了人民检察院依法履行的七种具体法律监督职责及第八种兜底性条款,对是否可以进行委托社会调查没有规定。而实践中,司法行政机构却收到了来自检察机关的《委托调查评估函》。

(四)调查评估委托机关对司法行政机关提出的调查评估意见采信度不高

《社区矫正法》第18条中,就调查评估结论意见对矫正决定机关的具体裁判时的参考作用作了具体明确,进一步减少自由裁量权和随意性。《实施办法》第14条规定,社区矫正决定机关对调查评估意见的采信情况,应当在相关法律文书中说明。即社区矫正决定机关对于受委托单位出具的不适用社区矫正的评估意见,如果不采用该评估意见,应该向受委托单位反馈判决依据,适合在社区开展矫正还是应该在监狱服刑应该由法律说了算,而不是由模糊的“参考作用”去主观认定。而实践中,未采信案件判决缓刑后的社区矫正工作开展起来非常困难。如廖某与杨某,因邻里纠纷引发斗殴,造成双方都受到轻伤,均被判处有期徒刑1年,缓刑2年。

杨某在社区矫正机构对两人依法开展调查评估的过程中，多次向司法所反映其并未对廖某出具谅解书，坚决不同意廖某判缓刑，并且表示如果廖某判了缓刑，他们的矛盾会加剧。经综合评估，县社区矫正机构将廖某不适宜纳入社区矫正的意见书交予社区矫正决定机关，最终该意见未被采信。由于廖某与杨某户籍地为同一个镇，二人被移送至户籍地司法所（同一司法所）接受社区矫正。在司法所对杨某依法办理入矫手续的过程中，杨某因对廖某的判决有异议心生不满，极不配合司法所工作，经批评教育后方改正。在此案例中，杨某虽经司法所批评教育后能做到服从司法所管理，但该员与廖某的矛盾未通过法律手段得以化解，在生活中仍存在较大的安全隐患。因此，只有建立矫正决定机关、县级矫正机构关于调查评估的界定、参考、沟通机制，才能更好地发挥调查评估对社区矫正工作的积极作用。

三、存在的原因

（一）机制建立不够完善

司法行政机关是具体组织实施社区矫正工作的部门，法院、检察院、公安、民政、监狱等部门密切配合，共同做好社区矫正工作。但实践中，一是法、检、公、司等部门之间的衔接制度还有待完善；二是委托机关与社区矫正机构沟通不畅，未就调查评估案件中存在的问题及时限问题进行及时沟通，户籍所在地和经常居住地不一致时，社区矫正决定机关有时强行将罪犯纳入户籍所在地实施社区矫正，不利于矫正管理；三是检察机关监督机制有待完善。

（二）调查评估进度缓慢

1. 社区矫正决定机关在委托社区矫正机构开展调查评估过程中存在委托机关对委托调查文书流转不及时、审核不严谨的问题。如外地委托机关审前调查文书送达滞后，加上文书来回的邮寄时间，最终留给调查评估机构开展调查评估的时间远远少于 10 个工作日。在此过程中若存在法律文书不全的问题，《委托调查函》未盖公章或缺少起诉书、立案决定书等相关文书，调查评估机构便无法根据法律文书及时开展调查评估工作。

2. 社区矫正机构及地方司法所人员配置不足的问题。目前县司法所工作人员偏少，大多数司法所为“一人所”，且工作人员担负着法治宣传、人民调解、法律援助、安置帮教等繁重的工作任务，还需要积极参与辖区中心工作，工作量大、任务重，放在社区矫正工作上的精力不足，司法所人员力量不足，尤其在交通不便的地区，调查费时、费力，工作人员难免心生懈怠、工作拖沓，由此导致审前调查评估工作效率低下,难以顺利开展。此外,调查评估小组成员需要不少于两名正式工作人员,调查人员紧缺,调查人员数量与审前调查评估案件数量不相匹配问题更为突出。

3. 经费保障不足的问题。《社区矫正法》第6条指出,各级人民政府应当将社区矫正经费列入本级政府预算。居民委员会、村民委员会和其他社会组织依法协助社区矫正机构开展工作所需的经费应当按照规定列入社区矫正机构本级政府预算。而目前G县社区矫正机构及社区矫正委员会尚未建立,社区矫正经费尚未得到具体明确。

4. 调查评估机构积极性不足的问题。其一是调查评估采信率低,使开展调查评估工作人员积极性不高,认为就算开展了调查结果还是不被采信,调查评估工作只是"走流程",形同虚设。其二是社区矫正决定机关在未完成调查评估情况下且在委托期限内,便作出适用社区矫正的决定,导致后期社区矫正工作开展受阻。其三是在实践中存在的具体问题,如被调查对象及家属对调查评估工作不配合;当地派出所不愿意配合给出调查评估意见;被告人或罪犯被羁押,长期不在户籍地居住,致使调查评估户籍地对其情况不明;被告人或罪犯亲属对案件有异议、对调查评估工作不理解或调查中考虑人情只说被告人或罪犯的优点,不愿提及以前违法犯罪、不良习惯等缺点都使调查评估工作在开展中容易受到干扰,调查评估意见公平性与客观性无法保障。

(三)委托机关对是否启动审前调查程序理解有偏差

《社区矫正法》第18条规定,社区矫正决定机关根据需要,可以委托社区矫正机构或者有关社会组织对被告人或者罪犯的社会危险性和对所居住社区的影响,进行调查评估,提出意见,供决定社区矫正时参考。其中"可以委托"一词在是否需要启动审前调查程序中有不确定性。在实践中一般有以下几种情况:第一种为大部分委托机关采用的"可以委托"也"可以不委托"模式;第二种为有的委托机关采用的"全部委托"模式;第三种为有的委托机关会采用的"检察机关提出建议缓刑便一律委托"模式。第一种委托模式会导致调查评估意见结果参考性不大、被采信率不高;第二种模式虽然提升率调查评估意见结果的重要性与对判决结果的参考性,但存在浪费司法资源的现象;第三种模式更倾向于检察机关的建议,在社区矫正决定机关受此影响的前提下,导致调查评估工作只是"走过场"。因我国调查评估启动程序没有统一标准,且四川省关于社区矫正的相关规定中还未对此进行明确,导致各社区矫正决定机关对是否启动调查评估与是否采信调查评估意见结果存在偏差,出现"同案不同判"现象。

四、对应措施

(一)形成工作合力

1. 加快社区矫正委员会的成立与社区矫正机构的建立,充分发挥社区矫正委员会对社区矫正工作的组织协调作用,进一步提高各级领导对社区矫正工作的认识和重视程度,及时调整和明确领导小组成员名单,进一步强化成员单位的工作职责和责任分工。定期召开社区矫正工作领导小组会议和工作会议,对发现的社区矫正执法衔接等个性问题,协调公安、检察和法院等部门,规范工作流程,进一步明确公、检、法、司等相关机关各自的职能、职责和权限。定期召开社区矫正工作推进会、联席会、协调会,加强公、检、法、司的沟通与工作衔接,对工作开展情况及时进行通报,发现问题及时沟通解决,建立社区矫正管理联动机制,形成社区矫正工作合力。

2. 加强委托机关与社区矫正机构的沟通。其一是委托机关在发出委托函后应进行进度跟进,避免文书邮寄时间滞后的问题与社区矫正决定机关在未完成调查评估情况下,便作出适用于社区矫正决定的情况。其二是社区矫正机构在开展调查评估对过程中,将调查过程中遇到的困难及存在问题及时与委托机关反馈,避免社区矫正决定机关判决社区矫正后,社区矫正工作开展过程中存在无保证人进行监管或社区矫正执行地非经常居住地的问题,缓解社区矫正监管压力。其三是在调查评估时限不足或需要延长调查评估时限的,社区矫正机构应当与委托机关协商,并在协商确定的期限内完成调查评估。其四是社区矫正决定机关及时将调查评估意见采信或不采信的情况告知调查评估机构,避免调查评估工作流于形式的问题。

3. 完善检察机关监督机制,明确监督主体、被监督对象,将社区矫正的各个环节纳入范围,落实监督职能,制定严格的监督程序,明确监督方式与效力,推动社区矫正工作质量更上新台阶。

4. 畅通数据共享平台,提升信息共享实效。随着信息化水平的提高,信息化建设的推进,公、检、法、司之间应建立资源数据共享平台,共享数据信息,减少资源浪费,提高工作效率,促进相互的沟通与协作,避免因时限性问题导致审前评估工作滞后。

(二)强化保障,加强队伍专业化建设

1. 加强财政保障。《社区矫正法》第 6 条规定,各级人民政府应当将社区矫正经费列入本级政府预算。居民委员会、村民委员会和其他社会组织依法协助社区矫正机构开展工作所需的经费应当按照规定列入社区矫正机构本级政府预算。社

会矫正工作的有力推动离不开财政经费支持。财政相关部门要做好相关预算,不仅要加大技术设备等资金投入,也要保障社区矫正工作者的工薪待遇。另外,《社区矫正法》更强调对社区矫正对象进行针对性个别教育,因此教育帮扶过程中经费投入至关重要。

2. 明确文书标准,委托机关在文书流转过程中加强对文书的审核。一是明确适用审前调查评估委托文书的受理范围和对象,调查评估委托主体为监狱、公安、法院,送达方式为公函形式送达至县级司法行政机构或承办负责人当面送达,避免在实践中出现的委托调查函送达主体随意、送达方式不正规、保密工作不到位等情况。二是委托机关流转审前调查文书时应严格把好文书的质量关,既要做到及时送达、不拖沓,又要严格把好委托调查材料的质量,如除委托调查函外,法院的委托调查文书内应当有起诉书、公安机关的委托调查文书内应当有立案决定书、监狱拟提起假释的委托调查文书内应当有起诉书、判决书、执行通知书、减刑裁定书、罪犯基本情况一览表并注明罪犯的现实表现及提起假释原因等。

3. 强化队伍建设。一是社区矫正机构要进一步与县编办对接,力争成立社区矫正管理局,增加编制,以政府购买服务方式招聘社区矫正专职社工,成立社区矫正专业队伍,加大队伍建设保障。二是继续加强对社区矫正工作的领导,建立健全各项工作制度,加大对基层工作人员的培训教育力度,着力提高工作人员政治信念、专业素质、业务水平,确保社区矫正工作取得更好实效。

4. 加强宣传引导,为社区矫正工作营造良好社会氛围。社区矫正工作并不是司法行政机关的单打独斗,各部门要紧密配合,推动社区矫正工作的顺利开展,也要加强对社区矫正工作各个环节的宣传,获得社会各界的支持。引导社会各界提升对审前调查评估工作的认识与理解,使其依法配合调查、如实向调查评估机构提供相关情况,让审前调查评估更客观、公正。

(三)把好审前调查的“入口关”

一是社区矫正决定机关要严把审前调查启动程序的“入口关”,准确把握对《社区矫正法》中“社区矫正决定机关根据需要,可以委托开展调查评估”的理解。二是社区矫正机构要注重调查内容全面、调查程序规范、调查结果客观,严把调查关、规范关、评估关。要详细了解被调查人所涉案情家庭情况、社会交往、一贯表现、犯罪原因等情况并展开广泛调查,以全面掌握被调查对象的真实情况。三是注重调查评估过程中的程序正当,并综合各方面因素,以公平公正原则作为宗旨,出具有效的调查评估意见书,为委托机关提供真实有力的参考依据。

机构与队伍建设

《社区矫正法》实施背景下县级社区矫正机构设置及队伍改革的路径研究

——以四川省成都市相关区市县为例

赵　爽　郑意雄　李虹霞　蒋　凯*

摘　要:《社区矫正法》的颁布和实施,为司法行政系统落实习近平总书记关于政法队伍"革命化、正规化、专业化、职业化"的指示带来了前所未有的机遇。落实《社区矫正法》关于机构专门化的规定,关系社区矫正在中国的长远发展,关系刑事法领域在国内的深刻变革,是形成中国特色刑罚执行和刑事执行方式的关键举措。该法实施后,各地纷纷进行了配套措施的改革,本文以成都市及成都市相关区市县的改革为例,为进一步深入推动社区矫正事业发展,贡献新的视角。

关键词:《社区矫正法》;县级社区矫正机构;队伍改革

科学设置机构和强化队伍建设是做好工作的前提。社区矫正机构设置是否科学,社区矫正工作队伍建设是否规范直接关系社区矫正工作成效和长远发展。由于各地具有不同的实际情况及实践经验,2020 年 7 月 1 日,生效的《中华人民共和国社区矫正法》(以下简称《社区矫正法》)为社区矫正机构的设置明确了方向的同时,也预留了改革发展的空间。如何结合本地实际,科学设置社区矫正机构,强化工作队伍建设,应从社区矫正机构的性质、职能、运行机制等内涵与外延去把握。

---

* 赵爽,四川省成都市崇州市司法局廖家司法所所长;郑意雄,四川省成都市青白江区司法局人民参与和促进法治科科长;李虹霞,四川省成都市司法局社区矫正管理局局长;蒋凯,四川省成都市司法局社区矫正管理局主任科员。

一、社区矫正机构的内涵与外延

(一)社区矫正机构的由来

“社区矫正机构”这一称谓在中央层面规范性文件中最早出现在最高人民法院、最高人民检察院、公安部和司法部(以下简称两院两部)于2012年1月10日联合印发的《社区矫正实施办法》第3条中,首次使用了“县级司法行政机关社区矫正机构”和“社区矫正机构”的概念。同年3月修改《中华人民共和国刑事诉讼法》(以下简称《刑事诉讼法》)时,正式在国家法律中采用了“社区矫正机构”的概念。此后,该称谓便在社区矫正工作的相关规范性文件中频繁使用。《社区矫正法》也继续沿用“社区矫正机构”的名称并作了进一步规定。

(二)社区矫正机构性质与职能

(1)基于立法目的。社区矫正机构的性质应基于社区矫正的性质来确定。在《社区矫正法》中并没有对社区矫正的性质以明确的条文进行界定。《社区矫正法》第1条将送审稿一审稿中规定社区矫正的直接目的“正确执行刑罚”,改为“保障刑事判决、刑事裁定和暂予监外执行决定的正确执行”。这样列举式的表述无疑在范围上比刑罚执行更宽泛,在内容上也更具体。因为从社区矫正的适用范围(判处管制、宣告缓刑、裁定假释和暂予监外执行的罪犯)来看,其每一类对象都属于我国刑事执行的具体措施之一。同时,《社区矫正法》通过后,司法部社区矫正管理局局长姜爱东在全国人大常委会办公厅举行的新闻发布会上,面对《光明日报》记者的提问,第一句话就明确表示,“社区矫正是立足我国基本国情发展起来的具有中国特色的刑事执行制度”。[1] 从立法草案的修改和官方对外表述以及学界的讨论来看,目前将社区矫正的性质定义为刑事执行已形成了普遍共识。

(2)基于机构的设置。《社区矫正法》第8条第1款规定,国务院司法行政机关主管全国的社区矫正工作。县级以上地方人民政府司法行政部门主管本行政区域内的社区矫正工作。第9条规定,县级以上地方人民政府根据需要设置社区矫正机构,负责社区矫正工作的具体实施。社区矫正机构的设置和撤销,由县级以上地方人民政府司法行政部门提出意见,按照规定的权限和程序审批。由此可见,社区矫正机构是由地方县级以上司法行政机关发起设立的具体组织开展社区矫正工作的机构。

---

〔1〕 第十三届全国人大常委会第十五次会议新闻发布会(全文),载新华网,http://www.xinhuanet.com/legal/xsk/zhibo/201912/3732400.html,2020年5月11日访问。

综上所述，社区矫正机构是由县级以上司法行政机关发起，地方人民政府按规定的权限和程序设立并主管的具体负责社区矫正工作的刑事执行机构。社区矫正工作兼具监督惩戒和教育帮扶的双重属性，且该机构是经法律授权的能对外以自己的名义独立履行社区矫正工作职能，社区矫正机构和司法行政部门是有区分的，并不当然是司法行政部门的内设机构。

（三）社区矫正机构与其他相关机构的关系

（1）社区矫正委员会。在2014年3月12日，台州市就组织相关部门召开社区矫正工作委员会会议，部署协调相关工作。这是社区矫正委员会的雏形。在各地的实践中也有社区矫正工作领导小组等形式的议事协调机构。《社区矫正法》第8条第3款规定，地方人民政府根据需要设立社区矫正委员会，负责统筹协调和指导本行政区域内的社区矫正工作。可见社区矫正委员会是统筹协调和指导社区矫正工作的议事协调机构。

（2）公、检、法及其他。《社区矫正法》第8条第2款，人民法院、人民检察院、公安机关和其他有关部门依照各自职责，依法做好社区矫正工作。人民检察院依法对社区矫正工作实行法律监督。可见，检察院是社区矫正的法律监督机关，法院是社区矫正的主要决定机关，公安及其他部门根据各自职责履行社区矫正矫正前期、中期以及后期的工作。

（3）司法所。2012年《社区矫正实施办法》第3条规定，县级司法行政机关社区矫正机构对社区矫正人员进行监督管理和教育帮助。司法所承担社区矫正日常工作。因此，在《社区矫正法》实施以前，司法所作为基层司法行政机关在镇街的派出机构，一直承担着社区矫正的日常工作。而《社区矫正法》第9条第2款规定，司法所根据社区矫正机构的委托，承担社区矫正相关工作。虽然《四川省社区矫正实施细则》第18条、第19条对委托的内容、程序均有了细致的规定。在程序上，社区矫正机构委托司法所承担部分社区矫正工作的范围和内容，均必须经过县级司法行政机关同意。但大部分地区无非就是在形式上增加了一个委托协议。在实质上并没有改变司法所继续按原有状态开展社区矫正工作，在委托方与受托方的关系上以及工作的专业性、实效性方面并未得到改善。

二、当前社区矫正机构与队伍建设的现状

（一）不同机构模式的对比分析

（1）队建制模式。社区矫正工作经过多年的试点探索，对于社区矫正机构的设

置形成了各有特色的不同模式。如以浙江台州为代表的队建制模式。一是在市司法局单独设置社区矫正管理局,并增挂社区矫正执法支队牌子。市社区矫正管理局(执法支队)承担对下级社区矫正机构的业务指导与监管执法职责。二是县级层面设立社区矫正执法大队,并设立承担执法监督职责的法制科,规范执法程序与行为。执法大队统一行使社区矫正执法权,协调社区矫正各职能部门间的工作,承担调查评估、接收、事项审批、司法奖惩、收监、追查、禁止令执行和应急处置等职责,执法大队入驻社区矫正中心办公。三是在乡镇一级设置片区派出执法中队,由执法中队承担社区矫正日常监管职责。[1]

(2)警察模式。警察模式大致分为两种:一是直接警察模式。即部分地区直接以戒毒所、监狱分流的警察设立社区矫正警察大队。如在2008年8月18日,天津市社区矫正中心正式成立。社区矫正中心的工作人员由原天津市司法警官学校教职员工直接转隶。二是派驻警察模式。部分地区由省级司法行政机关统一选派监狱或戒毒警察常驻社区矫正机构开展社区矫正工作。

(3)"中心—所"模式。"中心—所"模式是在区(市)县层级最常见的模式。即设立社区矫正中心(局、科、股)作为司法行政机关的内设机构负责指导管理社区矫正工作,社区矫正的日常具体工作由派驻机构司法所(有的地方直接加挂执法中队牌子)承担。如2021年2月以前,四川省崇州市司法局在局机关设立社区矫正科(中心),在镇(街)派驻的15个司法所中,以片区为单位划分出5个中心司法所承担社区矫正工作。其余10个司法所协助配合片区司法所完成社区矫正相关工作。

综上所述,关于队建模式,将社区矫正工作与司法所相剥离独立开展工作,应属于目前为止试点较为成熟的模式,但受人员、经费、设备等保障工作的限制,以及社区矫正对象分布情况的影响,人员配备较少区域的工作质量和矫正实效得不到较大发展;关于警察模式,社区矫正工作队伍一直对获得警察身份呼声很高,但学术界对社区矫正队伍授予警察身份和职权,一直存有争议,《社区矫正法》从送审稿到最后颁布实施,也未认可此类授权能更有益推动社区矫正对象教育帮扶工作。因此,警察模式逐渐被淡化,部分地区将社区矫正警察大队改回社区矫正科(股);关于"中心—所"模式虽然解决了人员不足的问题,但该工作未从司法所完全剥离,司法所受委托施行社区矫正工作的主体责任模糊,导致队伍不专职、工作不专业,不利于社区矫正工作未来的发展。

---

[1] 武玉红、赵洁:《论我国社区矫正基层管理机构的创新——基于对浙江省台州市天台县社区矫正执法中队的调研》,载《河南司法警官职业学院学报》2014年第4期。

(二)队伍构成及工作现状

1. 队伍构成

一是广义的队伍。社区矫正工作涉及的部门和单位较多,就日常的工作而言,从广义的角度讲,公安、检察院、法院、监狱、司法、教育、民政、人社、镇村(社区)、社区矫正协会、社会组织等负有法定社区矫正工作职责的人员都可以作为社区矫正工作队伍的成员。二是狭义的队伍。狭义的社区矫正工作队伍包括社区矫正机构工作人员、受委托司法所从事社区矫正工作的工作人员、专职社会工作者以及选派监狱民警。

2. 工作现状

从全国试点来看,就司法行政系统内部而言,专职从事社区矫正工作的人员大都集中在区(市)县层级以上,在乡镇(街道)一级大都是司法所人员兼职。但受制于多种原因,部分地区司法所人员配置还未达到 3 人以上。同时,随着机构改革和"放管服"改革的深入推进,新组建的司法行政系统职能也相继延伸到基层司法所。如依法治市、依法行政、行政执法监督、行政复议与应诉、合法性审查等职能在部分乡镇(街道)统一由司法所承担。此外,有的地方还将司法所下沉乡镇(街道)统一管理,由乡镇(街道)编制人员执行社区矫正工作,并承担着乡镇的大量工作,再加上人员流动大、专业力量薄弱,业务场所紧缺,身份和服装尚未统一等原因,到目前为止,还尚未形成一支正规化、专业化、职业(标准)化的社区矫正队伍。在社区矫正工作的方式方法及成效上还有待进一步强化提升。以成都市为例,截至 2020 年 12 月,县级社区矫正机构工作人员 150 人,选派监狱戒毒警察 21 人,共 171 人;在册社区矫正对象 6692 人,社区矫正机构工作人员与在册社区矫正对象比例达到1∶39,即 1 名社区矫正工作人员要负责对 39 名社区矫正对象施行社区矫正工作。2020 年每月新增 440 余名社区矫正对象,成都市社区矫正对象基数大、分布广、新增速度快的发展趋势明显,目前的社区矫正机构、人员、经费等已无法满足新时代社区矫正工作需要,社区矫正改革发展急需提速推进。

三、社区矫正机构设置及队伍建设的构建

(一)准确把握立法精神

(1)厘清内设机构与直属机构的概念。一是定义不同。内设机构是指独立机构的内部组织,又称内部机构。如行政机关下辖的各办公厅、室、处、科、站等是内设机构。直属机构(单位)是指在政府或组成部门直接领导或主管下主办各项专门业

务的机构。如中央层面的国务院直属机构国家海关总署、国家市场监督管理总局、国家税务总局。又如,四川省司法厅直属单位省监狱管理局、省戒毒管理局。二是行使职权不同。内设机构没有直接的行政权利,一般不能单独用本机构的名义对外行使职权,通过其所从属的独立机构的名义来行使被赋予的职权。直属机构有直接的行政权利,具有独立职权和专门职责,可以在主管事项的权限和范围内,对外发布命令和指示。

(2)社区矫正机构不等于司法行政机关。如前文所述,社区矫正机构是由县级以上司法行政机关按规定的权限和程序发起设立并主管的具体负责社区矫正对象监督管理和教育帮扶工作的刑事执行机构。《社区矫正法》第8条、第9条的相关规定,已经赋予了社区矫正机构独立的法律地位和组织架构。因此,关于社区矫正机构的设置问题:一是要避开将该机构与司法行政机关等同的错误理念。就社区矫正工作而言,它是区别于一般行政管理和服务事务的专门性业务。在法律主体责任上,必须要有独立的法律资格机构执行,在法律地位上须保持独立性和一定的工作权限。如《社区矫正法》第33条规定,社区矫正对象符合《刑法》规定的减刑条件的,社区矫正机构应当向社区矫正执行地的中级以上人民法院提出减刑建议,并将减刑建议书抄送同级人民检察院。人民法院应当在收到社区矫正机构的减刑建议书后30日内作出裁定,并将裁定书送达社区矫正机构,同时抄送人民检察院、公安机关。可见,社区矫正机构应当具备可以直接对外协商和交涉,能够迅速有效地与其他部门协调开展社区矫正相关工作的权限。二是要理清司法行政机关与社区矫正机构的关系。在两者法律隶属关系上,到底是内设机构还是直属机构需进一步明确。若是直属机构应当具备独立的法人和组织机构代码,对外可独立行使职权。笔者查阅了司法部及不同省份司法厅的机构设置情况。在省、市级层面,监狱管理局、戒毒管理局属于省司法厅的直属机构。但社区矫正管理局作为内设机构设立。基于这种层级模式的设置来看,社区矫正工作并没有被提到与监狱管理和戒毒管理相同的地位和高度。在实践当中,由于省、市一级的社区矫正机构极少参与社区矫正对象的具体管理,在该层级社区矫正机构作为内设机构并不影响工作职能的发挥,但县级社区矫正机构承担着绝大部分社区矫正对象监督管理和教育帮扶工作,为保证社区矫正工作的正规化、专业化、职业化,建议将区(市)县一级社区矫正机构设置为司法行政机关的直属机构,更为贯彻《社区矫正法》的立法精神,更能推动社区工作发展。

(二)因地制宜科学设置

基于各地区的差异性,社区矫正机构的设置特别是在具体执法的区(市)县一级，应结合当地的经济发展、行政区划、矫正对象的数量等实际情况因地制宜科学设置。

1. 社区矫正委员会的设立

《社区矫正法》第 8 条第 3 款和新修订的《社区矫正法实施办法》第 3 条规定，地方人民政府根据需要设立社区矫正委员会，负责统筹协调和指导本行政区域内的社区矫正工作。同时，《社区矫正法实施办法》第 3 条第 2 款规定，司法行政机关向社区矫正委员会报告社区矫正工作开展情况，提请社区矫正委员会协调解决社区矫正工作中的问题，该条对司法行政机关与社区矫正委员会的关系作了进一步补充。自《社区矫正法》审议通过以来，全国各省市陆续组建了不同层级、不同规格的社区矫正委员会。

（1）天津市社区矫正委员会由分管副市长担任委员会主任，副主任由政法委副书记、市政府副秘书长、市司法局局长组成，委员由社区矫正工作相关部门负责人构成，委员会办公室设在市司法局。

（2）云南省社区矫正工作委员会主任由政法委书记担任，分管副省长担任常务副主任，政法委副书记、省政府副秘书长，省司法厅长担任副主任。委员会办公室设在省司法厅。

（3）山东省将省级社区矫正委员会增设在省委全面依法治省委员会，由政法书记担任主任，分管副省长担任副主任，司法厅厅长担任委员会办公室主任。

（4）成都市青白江区由区长担任社区矫正委员会主任，政法委书记担任常务副主任，分管副区长担任副主任，其他设置基本相近；成都市崇州市由市长担任社区矫正委员会主任，政法委书记担任常务副主任，分管副市长，公安局局长担任副主任，在司法局下设办公室，由司法局局长担任办公室主任，成员由检察院、公安局、矫正局具体负责同志构成。

（5）江苏如东县大豫镇设立了镇级社区矫正委员会，由镇长任主任，政法委员任副主任，相关职能站所任成员。

由此可见，虽然各地对于社区矫正委员会的设置模式有所差异。但总体而言都是参照依法治省（市）县委员会的模式进行设置确立的负责统筹协调和指导社区矫正工作的议事协调机构。笔者认为该机构的设置作用在于工作的有效推进和实施，其模式和规格的设置应当坚持有助于推进工作效率的原则，在层级上应当按照省、市、县层级，保持一一对应，在乡镇（街道）层面，应基于需要而设立，而社区矫正委员会设立是地方人民政府职责，委员会更多职责在统筹、保障和推动工作上，应以行政首长作为委员会主任为宜。同时,应不断建立健全社区矫正委员的运行体系和具体考核机制,以推动工作的有效开展。

2.社区矫正机构的设置

由于省、市两级具体承担社区矫正业务性工作相对较少。在此重点讨论区(市)县一级的社区矫正机构的设置。在区级层面可以设立社区矫正局作为司法局的直属机构,两者关系类似于动监所与农业农村局、监狱管理局与司法厅的关系。同时,加挂社区矫正委员会办公室和社区矫正执法大队牌子,下设办公室、监督管理科、教育帮扶科、未成年矫正科。在县(县级市)级层面由于机构编制管理问题,无法增设二级直属机构。可以考虑在不改变人员编制和中层职数的前提下,直接在司法局加挂社区矫正委员会办公室、社区矫正管理局和社区矫正执法大队牌子,委员会办公室主任、局长和副局长(执法大队队长)由司法局局长和分管副局长兼任,下设独立的社区矫正科(股),将以前的安置帮教工作剥离并合并到司法局其他科室开展。矫正科负责统筹协调和业务指导,在乡镇(街道)一级,由社区矫正管理局派驻片区独立的执法中队,具体负责县域范围内的社区矫正工作。例如,成都市青白江区设立了独立运行可对外行使职权的区县级社区矫正管理局,下辖两个社区矫正片区化执法中心,按照1∶18的比例进行了工作人员配备,司法所不再承担社区矫正主责,经区司法局同意,受区社区矫正管理局委托,配合开展社会调查、走访和协调村(社区)工作人员等三项职责。又如,崇州市司法局也挂牌成立了社区矫正管理局(内设机构),与辖区的15个司法所均签订了委托协议,但主要还是以其中5个中心司法所(4~5人)具体承担社区矫正的日常工作,其他司法所予以协助配合。

3.社区矫正机构与司法所的关系构架

(1)协助关系。在行政区划比较紧凑,乡镇(街道)到社区矫正机构的距离较近且悬殊较小的区域。可以考虑实施“直管模式”,即由区(市)县级社区矫正机构直接承担社区矫正日常工作的模式。在幅员面积较大,乡镇(街道)跨度较大的区域,可以采用社区矫正机构派驻执法中队的模式,具体以行政区划派驻还是片区派驻模式,视情况而定。司法所只是在调查评估、人员查找、教育帮扶等方面予以协助,不再直接承担日常工作。如集中教育可以由片区司法所协调场地,社区矫正机构下设的教育帮扶科前往组织开展。但这种模式需要配齐配强社区矫正机构的人员。同时,要特别考虑社区矫正机构业务场所须独立,不能与司法局的其他业务窗口混合办公,否则人员太集中,存在较大风险性,也缺乏严肃性。

(2)委托关系。《社区矫正法》第9条第2款规定,司法所根据社区矫正机构的委托,承担社区矫正相关工作。“委托”一词的法律概念:委托他人代表自己行使自己的合法权益,委托人在行使权力时需出具委托人的法律文书。而委托人不得以任何理由反悔委托事项。被委托人如果做出违背国家法律的任何事情,委托人有权终止委托协议,在委托人的委托书上的合法权益内,被委托人行使的全部职责和责任都将由委托人承担,被委托人不承担任何法律责任。简单地说,就是社区矫正机构以委托书(协议)的形式将社区矫正相关工作事项委托给司法所来承担。司法所以委托人即社区矫正机构的名义在委托事项范围内开展社区矫正工作。委托的事项范围可大可小,且不具有强制性,如果双方达成一致意见也必须以法律文书的形式确定下来并划清权责边界。这与行政执法领域的委托执法有些类似。这种委托关系与《社区矫正法》第18条,社区矫正决定机关委托社区矫正机构或其他社会组织调查评估的法律性质是一致的。在《四川省社区矫正实施细则》中第18条规定了司法所受社区矫正机构的委托可开展11项工作,若所有事项均被委托,其在实质上与《社区矫正法》实施以前,由司法所具体承担社区矫正工作的性质基本相同。这并没有从根本上解决社区矫正专人专职独立运行的难题。存在不同的是,这种委托关系在一定程度上减轻司法所的法律责任,对社区矫正机构的业务指导提出了更高要求。在实践当中,此种委托的性质和委托行为所产生对机构不利的法律后果的承担问题是值得探讨的。

4. 派驻执法中队与司法所的关系构架

基于大多数县级层面增设机构和人员职数困难以及业务场所紧张的现实情况。对于派驻执法中队的牌子与司法所的关系,可以考虑构建两种模式:一是设片区执法中队。人员与场所均独立设置,只负责片区社区矫正工作,片区所涵盖的各司法所予以协助配合。办公场所可以充分利用行政区划调整后闲置的办公用房,实现独立办公。如果确实没有多余的办公场地可以加挂执法中队的牌子与司法所合署办公。但必须是一个场所,两套人马,各司其职。就类似于乡镇(街道)派出所和交警中队以及派出所和片区办案中队的关系。为了保证不改变编制和中层职数,可以考虑设置“片对片”“所包所”,队所联建的模式。简言之,就是“你管我的社区矫正,我包你的所”。具体而言,同时设置片区派驻司法所和片区派驻执法中队,即有片区所的地方就没有执法中队,有片区执法中队的地方就没有派驻司法所。没有派驻司法所的乡镇(街道),其司法所的具体职责由综治办(社区治理办)兼任,即司法所作为其内设站所,片区派驻司法所进行片区管理和业务指导。二是全覆盖执法中队。即一乡镇(街道)一执法中队,可以与司法所合署办公,各司其职,但最好是独立办公。但这种对人员职数和财力物力要求较高,经济欠发达的地区难以实现。

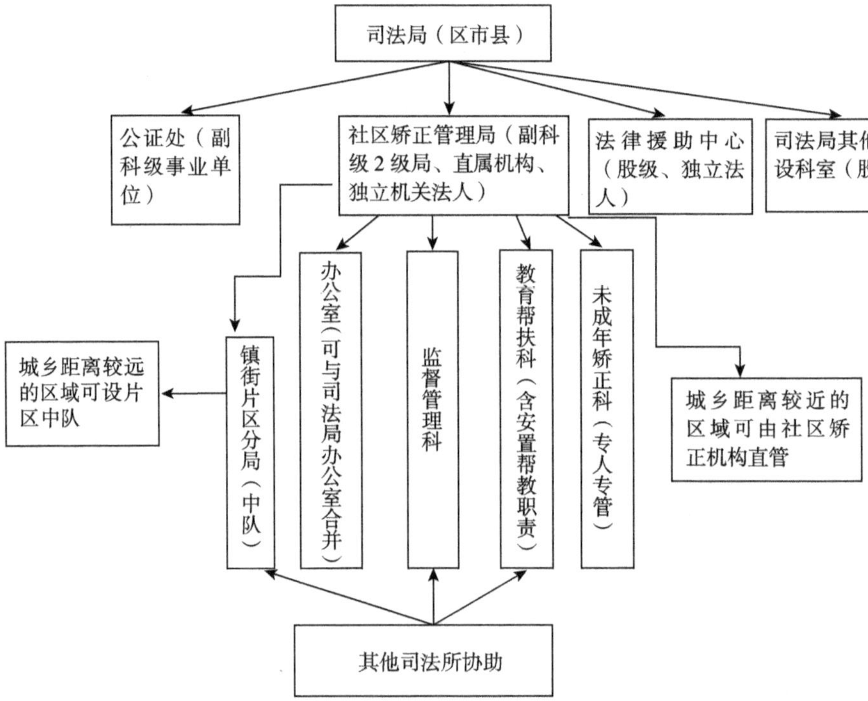

图1 社区矫正机构设置架构构想图

(三)全面推进队伍建设

《社区矫正法》第10~16条的相关规定,对社区矫正工作队伍建设从队伍组成、经费支持、法定义务、法律保障等方面给予了明确导向。既强调社区矫正专业人才的吸纳和培养,又强调社会力量的共同参与。

1.专职队伍

《社区矫正法》第10条规定,社区矫正机构应当配备具有法律等专业知识的专门国家工作人员,履行监督管理、教育帮扶等执法职责。因此,社区矫正机构及其派驻机构的组建应当抽调具有法律等专业背景,专业能力强的工作人员。但是如何吸纳人才并留住人才,应从执法证件、执法称谓、执法服装、执法装备、执法待遇等方面进行规范统一,在执法水平和业务能力上拟定并实施详细的操作规程和长效培训方案。在人员晋升待遇上可以考虑参照法检两院和警察警衔制,对内称助理矫正员、矫正员、中队长、大队长,对外称矫正官或管教。在实践中警察对外称警官,法院对外称法官,检察院对外称检察官,监狱民警对外称管教。在社区矫正对象与工作人员交流时该以领导、警官、老师、“兄弟”、管教相称还是以其他称呼相称,需要一个明确导向。这看似不值一提,但却事关社区工作的严肃性和规范性。同时,社区矫正委员会成员单位及具有法定义务的组织应当明确一名联络员,强化社区矫正工作衔接与协作。

2.社会力量

《社区矫正法》第3条规定,社区矫正工作坚持监督管理与教育帮扶相结合,专门机关与社会力量相结合,采取分类管理、个别化矫正,有针对性地消除社区矫正对象可能重新犯罪的因素,帮助其成为守法公民。第11条规定,社区矫正机构根据需要,组织具有法律、教育、心理、社会工作等专业知识或者实践经验的社会工作者开展社区矫正相关工作。从立法精神来看,教育帮扶社区矫正对象,帮助其成为守法公民是社区矫正的终极目标。因此,在下一步实践中,还应从如何实施分类管理、个别化矫正等方面进行探索和体系构建,社区矫正委员会应统筹社治委、民政局等有关部门,以“治病救人”为导向,将社区矫正对象纳入基层社会治理的范畴,注重培育一批包括但不局限于社会组织、矫正社工、志愿者和网格员的社会力量,共同参与社区矫正工作,积极引导社区矫正工作沿着立法精神的轨道运行,不断提升社区矫正工作实效。需要注意的是,长期以来关于社区矫正工作执法权的争议在此次立法中得到了回应,在第18条中规定,社区矫正决定机关根据需要,可以委托社区矫正机构或者有关社会组织对被告人或者罪犯的社会危险性和对所居住社区的影响,进行调查评估,提出意见,供决定社区矫正时参考。社区调查评估可以委托社会组织实施,则其并不要求严格的执法身份。

四、结语

目前,各地县级陆续成立了社区矫正管理局,在形式上解决了对外独立行使职权的问题,但受制于地方编制问题,该机构的性质和级别在实质上没有发生变化,大都仍然是县级司法局的内设科室。所幸的是,社区矫正管理局的设立,解决了对外独立行使职权问题已成为践行《社区矫正法》的第一步实质性进展。然而,在队伍建设、社区矫正的规范化和成效性等方面都依赖于机构设置是否科学完善,特别是社区矫正机构在对外行使职权时,与本级或上级机构的级别对等、条条对应以及议事协调是否方便等方面也应作为社区矫正机构设置的考虑范畴。因此,就社区矫正机构设置的级别以及与司法行政机关的隶属关系,乃至队伍建设和矫正具体模式等方面还应坚持以"专门的机构和专业的人员,专业人员做专业事"的原则作一步探索和完善。

参考文献

[1]王爱立、姜爱东主编:《中华人民共和国社区矫正法释义》,中国民主法制出版社2020年版,第52页。
[2]刘萍:《行政管理学》,经济科学出版社2008年版,第52页。
[3]刘强:《论社区矫正法律制度的发展创新空间》,载《犯罪研究》2020年第3期。
[4]武玉红、赵洁:《论我国社区矫正基层管理机构的创新——基于对浙江省台州市天台县社区矫正执法中队的调研》,载《河南司法警官职业学院学报》2014年第4期。

加强社区矫正工作的思考和建议

魏明华　李秀才*

摘　要:当前社区矫正面临公众认知度不够、机构设置不规范、社会力量难以参与、矫正小组难以发挥作用等问题,需要通过提高政治站位、加强机构与队伍建设、建立基础保障机制与问责机制等方面,以贯彻落实《社区矫正法》为切入点,加快推进社区矫正规范化建设。

关键词:《社区矫正法》;机构设置;矫正小组

我国的社区矫正是贯彻宽严相济刑事政策、推进国家治理体系和治理能力现代化的一项重要制度;是立足我国国情和长期刑事司法实践经验,借鉴吸收其他国家有益做法逐步发展起来的具有中国特色的非监禁型的刑事执行制度。社区矫正是将被判处管制、宣告缓刑、假释和暂予监外执行的四类罪犯置于社区内,在判决、裁定或决定确定的期限内,由专门的国家机关在相关社会团体、民间组织和社会志愿者协助下,对矫正对象进行监督管理、教育帮扶,促其在社会化开放环境下顺利回归社会的刑事执行模式。我国的社区矫正工作于2003年开始试点,2009年在全国试行,2014年在全国全面推进。经过多年努力,特别是党的十八大以来,社区矫正事业发展迅速、成效显著。社区矫正人均执行成本只有监狱的1/10,社区矫正对象再犯罪率一直保持在0.2%以下的较低水平,法律效果和社会效果良好。就宜宾市叙州区而言,2006年10月开始试行社区矫正,2013年全面施行,经过不断探索,大胆创新,初步形成了党委领导、政府负责、司法行政部门组织实施、职能部门协作配合、社会力量广泛参与的工作格局,为构建和谐稳定的社会环境发挥了积极

---

* 魏明华,四川省宜宾市叙州区社区矫正执法大队大队长;李秀才,四川省宜宾市叙州区司法局横江司法所所长。

作用。

党的十九届四中全会作出推进国家治理体系和治理能力现代化建设的决定。社区矫正工作是推进国家治理体系和治理能力现代化建设重要内容之一,新形势下加强社区矫正工作尤为重要和迫切。笔者作为长期战斗在基层一线的社区矫正工作人员,现以宜宾市叙州区为例,就加强和改进社区矫正工作谈一些粗浅认识,供领导和专家决策参考。

一、叙州区社区矫正工作基本情况

(一)叙州区社区矫正工作人员配备情况

(1)年龄结构。政法专编35人,其中30岁以下15人,31~45岁14人,46岁以上6人。司法辅助人员26人,其中30岁以下13人,31~45岁11人,46岁以上2人。

(2)文化结构。政法专编35人中,本科毕业29人,其中法学专业18人;大专毕业6人,其中法律专业3人。司法辅助人员26人中,本科2人,大专14人(法学专业3人),高中6人,中专4人。

(3)专业队伍结构。政法专编35人,法学专业18人,法律专业3人,获得心理咨询资格的2人。司法辅助人员26人中法学专业3人。

(4)工作经历情况。政法专编35人中,1990年以前参加工作的4人,1991年至2000年参加工作的2人,2001年至2018年参加工作的23人,2019年以来参加工作的6人。司法辅助人员26人中从事社区矫正工作5年以上的7人,其余均为5年以下(其中1年以下2人)。

(5)区级社区矫正机构人员结构情况。区级社区矫正机构现有工作人员4人,其中政法专编2人,司法辅助人员2人,各占50%。与监管对象比例为1∶86.5,远远高于1∶50的标准;司法所政法专编32人,辅助人员26人,与监管对象比例为1∶5.97,低于1∶10的规定标准。

(二)叙州区社区矫正对象基本情况

截至2020年10月31日,全区共累计接收社区矫正对象3045名,累计解除矫正2686名,在册社区矫正对象358人,其中缓刑346人,假释3人,暂予监外执行9人。

(1)犯罪年龄结构情况。未满18周岁4人,占1.1%;18~35周岁156人,占43.6%;36~45周岁69人,占19%;46~60周岁110人,占31%;61周岁以上19

人，占5.3%。

(2)文化结构情况。大专以上文化47人，高中或中专文化69人，初中及以下文化241人。

(3)犯罪类型情况。危害国家安全1人，危害公共安全64人，破坏经济秩序33人，侵犯公民人身权利47人，侵犯财产46人，妨害社会管理秩序146人，贪污受贿17人，渎职1人。

(4)监管教育情况。累计给予警告214人次，累计治安处罚7人，累计提请撤销缓刑、假释、暂予监外执行收监执行36人，裁定撤销缓刑、假释、暂予监外执行收监执行33人，3人因再犯罪被撤销缓刑数罪并罚收监执行。累计变更执行地（迁出）75人，累计提请减刑1人，裁定减刑1人。累计余罪和漏罪收监执行27人。累计开展审（出监）前社会调查评估904件，采信667件，采信率73.8%，评估意见未采信总数237件，其中评估意见（同意纳入社矫）未采信149件，评估意见（不同意纳入社矫）未采信88件。累计外出请假355人，请假人次811人次，累计请假天数5498天。在矫对象手机定位监管314人，定位率87.7%。

二、叙州区社区矫正工作取得的成效

（一）制度机制更加完善

自开展社区矫正十几年来，在区委、区政府的坚强领导和上级主管部门精心指导下，叙州区社区矫正工作经过不断努力和探索，初步形成了党委领导、政府负责、司法行政部门组织实施、职能部门协作配合、社会力量广泛参与的工作格局。建立和完善了社区矫正机制制度，逐步形成了用制度管人管事、全面按制度办事的局面。一是建立协调衔接机制。加强与人民法院、检察机关和公安机关协调配合，形成资源共享、信息互通的工作格局。二是建立健全工作责任机制。压实工作责任，工作质量与绩效奖惩挂钩，努力形成干部职工比、学、赶、帮、超的工作格局。三是建立健全作风保障机制。采取两手抓方法加强队伍建设，一手抓教育引导，一手抓制度管理，强化工作落实，努力锻造一支纪律严明、作风过硬、工作出色的司法行政铁军。建立和完善了《社区矫正对象衔接登记管理制度》《社区矫正对象教育学习制度》《社区矫正对象外出审批管理制度》《社区矫正对象奖惩制度》《社区矫正档案管理制度》等21个制度，努力把行之有效的管理措施转化为长期坚持的治本之策，促进社区矫正管理制度化、规范化。

（二）队伍建设不断夯实

2013年4月，经请示区委编办同意，在全市率先成立了区社区矫正执法大队和柏溪等11个片区中队,人员当时不足20人,发展到今天含辅助人员在内达61人;业务工作在一张白纸情况下,一边开展工作,一边探索工作流程,目前这支队伍能够达到懂法律、会操作、较规范的局面。工作成效多次得到省市领导肯定,长期处于全市领先地位,省内外多个兄弟单位前来交流学习,为社区矫正工作开展树立了标杆。

(三)阵地建设得到加强

按照省司法厅统一安排部署,在区委、区政府重视支持下,将原区安监局500余平方米的办公楼全部划拨给司法局作为区社区矫正中心业务用房,投入100余万元进行装修和购置办公设备,2018年5月底竣工,2018年6月正式投入运行。社区矫正中心集管理、教育、帮扶于一体,设置有接收报到室、训诫室、宣告室、心理咨询室、心理矫治室、检察警务室、图书阅览室、社会联络室、定位监管指挥室、技能培训室、过渡性安置室、档案室和综合办公室,布局合理,功能完善。2018年8月被省司法厅首批命名为"省级规范化社区矫正中心"。同时,全区17个司法所均设置了社区矫正办公室和宣告室,有力保障了社区矫正工作顺利开展。

(四)信息化水平显著提高

2012年6月在全市率先实行"司法E通"定位监管,适时掌控社区矫正对象活动情况和活动轨迹。2016年按照省司法厅社区矫正信息化建设实施方案,依托四川省社区矫正信息管理系统操作平台,加快推进社区矫正信息化建设,信息化水平逐年提高。先后投入信息化建设经费100余万元,为社区矫正中心和17个司法所配齐打印机、指纹采集仪、高拍仪等一系列必备设备。辖区17个司法所均建立了视频会议系统和远程视频监控系统。借助"雪亮工程",将全区17个乡镇(街道)520个村(社区)共计1719个监控点位全部接入社区矫正指挥中心,社区矫正对象远程教育及远程监管取得实质成效。坚持监管结合,注重更新升级社区矫正对象定位监管平台。目前,全区在矫社区服刑人员90%以上实行了手机App或者腕表定位监管,活动轨迹更加精准,极大提升了矫正效率和监管能力。

总之,社区矫正工作开展为营造和谐稳定的社会环境、平安建设发挥了不可替代的积极作用,十几年来,未发生社区矫正对象参与的严重影响社会和谐稳定的恶性案件,未发生脱管漏管现象,再犯罪率始终低于全省、全市平均水平。

三、当前社区矫正工作存在的问题及原因

(一)人民群众知晓度不高

一些群众不了解什么是社区矫正,社区矫正是干什么的。包括一些基层干部

也不了解,更不知道社区矫正工作的作用。其原因一是宣传工作不到位,报刊、杂志、新闻媒体宣传得少,自身典型材料提炼不多,推送较少。二是社区矫正是一个新名词,是"舶来品",21世纪才流入我国,此项工作是借鉴国外先进经验而开展的刑事执行制度改革。三是汇报交流工作做得不扎实,平时多数是给主要领导和分管领导汇报,与其他部门交流互通甚少。四是此项工作涉及面较小,主要涉及公、检、法、司管理部门及监管对象,其他人平时不甚了解。

(二)社会力量参与度不够

目前就叙州区而言,社会志愿者、社会组织参与度小,有些成了一种形式,受价值取向影响,在经费没有得到较好保障的情况下,需要社会志愿者及社会组织参与教育帮扶,简直就是一种"单相思"。社会组织需要生存,要社会组织对社区矫正对象开展教育帮扶,起码的交通费、误餐费、通讯费等予以保障才能有效推动工作开展。新出台的《社区矫正法》从国家层面鼓励、支持企业事业单位、社会组织、志愿者等社会力量依法参与社区矫正工作,那么,如何鼓励和支持呢?国家尚未出台具体政策措施,这个问题尚需顶层认真研究和解决。

(三)社区矫正机构还不规范

一是机构设置不够规范。《社区矫正法》规定"县级以上地方人民政府根据需要设置社区矫正机构,负责社区矫正工作的具体实施"。这里所指的"需要"较为含糊,有的地方认为过去就是司法局负责管理,现在没有必要设置什么社区矫正机构。同时,社区矫正机构名称不规范,《社区矫正法》实施以来,各地设置的社区矫正机构名称五花八门。二是没有统一直观的标志标牌。社区矫正是刑事执行工作,需要像公、检、法一样,有自己的标志、服装和名谓,才能体现刑事执行严肃性,才能对监管对象起震慑力。三是权责不对等。从事社区矫正工作的人员责任十分重大。甚至有人认为,"只要社区矫正对象再犯罪,就是矫正工作人员履职不到位,监管不到位,教育质量不高"。那么,怎样才能算履职到位?实践中,往往评判标准很高,而身处其中的管理人员手段有限。另外,《社区矫正法》规定,"社区矫正机构工作人员和其他参与社区矫正工作的人员依法开展社区矫正工作,受法律保护"。怎么才能真正得到有效保护,还需要完善制度。四是日常监管不规范。特别是最基本的教育学习和公益活动没有具体的量化指标,操作起来很难掌握。

(四)矫正小组作用难以发挥

按照社区矫正规范化建设要求,社区矫正对象矫正小组要严格按照"4+X"标准建立,即由司法助理员、社区民警、社会工作者、志愿者、社区干部和监护人或者保证人组成。在实际工作中,由于派出所人少事多,社区民警自身业务工作较忙,没有多少精力管理社区矫正对象;乡镇派出所还好一点,集中教育学习还帮助教育一下,繁忙的城区派出所根本就没有时间。志愿者更不好说了,没有相关补贴,他们也没有意愿参与工作。社区干部自身事务本来就多,忙得不亦乐乎,哪有充足的时间参加矫正小组会议?归根结底,还是缺乏强有力的制度约束。

(五)队伍建设没有形成专业化

在实践中,社区矫正工作自始至终就没有形成专业化。除司法局社区矫正管理股专职外,其余均是司法所的司法助理员。司法所除肩负九项专门职能外,还要承担脱贫攻坚、乡村振兴、征地拆迁等大量中心工作,任务十分繁重,用于社区矫正工作的精力自然有限,也就很难达到正规化、专业化、职业化要求。

四、加强社区矫正工作的对策建议

(一)进一步提高政治站位,充分认识抓好社区矫正工作的重要性和紧迫性

党的十八大以来,以习近平同志为核心的党中央高度重视社区矫正工作,充分肯定我国十多年来社区矫正工作取得的伟大成就,以及其在构建平安建设、维护社会和谐稳定工作中发挥了不可替代的积极作用;对符合条件的罪犯依法实行社区矫正,促其在社会化开放环境下顺利回归社会,有利于减少监狱羁押,避免交叉感染,节约行刑成本,是法治文明和社会进步的体现,有利于化解消极因素,缓和社会矛盾,预防和减少犯罪,维护社会和谐稳定,提高社会治理体系和治理能力现代化水平。随着我国宽严相济刑事制度的进一步实施及司法体制改革的进一步深化,社区矫正对象将会越来越多,社区矫正工作任务越来越重、越来越艰巨。社区矫正对象是一个特殊群体,此项工作的好坏直接影响社会和谐稳定,我们务必高度重视,抓实抓细社区矫正工作,全力确保政治稳定和社会安定。

(二)以贯彻落实社区矫正法为契机,加强机构建设,充实执行力量

贯彻落实好《社区矫正法》是贯彻落实党的十九届四中全会提出的加强系统治理、依法治理、综合治理、源头治理和坚持依法治国、依法执政、依法行政共同推进的要求。《社区矫正法》第9条明确规定“县级以上地方人民政府根据需要设置社区矫正机构,负责社区矫正工作的具体实施”。作为顶层部门应当协调好、解决好、落实好社区矫正机构的级别、编制、标志、名称等问题,一切工作统一到依法办理要求上来,坚持依法办事,依法行政,模范执行习近平主席签署的主席令,将社区矫正机

构建设落实到行动上。在队伍建设上，采取争取一点、调节一点的办法，可以将监狱改革后一些闲置编制人员充实到县级社区矫正队伍中，建立县级社区矫正执法大队和片区执法中队；将司法助理员从繁杂的司法行政工作中剥离一部分出来，建成一支正规化、专业化、职业化的刑事执行队伍，实施队建制管理，保障刑事裁判的顺利执行。

（三）以贯彻落实社区矫正法为切入点，加快推进社区矫正规范化建设

一是落实四川省《社区矫正法实施细则》，将执法标准统一到《社区矫正法实施细则》上。借鉴学习全国一些地方的先进做法，达到合法、易懂、易操作、适用的效果。二是扎实推进信息化建设，努力构建“智慧矫正”，针对部门沟通协调难、工作流转难问题，以组建社区矫正委员会为着力点，以网络连通为抓手，把法律明确的部门职责转化为具体要求，嵌入网上业务流程，建立社区矫正大数据系统，实现互联互通、资源共享的工作格局；对社区矫正对象监管实施“一网查询”模式，变高压管控为精准防控，做到信息采集、数据分析、教育帮扶、动态监管等网上办理，依托“雪亮工程”系统，对社区矫正对象适时视频点验，达到精准防控的要求。

（四）建立基础保障机制，推进社区矫正工作又好又快发展

首先是完善社区矫正工作经费保障机制。建议司法部会同财政部联合出台规定，明确社区矫正工作经费的增长比例，做到经费保障逐年增长。其次是建立设备保障机制，包括办公设备、交通设备、通信设备。在信息时代快速发展的今天，没有现代化设备是不行的，比如交通工具，可以考虑为社区矫正机构配备专用执法车辆，让他们在应急处理冲突上迅速发挥作用；应当全力提供设备保障，确保工作顺利推进。最后是落实政府购买服务机制。落实政府购买服务是解决社区矫正机构人力不足的有效途径，是社会组织参与对社区矫正对象教育帮扶的最佳方式，是社区矫正对象快速融入社会的重要举措。建议推广经济发达地区经验，每年按一定比例纳入政府购买服务计划，逐步全面推广。

（五）强化追责问责机制，调动和发挥矫正小组协作配合作用

社区矫正工作是社会治理的重要内容，建议将社区矫正工作纳入各级绩效目标考核，压实工作责任，对工作敷衍搪塞、推诿扯皮的单位和责任人严肃追责问责，严格与绩效目标挂钩，对严重失职、造成重大影响的，依纪依法给予党纪国法处理，绝不姑息迁就。同时，建立激励机制，对工作认真负责的社区干部采取以奖代补的形式给予奖励。充分调动矫正小组成员的积极性，让矫正小组成员的作用得到充分发挥。

社区矫正机构设置的困境与应对

王　舒　闫永波*

摘　要:《社区矫正法》对社区矫正机构设置、社区矫正工作人员队伍建设作了全新规定,提出了机构专门化、队伍专业化要求。但实践中社区矫正机构的设置还存在不少问题,急需完善。

关键词:社区矫正;机构设置;社区矫正法;委托;司法所

一、社区矫正法中社区矫正机构的突破性立法规定

社区矫正是宽严相济的刑罚执行理念的重要体现,还是我国实现社会治理体系、刑罚执行体系、国家治理能力现代化的关键环节,对于完善刑罚功能体系有着现实的积极意义。《社区矫正法》对机构、人员等方面作了全新的规定,其第8条规定由国务院司法行政部门主管全国社区矫正工作,县级以上地方司法行政部门主管本行政区域工作,地方人民政府还可以根据需要设立社区矫正委员会,来统筹协调并指导本行政区域内的社区矫正工作。法律旨在全面建立县乡两级社区矫正委员会制度,从机构设置层面保障县域社区矫正治理体系与城乡治理体系的高度融合、统一。《中华人民共和国社区矫正法实施办法》(以下简称《社区矫正法实施办法》)第3条第2款规定,进一步强调党委政府的领导作用,重点突出议事协调机构统揽全局、协调各方的优势职能,并在此基础上制定区县社区矫正治理体系中长期发展规划,协调落实相关配套措施,协商解决发展进程中的热点难点问题,努力为推进县域社区矫正治理体系建设提供强有力的组织领导和政策措施保障。

《社区矫正法》第9条明确规定,"县级以上地方人民政府根据需要设置社区矫正机构,负责社区矫正工作的具体实施。社区矫正机构的设置和撤销,由县级以上

---

* 王舒,四川轻化工大学法学院硕士研究生;闫永波,四川轻化工大学法学院硕士研究生。

地方人民政府司法行政部门提出意见,按照规定的权限和程序审批。司法所根据社区矫正机构的委托,承担社区矫正相关工作”。通过立法规定来明确设立社区矫正机构,以加强县级社区矫正机构设置、职能职责等方面的建设,并进一步突出社区矫正机构专门化、实体化,社区矫正队伍职业化、正规化的要求。《社区矫正法实施办法》第9条细化了社区矫正机构的具体职责范围,包括进行调查评估;接收矫正对象;组织入矫、解矫宣告;建立矫正小组,制订矫正方案;实施具体矫正监督管理和教育帮扶工作等。将县级社区矫正机构作为社区矫正日常工作的具体承担主体,司法所只是根据社区矫正机构的委托来承担相关工作。

相较于《社区矫正法》施行前,实际是司法行政机关设立相应的机构对社区矫正进行领导和指导,如国家司法行政机构设有社区矫正管理局,省级司法行政机构设有社区矫正管理局(处),市、县级司法行政机构设有社区矫正管理处(科、股);由乡镇、街道所设的司法所来承担社区矫正的具体工作。目前,《社区矫正法》完全突破了这种工作机制,虽然在立法层面上更加突出了社区矫正机构设置的专业化,但是在具体操作和落实方面,仍然缺少相应的配套规定,使得社区矫正体系设计与机构建设面临重重困境。社区矫正机构的领导模式,社区矫正机构与司法所的关系,司法所的权责范围,工作人员的执法身份与编制管理等都无法得到妥善的衔接与完善。[1]

二、社区矫正机构的现状与施行社区矫正法的冲突

(一)社区矫正机构的运行现状

本文试图以《社区矫正法》施行后,四川省宜宾市开展社区矫正机构设置和工作衔接为视角,针对现实机构运行状况展开分析研究,以便更好地落实相关规定,实现立法目的。自社区矫正工作全面推行以来,全国各个地区受发展不平衡、专业人才缺失等客观因素影响,形成了各自不同的管理模式。概括而言,社区矫正基层执法机构的主要模式有以下几种:(1)传统模式。该模式以传统的司法所为依托,由每个司法所来负责本辖区的社区矫正工作模式。我国大多数地方采用传统模式建立社区矫正基层工作机构。(2)兼管模式。该模式中司法所不仅要管理本辖区的社区矫正工作,还要兼管相邻司法所辖区内的社区矫正工作。(3)直管模式。以组建具有直接隶属关系的执法队伍为基础,由其直接管理社区矫正工作的模式。

---

〔1〕 聂英斌、杨亚飞:《社区矫正机构建设探析》,载《净月学刊》2018年第3期。

(4)并管模式。指根据社区矫正工作需要,把司法所适当合并之后来负责某特定区域的社区矫正工作模式。四川省宜宾市各区县的基层社区矫正机构模式基本是采用的传统模式,个别区县有设立执法大队与执法中队的模式。但不管何种机构模式都存在非常突出的工作人员配备问题,包括人员数量、人员编制等都呈现出紧缺状况。

以宜宾市翠屏区、长宁县为例,在区县司法行政机关下面具体承担社区矫正工作的各司法所情况如表1、表2所示。可以看出,社区矫正最基层的工作机构是乡镇、街道的司法所。司法所原来属于法律服务性质的机构,其隶属关系部分归属于县级司法局,部分归属于乡镇、街道政府。大部分司法所的在编工作人员为1人。其实,全国有许多县(市、区)一级都设有社区矫正中心,兼有直接管理罪犯和行政管理的双重职责,试图弥补司法所力量不足的问题,但仍然存在一个突出的问题,就是社区矫正中心的编制和工作职责问题并没有得到很好的解决。[1]

此外,司法所受到县级司法机关和乡镇(街道)的双重管理,在负责各项基本职能的同时,其人员力量愈加显得捉襟见肘。在承担社区矫正工作之外,司法所还须完成八项日常工作任务。许多地方的司法所存在工作力不从心的问题,开展社区矫正工作自然也达不到高水平的专业要求。

表1 宜宾市翠屏区司法所情况分布表

单位:人

单位	在编工作人员数量	辅助人员数量	矫正人员数量	人均矫正对象数量
大观司法所	3	1	44	11
西郊司法所	3	1	23	5.75
安阜司法所	2	1	42	14
象鼻司法所	1	1	37	18.5
李庄司法所	1	1	14	7
菜坝司法所	1	0	23	23
思坡司法所	1	1	11	5.5
宗场司法所	1	1	7	3.5
金坪司法所	1	1	13	6.5

[1] 郑艳:《社区矫正机构的建设构想》,载《河南司法警官职业学院学报》2018年第2期。

续表

单位	在编工作人员数量	辅助人员数量	矫正人员数量	人均矫正对象数量
李端司法所	1	1	6	3
牟平司法所	1	1	6	3
金秋湖司法所	3	2	21	4.2
白花司法所	2	2	17	4.25
双谊司法所	1	1	11	5.5
永兴司法所	1	1	9	4.5
总计	23	16	284	7.28

表2　宜宾市长宁县司法所情况分布表

单位:人

单位	在编工作人员数量	辅助人员数量	矫正人员数量	人均矫正对象数量
梅硐镇司法所	1	1	10	5
双河镇司法所	1	1	16	8
龙头司镇法所	1	0	13	13
硐底镇司法所	1	1	2	1
花滩镇司法所	1	1	10	5
铜鼓镇司法所	1	1	5	2.5
井江镇司法所	1	0	8	8
铜锣镇司法所	1	0	4	4
竹海镇司法所	1	0	9	9
老翁镇司法所	2	0	10	5
长宁镇司法所	2	2	48	12
古河镇司法所	1	0	5	5
梅白乡司法所	1	0	3	3
总计	15	7	143	6.8

(二)社区矫正法的现实冲突与困境

1. 设立社区矫正机构的规定模糊

《社区矫正法》为了保障社区矫正工作的规范化、专业化,建立起一支职业化的社区矫正力量,专门规定县级以上地方人民政府根据需要设置社区矫正机构,负责社区矫正的具体实施,包括对矫正对象的监督管理和教育帮扶。但是,关于社区矫正机构的规定过于简单化、原则化。涉及具体组建社区矫正机构的时候,司法行政部门会存在诸多困难,无法提出对设置社区矫正机构行之有效的建议,也难以实现社区矫正机构的监督、考核和奖惩机制。

2. 机构之间交叉重叠,职责不明确

《社区矫正法》关于社区矫正机构、人员和职责的法律规定,突出了四个主体,即司法行政机关、社区矫正委员会、社区矫正机构和司法所,它们之间部分职责规定方面存在交叉重叠的可能,职责分配不够明确,容易出现相互推诿的情况,从而形成权力"真空地带"。因此,需要在具体实践中完善以下方面:一是社区矫正委员会与司法行政部门的关系,社区矫正委员会负责统筹协调、指导本行政区域的社区矫正工作,司法行政部门主管本行政区域的社区矫正工作,应当明确社区矫正委员会的指导对象与指导方式;二是司法行政部门与矫正机构之间的关系,司法行政部门是否直接管理社区矫正机构,对于社区矫正机构的管理是采取收编乡镇还是垂直管理;三是社区矫正机构与司法所之间的关系,未明确二者之间的职责分工。

3. 司法所承担社区矫正工作权力瑕疵

《社区矫正法》第9条明确规定司法所不是社区矫正机构,也就是说司法所不属于法定适格的社区矫正主体,只是可以通过接受委托的方式来承担社区矫正相关工作,然而社区矫正作为一种刑罚执行活动,其执行主体的权力来源应当是由法律来明确赋予。因而,司法所在承担社区矫正工作的时候,必然出现主体权力瑕疵的问题。立法规定在强调专业化的同时,又要兼顾现实差距,只以委托的形式来衔接司法所进行社区矫正工作,会给司法所的工作带来法律风险,还不利于发挥工作人员的积极性与主动性。

另外,社区矫正工作实质上属于刑罚执行工作,司法所工作人员实际并不具备执法身份,这也大大增加了工作的危险性。从而导致司法所实际从事社区矫正工作的人员对自我身份认同度不高。再加上,没有特殊的执法保护,无法对工作中的突发情况进行应急处置,如出现矫正对象冲撞、威胁执法人员,执法人员则缺乏有效的自我保护装备。

三、设计、构建社区矫正机构体系的建议

(一)明确细化对社区矫正机构的设置

明确细化对社区矫正机构的设置,前提是必须要明确和把握社区矫正机构的

性质。作为一种刑罚执行方式，社区矫正重中之重就是要实现惩罚目的，这本身也是刑罚执行的本质属性，而罪犯矫正是刑罚执行的派生任务。立足于我国的基本情况，应当建立健全以司法行政机关为主体的集中统一的社区矫正管理体制和管理机制。

首先，层层设立社区矫正管理机构。即在国家司法部内设或归口设立社区矫正管理局，作为全国社区矫正工作最高组织指导协调机构；在各省（自治区、直辖市）司法厅（局）设立相对独立的副厅级社区矫正管理局（参照省级监狱管理局的架构模式），作为地方省级社区矫正工作日常管理机构；在各地（州、市）司法局（处）归口设立相对独立的副局（副处）级社区矫正管理局（处），作为基层政府社区矫正日常管理的中间衔接机构。其次，在各县（市、区）司法局归口设立副局级的社区矫正管理局。具体实践中，可以把县级社区矫正管理局、社区矫正执法大队和社区矫正中心都作为广义的“县级社区矫正机构”。在“县级社区矫正机构”挂三块牌子：社区矫正管理局、社区矫正执法大队和社区矫正中心。各乡镇（街道）设立社区矫正工作站（包括委托司法所、设立社区矫正执法中队），作为最基层的社区矫正执行机构。最后，政府牵头的协调议事机构，也就是“社区矫正委员会”，则应推进社区矫正执行工作在各方协同下有序发展，破除数据壁垒，起到把方向的决定性作用，形成以协调议事机构为引领，以专门工作机构为主体的社区矫正运行机制。[1]

（二）优化整合社区矫正工作体系

1. 合并社区矫正、监狱的上层机关

社区刑罚执行和监禁刑罚执行都是对罪犯执行刑罚的两种基本方式，它们之间具有天然的相关性与紧密的交叉性。即便二者不在相同的执行场所展开，但是从本质上看，其目的和任务并无二致，实践当中运用的手段更是有着许多相通之处，如对罪犯的风险需求评估、分级管理、分类改造、心理矫治、认知教育、技术培训、促进回归等。另外，通过展望未来的发展趋势，可以看出今后我国将会有大量假释罪犯，意味着监狱的工作会逐渐延伸到社区，同时社区刑罚执行也会更多地向监狱衔接，如社区执法人员需要做假释前的报告，在罪犯入狱初期就要帮其做假释的计划和准备。对于在社区中重新犯罪和违反监管规定情节严重的矫正对象，需要依法收监。因而，将监禁刑罚和社区刑罚执行的上层管理机构合并，不仅有利于实现资源共享和优势互补，还能健全完善我国的刑罚执行体系，推动社区矫正机制的良

---

〔1〕 鲁兰、李红霞、李云：《监狱、社区矫正执行一体化工作探索路径》，载《宜宾学院学报》2019 年第 7 期。

性运行。

2.采用垂直管理模式

随着社区罪犯数量的增加,其风险程度也会相应增加。为加强监管、确保社区安全,对机构设置的专业化和正规化建设将会提出更高的要求。从发展的眼光和国际的经验来看,我国应尽快实现社区矫正机构的省级垂直管理。在我国县级以上政府部门都设有司法行政机关,每个司法行政机关都有一名副职分管社区矫正工作,司法行政机关都要设置相应的机构承担社区矫正的行政管理职能,每个乡镇、街道司法所开展社区矫正工作。司法所既要对上面的业务主管部门负责,又要对乡镇、街道政府负责,多部门管理,多部门分派任务,难免会产生相互扯皮、效率低下的问题。[1] 以社区矫正执法大队与社区矫正执法中队之间的垂直领导关系为例,社区矫正执法中队是社区矫正执法大队的下属机构,直接接受社区矫正执法大队的领导,根据社区矫正执法大队的要求和安排从事相关的社区矫正工作,这种垂直管理模式非常有利于科学设定工作量。所以,我国社区矫正机构的设置应向省级垂直管理的方向发展,县级司法局对社区矫正的行政管理可让位于地级市社区矫正专门机构对县级社区矫正机构的垂直管理,实现省级社区矫正专门机构对地市级社区矫正机构和县级社区矫正机构的垂直管理。[2]

3.执法管辖区与行政区划适度分离

我国已经认识到司法管辖区域与行政区划分离的必要性与重要性,同样地,设置执法管辖区也应当优化资源配置。可以尝试先从县级开始,尤其是县城所在地区,首先打破乡镇、街道行政区划的界限,将社区执法工作从乡镇、街道司法所剥离,一般在县级设立社区矫正大队,下设数个执法中队。在此基础上,可适当打破县与县、区与区之间的行政区划界限,根据当地情况有区别地设置社区矫正执法中队。在辖区面积较小的地区,可以把辖区划分为不同的片区,每个片区设置一个社区矫正执法中队,依托片区内办公场所和设施条件等较好的司法所,进行社区矫正执法中队建设。执法管辖区可根据发展和社区罪犯的变化酌情调整,以此实现提高执法工作效率,减少行政机构对执法干预和影响的目的。[3]

---

〔1〕 姜楠、赵云、刘佳欣:《协作式社区矫正模式构建》,载《最高人民法院司法体制综合配套改革与刑事审判问题研究——全国法院第30届学术讨论会获奖论文集(下)》2019年第12期。

〔2〕 范运田:《把握立法精神 坚持三个导向 推动〈社区矫正法〉在湖南落地生根》,载《中国司法》2020年第7期。

〔3〕 晏国福:《完善刑罚执行一体化建设路径初探——以安徽司法行政系统为视角》,载《中国司法》2020年第8期。

（三）司法所承担社区矫正工作的路径和方向

1. 委托机构

司法所具体能够接受哪些机构的委托来进行社区矫正工作，依据《社区矫正法》和其他相关的规定，结合我国社区矫正工作实际情况，可以发现委托机构应当包括两个，即社区矫正管理局和社区矫正执法大队。具体来看，司法所在接受行政管理方面的委托时，应当由社区矫正管理局作为委托机关。社区矫正管理局在委托的过程中，要表达清楚人事管理、委托经费等方面的内容。司法所在接受具体工作方面的委托时，由社区矫正执法大队作为委托机构。社区矫正执法大队在委托的过程中，不仅要表达清楚司法所具体应当承担哪些方面的社区矫正工作，还要明确其应当以什么方式来承担这些工作，包括在开展社区矫正工作过程中司法所与社区矫正执法中队的关系等内容。

2. 委托方式与委托机制

首先，需要明确这两者的概念，“委托方式”是指委托司法所开展社区矫正工作的具体形式，“委托机制”是指委托方与被委托方的文件、下命令、打招呼的方式进行委托。其次，社区矫正管理局和社区矫正执法大队不一定分开进行委托，不需要为此各自单独行文，而是可以由两个机构联合下文进行委托，在一份委托文件中包括所有委托内容，委托文件由两个机构共同下发。

3. 工作内容

根据多年来开展社区矫正工作的实践经验，司法所能够协助社区矫正机构从事以下工作，包括协助开展调查评估工作、协助开展监督管理工作、协助开展帮困扶助工作，以及协助做好社区矫正管理局和社区矫正执法大队委托的其他工作。因为，司法所比较熟悉当地情况，可以利用有利条件来提高工作效果，尤其是在做好缓刑前调查评估工作和假释前调查评估工作方面。此外，司法所拥有点多面广、熟悉周围情况的天然优势，可以利用这些有利条件来协助社区矫正执法中队做好社区矫正对象的入矫、解矫和日常监督管理工作。另外，司法所既能够深入了解社区矫正对象的实际情况，也更加熟悉当地的社会情况、可用资源和便利条件等，便于协助做好社区矫正对象的帮困扶助工作。[1]

---

〔1〕 吴宗宪、张锡君、钟卫东：《社区矫正机构探讨》，载《中国司法》2020年第6期。

社会力量参与

司法社会工作者参与涉罪未成年人社会调查制度

张邦铺　李佩钰*

摘　要:涉罪未成年人社会调查工作不仅对未成年人犯罪的预防起到积极的效果,也有利于促进青少年司法工作的科学化,更重要的意义是作用于涉罪未成年人的矫正工作。首先,通过典型案例分析社会调查工作的运行情况。其次,分析司法社会工作者参与涉罪未成年人社会调查制度的合理性。再次,探索司法社会工作在涉罪未成年人社会调查中工作内容、方法及其角色。最后,针对司法社会工作者参与涉罪未成年人社会调查制度的完善提出了一些建议。

关键词:未成年人;社会调查;司法社工

2012年修订的《刑事诉讼法》第268条明确规定了未成年人刑事案件社会调查制度。未成年人社会调查制度,是指在犯罪嫌疑人为未成年人的刑事案件中,由一定社会调查主体对涉罪未成年人进行犯罪原因、成长经历、一贯表现等方面的调查,并对该未成年人的社会危险性和再犯风险进行综合评估,根据调查与评估结果形成书面社会调查报告,为司法机关的案件办理提供参考。该制度不仅保障了涉罪未成年人权益,也体现了我国司法体系的人性关怀。自社会调查制度正式在我国法律中确定到现在,各地都在进行适合自己的社会调查工作的探索,但是,目前还没有形成一个被普遍认可并且适用于全国的模式。因此,在目前的社会调查工作的实践中,出现了多种主体,如公检法机关、合适成年人、社会志愿者、社区矫正机构等。《未成年人刑事检察工作指引》指出,要大力支持青少年实务社会工作专业人才队伍建设,引入专业社会工作力量,提高未成年人权益保护和犯罪预防的专业

* 张邦铺,西华大学法学院教授,硕士生导师;李佩钰,西华大学社会工作专业硕士研究生。

化水平[1]。《关于构建未成年人检察工作社会支持体系的合作框架协议》指出,社会工作已是现今发展未成年人检察工作的重要方向[2]。根据以上的指引,社会工作应该运用自身的专业优势积极参与未成年人社会调查工作。司法社会工作者(以下简称司法社工)参与未成年人社会调查在保护未成年人合法权益、提高柔性司法服务水平、为法官提供量刑参考等方面发挥了重要的作用,是辅助办案的重要社会力量。

一、国内涉罪未成年人社会调查典型案例及问题

(一)典型案例运行情况

自未成年人社会调查在我国起步以来,各地区都开始对涉罪未成年人的社会调查工作进行了积极的探索,《刑事诉讼法》虽然明确了涉罪未成年人社会调查制度的法律地位,但对其他细节并未作进一步的明确,这导致了各地在推进该制度的积极落实方面形成了不同的地方特色。本文分别选取以司法机构、律师、检察院等几种常见的形式作为社会调查主体的四种典型的案例进行介绍。

1. 重庆沙坪坝

从2007年起,重庆市沙坪坝法院推行委托司法行政人员从事社会调查工作。重庆沙坪坝的社会调查工作中,司法机构作为社会调查的委托对象,进一步将社会调查工作分解给社区矫正人员或司法助理。该社会调查的适用范围主要是户籍地或者经常居住地在沙坪坝区的涉罪未成年人[3]。调查对象主要包括被告人的父母、社区和学校;调查的方式是访谈;该调查内容包括犯罪前后的情况、家庭情况、社交互动、成长经历等;社会调查的程序是在法官检查并确定被告属于该地区之后,派司法助理将起诉书副本、委托书和社会调查报告的空白表格送达司法所办公室,司法办公室任命人员进行社会调查。完成报告后,司法所通知法院收取。通过一份报告的时间是7日左右。

---

[1] 参见《未成年人刑事检察工作指引(试行)》中规定,"检察机关要全方位加强未成年人检察工作,大力支持青少年实务社会工作专业人才队伍建设,引入专业社会工作力量,提高未成年人权益保护和犯罪预防的专业化水平,推动建立健全未成年人司法救助社会力量的长效机制"。

[2] 参见《关于构建未成年人检察工作社会支持体系的合作框架协议》中规定,"通过搭建社会支持体系对未成年人司法保护,则需要加入多种社会资源,而社会工作的介入则是非常重要的"。

[3] 杨飞雪、王成:《未成年被告人社会调查模式的构建——基于重庆市沙坪坝区人民法院实践的实证分析》,载《青少年犯罪问题》2011年第5期。

2. 成都市金牛区

在2012年《刑事诉讼法》修改前,就有了应给予未成年人法律援助的规定,在这期间,律师的帮助尤为重要。因此,多地就将未成年司法社会调查的工作交给了律师进行。在成都市金牛区人民检察院,由检察院接收到有关涉罪未成年人的案件后,如果需要进行社会调查,检察院就会下发委托函,委托律师事务所开展社会调查工作,并由律师事务所指定公益律师完成调查。主要调查内容包括:犯罪嫌疑人基本信息、家庭情况、成长经历、性格爱好四个方面;社会调查的主要的工作方式是访谈未成年人及家长,根据面谈情况制作社会调查报告,将报告交由检察院未成年人犯罪检察科。

3. 甘肃临夏州

在甘肃临夏州,社会调查的主体是检察院[1],在检察院对涉罪未成年人的审查批捕阶段,社会调查会由检察院的工作人员在一定期限内完成,在审查起诉阶段也是由检察机关工作人员自行开展,主要是对之前调查报告未涉及的内容或者调查不充分的内容等开展补充调查,起诉该案件后,检察院将准备好的社会调查报告与案件档案一起移交给法院。调查的对象包括涉罪未成年人的父母、亲属、邻居、朋友、老师、同学等人员和涉罪未成年人学校、所在区派出所、居委会等基层单位。调查的内容有被调查人的个人基本信息、成长历程、个性特征、社会交往情况、教育经历、家庭基本情况、犯罪后的态度、赔偿情况、监护条件等。调查的方法主要是现场访谈。

4. 昆明盘龙

昆明市盘龙区政府是引用合适成年人作为社会调查工作的主体。“盘龙模式”中合适成年人,主要从盘龙区内青少年专干、司法所司法助理员、社区居委会成员、志愿者等人员中选择,以有利工作、就近参与为标准。合适成年人主要是对未成年人进行背景调查,包括对受害人的了解、走访;向侦查机关提交“关于对触法未成年人背景情况的调查报告”,提出有关处理建议等。如果案件不能在公安阶段结案并移送人民检察院或法院,“合适成年人”应当继续调查涉嫌违法的未成年人的社会背景,在调查的背景下,经过一系列的评估,作出对处理该涉罪未成年人的建议。

(二)当前社会调查工作存在的问题

我国涉罪未成年人社会调查工作在探索的过程中取得了一定的成效,但目前

---

[1] 林世君:《未成年人刑事案件社会调查制度的实证分析》,兰州大学2018年硕士学位论文,第13页。

还存在一些问题。

1. 社会调查主体不统一

社会调查的主体包括检察院、人民法院和人民法院委托的有关社会团体。《刑事诉讼法》也没有明确规定社会调查的主体。在实践中,可以发现,有的地方开展社会调查由检察院、法院担任主体,有的地方由公益律师承担,有的地方由司法行政人员承担等,并且参与调查的人员素质也参差不齐。

2. 社会调查报告内容形式不一

当前我国社会调查工作运行情况中的调查内容,基本上都包括未成年人的个人性格、教育经历、家庭学校情况、社会交往情况等,还有的还加入了危险性评估、犯罪原因分析等。但各地的侧重点不同,有些地方的社会调查内容也不完整、不全面。另外,加上每一个调查员的关注点和每一个涉罪未成年人的信息不同,社会调查的报告就形成了较大的差别。从形式上看,可以发现,有的采用日常公文报告样式,有的采用调查表格或者笔录的样式。

3. 社会调查的程序未规范

虽然目前绝大多数地区的司法程序里,在审理未成年人刑事案件时,加入了社会调查,但社会调查的工作程序没有统一规定,如何委托、如何展开调查、如何和调查对象建立关系、如何处理意外情况、结案后如何进行等,这些应当规范的程序至今尚未统一。比如,委托社会调查机构时,部分对社会调查对象进行了提前告知,有些直接交给社会调查员开展调查工作,缺乏一个规范性的流程。另外,缺乏规范的程序导致各地社会调查的时限和方式存在较大差异,最终导致调查结果的差异。

因此,考虑结合我国的现实情况,探索一种新的由司法社工作为社会调查实施主体的形式,实现未成年人社会调查制度的真正落实。

二、司法社工参与涉罪未成年人社会调查制度的合理性

(一)司法社工参与涉罪未成年人社会调查制度的合法性

从政策方面看,不难看出相关法规对于司法社工参与未成年人社会调查开放了一些窗口。如《社区矫正法》第18条规定,社区矫正决定机关可以委托有关社会组织进行调查评估。2019年修订的《人民检察院刑事诉讼规则》也明确指出,由人民检察院开展的社会调查,可以委托其他的社会组织来进行[1]。2015年最高人民

[1] 参见《人民检察院刑事诉讼规则(2019)》中规定,“人民检察院开展社会调查,可以委托有关组织和机构进行”。

检察院发布《检察机关加强未成年人司法保护八项措施中》明确指出，推动建立一个使未成年人司法能够从社会中借助专业力量的长效机制，由专业力量承担社会调查[1]。2011 年 11 月，财政部和民政部联合发布的《关于政府购买社会工作服务的指导意见》当中，就规定了针对不良行为青少年、社区矫正人员等特殊群体的购买服务[2]。2014 年财政部、民政部、工商总局联合发布了《政府购买服务管理办法（暂行）》，其中就社会工作服务、社区矫正、社会调查、法律援助等项目规划了指导性目录。由政府对购买服务政策中涉及的社会工作在司法方面的服务进行购买，可以推动社会工作进入司法领域发展。由此，司法社工参与社会调查工作具有合法性。

（二）司法社工参与涉罪未成年人社会调查制度的作用

1. 促进社会调查工作程序规范化

社会工作作为承担未成年人社会调查制度的重要社会力量，能够完善司法程序的规范性，也能提高司法机关案件的质量。对于部分司法机关来说，委托专业司法社工作为社会调查工作的执行主体是一项新尝试，但一些理论分析和部分实践经验表明，社会工作在社会调查的资料收集、问题评估以及对接后续的矫正工作等专业方面具有一定的优势与特点。这种优势来自司法社工严格的社会调查程序以及司法社工自身所拥有的专业素质，司法社工在开展社会调查之前，需要进行多种社会调查工作所需相关学科的培训与学习，同时通过跟随实习，实地观察社会调查工作的开展，直到具备一定的胜任能力，才会被选作社会调查员。与此同时，司法社工在调查过程中对访谈技巧的把握、对调查对象情绪的处理等既体现了社会工作的专业性，也促进了社会调查程序的完善和规范化。

2. 提高柔性司法服务水平

未成年人社会调查工作不仅涉及未成年人自身的审判，对整个家庭甚至整个社会都产生着或多或少的影响。当前我国未成年人刑事案件的处理受到了社会各

---

〔1〕 参见《检察机关加强未成年人司法保护八项措施》中规定，“推动建立未成年人司法借助社会专业力量的长效机制。大力支持青少年事务社会工作专业人才队伍建设工作，主动与青少年事务社会工作专业机构链接，以政府购买服务等方式，将社会调查、合适成年人参与未成年人刑事诉讼、心理疏导、观护帮教、附条件不起诉监督考察等工作，交由专业社会力量承担，提高未成年人权益保护和犯罪预防的专业水平，逐步建立司法借助社会专业力量的长效机制”。

〔2〕 参见《关于政府购买社会工作服务的指导意见》中规定，“实施特殊群体社会关爱计划，帮助药物滥用人员、有不良行为青少年、艾滋病患者、精神病患者、流浪乞讨人员、社区矫正人员、服刑人员、刑释解教人员等特殊人群纠正行为偏差、缓解生活困难、疏导心理情绪、改善家庭和社区关系、恢复和发展社会功能”。

界的关注,目前我国的公检法机关本身也有繁重的办案压力,不能同时承担所有的未成年人司法服务工作,作为社会力量的司法社工担任社会调查的执行主体,为涉罪未成年人提供关怀与帮助等柔性服务,可以将未成年人司法保护延伸到司法系统外,展现了司法体系中的人文关怀,提高了司法服务的高度。

(三)司法社工参与涉罪未成年人社会调查的专业优势

1. 价值观

社会工作者的专业价值观在社会调查工作中具有明显的优势,社会工作秉持着平等、尊重、接纳、个别化等的价值观,这样的价值观指引下,有助于社会工作者更顺利地开展未成年人的社会调查工作,也能够更加顺畅地接近、帮助和引导被卷入犯罪的未成年人。

2. 专业知识

司法社工参与涉罪未成年人社会调查工作,不仅要依靠社会工作者的价值观、热情,不可缺少的更是需要以科学的理论和知识为基础。因为社会工作处理的都是人与人之间相关的问题,因此它与众多学科都发生了密切的联系,如社会学、法学、心理学等。在司法社工参与社会调查工作过程中,每一门相关的学科知识背景都能为司法社工的参与与评估工作提供理论支持,但单一的知识又不可完善社会调查工作的程序,司法社工的这种多元的、丰富的学科的融合可以提升社会调查工作的完善与科学。比如社会工作者运用心理学中面谈的沟通技巧与未成年人以及其相关人员进行交流沟通,获取更多信息;运用相关社会学中的分析的理论与知识,可以在理论的指导下对涉罪未成年人犯罪原因的一些个人系统、环境系统、社会文化等因素进行评估,这样才能更有依据的、更客观地界定未成年人的犯罪的原因和社会危险性以及帮教的可行性,因此,司法社工的专业知识使其参与涉罪未成年人社会调查更加理性、科学、规范。

3. 伦理准则的契合

社会调查工作起到了分析涉罪未成年人犯罪原因、评估其人身危险性、再犯可能性等因素,并据此对涉罪未成年人的量刑给出参考意见的作用,因此,其意义对一个涉罪未成年人来说是十分重要的。理所应当地,应该对参与执行社会调查工作的人员进行严格的伦理规范。最需要的是做到全面的调查,保持中立性,个别化、保护他们的隐私安全,不要用自我的价值观评判他们,保护他们的自尊心这五个方面。这与社工平时工作中需要对案主遵守的伦理准则有着高度的契合度。

三、司法社会工作在涉罪未成年人社会调查中的应用

司法社工参与涉罪未成年人社会调查工作的应用中主要体现在以下几个方面，首先是作为社会调查主体—司法社工，然后是司法社工参与社会调查工作覆盖的阶段、具体的工作程序，在这整个参与过程中社工扮演的角色以及相应的配套机制等。其中，具体参与的工作程序就包括建立关系、调查工作、评估工作、连接后期帮教矫正工作以及最后社会调查报告的撰写。

（一）司法社工作为调查主体

社会调查的主体有两个方面，首先是未成年人社会调查的启动主体，是司法程序中的司法机关，比如公安局、检察院、法院等，他们作为社会调查的启动主体，需要开启社会调查，并在整个社会调查过程中起到协调各方的作用，然后将社会调查工作委托司法社工机构或组织具体实施，司法社工机构或组织在接受司法机关的委托，取得调查的主体资格之后，再依照司法机关的委托，指派两名以上具备丰富实务经验的司法社工开展调查活动，而未成年人社会调查的执行主体，是由司法社工担任，主要负责社会调查工作的开展。

实际承担社会调查指导和执行主体工作的司法社工都应该有专业的要求和限制，掌握成熟的、丰富的社会工作理论和技巧。因此，本文认为从事社会调查工作的司法社工也应该有严格的要求，一是学历专业要求，司法社工至少应该是本科以上并且是社会工作专业的毕业生，并且通过考核获得社会工作师的从业资格证书。因为科学知识是司法社工开展工作的前提条件，司法社工必须要掌握科学知识，如社会学、心理学、法学、教育学等，才能使调查、评估甚至之后帮教矫正工作更具针对性、科学性。二是实务操作要求，司法社工只有经历了必要的职业训练，才能进行社会调查工作，在正式开展社会调查工作之前，还需要对社会调查所需要的专业的学科知识进行专项的培训和学习，然后还需要一段时间的跟随实习来学习整个过程是怎么做的，确保司法社工能在社会调查的工作中做到规范、专业，并且要随时考察在整个过程中，司法社工是否始终坚持接纳、尊重、个别化、非评判、平等等社会工作的专业价值观。

（二）连续、完整的社会调查阶段

综观我国当前的涉罪未成年人社会调查工作模式，目前有侦查阶段启动社会调查、起诉阶段启动社会调查、审判阶段启动社会调查、矫正阶段启动社会调查的四个时间段的启动模式。司法社工参与涉罪未成年人社会调查是覆盖了未成年人

刑事案件整个司法程序的,包括侦查阶段、检察阶段、审判阶段以及矫正阶段。原因在于:第一,保护未成年人权益;第二,充分的时间保证;第三,保证社会调查的连续完整性。当然,每个阶段之间是有着一定的衔接程序的,包括:一是公安机关向社会工作机构进行社会调查委托,主要是对涉罪未成年人的犯罪原因作出初步的分析,说明涉罪未成年人的家庭关系和监护条件;二是公安机关提请人民检察院审查批捕未成年人刑事案件,将初次的分析移交人民检察院,本阶段的社会调查,应在前期社会调查的基础上,补充相关信息;三是人民检察院向人民法院起诉未成年人刑事案件,将《社会调查报告》随案移送人民法院;四是庭审结束之后,被处以缓行,须在社区服刑的,交由司法矫正机构开展矫正帮教工作,相关材料移交司法矫正机构。在衔接工作过程,各个机关和司法矫正机构可根据情况需要向社会工作机构委托补充社会调查。程序与社会调查委托启动程序一致。

(三)司法社会工作在建立关系中的应用

专业关系的建立往往是社工开展个案工作最重要的步骤,但是社会调查工作与一般个案工作的建立关系过程存在一些不同之处:首先,服务对象参与社会调查工作并不是自愿的,甚至是被迫的;其次,社会调查报告的内容直接关联案件的处理结果,是会呈上法庭审理的;最后,司法社工与案主的初次接触一般是看守所,会让涉罪未成年人产生戒备心理。涉罪未成年人很难放下心理的防备、真实地表达自己的想法、对司法社工产生信任感。如果没有建立起良好的专业关系,对后期的参与社会调查工作的效果会产生极大的影响。

司法社工可以运用个案工作的方法,注意解释社会调查工作的性质,告诉案主司法社工的职责是帮助他们,并不是逼迫他们认罪,充分坚持专业价值观,通过访谈营造轻松、安全的氛围,避免将他们定义为“问题青少年“,可以运用的技巧有:专注、倾听、同理心、自我表露等。专注可以通过语言信息以及一些非语言的方式来传递给涉罪未成年人,同时也可以通过认真倾听的方式,这种倾听不仅仅是倾听,还需要根据案主的描述作出回馈,这种回应可以非常简单,只是点点头,或者一句“我明白”就可以。同理心可以通过简单的复述被调查者的话来完成,但绝对不是照搬,需要尽力感受被调查者的想法与感受,并把这种感受与理解传递给对方。自我表露是可以将司法社工亲身的体会、态度、感受等向调查对象坦白,使被调查者能借鉴经验作为自己问题的思考。

一段积极主动并真诚地表露自己的开场白就是建立信任关系的第一步。司法社工要积极主动地介绍自己的身份,消除涉罪未成年人的戒备心理,让调查对象知道司法社工调查的目的是给他们提供帮助,而不是司法程序中的询问,让涉罪未成年人敞开心扉。

初次见面时,被调查者可能存在对司法社工存在陌生、怀疑、恐惧等复杂的情绪和心理,所以初次见面要尽量选择一些比较轻松的话题与被调查者进行互动,比如最近的天气、身体怎么样、对新环境的感受与适应情况等,使被调查者感到自己可以轻松地与司法社工交流,有助于建立专业关系。

随后社工会根据案主的不同的反应进行进一步的谈话。例如,如果案主童年时有一段不愉快经历,司法社工可以从这段经历入手展开谈话,让案主放下戒备,这也是司法社工建立关系专业能力的一种体现。也有的案主可能会比较封闭,不愿说话,司法社工在建立关系时要关注安抚案主情绪、表示理解关心,给予他们脆弱时的理解和支持,如果碰到一些刚好被调查者非常排斥的话题,这时的他们也可能出现沉默、情绪不好、回避等表现,此时可以更换一些轻松的话题,循序渐进,也有利于关系的建立。

(四)司法社会工作在调查体系中的应用

1. 调查的对象

生态系统理论强调将涉罪未成年人放在一个全面的系统,需要对涉罪未成年人自身以及其所处的环境进行全面的探寻和了解,因此,在社会调查工作中,调查对象不仅包括案件本身的涉罪未成年人,还包括与涉罪未成年人有关的人员,在生态系统理论的框架中,除了微观系统中的涉罪未成年人本人,还包括与涉罪未成年人相关的人员,如家庭成员、老师、同学、朋友、社区工作人员等。

2. 社会调查的内容

在生态系统理论的框架中,我们将社会调查中所需调查的内容分为三类:涉罪未成年人个体因素、社会环境因素、行为因素(见表1)。

表1　社会调查内容表

个体因素	生理因素:外部生理特征、营养状况等; 认知因素:认知偏差、同理心能力、自控能力、解决问题的态度、对学习的投入程度等。
社会环境因素	家庭系统:成员基本情况、家庭经济情况、家庭结构图、家庭关系、教养方式、居住环境等; 学校系统:学习成绩、学习态度、学习环境、师生关系、同学关系、学校评价、学校教育方式等; 朋辈系统:朋辈基本情况、恋爱情况、活动区域、活动内容、群体文化等;

续表

	社区系统:社区环境、文明程度、社会评价、互动情况、社区可以为居民提供的相关支持条件等; 医疗系统:过往病史、心理诊断等; 文化环境:是否沉迷网络、是否受到不良网络文化的影响。
行为因素	犯罪行为:是否初犯、是否单独犯罪、认罪情况、主观恶性、犯罪动机与目的、犯罪手段、犯罪工具、涉罪前后表现、赔偿情况等; 日常行为:联系生活事件史,包括一些典型的事情,例如:父母离异、家庭经济困难、遭受过校园暴力等。

(1)个体因素

对于涉罪未成年人个体因素,首先要关注生理因素,司法社工可以通过涉罪未成年人的性别、体型等来对涉罪未成年人作出初步的观察。对于认知风险因素,可以通过涉罪未成年人解决问题的态度、是否具有同理心、认知思维模式、自我控制能力等来考察。

(2)社会环境因素

社会环境因素应该包括,家庭环境因素、学校环境因素、朋辈群体因素、社区环境因素、医疗系统因素和文化环境因素六个方面。

第一个方面是家庭环境,家庭系统资料收集涵盖以下内容:

家庭基本信息:家庭成员及其现状、成员是否有违法的记录以及他们受教育的程度等。

家庭经济情况:家庭收入水平和生活质量,能否为涉罪未成年人提供经济方面的支持。

家庭互动情况:涉罪未成年人与家人的沟通情况;家人能否承担对涉罪未成年人的监管和教育责任、教育方式及效果如何;家庭成员之间的感情状况;是否存在矛盾;家庭结构是否完整,能否为涉罪未成年人提供良好的情感支持等。

实践证明,家庭因素在涉罪未成年人违法事件中往往扮演重要的角色。例如,很多实施犯罪行为的未成年人来自监管过严或者处于失管状态的家庭。对涉罪未成年人家庭情况的了解,有助于司法社工发现涉罪未成年人家庭层面的问题。

第二个方面是学校环境,学校系统包括以下内容:

人文环境:涉罪未成年人所在的学校中,是否存在偏差、恶劣、易给未成年人造成不良影响的人文风气。例如,在打架现象严重的学校,未成年人更易实施暴力行为,引发犯罪实践。

监管条件:涉罪未成年人所处的学校能否对他们进行良好有效的监督和教育,如果学校采取松散、放任的管理方式,则有可能间接引发未成年人的偏差或违法行为。

融入程度:学校对涉罪未成年人的接纳态度,是否继续接受他们回到学校中继续学习,为他们融入新生活提供一定的支持。

第三个方面是朋辈群体,朋辈群体系统的资料收集涵盖以下内容:

群体范围:涉罪未成年人交往群体来源,是同学、同乡,还是玩伴等。

群体成员现状:群体成员的发展现状,是工作、上学、还是无业。

群体文化:在涉罪未成年人的交往群体中存在怎样的群体规范,认知、行为层面皆包含在内。

群体互动关系:涉罪未成年人在朋辈群体中扮演怎样的角色,朋辈群体对他的影响程度如何等。

第四个方面是社区环境,社区系统的资料收集包括以下内容:

社区物质条件:主要包括硬件设施和软性设施。硬件设施主要是指活动设施,是指那些可以为社区未成年人活动学习的场地。软件设施是指各种丰富的社区服务,如法治教育的科普、实用技能培训活动,职业介绍、信息咨询服务等。

社区文明程度:文明、和谐的社区,能对未成年人的成长生活产生积极的影响。

社区融入程度:社会调查员需要对流动未成年人这一特殊群体给予特别关注。因为他们属于外来人员,他们渴望融入社区、融入社会,但是这种融入不是一件简单的事,他们有可能会受到排挤、忽视,感到自卑。此外,社区融入也包括对有过犯罪经历的未成年人的接纳程度,即社区能否接纳涉罪未成年人并尊重涉罪未成年人,使他们在有过犯罪经历后能够顺利融入新的生活。

第五个方面是医疗系统,涉罪未成年人的疾病史是直接关联未成年人身心健康的事实。未成年人的身心是否健康可以从早前疾病史直接得知。司法社工对于涉罪未成年人的医疗系统的调查主要是过往病史、心理诊断等。

第六个方面是社会文化环境,目前在网络上存在着一些不健康的内容,这种影响对于还没发育完全的未成年人来说是很大的,可能会造成涉罪未成年人的不良倾向,比如暴力、色情等。因此在社会调查过程中,需要关注的是未成年人上网的状况,是否有沉溺网络的行为倾向,是否受到不良网络文化影响的倾向等。

(3)行为因素

除了对涉罪未成年人进行周边环境的社会调查外,还需对未成年人成长以及案件的行为等进行分析。对于行为因素应该包括犯罪行为和日常行为。犯罪行为是指犯罪行为发生后的一些事实事件,如是不是初犯、是否有犯罪同伙、悔罪情况、主观恶性、犯罪动机与目的、犯罪的手段、涉罪前后表现、赔偿情况等。日常行为需要联系生活中的事件史,因为生活事件对他们的心理影响是不容忽视的。例如:当众受侮辱的经历、遭受过校园暴力、自残/企图自杀的行为等。

(五)司法社会工作在后期帮教矫正中的应用

在生态系统的理论视角下,帮教矫正工作的进行应该从涉罪未成年人的各系统入手,帮教矫正是根据对涉罪未成年人的问题与优势的综合评估,为实现涉罪未成年人问题的改善,而进行干预的工作。社会调查工作虽然核心目的在于分析犯罪原因及评估再犯风险,但社会调查报告还有一个重要的意义是为后期的帮教矫正工作做一些前期的准备,这也是为了评估涉罪未成年人是否具有帮教可行性的一种方法。这也是发挥司法社工参与社会调查工作的重要优势的环节。

1. 制订帮教矫正计划

帮教矫正工作是针对调查对象存在的,需要具有针对性,要根据调查对象所具有的有利因素与不利因素的综合评估来设定,制订计划的过程就是选择介入问题的焦点,制定有效的行动方案,明确任务和责任的过程,当然也需要考虑未成年人的接受度和能力是否一致。

(1)帮教矫正的目标

帮教计划的目标,就是期望达到的状况,是司法社工和涉罪未成年人共同努力的方向。制定恰当可行的目标,可以激发调查对象改善的主动性。帮教的目标可以是消除不良情绪、解决危机、改善案主与家庭、学校、社区等的关系、获得学习或工作机会、改善物质条件、更好地回归社会等。帮教目标的实现需要在案主解决问题的能力范围之内,并且需要在周围环境资源许可的范围内,目标应该是司法社工与涉罪未成年人共同协商一致的结果。

(2)帮教矫正问题

为了能够为涉罪未成年人制订一份适合他们并具有可行性的服务方案,司法社工需要通过运用优势视角的理论,发掘、利用涉罪未成年人自身以及身边的优势资源,让涉罪未成年人重新认识自己、审视自己,改变之前的错误。在计划中涉及的帮教矫正问题,需要连接社会调查评估出的部分问题,在确定问题时,司法社工应当协助调查对象拟定解决帮教问题的先后顺序,可以根据问题的主要次要程度、解决问题的难易程度等对帮教问题进行排序,优先解决亟待解决的问题。

2. 生态系统理论下的干预工作

在生态系统理论视角下，干预的焦点不仅仅是涉罪未成年人自身的改变，还需要考虑更大的社会环境的改变，即关注个体与外在环境的共同改善。司法社工的干预应该是由两方面组成，采用直接干预与间接干预相结合的干预方式。直接干预是指从涉罪未成年人本身出发，促进涉罪未成年人自身的改变。间接干预是从涉罪未成年人所处的环境出发，通过对涉罪未成年人环境的改善来干预。直接干预与间接干预始终处于持续的互动中，两者缺一不可。

（1）微观层面的干预——自身的改变

在微观层面，干预的重点主要是对涉罪未成年人自身的改变，增强涉罪未成年人应对自身及环境的技巧和能力，改变其情感、认知和行为，增强法律意识等，促进其潜能的充分发挥，从而使其适应环境，增强其社会功能，进而达到与自身及环境的良好互动。在这个层面的干预的主要内容是支持与鼓励、情绪上的疏导、观念的澄清、信息的提供，司法社工需要运用接纳、同感、倾听等专业技巧区处理涉罪未成年人的情绪，消除其无助、焦虑感。可以用到的社会工作干预和治疗的方法有危机干预法、理性情绪疗法、认知行为疗法等。

（2）中观层面的干预——环境的改善

在中观层面，干预的重点是对涉罪未成年人所处的环境的改变，改善涉罪未成年人所处的不良或压力环境，挖掘和利用其周遭环境中有助于解决问题的资源，以减轻其所受到的压力和痛苦的体验，进而使其更好地与环境相处。针对生态系统理论，调查对象的成长过程受到家庭、学校、朋辈群体、社区等的影响。对于不同的系统都应该有一定的干预策略，如针对家庭支持系统进行干预帮教工作，需要调动所有家庭成员的积极性，分别引导每个人并鼓励他们行动起来，司法社工可以进行家庭治疗，并采取亲子沟通小组的方式，利用家庭成员间深厚的感情基础进行工作。有些家庭系统在短期内很难得到改善，父母的教育方式错误或者家庭角色的缺失。司法社工可以通过引导涉罪未成年人更加积极、理智地看待家庭，提升对家庭的责任感来修复家庭系统。也有的情况下，家庭的支持调教很难通过自我修复完善，在这种情况下，司法社工需要尽量与其他相关机构、部门链接资源，比如有一些经济状况很差或者家庭工作能力匮乏的家庭，就需要外界的帮助来进行改善。针对朋辈群体系统的干预，司法社工需要深入了解涉罪未成年人的朋辈群体的内部人员的情况、行为模式等，引导涉罪未成年人选择积极、正向的群体，并且对朋辈群体中的重要影响人物进行适当的干预，降低其负面影响。针对学校系统的干预，司法社工可以通过与老师、学校相关负责人沟通,向学校提出适当的教育建议并且通过沟通降低学校对涉罪未成年人负面的失望和放弃情绪。针对社区系统的干预,司法社工可以通过协调资源为涉罪未成年人提供一定的支持。

(3)宏观层面的干预——政策的建议

在宏观层面,干预的重点是通过对涉罪未成年人宏观环境的分析,力图通过更加广泛的调动社会资源、对政策分析和提建议等方法使涉罪未成年人的矫正工作得到更好的发展。在宏观层面,司法社工的干预工作比较有限,很多情况下,许多政策的、文化环境的状况是司法社工无法改变的,目前所能做的也只能尽量降低影响,提出一些建议。

(六)司法社工扮演的角色

1. 关系建立者

社会调查工作的展开环境,尤其是与涉罪未成年人的访谈,基本上都是在看守所的审讯室中进行的。既然司法社工与其他社会调查主体的工作环境都是在审讯室,且工作形式都是一问一答的交流,司法社工对于其他社会调查主体的真正不同在哪里呢?笔者认为最大的区别就在于信任关系的建立方面,往往司法机关人员比较经常运用国家强制力来建立关系,让涉罪未成年人有种被逼迫认罪的感觉。虽然司法社工与涉罪未成年人在看守所审讯室中会面与社工与一般案主的会面不同,这样的环境会造成涉罪未成年人感到压抑、戒备,但是社会工作专业助人关系是以案主为本的,当然这种以案主为本的原则并不意味着没有了自我,也不意味着不关注社会调查工作委托方的要求,它只是强调了社会工作者在这段关系建立过程中的取向。

2. 调查者

社会调查顾名思义,最重要的部分就是调查的工作,社会工作者通过社会工作的专业方法对涉罪未成年人的信息进行调查,在系统理论的指导下,使司法社工对涉罪未成年人的调查工作做得更全面,更规范,涵盖了与涉罪未成年人相关的所有因素,只有调查工作做得规范了,才能够更好地完成接下来的评估工作。

3. 评估者

社工的所有调查和收集资料的过程都是为最终对涉罪未成年人做出再犯风险、社会危险性、帮教可行性的评估而服务的。可以说调查是基础,评估是成果。从生态系统理论的微观、中观、宏观三个角度全面分析了涉罪未成年人的不利因素,又从优势视角的理论下分析了涉罪未成年人回归社会的有利因素,通过对涉罪未成年人有利因素和不利因素的综合评估，得到了一个完整且有根据的评估体系，这样的评估体系更有灵活性，且虽然每一个涉罪未成年人的评估过程是一样的，但所评估的因素都是不同的，做到了真正的个别化。

4. 支持鼓励者

支持鼓励者可以说是司法社工贯穿整个社会调查过程中的角色，司法社工不仅是在社会调查中拥有鼓励者的角色，在一般的个案工作中，司法社工也担任着支持鼓励者的角色，帮助涉罪未成年人重建信心，很多涉罪未成年人对于犯罪这个事实，是备受打击的，这个时候很需要支持和鼓励，支持鼓励者的角色需求是因为很多的涉罪未成年人存在自卑及面对案件时害怕、无助、后悔等心理活动。而这些问题都会体现在未成年人外在情绪的表现上，通过访谈未成年人社会调查工作人员时发现，发现在大部分的案件中社会调查员会遇到需要处理情绪的问题，很多的案主会觉得自己很失败，不敢面对父母，存在意志消沉等非常阴郁的情绪。支持鼓励者的角色在社会调查工作中更像一种社工面对涉罪未成年人的态度，社工不仅仅是通过语言鼓励的方式帮助案主释放压力，还会通过优势视角的观点，帮助案主找到可以利用的资源优点，给予案主信心，通过激发案主潜能，从而更好地解决问题。

5. 关系协调者

在社会调查工作中，社工所面对的案主是青少年，而且是因为行为偏差而涉嫌犯罪的青少年。我国未成年人司法工作策略一直都是“教育为主，惩罚为辅”，每一个涉罪未成年人都有着导致犯罪的不同原因，但也有一些共性，比如自我控制能力不足、情绪调节能力差、法律意识薄弱、人际关系处理不当、家庭教育缺失等，作为社工和其他社会调查主体的区别是社工会以更积极的方式和途径尽量地去化解涉罪未成年人与他人，例如，父母、朋友之间的纷争，希望让冲突中的双方达到解决矛盾的共识，给涉罪未成年人带去更积极、有建设性的与人交往的方式，解决案主关系协调不佳的问题。但是这种关系的协调需要给他们更多的空间，司法社工只能是抱着助人自助的理念去调节，最终还是需要关系双方自己来解决。关系协调者的角色是因为随着社会调查的深入，司法社工需要根据发现的问题进行适当的帮教策略，有利于涉罪未成年人更好地回归和融入社会。

四、司法社工参与涉罪未成年人社会调查制度存在的问题

（一）司法社工在社会调查工作中身份地位模糊

司法社工依法对涉罪青少年开展社会调查，必须要明确社会调查执行主体的

权责范围。司法社工接受司法机关的委托,但同时也必须接受司法机关、行业协会的监管,对于司法社工应该拥有自己决定调查行为、及时了解案件信息、被调查者配合的权利,在实际的工作中社工的这些权利能否得到有效的保证是一个问题,如果权利不能保证,调查工作比较容易受到限制与影响。司法社工参加社会调查工作是由政府购买服务的形式,在此形式下社会工作者的身份定位是社会工作服务人员,在协助司法机关获取更多与案件有关的信息起到重要的作用。但在实际的工作中,司法社工却面临着自身资格被质疑,有可能会出现得不到社会人员认可的情况,被调查者并不认同司法社工的身份,出现拒绝配合访问的问题。造成此问题的原因主要在于法律不明确,未成年人社会调查制度虽然在《刑事诉讼法》修改时确定下来,但有关于社会调查主体的规定比较模糊,全国各地的做法也是多种多样。司法社工参与未成年人社会调查的工作在我国还处于初步的探索阶段,没有一部法律法规文件确定了司法社工的身份地位。司法机关在与司法社工合作的过程中也不可能会突破有关法律法规的规定来确定司法社工的身份地位。

(二)司法社工人员配备不足

目前,随着国家和社会对社会工作专业认识程度、重视程度的日益深入和提高,社会工作专业正在被越来越多的人所接受和认识,但这必定是一个循序渐进的过程,需要一定的时间累积。当前我国专职社工因为受到社会地位的一些制约,很多高校毕业的社会工作学生很少从事一线社工工作,社会上的一部分一线社工都是由一些社区志愿者组成的,有法律知识背景的专业司法社工更是短缺,并且司法社工较低的薪资待遇使得其从业人员的流动性很大,缺乏较强的人才储备能力,这使得社会调查工作难以为继。

(三)专业培训与督导滞后

因为可供司法社工参与未成年人社会调查工作参考与借鉴的成熟模式在国内相对较少,所以到目前为止,全国各地的实践大都处于摸索的阶段。差异性在全国各地不同的案件中广泛存在,细节问题难以预料的情况普遍存在,这将使社会工作者在开展工作之前接受到的培训不够系统和全面,很多问题在前期的学习与培训中也无法涉及,因此专职司法社会工作者在正式开始社会调查时遇到的很多困惑都需要反馈给社工督导,一起讨论解决办法,若服务过程中积累的压力和无力感不能及时得到处理,会使社会调查工作效率较低,工作进程受阻。

五、司法社工参与涉罪未成年人社会调查制度的完善

（一）明确司法社工的身份地位

一方面，应该从制度层面上明确社会调查的主体，确立社会工作者在社会调查工作中的法律地位，并划分社会调查启动主体与实施主体各自的权利与义务，司法机关作为社会调查的启动主体应该将调查过程与内容完全放手给执行主体，并且司法机关需要大力支持和配合社会工作者的工作。另一方面，需要通过积极宣传等方法提高群众对司法社工的知晓度、认可度。可以通过社工组织、社工协会与司法机关未检部门联合承办社工专题系列活动的方法，普及司法社工知识，宣传司法社工服务，进一步加深群众对专业社会工作的认识和理解，为司法社工开展工作提供一些便利。

（二）完善司法社工培训考核机制

设置一套完善的培训考核机制，对于增强司法社工的工作能力从而确保司法机关委托的任务的圆满完成具有积极作用。培训的内容主要包括两部分，即对司法社工进行理论知识的补充，对司法社工进行技能方面的指导。比如邀请从事与未成年人罪犯心理学研究相关的专家、对社会调查拥有丰富经验的社会调查工作者、审理未成年人刑事案件的检察官和法官等人员开展专门的学习讲座，讲座的内容包括的主题丰富多样，如关于心理疏导的相关技巧、一些调查的方法以及可能遭遇的问题等，司法社工可以被社工机构组织起来，到不同区域进行考察学习和经验交流等，社工督导也需要对司法社工的工作情况进行掌握和总结分析，发现优势，改进不足。同时司法社工在正式开展社会调查工作之前必须需要接受考核，考核通过后才能成为社会调查员，开展社会调查工作。

（三）加强司法社工人才队伍建设

目前我国社会工作专业人才薪酬工资普遍较低，所以许多社会工作专业人才流失严重，专业人才的发展遇到了难题。对于社会工作人才发展遇到的这方面的难题，可以通过待遇激励和资金保障两方面措施解决。可以对于获得社会工作师、助理社会工作者职业水平证书的司法社工人员给予一定的资金支持，激励司法社工从业人员工作的热情，或者通过政府购买服务中投入资金提高司法社工的待遇、给予一定的人才补贴等，只有通过解决他们的薪资担忧，才能提高并保证他们工作的积极性。

（四）相关配套机制

1. 经费机制

这种经费上的需求主要来自司法社工队伍组织的建立投入与司法社工人员薪酬,以及调查过程出行、通话花销等方面。目前,在大多数地方是由社会调查的启动主体(司法机关)来负担制度运作的经费的。我国现阶段还是应该通过政府购买服务来承担这笔开支。在考虑公正性、中立性的基础上,让司法机关承担社会调查的费用是不合适的。而且,由政府出资支持的模式更符合“党委领导,政府负责,社会协同,公众参与”的社会管理格局的要求,是司法机关、社会组织充分发挥各自作用实现双赢目标的最佳选择。政府出资支持的模式有利于司法机关、社工组织相互之间的沟通和协调,并且有利于保障社会调查工作所需经费的稳定。

2. 监督机制

对于社会调查全过程的外部监督职责应该由检察机关的未成年人检察部门承担,这是因为我国的未成年人检察部是专门从事未成年人案件的专门机关,对于社会调查工作有着经验与领导力,并且其作为启动主体之一,未成年人检察部门需要经常与执行社会调查的司法社工接触,并且由于其直接运用由司法社工制作的社会调查报告,由其履行监督职责一定程度上能够更规范。但是值得注意的是,作为社会调查执行主体的司法社工也离不开来自有关行业协会内部、组织内部的监督。此外,作为服务购买方,有关的司法部门应该及时向政府反馈社会调查工作的开展情况、成效如何等,政府在此反馈的基础上做出一定的监督管理。

3. 成效评估机制

专业的成效评估是社会调查工作质量的重要保障。社会调查机构应具有自身的专业评估机制、评估部门和人员。评估机制的方法可以是量性评估和质性评估,在社会调查工作过程即将结束或者已经结束后进行,目的是检查整个过程的成效。成效评估主要是通过两个方面进行评估:第一,司法机关处理决定的参考成效,司法社工对社会危险性、再犯可能性的评估与涉罪未成年人之后的再违法率、再犯罪率的相关联性;第二,对涉罪未成年人的帮教成效,包括之后涉罪未成年人后续学业、就业情况等。

社会工作介入涉罪未成年人帮教服务困境研究

——基于河北省 Y 未成年人司法社会工作中心帮教实践

韩廷梁　向平萍*

摘　要:随着法律以及国家对于未成年人保护的完善与重视,将态度良好且案情不严重的触法未成年人置于帮教系统以教育改正而非直接起诉、监禁的帮教模式得到广泛的实践。社会工作因与该领域具有高度契合性,在购买服务的基础上正逐渐成为帮教活动的主要实施者。但随着实践的深入,在实际工作开展中发现面临各种问题与困境,本文基于相关实践与国内现有研究,在总结中国现行社工介入涉罪未成年人帮教工作现状基础上,从帮什么、怎么帮、是否有效三个主要阶段对于面临的困境进行探讨与研究,以期为帮教体系的完善贡献力量。

关键词:社会工作;涉罪未成年人;帮教帮扶

近年的调查发现,我国青少年犯罪数越来越多,占全国违法犯罪案件数 70% 以上,尤其是 14 ~ 18 岁的青少年违法犯罪增长率在持续增高,未成年人违法犯罪问题逐渐成为社会关注的焦点。同时,为降低未成年人违法再犯可能,体现司法人道精神与社会对于未成年人的关怀与保护,考虑未成年人在心智、行为、价值观等方面具有的高度可塑性与重构性,在其违法后进行帮扶帮教活动以教育改正,给予其一次改过自新的机会,而非直接起诉留下案底影响未来发展,就显得尤为人性化和至关重要。

在此背景下,给予涉罪未成年人新的弥补错误的机会,对于违法未成年人经由

* 韩廷梁,河海大学公共管理学院硕士研究生;向平萍,华北理工大学人文法律学院社会学系副主任、副教授。

检察院综合评估,决定附条件不起诉等后进行帮教帮扶的矫正形式进入公众视野,并迅速在全国得到广泛的运用。社会工作作为一个着眼于弱势群体与困境人群的助人型学科与职业,与该群体具有高度契合性;另外,2020年《预防未成年人犯罪法》修改审议稿明确国家鼓励、支持和指导社会工作服务机构等社会组织参与预防未成年人犯罪相关工作,《未成年司法社会工作服务国家标准》与最新修订的《未成年人保护法》也强调社会工作的参与。在此基础上,对于社会工作介入的形式、路径、模式等引起越来越多学者与实务工作者、司法工作者、政策制定者广泛探讨,专业司法社会工作机构与青少年社会工作机构参与帮教活动的实践也如火如荼开展。

对于社工介入涉罪未成年人帮教工作,国内当下的研究主要集中于社工介入模式的探讨与相关实践的个案研究,或是对于社会工作与此工作契合性的分析;也有学者就相关政策法规的支持对社工介入该领域进行探讨等。总体而言,相关研究尚且较少,对于该主题的研究还停留于较浅的模式与路径研究层面,而对于社工介入过程中面临的困境讨论尚且不充分,或仅在个案研究最后简单指出开展过程中的困难,缺乏深入而具体的探讨以及分析。本文着眼于这一不足,综合实际实践、观察以及国内现有研究,在总结社工介入涉罪未成年人帮教工作现状基础上,围绕过程中面临的困境进行深入讨论。

一、社会工作介入涉罪未成年人帮教工作现状

2019年,最高人民检察院与共青团中央在全国40个地方部署试点以建设未成年人检察社会支持体系,试图推动对罪错未成年人的帮教工作更加精准有效,推动权益保护和犯罪预防工作等。河北省Y未成年人司法社会工作服务中心作为河北省唯一入选试点,承担着其所在市几乎所有帮教工作,具有高度的代表性。同年10月至次年9月,笔者在Y机构以专业社工身份,负责或参与20多次社会调查、评估及帮教活动。在该机构的实践经历使得笔者对于整个帮教流程与形式都有较完整的观察与掌握,也对于当下社会工作介入涉罪未成年人帮教工作现状形成较完整认知。

(一)社会工作介入流程与阶段现状

对于进入帮教阶段的涉罪未成年人以及社会工作介入阶段,不同地区或者规定导致在形式或流程上有细微差别,有学者整理帮教过程中所涉及的阶段有公安侦查阶段、检察院起诉阶段,根据实际的帮教流程,可分为逮捕阶段、捕后诉前阶段、

移送审查阶段、附条件不起诉考察阶段，也有学者经过实务工作后总结认为，未成年人涉案之后，案件先由公安机关进行侦查，后交由检察机关进行审理，根据案情的轻重确定是否进行逮捕或起诉。除批准逮捕，社工无法进行帮教服务外，受到其他形式处罚的涉罪未成年人，社工根据检察院指示确定其是否为合适服务对象，合适服务对象可以转介至机构开展帮教活动。

总体而言，帮教主要经历如下几个阶段：立案侦查、起诉、审判，而社工通常从诉前提交调查及评估报告和诉后开展帮教活动两方面介入帮教工作。河北省Y未成年人司法社会工作服务中心也根据该阶段流程进行工作，具体流程如图1：

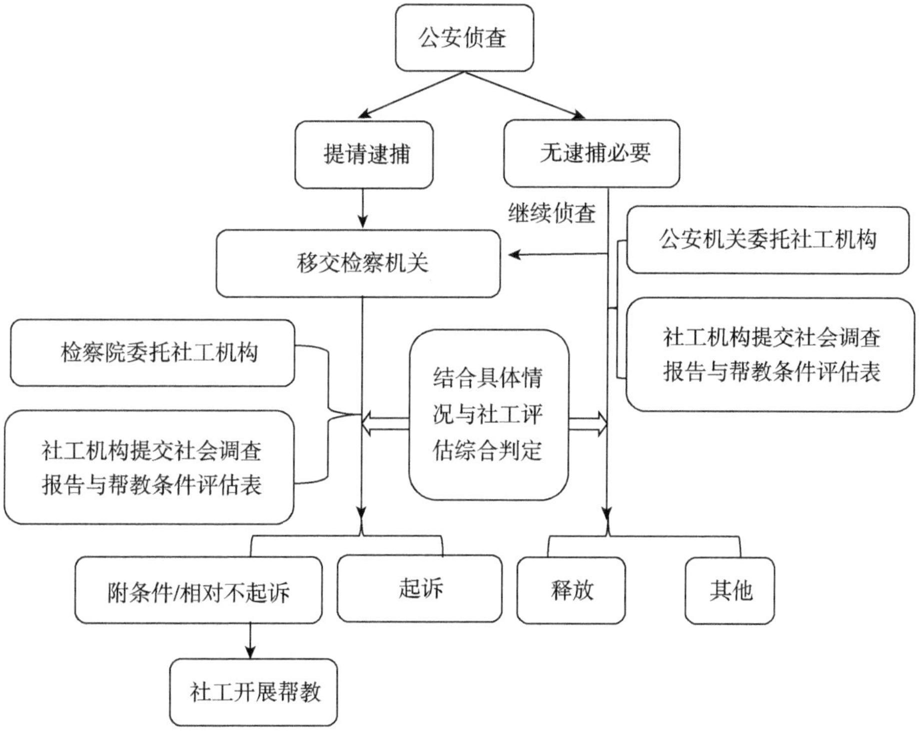

图1　Y机构介入帮教工作流程图

（二）社会工作介入过程与效果现状

通过一系列评估与审核而最终由社会工作者开展的帮教活动，在实践过程中取得较为突出的成果与良好的社会反响。有实务工作者认为通过社会工作者介入，可以使帮教对象修复家庭关系、树立正确认知、对法律有深刻认识、学会感恩等，笔者在实务中，通过帮教对象反馈与检察院反馈等，也发现确实起到一定的降低再犯可能、提高法律意识、改变部分错误认知等较好的效果。

但是,通过对于实际负责的数个帮教个案的深入研究与实际开展过程中的反思,发现在整个社会工作介入帮教工作过程中仍面临着众多困境与不足,从开展前的评估到开展过程以及结束后的追踪服务,各阶段都并不如所设想中顺利,在伦理、资源、专业性等众多方面的问题影响着实际工作的开展与帮教活动的有效性,这也是本文接下来讨论的重点。

二、社工介入涉罪未成年人帮教服务困境探讨

(一)"帮什么?":帮教对象需求分析与目标制定困境

1. 帮教对象实际需求难以挖掘

社会工作者对于帮教对象进行需求分析时,主要采用的方法是个案访谈法,主要方法一是社工在访谈中直接询问"您希望得到什么帮助/您觉得现在最大需求是什么呢"类似问题,帮教对象及其父母的直接反馈其所面临的困境;二是在访谈交流中通过自由联想法、抓住关键词句深入挖掘、观察亲子互动、比较同样问题下家长与帮教对象回答与反馈的异同等多种形式,将潜藏的困境与需求与帮教对象进行总结、对质、讨论。

第一种方法得到的反馈通常是片面的和表面的,回答内容通常包括以下几种类型:(1)希望让此次案件对帮教对象未来的发展的负面作用最小化;(2)希望能帮助帮教对象改掉坏习惯;(3)希望帮助帮教对象重回学校/学习一门手艺/找到一个好工作;(4)想不到需要帮助的,希望帮教对象自己好好反省,认识到法律的严肃性。笔者负责或参与的所有个案访谈中,未得到过与上述不同回答。这些需求代表着帮教对象以及其家人最直接且最简单的诉求,但往往在使用第二种方法深入交谈后,能够发现帮教对象会产生越轨行为的原因并非缺乏一份好工作或者缺乏法律意识,而是家庭结构、社会交往、童年经历等多种因素导致的。

这又面临另一个困境,这不仅对于社会工作者自身访谈能力与专业能力要求极高,要求其能够及时抓住帮教对象及其家人言语中不经意间吐露的、可能具有重要意义的言语表达进行深入访谈;还考验着帮教对象及其家人配合度。

首先,在帮教工作中,社工作为受检察院或公安部门委托进行工作的专业人员,其一定程度上会让帮教对象形成社工是权威机关的代言人的认知,使得社工权威得到错误的扩大;而帮教活动作为司法程序的一部分,带着司法的严肃性和权威性,使人对其产生畏惧心理。角色上的差异与活动的特殊性,让社工与帮教对象存

在隐性的不平等地位，使得社工难以拉近与帮教对象的距离，难以使帮教对象放下戒心与自我保护，不能自由与社工讨论涉及一些隐私或者只会和信任的人交流的内容。

其次，对于某些社工认为重要的内容的反复深入讨论，有可能激起帮教对象的警戒反应，笔者在实际工作中得到过诸如“你问这么多这个问题干什么”“时间太久记不太清楚”“这不是很正常吗”等回答，使得话题难以继续；并且，帮教对象与其家人确实没有意识到某些问题与认知背后具有的深刻意义与困境，对于相关的描述或回忆掺杂较多主观修改与模糊，影响社工的判断。

最后，委托方的检察机关以及社会大众更多关注错误行为修正与法律意识的培养，而非去关注越轨行为后隐藏的深层困境与问题的解决需求。委托方评估时也主要考察相关法律了解情况、认错态度是否良好等，这导致社工开展的更多专业性活动得到的关注与认可较低，容易导致社工丧失工作积极性，对于帮教对象真实需求的挖掘与研究热情也随之降低，使得帮教对象的真实需求更难以挖掘。

2. 帮教对象实际需求有时难以满足

帮教对象在需求方面，不仅存在上述真实情况难以挖掘的困境，另外，即使帮教对象与各方配合，且通过各种途径最终发掘出帮教对象真正存在的问题与需求，社会工作者也有可能面临无法根据实际需求制定目标，以满足其需求的困难。通过实际实践活动的观察、研究与相关学者研究总结，本文认为该类困难主要包含以下两个方面。

第一，帮教活动开展受到委托方时间、提供资金的限制。社工介入帮教工作，主流形式即检察机关或公安机关向社工机构购买服务，这也是国内现行社会工作发展的重要基础。但是购买服务，就不得不在一定程度上受到委托方或者购买方的限制。

例如，该市向Y机构购买帮教服务时，给的要求是1～3个月的帮教时间，每个帮教个案购买费用是2000元，在截止时间前需要提供帮教总结报告与评估。当帮教对象自身问题较小、需求较为简单时，这个时间是较为充裕的；而当帮教对象自身情况复杂且问题较为严重时，在较短的帮教时间内想要使帮教对象得到有效的改变和提升，满足其真实需求，有时则存在较大困难；金钱方面限制则更为严重，购买所得费用不仅是用于帮教活动，更是机构正常运行、社工工资的主要来源，不够充裕的资金使得社工在制定目标时往往需要更多考虑到经费问题而显得束手束脚，也难免会使得社工潜意识拒绝或排斥帮教对象需要花费较多资金的需求。

在此双重限制下,社会工作者在与帮教对象商讨帮教目标、交流明确其真实需求时显得容易瞻前顾后,甚至只给帮教对象开展最基本的法律教育以及其他一系列流于形式的帮教活动,以应付检察机关的审核,实际上可能对于帮教对象最重要的困境与最迫切的需求没有得到有效的改善与满足。这样,社会工作介入帮教工作的优势也无从谈起。

第二,社工能力有限,社会工作并非"全能专业"。社会工作在帮教过程中,看似扮演着众多角色与发挥着极大作用,可能是使能者、资源链接者、教育者、赋权者等,可以给帮教对象链接资源、提供指导、纠正错误认知,但社会工作者并非万能的,或者说实际工作中并不能如书中或者想象中一样开展工作,每一项工作都可能在实际进行中面临巨大挑战。

笔者负责过一个帮教对象是13岁男童小X,因为猥亵罪被审查起诉,本案件背景描述详细,小X社会交往与家庭环境简单,导致犯罪的原因也比较清晰,看似对其的帮教应较为简单和顺利,但在经历法律知识普及、家庭关系优化等一系列活动后,最后一项对其进行性知识与两性相处模式科普介绍活动时,社会工作者通过网络、社会关系网等多途径也未能找到相关领域专业,最后不得不笔者亲自扮演教育者角色,组织这场教育活动。但笔者未受过相关专业训练,所讲解的内容亦为网络资料以及现学所得,并不能保证专业性与有效性,那帮教对象对此的需求能否得到满足也无法得到可靠保证。类似问题会出现在各种环节中,在其他帮教活动中,也分别出现过难以给案主链接优良工作资源、学习资源,对于案主家庭矛盾调解未能成功等各类问题。极大影响着帮教对象需求的满足,甚至可能使得社工在下次帮教工作中对解决帮教对象问题产生自身能力的怀疑与担忧,而拒绝制定过高或可能更适合帮教对象但难度过大的目标。

(二)"怎么帮?":帮教手段与形式选择困境

1. 帮教方法受多种因素影响且过于单一

社会工作提供服务有三大专业方法,即个案方法、小组方法、社区方法,显然在现行社工介入帮教工作实践中,主要运用的方法就是个案方法,小组与社区方法在使用时面临较大的问题。

小组方法的难以使用,一方面,因为难以同时有案件背景类似、年龄类似的帮教对象组成小组,甚至在Y机构,同一个月内进行帮教的往往难以凑成一个小组最低人数。即使人数足够,每个帮教对象都存在特殊性差异,有的仍在学校学习,有的进入社会,有的赋闲在家,仅就空闲时间来说便难以形成一个稳定的、定期开展的小组。另一方面,每个帮教对象又具有不同的问题和需求,小组因此也难以形成凝聚力和共同目标。

而社区工作,由于保密的需求与限制,使得帮教对象只能作为社区普通的一员,鼓励或调动其参加社区活动,培养社区责任感以及其他能力或改变不良行为、体会社会活动或社区服务带来的积极感受,但是,尚且没有条件组织只针对涉罪未成年人的社区活动,或者完全由涉罪未成年人组成的社区活动。这不仅是人员分散与不足的问题,其中也牵涉到会泄露其信息,使得其在社区生活中可能面临“不良少年”“犯过法的”等负面标签带来的损害。

至于其他社会工作专业方法与技巧,在实际运用到帮教活动中时,也会面临各种各样的困境;或者缺乏创新,形成一套粗略的框架后,所类似案件或者问题类似的帮教对象都使用其进行套入,一定程度上忽视帮教对象可能存在的特殊性与差异性。例如家庭中存在问题的帮教对象,往往使用家庭情景模拟治疗法;面对缺乏社会责任感的,通过“日行一善”记录活动与奖励机制进行帮教等,虽然在一定程度上对于帮教对象起到纠正行为认知、改善家庭环境的作用,但实际上的细微差异和微小的个别化问题就被忽略,使得服务效果被弱化,另外针对每个帮教对象打造完全自适性、完全契合的活动,对于社工的专业能力与精力要求又过高,形成两难困境。

2. 保密限制下支持系统的“孱弱”

结合案主的社会支持网络对案主开展活动是社工基本的工作思路与途径之一。但是在帮教活动中,由于帮教对象的特殊性,对其信息的保密的要求与保护帮教对象自尊心等要求,使得帮教对象的社会支持网络系统较为孱弱。以上文提及的小 X 个案为例,其社会支持系统分析如表 1 所示:

表 1　小 X 社会支持系统分析

正式支持	案主能得到的正式支持包括司法机关与法律的保护,国家对于未成年人的政策的支持与重视。包括对于为未成年人个人信息的严格保密要求、手段规范化要求、资金支持等。	
非正式支持	学校	由于法律规定以及案主及其家人要求不希望扩大案件影响和被他人知晓(同下保密要求),无法向学校透露基本情况以建议其开展性、道德观、两性相处等相关教育与对案主加强约束和规范,所以学校暂时无法发挥支持功能与提供相应资源。
	家庭	家庭及家庭成员是案主在本次帮扶活动中最有效的社会支持,通过访谈发现其家人对其接纳程度高,对活动配合意愿较好,能给案主提供较好的物质、情绪、社会接触等支持。

续表

非正式支持	同辈群体	由于保密要求,无法通过社会工作者就此案件联系其同辈群体,建立同辈群体对于案主的支持系统,可以通过鼓励案主结交新的朋友、形成同辈积极行为榜样学习认知,辨认同类群体行为是否正确等形式,强化同辈群体对其支持作用。
	社区	由于保密要求,无法链接村委会资源提供各类支持,社会工作者可以鼓励案主积极参与社区内各类积极活动与劳动,增强自身认同感和成就感。
	社会组织	社会工作者是案主社会支持网络中重要组成部分,通过系列活动,在合理范围内能为案主提供认知行为矫正、负面情绪疏导等,并链接正式支持中对于案主有利部分,将影响最小化,效果最大化。

如表1所示,在工作开展过程中,看似支持系统完善、并不残缺,但实际能运用,并发挥实际主要功能的仍然只有家庭和社工的支持。社工在帮教活动开展中,怎么帮,怎么在资源稀缺和可利用支持不足的情况下组织活动,成为帮教具体开展中最大的困境。

3. 帮教对象低配合度限制帮教活动选择与开展

在现有帮教标准与机制下,大都只有被认定为附条件不起诉的未成年人才会进入帮教工作中,社会工作者要面对的也是这样一类未成年人及其家长。此种模式一方面降低未成年人精神压力,减少进入司法系统对其未来产生的负面影响;另一方面,会使得涉罪未成年人与其家长过度放松,认为“已经没事”“没有影响”,而消极地对待帮教工作,对待帮教活动的配合度极大降低。

而当面临这类帮教对象时,在此情况下,社会工作者往往会通过“不通过帮教活动”“评估不合格”等威胁来强迫帮教对象参加帮教活动。这就会带来两个负面的后果,其一是恶化社工与帮教对象的专业关系。社工通过威胁强迫,一定程度上即社工在使用委托方赋予的权力,将自己塑造成规定的执行者角色,成为检察机关的化身,此时社工与帮教对象的专业关系是不平等乃至对立的,这种专业关系下,社会工作专业伦理受到挑战,诸如平等对话基础上自我袒露等社工专业方法也无法正常使用。其二是帮教对象参与活动态度消极、敷衍,设置产生抵触心理,极大降低帮教活动的效果。以笔者帮教过的小L个案为例,其由于寻衅滋事罪被审查起诉,后由于案情并不严重且认错态度良好被附条件不起诉。在对其帮教工作中,其父母在交流中就曾表露认为帮教工作就是“形式主义”、是“随便做做就行”的“小活动”、是“反正已经附条件不起诉,这个也不会有什么影响”的工作,小L对于社工引导其参加社区志愿活动经常迟到早退，甚至除非社工强调不来参加活动可能会被撤销附条件不起诉，就不愿意来参加；针对其家庭不合理结构调整的家庭情景治疗活动，其父母参与配合度也相当低，通过时不时回消息、刷手机等行为对活动进行消极抵抗。诸如此类的低配合态度，是政策标准的不完善与社会工作认可度低等原因所共同导致，这使得社会工作者在工作开展、活动的选择与策划上陷入困境。

（三）“有效吗?”：帮教结果评估与回访困境

1. 帮教效果难以界定与评估

现有社会工作介入帮教工作的效果有两个评估方式，第一个是帮教对象的反馈与访谈评估；第二个是委托方，即检察机关结合社会工作机构提交的帮教记录、视频、图片材料、总结报告以及对帮教对象的考核与反馈综合得出。但存在的问题就是，此类评估方式过于主观化，缺乏科学有效的前侧后侧、心理变化等相关量化评估，导致帮教对象在实际困境与问题是否得到改善或改正的情况难以清晰展现。

同时，帮教结果也难以界定。现在国内对于帮教效果尚未形成统一的认知与定义，是帮教对象现下法律意识得到增强，性格行为也得到一定改变即算帮教取得较好成果，还是要考察到未来多久时间内，帮教对象实际发生变化且未再做出越轨行为、触法行为，才能评估为帮教取得实际良好效果。这个问题的不清晰，以及评估方式的不够精确与不专业，导致在实际工作中对于社工服务的评估存在较大困境。

2. 后续跟进与回访难以开展

在完成委托方要求的帮教工作后，后续的跟进与回访是保障帮教效果的有效途径与方式，但实际工作中却存在极大困难。在接到委托后，社工通常会对帮教对象开展为期 1 个月到 1 年服务（根据各地区情况与政策不同而变化），而后根据评估结果，如果评估认为可以结束帮教，针对该涉罪未成年人的帮教服务即基本宣告结束，在笔者实际工作中发现基本不会进行跟进和回访。这与我国社会工作发展模式密切相关，尤其是司法社工机构，主要通过购买服务运行，资金来源有限，以 Y 机构为例，检察机关出资购买，按服务人次算，每个帮教服务 2000 元。如上文分析资金本就较少，服务购买结束之后，因为人力、财力难以为继，社工与服务对象的关系除去通过网络能保持简单联系外基本终止，而且购买方也无后续跟踪的要求，资源的限制与无制度要求，导致后续相关工作面临着较大困境。

三、结论

总结全文，通过以笔者在 Y 机构开展帮教实践的经历与观察、对国内现有相关实践的分析,以及对于社会工作介入帮教工作的全流程、各阶段面临困境的探讨,总结各个阶段的困境,发现其根源,总结为以下四个因素,或者说根本困境是由以下四个因素直接或间接造成的,分别是:

1. 服务购买方带来的各类限制与消极影响

这个困境包括委托方对于社工结构提供的资金、时间上的限制;委托方对服务要求、服务目标、服务评估的泛化与非专业化;委托方对于形式,即各种文件材料的重视而非服务本身重视的偏好等。

2. 社工与社工机构自身专业性与资源的不足

这个困境包括社会工作者自身各类专业能力的不足,社工机构社会认可度的缺失以及所以能够有的社会资本的缺失,社工机构自身发展资源的不足等。

3. 社工介入帮教工作相关制度与支持的不完善

这个困境包括社工介入的保障性与奖惩性的制度的缺失;社工介入地位未得到足够重视;诸如涉罪未成年人保密边界划定这类细化的、相关的制度规定得不完善与不清晰等。

4. 帮教过程中社工角色的混乱与定位的不清晰

这个困境包括社工角色受司法机关委托性质的影响;社工开展工作时定位不清晰;社工多重角色没有形成互动与和谐统一,而彼此分裂且孤立等。

这四个困境交织与混合,使得社会工作在各阶段产生不同的独特困境。例如帮教方法单一的困境,既有社工能力不足的原因,又受到制度不完善导致社工囿于保密原则无法更好行动的影响;帮教对象实际需求有时难以满足困境则在分析中就直接指出是受委托方的限制与社工能力的不足的因素影响等。而这些不同阶段的困境,又展示出这四个根本困境的不同形式或者方面,如社工能力不足,表现在帮教方法单一困境中,是活动组织的专业能力不足,而在帮教对象实际需求有时难以满足困境中则表现为收集资料的专业能力的不足。

鉴于此,想要解决在社会工作介入帮教活动中面临的困境,笔者认为不仅需要关注各阶段的特殊困境,还要考虑到总结而得的四大根本困境,从多角度、多层面对其进行更深入的探析,以及有针对性地提出解决策略与途径,不仅是未来研究的重点与难点所在,也是未成年人司法社会工作不断完善与成长的重要方向。

参考文献

[1]中国青少年犯罪协会:《青少年犯罪超全国总数七成呈暴力化团伙化趋势》,载中国新闻网,http://www.chinanews.com/fz/2013/05-30/4872454.shtml。

[2]肖锋:《社会工作介入涉罪未成年人社区帮教研究——基于深圳市 F 区的实践》,湖南师范大学 2019 年硕士学位论文,第 13 页。
[3]张文静:《司法社工介入涉罪未成年人帮教矫正研究——以福州某社工中心的实践为例》,福州大学 2018 年硕士学位论文,第 21 页。
[4]钱刚、郭艳、张萍霞:《归来吧,孩子! ——社工助力涉罪未成年人帮教实践》,载《中国社会工作》2019 年第 5 期。
[5]席小华:《"三法"制定和修改背景下的少年司法社会工作服务体系建设》,载《中国社会工作》2020 年第 10 期。
[6]苏贻堆:《福建将青少年社工引入未成年人检察工作——关于〈在未成年人检察工作中引入青少年司法社工的意见〉解读》,载《中国社会工作》2016 年第 16 期。
[7]李慧织:《涉罪未成年人社会帮教工作存在的问题及对策》,载《河南社会科学》2014 年第 4 期。
[8]席小华:《社会工作介入少年司法的基础与现状——以〈刑事诉讼法〉修改为背景》,载《预防青少年犯罪研究》2013 年第 1 期。
[9]费梅苹:《社会工作专业人才能力建设的路径研究——基于上海预防和减少犯罪工作体系中社会工作实践的反思》,载《华东理工大学学报(社会科学版)》2012 年第 4 期。
[10]任啸辰、吕厥中:《当前青少年犯罪的现状、成因与消解》,载《中国青年研究》2016 年第 6 期。
[11]席小华、徐永祥:《涉罪未成年人社会调查的理论框架及具体内容》,载《华东理工大学学报(社会科学版)》2015 年总第 30 期。
[12]王思斌:《社会工作概论》,高等教育出版社 2001 年版,第 79 页。

社区矫正社会工作专业化发展困境与对策探析

全　亮　易庐金*

摘　要:《社区矫正法》多次提及社会工作,这在一定程度上肯定社会工作专业地位的同时,也对其专业化发展提出了更多的期望与要求。在理论层面,应从行刑社会化与社会支持理论的双重视角出发,重点考量专业社工在社区矫正对象再社会化过程中发挥的正式支持与非正式支持的作用,这也是社区矫正社会工作最重要的价值所在。在实践层面,目前社区矫正社会工作专业化道路发展存在各种困境,如服务资金、服务人才、社工定位、专业队伍建设等,需要社工界、政府相关部门、司法机关等共同参与解决,共同推进社会矫正社会工作的专业化发展。

关键词:社区矫正;社会工作;社会组织

《中华人民共和国社区矫正法》(以下简称《社区矫正法》)在2020年7月1日正式实行。作为我国社区矫正领域的第一部专门性法律,它实现了我国社区矫正工作在系统性法律规范上"从无到有"的飞跃,必将为推进我国社区矫正工作规范化、专业化、法治化以及国家治理体系和治理能力现代化建设发挥重要作用。这部法律的一个突出亮点是强调社会力量参与社区矫正,而社会工作作为一种专业性社会力量,在该法第11条、第25条、第40条均被明确提及,尤其第40条授权社区矫正机构可以通过购买社区矫正社会工作服务或者通过项目委托社会组织等方

* 全亮,四川师范大学少年司法研究与服务中心常务副主任、副教授、法学博士;易庐金,四川师范大学少年司法研究与服务中心主任助理、社会工作硕士、诉讼法学专业硕士研究生。

基金项目:四川省高等学校人文社会科学重点研究基地——社区矫正研究中心2020年度一般课题项目"司法社会工作介入社区矫正问题研究"阶段性研究成果(项目编号:SQJZ2020-03);2020年成都市社会组织发展专项基金扶持项目公益资助类研究课题项目"成都市社区矫正社会工作服务实证研究"阶段性研究成果(成慈协〔2020〕433号)。

式，为社区矫正对象提供心理辅导、社会关系改善等专业化帮扶。该法共3条4处明确提到"社会工作"，这就不仅为社会工作介入社区矫正提供了法律依据，使其有了合法地位，进而肯定其专业性，同时也为社区矫正社会工作在新时代的发展提出了新要求。而从目前司法实践状况来看，社区矫正社会工作的专业性发展还有很长的路要走，其中也不可避免地会存在各种问题的阻碍。这就不仅需要社会工作苦练"内功"，而且需要外部诸如来自政府、司法行政机关等各方力量的支持，以便于突破其专业化发展道路上的困境。

一、社区矫正社会工作专业化发展的现状

自我国2003年开展社区矫正试点工作后，无论是理论界还是社区矫正实务部门，基于对社会力量参与社区矫正工作之必要性的充分认识，一直致力于探索社会力量介入的专业化发展道路。从实践来看，社会力量介入的途径主要是通过政府购买服务的形式，由政府购买其他相关社会组织或个人的专业服务。据前期分别走访的C市一二三圈层从事社区矫正社会工作服务时间较长、经验较强的三家社工机构的情况来看，在实践中社会工作者大部分仅被简单地看作社会力量，普遍被司法行政部门安排大量行政事务而事实上成为执法人员的"辅助者"，结果使其专业性很难发挥出来。因此，如何突破社区矫正社会工作的专业性"瓶颈"，是实务界、理论界一直探讨的问题。学者王平认为，社区矫正的概念可以界定为，社区矫正机关依法对社区服刑人员实施的矫正和提供的社会服务的总称，并且社区矫正中的"矫正"，既包括刑事执法活动的矫正，也应当包括社会工作中的矫正[1]。基于以上概念，笔者认为社区矫正对于社区服刑人员来说，不应仅仅是一种"惩罚"，而更应是一种"矫正"。而社会工作以其特有的专业理念和方法，理应是十分擅长这样一种矫正活动的，因此社会工作应是社区矫正制度所能依托的最重要、最基础的专业社会力量。

而在2006年《中共中央关于构建社会主义和谐社会若干重大问题的决定》作出"建设宏大的社会工作人才队伍"重大战略部署后，社会工作这门学科加快了专业化的建设道路，在这十几年的发展时间里，社会工作通过其自身的专业优势在社区治理、社会救助、特殊人群服务等领域都有所建树[2]。在2020年新冠肺炎疫情十分紧急的时候，习近平总书记指出"要发挥社会工作的专业优势，支持广大社工、

〔1〕 王平：《社区矫正制度研究》，中国政法大学出版社2014年版，第9页。
〔2〕 王思斌：《加快社会工作学科体系建设》，载《中国社会报》2016年6月24日，第5版。

义工和志愿者开展心理疏导、情绪支持、保障支持等服务”,这在某种层面上,也是对社会工作发挥专业作用的肯定。王思斌认为,社会工作的专业优势,最为核心的是在于其助人自助的价值观念、科学艺术的工作方法和理性务实的服务风格。由此,我们可以看到社会工作在社区矫正活动中独特的优势作用。首先,社会工作者可以在社区矫正工作中充当司法行政人员的执法“辅助人员”,缓解司法行政人员基层工作压力;其次,社会工作所秉持的尊重、接纳、真诚等价值理念,与社区服刑人员能够建立良好的关系,同时在社区服刑人员与司法行政人员之间起到“缓冲纽带”作用;最后,社会工作以其特有的专业化方法,通过“人在情境”中的社会互动、服务活动的开展以及资源链接等帮助社区服刑人员改善生活状况、家庭关系等,促使服刑人员自身发生改变,从而使其适应社会环境、更好地融入社会。

二、社区矫正社会工作专业化发展的双重视角

来自理论界、实务界的学者对于社会力量参与社区矫正的理论视角各有不同,但总的来说,更多是从司法的宏观理论视角来进行探究,如有学者以恢复性理论视角,强调社会力量参与社区矫正对社区服刑人员来说,有利于修复其社会关系〔1〕。而如何从法学与社会工作学科的交叉视角中,将二者理论进行结合运用到社区矫正社会工作的实务当中,还值得探讨。笔者认为,法学视角中“行刑社会化”理论与社会工作视角中“社会支持”理论,在某种程度上能够进行一定的“衔接”,即在行刑社会化理论指导下,将社区矫正对象放置于社区进行“再社会化”,而在此过程中需要将社会支持理论转化为促进其再社会化的方法——由专业社会工作者在该理论的指导下,恢复、拓展社区矫正对象的正式与非正式支持,以此更好地促进其再社会化。这是社区矫正社会工作专业化发展道路上尤其要重视的理论视角。

(一)社区矫正社会工作的法学视角:行刑社会化

从行刑社会化理论角度来看,社区矫正更强调将服刑人员放置于社会,通过对其进行教育和帮扶,达致“矫正”的目的,避免过于注重“惩罚”而忽视其回归社会的适应性以及防止其再次犯罪的有效性问题。行刑社会化的核心在于扩大社会力量对服刑人员矫正的参与,通过社会各界多元主体,如社区、家庭、社会组织等,共同助力服刑人员顺利回归社会,这可以说是一种“再社会化”的过程。目前实行的《社区矫正法》,强调鼓励与引导社会力量参与社区矫正,促使其修复社会关系、融入社

〔1〕 刘晓梅、颜心茹:《社会力量参与社区矫正修复社会关系的探析》,载《天津法学》2020年第3期。

会，这在《社区矫正法》的第42条有所提及，即社区矫正机构可以根据社区矫正对象的个人特长，组织其参加公益活动，修复社会关系，培养社会责任感。

梅义征学者在对中国推进社区矫正制度的背景及目的等做了梳理后，认为社区矫正实质上是在现代刑事司法制度的框架内对犯罪者改造有效手段的探索，是刑罚人道化、社会化、个别化的具体实践[1]。尤其从其刑罚的社会化来看，重点是通过"矫正"的作用，帮助其适应社会环境、修复一定社会关系，最终能够顺利回归社会。由此可见，社区矫正作为一种非监禁刑罚执行方式，其主要目的不在于对犯罪人施加报应性惩罚，而是致力于对受损的社会关系进行整体修复，恢复和谐融洽的社会关系以及重塑社区矫正对象健全的人格。并且，《社区矫正法》第42条规定，社区矫正机构可以根据社区矫正对象的个人特长，组织其参加公益活动，修复社会关系，培养社会责任感。社区矫正对象通过参加社区服务、公益劳动修复包括被害人（社区）在内的各方面的社会关系，获得宽宥、谅解和接纳，减少"标签化"和社会排斥，营造有利于社区服刑人员回归社会的环境，才能最终实现预防犯罪和保护公众的立法目的。以上在某种程度上，就是在帮助社区矫正对象于"再社会化"的过程中重构社会支持网络，这就与接下来笔者要提到的"社会支持"理论视角进行了衔接。

（二）社区矫正社会工作的社会工作视角：社会支持

关于社会支持理论，20世纪70年代初，精神病学研究者首先从科学的角度进行了阐述，社会学家、流行病学家、心理学家等都从各自的理论立场出发，对社会支持加以研究。而社会工作作为一门综合性学科，则广泛引用各学科的相关理论指导实务，其中社会支持理论广泛应用于特殊服务群体中，如空巢老人、戒毒人员、涉罪未成年人等群体。因为这些群体更需要在该理论指导下，由社会工作者帮助其通过对社会资源的广泛利用改善生活状况问题，以及通过一些干预行动，缓解个人社会适应问题[2]。学者席小华认为，从犯罪学视角出发，运用社会支持理论指导犯罪治理实践已经成为世界各国的有效做法，相对于社会控制理论的外在强迫性和被动性，社会支持理论更强调对犯罪人需求的尊重与满足，以此视角出发设计的

---

〔1〕 梅义征：《社区矫正、社区治理与社区安全——社区矫正执法实务研究》，上海人民出版社2020年版，第8页。

〔2〕 程玉敏：《基于社会支持理论的个案分析与矫治》，载《犯罪与改造研究》2020年第8期。

犯罪预防实践更容易取得效果[1]。社会工作者对社区服刑人员这一群体进行服务之所以要依托社会支持理论,其原因就在于,该理论能与行刑社会化理论在内涵上自然衔接。即在行刑社会化理论看来,服刑人员在社区进行"矫正"这个过程中,需要社会力量的支持来帮助修复及扩大其社会支持网络,建立起有支持功能的个人资源、社会资源,并提高其利用社会网络的能力,从而帮助社会服刑人员更好地应对来自社会的各种环境压力。

(三)理论"衔接"视角下的社区矫正社会工作专业化发展

从行刑社会化视角来看,考虑到执行方法的社会化因素,因此更需要注重的是社会力量对社区矫正对象再社会化的参与。社区矫正对象的再社会化过程离不开其社会支持网络的重构,于是这就促成了社会支持理论对行刑社会化理论的有效衔接。社区矫正社会工作专业化发展道路上,专业社会工作者应从行刑社会化视角出发,将社会支持专业视角转化为促进社区矫正对象再社会化的方式方法。如在正式支持上,专业社会工作者发挥政策倡导、社区支持与动员其他社会组织参与的作用,为社区矫正对象链接社会资源,帮助改善其在就业、心理等方面的问题。在非正式支持上,鉴于普通群众对于社区矫正对象的认知偏见以及对其污名化、标签化等,我们很难得到来自他们的支持;而积极发挥家庭成员及亲属、朋友、同事等情感与物质支持、正向引导等作用,则是社区矫正对象最基本以及最重要的支持力量。可见,在这样一种理论"衔接"的视角下,如何改进对社区矫正对象再社会化的专业手法,尤其是在其社会支持网络的重构上,如何发挥正式与非正式支持对社区矫正对象再社会化的促进作用,以助推社区矫正社会工作的专业化发展,在理论上还需重点考量。

三、社区矫正社会工作专业化发展的困境

社区矫正社会工作的专业性程度,对社会工作能否在社区矫正领域发挥持久性成效,起着决定性作用。现今社区矫正机构的功能,不应该仅仅局限在对社区矫正人员的监管上,更多需要从社区矫正真正的目的出发,预防社区矫正人员再次犯罪,帮助社区矫正人员顺利回归社会。此外,除了将社会工作者作为社区矫正基础的专业力量看待的同时,更需要最大发挥其专业性作用,为社区矫正人员提供日常生活、工作情况的跟进与监督、认知与行为上的矫正以及帮扶教育。而目前,社区矫

---

[1] 席小华、史卫忠:《建构未成年人司法社会支持体系的理论框架与实践路径》,载《青少年犯罪研究》2020年第5期。

正社会工作专业性发展道路中却存在以下困境，主要来自服务资金、服务人才、社工定位、专业服务、专业队伍五个方面。

（一）服务资金难保障

笔者在上文提到，社会力量介入社区矫正的途径，主要是通过政府购买服务的形式参与到该服务领域。然而政府购买服务的资金有限，直接导致的是社会组织匹配专业人员不足。从走访C市的3家社工机构来看，承接该社区矫正社会工作服务项目的资金量为每年15万元左右，处于C市三圈层的D市社区矫正人员每年基本在300人左右，承接D市社区矫正服务项目的S社工机构负责人表示，由于资金量有限不得不只配备两名社工全程负责该项目的执行，并且两名社工有时需要兼顾社工机构安排的其他事务，其精力十分有限，而无法更“精细化”介入社区矫正人员帮扶教育。相比较D市而言，处于C市一圈层的H区，是由Z社工机构承接该H区的300~400人的社区矫正服务，项目资金量一般在40万元左右，由于该项目资金量较充足，该项目基本匹配专业社工4人，并招募社区志愿者协助该项目的开展，也因此H区社区矫正服务自2016年以来已发展得十分专业。然而由于近两年，H区司法局对该区购买社区矫正社会服务资金量的锐减，Z社工机构不得不“去掉”一些专业性服务指标，如社区矫正人员社会参与服务，以及在项目人员上减少2名专职社工，缓解机构本身资金压力。从实际调研来看，C市绝大部分从事社区矫正服务领域的机构普遍存在服务资金匹配不足问题，使得专业社工匹配不足，导致的直接后果是社区矫正专业性服务难以保障。尤其是目前政府社会服务采购存在“游移不定”问题，加之社会组织服务资金来源渠道单一，对政府资金依赖大，这对于从事社区矫正社工服务的社会组织来说，其“生存”具有不小的挑战。

（二）服务人才难留住

社区矫正社会工作专业性发展离不开建设专业的服务人才队伍，然而鉴于整个社会工作行业人员流动性大、“人才”留不住的现实“窘境”，其背后的原因如社工行业收入低且无保障，晋升渠道窄、事务繁杂且经常性加班等，同样在社区矫正社会工作服务领域适用。根据C市社会工作协会2019年关于“社会工作职业化体系”的调研显示，从事司法社会工作领域服务的专业人员占比特别少，仅为1.73%，而社区矫正作为司法社会工作主要介入的领域之一，由此可见，从事该特定领域的专业社工机构及社工人员特别缺失。整个社会工作行业状况，使得经验丰富、专业性强的社会工作者，很难长期坚持在社区矫正服务领域。调研的X社工机构负责人表示，社会工作专业背景本科及以上毕业生很难被吸引到该领域，而带着情怀从事该领域的专业社工，不到一、两年，被现实的压力冲击而“流失”，据调研，C市的3家社工机构中社工（具备社工专业教育背景或持有初/中级社工证）人数基本仅占总员工的1/4。社工机构为招聘到从事社区矫正服务的人员，而不得不“放宽”标准，如不限于社工专业背景，而招聘到无相关知识背景且无行业经验的人员，这在某种程度上不利于该服务领域的专业性发展、不利于专业性服务队伍的建设。

（三）社工介入难定位

一般看来，参与社区矫正工作主要有以下人员，第一，司法行政机关从事矫正或安置帮教工作的人员；第二，社区居委会或村委会群众性自治组织负责社区矫正的工作人员；第三，社区警务人员；第四，社工机构或社会上其他组织、专业人士；第五，协助司法行政机关工作人员执法的辅助人员。然而社工参与社区矫正服务的身份，在C市某些地区的司法行政工作人员看来，基本等同于执法辅助人员。司法行政人员的部分行政事务交由社工执行，并由其安排相关工作任务，甚至有些地方将社工看作协助社区矫正工作的“志愿者”，其专业性服务如个案辅导、小组工作、社区工作等也很难体现在工作当中。C市H区Z社工机构负责人反馈，H区各个司法所或多或少会安排给机构社工行政事务，如收集、整理社区矫正人员的思想汇报、组织社区矫正人员参与法治教育签到等。同时，社区矫正社会工作者这一角色在实践当中并没有得到来自相关方的认可，社会工作者自身的专业不自信以及自身在社区矫正服务中的定位不清，使得社会工作者逐渐失去自我价值感。由于服务角色定位不清以及实践中社会工作者陷入大量行政事务中，其工作成就感低，这也极不利于社区矫正社会工作专业性发展。

（四）专业服务难体现

从目前社区矫正社工服务领域的社会组织资金来源、业务主管单位以及其自身的运营模式来看，社会组织带有一定的政府导向性，从而导致其服务属性难免带有“行政色彩”[1]。就以其资金来源为例，绝大多数从事社区矫正服务领域的社工所在的社会组织，难以实现自我造血，并且社会组织主要依靠政府资金来运作，在资金上对政府资金依赖性强。政府通过政策制定、购买服务、项目监督与评估等方式，对社区矫正服务领域的社工机构进行干预的过程中，不可避免地产生大量行政事务，这在某种程度上会“挤占”社工专业服务的开展，导致社区矫正社会工作服务的专业性难以充分体现。尤其是目前不乏存在有政府背景的社区矫正服务社工机

〔1〕何升明：《司法社会工作概论》，北京大学出版社2014年版，第309页。

构，在这一背景的影响下，使得社工机构将“焦点”放在政府的意识动态上，未能真正关注社区矫正对象的服务需求上，可能导致社区矫正社会工作服务偏离实际服务需求，并且社工服务将越来越偏行政化，这也是社会工作服务专业性在社区矫正领域难以体现的一个方面。

（五）专业队伍难建设

社区矫正领域是社会工作开展的重要司法服务领域之一，社会工作介入我国司法体系开展服务有其得天独厚的专业优势，社会工作也是我国社会转型时期一支必不可少的专业力量。然而，实践当中，由于社会工作职业准入门槛低，服务人员的素质良莠不齐，对于是否持有相关资格证件，并无绝对性规定，如其他专业背景的人员未经专业化培训便可上岗服务。除此之外，整个社会对社会工作职业的专业认可度并不高，社会对这一行业的认可度也比较低，这些都是社会工作优秀人才很难被吸引到该行业的重要原因。行业认可度低，人才吸引难度大，再加上社工行业福利待遇较差等，都将导致社区矫正社会工作专业队伍难以建设。社工行业近几年在福利待遇上有所改观，然而主要是我国某些地区如广东、上海等，这些地方通过提高行业的待遇水平或是在政府某些部门专门设立社工专业岗位等来留住优秀人才，以便建设专业服务队伍。但是，在我国大部分地区，社工行业的薪资待遇，相比较于其他行业来说普遍较低。基于以上各方面原因，社区矫正服务领域专业人才队伍的建设受到影响，而社区矫正社会工作专业性发展离不开专业人才队伍的推动，这是值得社工行业亟待解决的困境。

四、社区矫正社会工作专业化发展的对策

上文阐述的五个方面专业化发展困境，在某些方面其背后原因多有重合或者几个问题之间又在某种程度互为因果关系，因此每一个困境的改善，并不是单靠某一种方式的改善，应是多方面的介入。如何在社区矫正服务领域发挥好社会工作者的作用，无论是在司法实务界还是在社工实务界都是值得探讨的问题。然而，服务资金、服务人才、社工定位、专业服务、专业队伍这五个方面存在的困境，阻碍着社区矫正社会工作专业化发展。如何改善以上困境推动社区矫正社会工作专业化发展，以下是笔者尝试思考的几点相关的解决对策，期望为其提供一定借鉴。

（一）拓展社会多元资金渠道

无论社会工作介入哪个服务领域，资金问题是社会组织绕不开的话题。政府购买、社会企业、慈善信托、影响力投资、数字化募捐这“五朵金花”在我国现代社会

慈善事业发展中应运而生,而这五个方面各自围绕的都是资金来源问题[1]。基于社区矫正社会工作所在的机构是非营利性质的社会组织,从目前来看,"政府购买"是其资金来源最主要的渠道,非限定资金及可控资金十分有限,一旦政府减少或停止对社会组织服务的购买,便影响到社区矫正服务的开展,最终导致该领域服务的终止,同时直接危及社会组织的生存。随着社会组织体量的增加及筹资竞争的加剧,政府对于社会服务购买的游移不定等,社会组织除了尝试在市场开辟道路(转型为自我造血的社会企业),还需要利用好高速发展的电子信息科技、各种公益募捐平台(如99公益日腾讯乐捐平台)等开拓多种社会多元资金渠道,并主动形成与社会、市场的良性互动,这对于从事社区矫正社会工作服务的社会组织同样适用。

(二)建立社工人才激励机制

社区矫正社会工作服务领域如何留住人才?除了提高其薪资待遇水平,让其享受的福利标准不能低于当地司法行政人员外,还需要建立一套完善的与社区矫正社会工作绩效考核挂钩的激励机制,对于服务质量好及成效大、工作效率高的社工人才,在精神上给予其相关的"评奖""评优",在物质上给予其一定绩效奖金等。如何建立社工人才激励机制,建立的主体是谁?笔者认为,政府应把握其主导作用,政府作为其服务的购买方,通过建立社工人才激励机制能够确保服务质量、成效的实现。因此,政府可以专门划拨一部分"激励金",由社工所在的社会组织参与设定相关考核指标,作为激励的前置条件。当然光靠建立激励机制,不足以留住该服务领域的社工人才,还需要来自政府、司法机关、社会各方的共同参与,帮助提升整个社工行业的发展前景等。

(三)明确社工服务职能定位

从上文提到的社工介入社区矫正服务定位难的问题可以看出,在实践当中,社工大都仅被简单看作社会力量,而非专业力量。并且,由于政府通过购买服务方式获取社工服务,使其疑似是花钱雇佣的执法辅助人员,从而依附于社区矫正机构,其服务的专业性很难发挥出来。因此,要明确社工服务职能定位,首先,司法行政人员要在意识上认可社会工作的专业作用、认同社工这一专业的职业群体;其次,要将社会工作者作为社区矫正最基础的专业力量看待,充分发挥其在社区矫正对象日常监管、教育和帮扶中的基础性作用;最后,社区矫正机构应把社工所在的社会组织当作平等主体来对待,而不是由其任意支配的下级机构,并且还需要共同协商

[1] 杨团:《中国慈善发展报告(2019)》,社会科学文献出版社2019年版,第47页。

明确双方的职责、权利和义务等，构建平等协商机制。

(四)加强社工入岗专业培训

对社区矫正对象的改造、矫正，可以说是一项非常复杂而又极具专业性的伟大工程。表面上看来，它可能不需要经过特别的训练就能对社区矫正对象进行日常监管、教育引导、人文关怀等。然而社区矫正对象的"再社会化"是一件比较长期且较为复杂的事情，从事该领域服务人员，涉及做相关调查、风险评估、心理调适、认知行为矫正等一系列专业工作，需要掌握来自社会学、法学、犯罪学、心理学等各项学科知识与相关专业技能。而社会工作作为一门综合性学科，以其专业背景，契合以上一系列专业工作的要求。梅义征学者认为，要善于将社会工作方法与刑事执行的要求有机结合，将其成为社区矫正的基本素养。[1] 因此，无论是不是社会工作专业背景的人员，在进入社区矫正服务领域，成为一名社工前，需要从理论与实务两个方面加强其入岗专业培训，如由司法机关邀请相关领域专家讲解基本业务理论，同时由一线服务经验深厚的实务社工进行实践培训与指导。

(五)建设社工职业准则体系

社会工作人才队伍建设脱离不开司法实践上的需求以及社会工作本身专业人才培养的推动。然而，社区矫正社会工作准入门槛低、职业化标准欠缺及专业规范不足等问题，不利于社区矫正社会工作专业化发展。因此首先需要加强社区矫正社会工作职业准则体系建设，规范社区矫正社会工作服务，并将这个社工职业准则首先要放在入岗前的职业培训教育上，帮助其树立相关标准及规范意识。这个社区矫正社会工作职业准则体系应该涵盖哪些方面，从其实务操作来看，笔者认为应该包含工作原则及理念、工作权利与义务、操作流程与方法、奖惩办法以及相关政策法规指引等内容。关于该领域的社工职业准则体系建设，不仅仅依靠社工界的力量，也需要司法机关、相关政府部门以及高校的共同参与，从多方视角出发，帮助其建立较为完善的社区矫正社会工作职业准则体系。

五、结语

社会工作介入社区矫正领域的最主要价值，也是社会工作在社区矫正中存在的意义，即预防社区矫正对象再犯，修复其家庭、社会关系以及恢复其正常社会功能，使其顺利回归社会。基于以上目的，社区矫正社会工作更需要加强自身的专业

---

〔1〕 梅义征:《社区矫正、社区治理与社区安全——社区矫正执法实务研究》，上海人民出版社2020年版，第110页。

化发展,当然在这个过程中不可避免地出现各种发展困境,但是社区矫正作为我国社会工作最早介入的司法领域,无论在理论界还是在实务界都有一定的研究基础,同时《社区矫正法》对社会工作介入的身份肯定,对于该领域专业化发展有所助益。当然,社区矫正社会工作切不可故步自封,还需要从理论、实务两个方面不断突破专业化发展“瓶颈”,在未来做出更好的成绩。

社区参与模式理论视域下《社区矫正法》的立法评析及完善对策

田兴洪　文智慧　郭　芬　蒋晓宇*

摘　要：社区矫正中的社区参与模式是指在一定的社会环境中，社区参与主体在参与社区矫正的过程中形成的较为稳定的具有可模仿性的结构形态。我国应构建和完善"基层群众性自治组织"参与模式以取代现行"2＋N"参与模式。《社区矫正法》既有亮点，也有不足，应从若干方面进行完善。

关键词：参与模式；《社区矫正法》；立法评析；完善对策

《社区矫正法》体现了构建"基层群众性自治组织"参与模式以取代现行"2＋N"参与模式的立法取向，亮点纷呈，但也存在不足。本文拟以社区矫正中的社区参与模式理论为视角，就《社区矫正法》的立法得失及完善对策略述管见。

一、应然与实然：我国社区矫正中的社区参与模式的理论建构与现实境遇

（一）社区矫正中的社区参与模式的定义及特征

社区矫正中的社区参与模式（以下简称参与模式），是指社区参与主体在一定的社会环境中形成的较为稳定的具有可模仿性的社区矫正中的社区参与结构形态。〔1〕社区矫正中的社区参与是由许多环节、多种因素交互作用的复杂结构系统，而参与模式是社区矫正中的社区参与的一种简化、抽象和类比表示。在系统论中，

---

* 田兴洪，湖南长沙理工大学法学院党总支书记，教授，法学博士；文智慧，长沙理工大学2019级法律硕士在读研究生；郭芬，长沙理工大学2019级法律硕士在读研究生；蒋晓宇，法律硕士，湖南三湘银行股份有限公司科员。

〔1〕 田兴洪：《社区矫正中的社区参与模式研究》，法律出版社2017年版，第96页。

结构一般指组成整体的各部分的搭配和安排。参与模式的结构,则是指参与模式各构成要素的搭配和安排。参与模式的构成要素包括:第一,参与目标。参与目标由参与方向和参与规格两部分组成。第二,参与主体。即指社区矫正中的社会参与力量,但仅指社区矫正工作主体中与"官方"主体对应的"民间"主体。第三,参与对象。即社区矫正人员。第四,参与客体。即指参与主体的具体任务。第五,参与质量。即指社区参与的实际效果。参与模式是在一定环境制约下的结构范畴和过程范畴的统一。[1] 参与模式具有如下特征:一是参与模式诸要素之间形成相互联系、相互制约的多元性、层次性和结构性的逻辑关系;二是参与模式具有过程性;三是参与模式具有环境制约性;四是参与模式是一个开放系统,随着国家刑事政策调整等外界因素的变化而不断优化。[2]

(二)我国现行社区矫正中的社区参与模式是"2+N"参与模式

根据《社区矫正法》第8条、第9条、第25条的规定可知:第一,矫正小组是我国对社区矫正人员进行监督管理、教育矫正和社会适应性帮扶的工作平台和基本载体。矫正小组的核心部分是"一体双翼",即以司法所工作人员为主体,社会工作者和志愿者作为司法所工作人员的"左膀右臂"。第二,我国的参与模式隐含于矫正小组之中,可表述为"2+N"的参与模式:"2"是指我国社区矫正中的社区参与主体由社会工作者和志愿者组成;"N"是指村(居)民委员会等社会力量协助社区矫正机构进行社区矫正。

"2+N"参与模式在运行过程中取得显著成效,但也存在诸多不足,主要有:第一,"2+N"参与模式的制度设计以城市社区矫正为蓝本,没有考虑到城乡差异,因而难以在我国广大农村地区同步骤、一体化推行;第二,"2+N"参与模式过分依赖社会工作者和志愿者,没有充分发挥我国基层群众性自治组织严密组织体系优势和基层社会治理的巨大潜力;第三,"2+N"参与模式过分倚重政府购买社区矫正社会服务,不符合社区矫正中的社区参与的志愿性、自发性、自组织性等特征,也不太符合节约司法成本等社区矫正制度构建的初衷和目标;第四,"2+N"参与模式在组织社会力量参与社区矫正工作时,没有充分利用和发挥社会力量参与的核心力量即基层群众性自治组织的组织和凝聚作用,从而使司法所不得不直接地、多头地对接所有的社会力量。

---

[1] 胡玲琳:《我国高校研究生培养模式研究》,复旦大学出版社2010年版,第31页。

[2] 田兴洪:《社区矫正中的社区参与模式研究》,法律出版社2017年版,第100页。

（三）我国应构建和完善“基层群众性自治组织”参与模式以取代现行“2＋N”参与模式

1.“基层群众性自治组织”参与模式的内涵界定

基层群众性自治组织是指根据我国《宪法》和法律规定，在城乡社区范围内设立，并由社区居民或村民选举产生的成员组成的，实行自我管理、自我教育和自我服务的社会组织。“基层群众性自治组织”参与模式则是指各种社会力量在基层群众性自治组织的协调下，配合社区矫正机构开展社区矫正相关工作的社区矫正中的社区参与模式。其主要内涵是：第一，构建和完善城市和农村“社区矫正工作站”等社区矫正参与网络；第二，明确基层群众性自治组织为社会力量中起组织和凝聚作用的核心力量地位，社区矫正机构可将组织社会力量参与社区矫正工作的具体任务全部委托给基层群众性自治组织，再由基层群众性自治组织主导和组织社会力量配合司法所参与社区矫正工作；第三，司法行政机关可以采用政府购买社会服务的形式与基层群众性自治组织签订协议，明确基层群众性自治组织在主导和凝聚社会力量参与社区矫正工作中的权利和义务；第四，基层群众性自治组织可以聘请社会工作者、心理咨询师、律师等社会力量参与社区矫正工作，以增强组织社会力量参与社区矫正工作的专业性、针对性和实效性；第五，社区矫正机构可以委托第三方对基层群众性自治组织的社区矫正参与工作进行评估，以便司法行政机关兑现承诺、奖优罚劣。

2. 构建“基层群众性自治组织”参与模式的必要性分析

（1）“基层群众性自治组织”参与模式的优势分析。“基层群众性自治组织”参与模式的优势主要表现在：第一，“基层群众性自治组织”参与模式有利于在全国同步运行、整体推进，体现了综合平衡和全国“一盘棋”的思路；第二，“基层群众性自治组织”参与模式有利于充分发挥我国基层社会治理的优势，符合基层群众性自治组织机构体系完备、工作职责明确、人员配备到位等特点和现状；第三，“基层群众性自治组织”参与模式不过分依赖政府购买社区矫正社会服务，而是重在挖掘和利用社会力量，符合社会力量参与社区矫正工作的志愿性、自发性、自组织性等特点，有利于实现社区矫正工作节约司法成本等初衷；第四，“基层群众性自治组织”参与模式有利于更好地配合社区矫正机构做好组织社会力量参与社区矫正工作，使社区矫正机构有更多的精力和时间抓好社区矫正刑罚执行队伍建设和专职社区矫正队伍建设等工作。

（2）构建“基层群众性自治组织”参与模式的可行性分析。主要表现在：第一，

"基层群众性自治组织"参与模式具有强大的组织保障体系;第二,"基层群众性自治组织"参与模式有利于社会力量在基层群众性自治组织的凝聚作用下自我组合,有利于社区矫正机构放开手脚集中精力加强社区矫正工作的制度化、规范化、法治化建设等主体性工作;第三,"基层群众性自治组织"参与模式具有一定的实施基础和试点经验。在社区矫正工作开展初期,"基层群众性自治组织"参与模式就在上海市社区矫正中的社区参与模式探索中得到试点。[1]

(3)"基层群众性自治组织"参与模式的运作方式。基本思路是:在现有矫正小组的框架内,再建立由基层群众性自治组织牵头的社区矫正帮教小组。帮教小组应当选定一名具有监督管理能力和愿意承担监督管理责任的社区矫正人员亲友或社区居民作为社区矫正监护人。城市社区矫正帮教小组的组织形式可以分为楼门长模式、党小组模式等,农村社区矫正帮教小组的组织形式可以包括近邻模式、致富带头人模式等。帮教小组与居委会、社区矫正人员签订协议,明确相互之间的权利与义务。

二、亮点与缺陷:社区矫正中的社区参与模式理论视域下《社区矫正法》的立法评析

(一)《社区矫正法》体现了构建"基层群众性自治组织"参与模式以取代现行"2+N"参与模式的立法趋势

《社区矫正法》体现了构建"基层群众性自治组织参与模式"以取代现行"2+N"参与模式的立法取向。[2] 比如,《社区矫正法》第38条规定,基层群众性自治组织可以在志愿者和社区群众的配合下,对有特殊困难的社区矫正对象进行必要的教育帮扶。这一规定体现了"基层群众性自治组织"参与模式的基本内涵和主要特征。又如,《社区矫正法》第6条第2款规定,基层群众性自治组织和其他社会组织依法协助社区矫正机构开展工作所需的经费应当由政府予以保障。这种规定在现行法律法规中也是没有的,从经费保障的角度对"基层群众性自治组织"参与模式进行保障和肯定。

同时,《社区矫正法》也明显表达限制和调整现行"2+N"参与模式的立法取向。比如,《社区矫正法》第40条的规定将政府购买社区矫正服务限制在为社区矫正人员在教育、心理辅导、职业技能培训、社会关系改善等方面,其实就是对于现行

---

〔1〕 司法部基层工作指导司编:《社区矫正试点工作资料汇编(三)》,第66页。
〔2〕 田兴洪:《社区矫正中的社区参与模式研究》,法律出版社2017年版,第492页。

“2 + N”参与模式暴露出来的诸多问题的反思和纠正。

(二)《社区矫正法》与社区矫正中的社区参与模式的理论构想尚有差距

《社区矫正法》虽然体现了构建“基层群众性自治组织”参与模式以取代现行“2 + N”参与模式的立法趋势,但是与社区矫正中的社区参与模式的理论构想尚有差距,主要表现在:

1. 参与目标存在的不足

社区参与的目标在于助力社区矫正,因此,社区矫正的目标也就是社区参与的目标。《社区矫正法》第 1 条的规定存在以下问题:第一,制定依据表述不完整。应当补充规定:根据宪法,依据《中华人民共和国刑法》和《中华人民共和国刑事诉讼法》,制定本法。第二,没有完整表述和体现参与目标的内涵。根据我国《刑法》《刑事诉讼法》等相关规定,可以将我国的社区参与目标归纳为:一是预防和减少犯罪,二是维护社会和谐稳定,三是将社区矫正人员改造成为守法公民。第三,“预防和减少犯罪”应该放置于“正确执行刑事判决、裁定和暂予监外执行决定”之前,强调它的重要地位。[1]

2. 参与主体存在的不足

(1)矫正小组中参与主体的角色和职责不明确。参与主体在矫正小组中可以扮演矫正监督人、矫正担保人、矫正责任人、矫正协同人等不同角色并承担不同职责。第一,矫正监督人。社区矫正监督人通常由社区矫正人员具有监督管理能力的直系亲属及所在单位、社区的有关人员组成。社区矫正人员系未成年人或者精神病人的,监督人应当由其法定监护人担任,监督人应当协助司法所督促未成年社区矫正人员遵守社区矫正纪律,履行矫正义务。[2] 第二,社区矫正担保人(或称保证人)。社区矫正担保人类似于刑事司法制度中取保候审的取保人,担保人在矫正小组中主要起担保作用而非承担过多的监管职责。第三,社区矫正责任人。一般来说,社区矫正责任人由专职社区矫正工作者(包括司法行政机关执法者和政府聘用的矫正社会工作者)担任,主要职责是针对社区矫正人员的具体情况提出矫正方案,落实矫正措施。第四,矫正协同人。矫正协同人主要是指社区民警等助力、协同司法行政机关开展社区矫正工作的有关部门及其工作人员。[3]

---

〔1〕 张荆:《中国社区矫正史浓墨重彩的一笔,十所高校专家为社区矫正立法把脉》,载 https://www.sohu.com/a/330893174_427997。

〔2〕 《社区矫正管理工作制度》,载 http://wenku.baidu.com/2016-07-16/link? url。

〔3〕 高莹:《社区矫正工作手册》,法律出版社 2015 年版,第 206 页。

(2)基层群众性自治组织有能力有必要参与审前调查。《社区矫正法》第18条排除了社区矫正决定机关根据需要委托基层群众性自治组织进行审前调查的可能。国务院法制办于2016年12月1日发布的《中华人民共和国社区矫正法(征求意见稿)》第10条第2款规定,社区矫正决定机关根据需要可以委托基层群众性自治组织对罪犯的社会危险性和对社区的影响进行调查评估。[1]《社区矫正法》删除了上述《征求意见稿》中基层群众性自治组织可以接受社区矫正决定机关的委托对被告人或者罪犯的社会危险性和对所居住社区的影响进行调查评估的明确规定,这不利于基层群众性自治组织发挥其在社区矫正中的社区参与中的重要作用,因而实在是不可取。同时,基层群众性自治组织完全能够胜任审前调查评估工作。目前,我国社区矫正人员的日常管理主要(而且只能)依靠社区矫正人员居住地的基层群众性自治组织。基层群众性自治组织在社区矫正中的社会力量参与中具有重要地位和作用,因为基层群众性自治组织是社区自治的法定主体,而且实际担任着社区一级行政管理的职责,组织机构在城乡社区普遍设立。2017年的《民法总则》第101条规定,居民委员会、村民委员会具有基层群众性自治组织法人资格,未设立村集体经济组织的,村集体经济组织的职能还可以由村民委员会依法代行。[2]可见,村民委员会的性质、作用以及法定职能,使其能够有动力、有能力参与社区矫正,能够做好审前调查工作。另外,关于委托调查评估机构,也不能将委托调查机构完全局限于社区矫正机构和基层群众自治组织,应当增加"其他有资质的社会机构"参与调查评估的内容。[3]

3. 参与对象存在的不足

参与对象的范围较为狭窄。《社区矫正法》第2条规定:"对被判处管制、宣告缓刑、假释和暂予监外执行的罪犯,依法实行社区矫正。对社区矫正对象的监督管理、教育帮扶等活动,适用本法。"[4]参与对象的范围是由社区矫正的法律性质决定的。有学者认为,社区矫正是刑事执行,而不是刑罚执行,刑事执行的定性更准确,更具开放性。[5]《社区矫正法》对社区矫正的法律性质是刑罚执行活动,所以参与

[1] 田兴洪:《社区矫正中的社区参与模式研究》,法律出版社2017年版,第492页。

[2] 田兴洪:《社区矫正中的社区参与模式研究》,法律出版社2017年版,第512页。

[3] 吴宗宪教授、刘志伟教授参加《〈社区矫正法(草案)〉专家研讨会》上的发言,载https://mp.weixin.qq.com/2019-08-20/s? src=11&timestamp=1567425343&ver=1828&signature。

[4] 田兴洪:《社区矫正中的社区参与模式研究》,法律出版社2017年版,第175页。

[5] 张荆:《中国社区矫正史浓墨重彩的一笔,十所高校专家为社区矫正立法把脉》,载https://www.sohu.com/a/330893174_427997。

对象只能是罪犯。这一规定存在以下问题：第一，对未成年违法犯罪人员的矫正难以开展。有学者在调研中发现，能够进入社区矫正的18周岁以下的未成年人数量很少，河南某市3年只有5名未成年人社区矫正对象进入社区矫正。全国2015年11月统计只有13,767名未成年人进入社区矫正，占社区矫正对象的2%。应当通过立法扩大未成年社区矫正的范围，将14岁以下恶性犯罪、16岁至18岁触法未成年人，以及附条件不起诉未成年人纳入社区矫正范围。[1] 第二，我国却围绕大量不会再犯罪的缓刑者进行过度监督，消耗大量司法资源，得不偿失。在国外，社区矫正对象的主体是假释，国外假释制度决定了刑期过半或执行完2/3刑期后多数监狱服刑人员会被假释进入社区进行矫正。而中国的假释制度过于严苛，能够进入社区矫正的人数极少，不到10%，我国矫正对象的主体是缓刑人员，2016年全国统计占到90%，有关调研数据表明，有些市县缓刑者高达98%。缓刑者中有相当数量的酒驾者等过失犯。对于缓刑者日本仅有10%的人因可能重新犯罪的，经法院裁定"附带保护观察"进入社区矫正。[2]

4. 参与客体存在的不足

（1）社区服务不能归属于公益劳动。《社区矫正法》第42条将现行社区矫正实践中一直坚持的"社区服务"界定为"公益活动"，这是值得商榷的。"公益"解释为"公共的利益，多指救济、善举，具有服务社会的奉献性、不获取报酬的自愿性等特征"。《社区矫正实施办法》规定社区服刑人员每月劳动时间不低于8小时。现在改为公益活动，大大降低罪犯的刑罚负担。[3] 因此，建议在修改《刑法》时，将社区服务变成一种刑罚种类或者刑罚执行条件，由法官在量刑时根据犯罪情节等作出具体判决，然后由社区矫正机构执行。如果暂时做不到这一点，应当在《社区矫正法》中对社区服务的决定和执行事项作出具体、详细的规定。[4]

（2）关于矫正地变更的规定有待改进。《社区矫正法》第27条的规定存在以下问题：

第一，对于矫正地变更的类型及其矫正措施的规定应该细化。社区矫正中矫正地变更是指社区矫正人员长期性或暂时性离开居住地而引起矫正地改变的法定

---

〔1〕 张荆：《中国社区矫正史浓墨重彩的一笔，十所高校专家为社区矫正立法把脉》，载https://www.sohu.com/a/330893174_427997。

〔2〕 同上。

〔3〕 武玉红：《社区矫正立法草案的修正建议》，载《上海法治报》B6版。

〔4〕 吴宗宪教授、刘志伟教授参加《〈社区矫正法（草案）〉专家研讨会》上的发言，载https://mp.weixin.qq.com/2019-08-20/s?src=11&timestamp=1567425343&ver=1828&signature。

事实,主要包括迁居性变更、暂离型变更和外出型变更三种类型。迁居型矫正地变更指社区矫正人员离开现居住地在新的居住地将要或者已经连续居住6个月以上从而引起矫正地变更的法定事实。暂离型矫正地变更指社区矫正人员离开现居住地到新的居住地将要或者已经连续居住1个月以上6个月以下从而引起矫正地变更的法定事实。外出型矫正地变更是指社区矫正人员离开现居住地到新居住地将要或已经连续居住3日以上1个月以下从而引起矫正地变更的法定事实。矫正地变更后,社区矫正人员的矫正也应有所变更。一般来说,迁居型矫正地变更的社区矫正人员的矫正,应由新矫正地的社区矫正机构进行矫正。暂离型矫正地变更的社区矫正人员的矫正,应委托异地社区矫正机构进行矫正。外出型矫正地变更的社区矫正人员的矫正,应由审批外出的社区矫正机构进行延伸矫正,并强化矫正措施。

第二,在社区矫正中,居住地变更实际上是办理社区矫正人员刑罚执行管辖权变更手续。根据我国法律法规,户口、身份证、暂住证、居住证的申报、办理及其变更由公安机关负责。我国《户口登记条例》规定,户口登记工作,由各级公安机关主管。所以,司法行政机关是无权办理户籍意义上的迁居手续的,《社区矫正法》第27条有关居住地变更规定也并非要迁移户口,而仅仅是司法行政机关之间社区矫正刑罚执行权的变更。因此,建议将《社区矫正法》第27条进行修改,修改后条文核心内容为"社区矫正人员因居住地变化确需变更县级司法行政机关刑罚执行管辖权的,应当提前1个月提出书面申请,由司法所签署意见后报经县级司法行政机关审批"。[1]

(3)经费保障有待加强。经费社区矫正中的社区参与的重要物质基础。根据相关法规规定,我国社区矫正经费保障的基本要求是建立社区矫正经费的全额保障制度,并建立社区矫正经费动态增长机制。但是在实际工作中还存在地区差异和经济条件制约社区矫正经费保障水平、亟须建立社区矫正经费保障奖惩激励机制等问题。《社区矫正法》第6条的规定有利于从法律层面对于社区矫正中的社区参与的经费保障提供明确的法律依据,但是还存在不足,建议从以下方面进行完善。一是建议在政府收支分类科目中将社区矫正经费单列;二是合理划分各级政府的财权、事权,构建中央和省级财政为主的经费保障体制(以省级财政为主,经济发达地区各级财政分担);三是列举主要经费项目;四是规定动态增长机制(避免货

---

〔1〕 胡子:《社区矫正刑罚执行管辖权和居住地变更问题》,载 http://blog.sina.com.cn/2014-05-16/s/blog_4c0747610101axd6.html。

币贬值引起的经费短缺问题)。[1]

5. 参与质量存在的不足

参与质量是社区矫正中的社区参与模式的落脚点和归宿,因为社区矫正中的社区参与模式的构建和完善都是为了进一步提高社区矫正中的社区参与模式的参与质量。但是,参与质量是我国社区矫正中的社区参与的薄弱环节,《社区矫正法》也没有对参与质量作出专门的明确规定。国外有关参与质量的规定可以作为借鉴。比如,美国联邦监狱局《社区矫正的使命与责任》规定了专门的质量控制计划(Quality Control Plan,QCP)和质量保证计划(Quality Assurance Plan,QAP)。[2] 又如,新加坡地方法院推出的《在社区的罪犯缓刑和更生的国家标准》为各种不同的缓刑工作提供了一个清晰的框架和具体的指导,包括时间表、程序,在罪犯审判过程中适时地通知有关各方等详细的流程和说明,方便公众了解,也可以帮助新进入该系统的工作人员尽快熟悉情况。[3]

三、价值与重构:社区矫正中的社区参与模式理论视域下《社区矫正法》的完善对策

有学者认为,《社区矫正法》应当实现三个立法目标,即促进工作发展、细化相关制度和贡献中国智慧。[4] 还有学者认为,《社区矫正法》在实现解决具体领域法律问题核心价值的同时,应实现对该具体领域在工作实践、理论研究、制度形成、改革发展四个维度方面的立法支持价值。[5] 就社区矫正中的社区参与而言,最核心的问题就是没有形成科学的社区矫正中的社区参与模式。因此,结合上文的分析,对《社区矫正法》的完善提出如下建议。

1. 科学优化参与目标

保留"将社区矫正人员改造成为守法公民",同时作以下优化:第一,增加"惩罚犯罪人"。社区矫正是一种刑罚制裁形式,对犯罪人应具有惩罚性。第二,用"保护

---

〔1〕 吴宗宪教授、刘志伟教授参加《〈社区矫正法(草案)〉专家研讨会》上的发言,载 https://mp.weixin.qq.com/2019-08-20/s? src=11&timestamp=1567425343&ver=1828&signature。

〔2〕 赵秉志:《社区矫正法(专家建议稿)》,中国法制出版社 2013 年版,第 387~388 页。

〔3〕 刘强:《社区矫正组织管理模式比较研究》,中国法制出版社 2010 年版,第 157 页。

〔4〕 吴宗宪教授、刘志伟教授参加《〈社区矫正法(草案)〉专家研讨会》上的发言,载 https://mp.weixin.qq.com/2019-08-20/s? src=11&timestamp=1567425343&ver=1828&signature。

〔5〕 杨云辉:《社区矫正法应成为完善刑罚体制 促进法治统一的立法典范》,载 https://mp.weixin.qq.com/s? src=11&timestamp=1567425804&ver=1828&signature。

公众”取代“维护社会和谐稳定”,因“保护公众”的表述更为明确、直接,也更符合我国《刑法》规定的“惩罚犯罪,保护人民”的立法目的。第三,建议删除“配置资源”、“提高效率”和“降低成本”。建议将《社区矫正法》相关条款修改为:

第一条 为了预防犯罪,惩罚犯罪人,保护社会公众,保障和规范社区矫正工作,正确执行刑事判决、裁定和暂予监外执行决定,提高教育矫正质量,将社区矫正对象改造成为守法公民,根据宪法,依据《中华人民共和国刑法》和《中华人民共和国刑事诉讼法》,制定本法。[1]

2. 着力强化参与主体

主要措施是加强社区自治和基层群众性自治组织的自身能力建设。建议将《社区矫正法》相关条款修改为:

第十八条 社区矫正决定机关根据需要,可以委托社区矫正机构或者居民委员会、村民委员会等组织以及其他有资质的社会机构对被告人或者罪犯的社会危险性和对所居住社区的影响,进行调查评估。相关组织和人员应当提供必要的协助。

第二十五条第一款 社区矫正机构应当根据社区矫正对象的情况,为其确定矫正小组,负责落实相应的矫正方案。矫正小组成员中应当明确社区矫正对象的矫正监督人、矫正担保人、矫正责任人、矫正协同人等角色定位,以及没有履行相应职责应当承担的法律责任。

3. 适度整合参与对象

具体措施包括:第一,将违法行为教育矫治对象纳入参与对象范围。第二,通过一定的机制和措施,筛选出社区矫正解矫人员、监狱刑满释放人员中再犯风险较大者,将其纳入社区矫正,及时予以教育、监督和帮扶。第三,扩大暂予监外执行犯的适用范围。第四,扩大缓刑犯的适用范围。第五,扩大假释犯的适用范围。建议将《社区矫正法》相关条款修改为:

第二条第一款 对被判处管制、宣告缓刑、假释或者暂予监外执行的罪犯以及社区矫正决定机关确定的其他人员,依法实行社区矫正。

4. 深度落实参与客体

落实参与客体应以社区矫正对象的“社会化”为基本指向,并增强参与客体的科学性、针对性和可操作性。建议将《社区矫正法》相关条款修改为:

---

[1] 田兴洪:《社区矫正中的社区参与模式研究》,法律出版社2017年版,第455页。

第六条 各级人民政府应当将社区矫正经费单独列入本级政府预算。

构建中央和省级财政为主的社区矫正经费保障体制，以省级财政为主，经济发达地区各级财政合理分担。

居民委员会、村民委员会和其他社会组织依法协助社区矫正机构开展工作所需的经费应当按照规定列入社区矫正机构本级政府预算。[1]

第二十七条第二款 社区矫正人员因居住地变化等原因确需变更县级司法行政机关刑罚执行管辖权的，应当提前一个月提出书面申请，由司法所签署意见后报经县级司法行政机关审批。迁居型矫正地变更的社区矫正人员的矫正，应由新矫正地的社区矫正机构进行矫正。暂离型矫正地变更的社区矫正人员的矫正，应委托异地社区矫正机构进行矫正。外出型矫正地变更的社区矫正人员的矫正，应由审批外出的社区矫正机构进行延伸矫正，并强化矫正措施。对于需要经常性跨市、县活动的，可以简化批准程序和方式。[2]

第四十二条 社区矫正机构可以根据社区矫正人员的身体状况和个人特长，组织其参加社区服务以及其他活动，修复社会关系，培养社会责任感。[3]

5. 继续提升参与质量

主要措施包括开展关于参与质量的全方位评估、进一步完善质量评估指标体系和方法、引入第三方评价机制等。建议将《社区矫正法》相关条款修改为：

第二十五条增加一款作为第二款：国家加强对社区矫正质量的监督和评估，制订相关质量计划或保证方案，并引入第三方评价机制，确保社区矫正工作有效开展。

---

〔1〕 田兴洪：《社区矫正中的社区参与模式研究》，法律出版社 2017 年版，第 360 页。

〔2〕 田兴洪：《社区矫正中的社区参与模式研究》，法律出版社 2017 年版，第 562 ~ 570 页。

〔3〕 田兴洪：《社区矫正中的社区参与模式研究》，法律出版社 2017 年版，第 201 ~ 206 页。

论社会工作参与社区矫正的困境与出路

陆　浩*

摘　要:《社区矫正法》已经明确社会工作参与社区矫正,有些地方也已经在社会工作参与社区矫正这个领域尝试了多年,但目前社会工作参与社区矫正还是存在很多现实困境,笔者结合自己10年的社区矫正社会工作实务经验,从社会工作角度谈谈社会工作参与社区矫正的困境和出路。

关键词:社会工作参与;教育帮扶;未成年社区矫正

社区矫正是对人开展矫正的一项特殊工作,因此,对社区矫正对象的教育矫正工作须更注重专业人才的聘用。通过政府购买服务,让专业的社会工作者负责,在开放的社区环境,把社区矫正对象当正常人"去标签化"对待,充分尊重与相信其改过自新的愿望,挖掘其向上向善和自我矫正的潜能,充分发挥家庭、朋辈、学校、工作单位和社会团体等社会帮教力量,整合相应的的教育帮扶资源,采取更加人性化的监督管理和教育帮扶的方法,有利于罪犯再社会化并重返社会。而且,社会工作参与社区矫正,有利于减轻政府的负担和改善社区矫正的工作成效。

我国《社区矫正法》在第一章就强调立法目的"提高教育矫正质量,促进社区矫正对象顺利融入社会,预防和减少犯罪","社区矫正工作坚持监督管理与教育帮扶相结合,专门机关与社会力量相结合,采取分类管理、个别化矫正,有针对性地消除社区矫正对象可能重新犯罪的因素,帮助其成为守法公民"。随后又在《社区矫正法》的第11条、第25条、第40条等具体阐明社会工作参与社区矫正的具体内容。从中可以看出,社会工作整合社会力量开展社区矫正,是社区矫正对象顺利融入社

* 陆浩,浙江省台州市天宜社会工作发展中心主任。

会的关键措施。监督管理和教育帮扶这两个貌似冲突的矫正手段，实则可以平衡互助，达到良好的介入效果。

然而在实践中，由于社会工作在国内发展还不算成熟，服务水平参差不齐，社会工作如何参与社区矫正在现如今仍然充满挑战。不过令人欣喜的是，现时国内已有很多地方不断开拓创新，在不违背《社区矫正法》的前提下，结合当地实际情况一步步地摸索，并不断对社会工作参与社区矫正进行规范提升。本文笔者将结合在社区矫正社会工作的实务经验，更多从实践角度来反思目前社会工作参与社区矫正的困境和出路。

一、社会工作参与社区矫正的现实困境

2003 年社区矫正试点以来，由于社区矫正对象的数量不断增加，从事社区矫正的社会工作者队伍进一步壮大。在实践中，社会工作者协助司法行政机关承担大量的日常工作，是社区矫正工作中不可或缺的一支重要力量。毋庸置疑，社会工作者在参与社区矫正工作中还存在很多问题：

（一）社会工作者的专业化水平不足

目前，我国从事社区矫正工作的社会工作者大多学历偏低，持有社会工作专业学历学位的人员比例较小，一些省份实际参与社区矫正的社工，既没有社会工作专业背景、学历，也没有社会工作方面的实践经验，与真正意义上的具有专业化技能和理念的社会工作者有较大差距，且存在流动性大、整体素质和能力不足等问题，不适应社区矫正工作长远发展的需要。社区矫正是对社区矫正对象开展工作，是做人的工作，因此对矫正社工的专业质素能力要求较高，否则工作很容易停留于形式。

（二）经费保障不够充足

社区矫正工作全面推进以来，中西部省份与东部省份在社工参与社区矫正经费保障上还存在较大差距，有的中西部省份无法为社工参与社区矫正工作提供必要的经费保障，有的省份没有建立经费保障动态增长机制，已有的经费保障标准不能满足工作需要。即使在经济较为发达的东部沿海地区，很多地方的社工待遇也是参差不齐，甚至有些地方的社工不是专职矫正社工，社工身兼多个项目，其作用很难发挥出来。

（三）社工的法定权责不清晰

社区矫正性质上属于刑事执行活动，社会工作参与社区矫正在实际工作中不

可避免地带有行政化的倾向,工作方式依然是行政性、强制性,这样的矫正过程其实非常不利于社会工作者和社区矫正对象专业信任关系的建立,关系不深入很容易导致矫正目标难以实现。有的地方社会工作者的日常管理由各乡镇或街道司法所负责,社工机构仅负责社会工作者合同签订、人事档案管理等事务,作为独立法人的自主运作机制不畅,某种程度上沦为司法行政部门的附属机构,造成“管人的不管事,管事的不管钱,管钱的不管人”的局面。有的地方社会工作者承担了不该由其承担的管理工作,对其参与社区矫正工作的责任风险、人身安全等缺乏必要保障。

然而,是不是这些问题就无解呢?或者说是不是现阶段还无法解决呢?

二、社会工作参与社区矫正的可能出路

笔者从2010年3月开始从事社区矫正社会工作,并在实践中进行了大量的探索,现如今摸索出一条社会工作参与社区矫正的可行性道路。结合自身的实践,笔者对社会工作参与社区矫正的现实困境提出以下几点建议:

(一)确保社会工作者的独立性并充分授权

社会工作者参与社区矫正,其本质上仍是一名社会工作者,社工在开展服务和行事的过程当中,首先需要遵守的是社会工作的专业价值和伦理,任何其他权责不能凌驾于社工专业守则之上,例如不能将赏罚和惩治理念置于社区矫正对象个人需求和利益之前,社会工作者应该对社区矫正对象施以更多的同理心,对社区矫正对象进行认真倾听和接纳。

司法行政部门应当给予民间社工机构高度的肯定、重视、信任和授权。社会工作参与社区矫正的办公地点、服务电话和服务场所,不宜和司法行政部门放在一起,尽量避免对社区矫正对象的标签化,也尽量避免社工的行政化倾向,相信社工有能力去处理社区矫正对象的矫正和个案工作。社会工作者以社区矫正对象的身、心、社为主线,注重改善社区矫正对象的家庭、朋辈、工作、闲暇四大人生支柱等家庭系统和社会支持系统,同时以“人在情境中”的理念为社区矫正对象开展资源整合和链接,为社区矫正对象提供实实在在的辅导和服务。

社会工作在参与社区矫正实践中,除了法定的监管有一定的标签化之外,其他时间和空间大都不会提及“司法”“矫正”“改造”“帮扶”等标签化词汇,社会工作者大体可以独立地以社会工作原则为工作重心,协助社区矫正对象重建家庭支持系统和社区支持功能,帮助社区矫正对象尽早健康融入家庭和社会之中。否则,即使

社区矫正中心有最舒适的心理矫正设施，如音乐治疗椅、沙盘、柔软的沙发、暖色调的图书室等，社区矫正对象也不会真正愿意来矫正中心接受辅导和服务。

（二）确保社会工作者的专业性并权责清晰

从事社区矫正的社会工作者，应该具有国家承认的社会工作专业专科及以上学历。如果是其他相关专业（如心理学、社会学、人类学等），则要求具备国家颁发的社会工作职业水平证书。如果是社工团队负责人，还应该要求社工负责人具有不少于3年以上社会工作实务经验。可能有的人会觉得这个专业门槛比较高比较苛刻，但其实，这样做可以免除很多后顾之忧，而且现在有100多所高校都有社会工作专业在培养学生，更别说其他相关专业的高校学生数量，只要待遇不差，是能够招聘到合适的社工人员的，关于待遇问题，我们在后面进行讨论。

另外，社区矫正社会工作者还应该遵守如下要求：（1）遵守《社会工作者职业道德指引》和司法行政机关的管理制度，热爱社会工作，具有社会责任感和敬业精神；（2）掌握涉及社区矫正社会工作的法律、法规、政策和犯罪学、心理学等方面的基础知识；（3）自觉接受社会工作专业继续教育和司法行政部门举办的社区矫正业务培训，不断提高职业素质和专业服务能力；（4）尊重社区矫正对象的自决权、隐私权、知情权，保护其利益，从内心接纳社区矫正对象；（5）运用专业方法和技巧，帮助解决社区矫正对象的实际问题；（6）与其他专业人士相互尊重、共享信息并有效沟通。

（三）司法行政部门加强对社工机构的监督评估和财务保障

由于社工服务机构的相对独立性，司法行政部门作为政府购买单位，需要加强对社工机构开展服务监督和评估管理，监督评估可分为日常监督和定期评估。司法行政部门注重监督管理，社会工作机构注重教育帮扶，两者在日常的工作中需要每日加强沟通协作，互通有无，尤其在一些重点个案的跟进上。在此基础上，司法行政部门需要每月定期对社工机构的服务进行线下评估，确保社工服务不打折，社工机构高标准高质量地完成服务指标。在条件允许的地方，司法行政部门可以委托可靠的且双方认可的第三方对社会工作服务进行专业评估和监督。

在高标准要求下，司法行政部门通过政府购买服务的方式，保障社工参与社区矫正的服务经费。服务经费包含社工人员工资、五险一金、节日高温补贴、交通费用、活动费用、办公行政经费、督导培训费用、税费审计费等，全部打包以招投标的形式进行公开招标。社工人员工资不应低于当地平均工资水平，条件允许的情况下宜适当提高。至于社工数量的配比，结合我们机构的多年实践，以100∶1配置即可，即100名社区矫正对象配备1名专职社区矫正社工。这个配比很多人肯定觉得不可思议,但我们实践中确实是这样配置的。这样做有三方面考虑:一是缩减社工数量,提高社工质量,提升社工待遇;二是社工在社区矫正实践中需要注重其他社会力量的整合利用,比如机关工委退休老干部、组织部党员志愿者、社会志愿者等,社工不要单打独斗,社工要整合社会力量一起参与社区矫正,这也是社区矫正的初衷;三是专职社工在数量和精力有限的情况下,需要对社区矫正对象进行评估分类,重点个案重点跟进,不同类型的个案制订不同的个性化矫正方案。

(四)逐步提升社工机构自身的资金来源多元化能力

社会工作机构是民间社会组织,它有自身的优势和活力,我们不要把社工机构仅仅看成司法行政部门的助手,而应该将社工机构看成一个独立的法人,事实上也是如此。这样社工机构就可以充分发挥自身的优势,在社区整合资源和拓展其他项目,将资金来源尽量多元化,绝不把所有的鸡蛋全部放在一个篮子里。目前来看,结合我们自身的实践,社工机构的资金来源,除来源于司法行政部门以外,还可以来源于公安检察机关、乡镇街道、组织部、工青妇残等其他政府部门,也可通过民政公益创投和99公益日,也可开展公益义卖、服务收费和社会捐赠,还可以通过举办养老院和社会企业等创收。随着资金来源的日益多元化,社工机构的资金就会越来越宽裕,社工机构自身的独立性也会越来越强。

(五)社工机构自身加强督导、管理和考核

俗话说"打铁还需自身硬",社工机构必须注重对社工人才的招募、培养、督导和管理,在机构制度的约束和激励下,发挥社会工作不可替代的专业优势,唯有如此,社工在未来才会立于不败之地。不仅在社区矫正行业,在各行各业都可以将社工融入并发扬光大,为社会解决更多的社会问题。同时,社工机构需要注重对不同专业人才的吸纳,在一个社工机构中,社会工作专业毕业的人才占到60%~80%即可,这样既可以保证社会工作的主要优势视角,而且可以在机构内部实现跨专业、跨部门、跨领域的通力合作及思维碰撞。

三、未成年社区矫正的一体化探索

我们在社区矫正的实践中发现,未成年人案件能够到达社区矫正阶段的数量非常之少,甚至到法院阶段的都很少,大部分未成年人案件是在检察阶段进行不捕不诉终结掉,公安阶段对未成年人作行政处罚的案件数量也非常可观。因此,在未成年人的社区矫正这一块,我们机构联合当地的公检法等部门作了大胆的少年司法一体化探索。

历来公检法等办案机关都是各司其职。当一个涉嫌犯罪的未成年人进入公检法等机关的刑事诉讼程序时，将会受到侦查、讯问、逮捕、起诉、审判、执行等处置。但对于心智尚未成熟的未成年人，尚未有专业的社工对涉罪未成年人进行全程陪伴与关护，其所面临的遭遇是按照理性的成年人为假设对象而设计的制度模式，"未成年人"的特殊性并没有受到应有的尊重。

未成年人孕育绿色和生机，代表明天和希望，根据"未成年人利益最大化"原则，"教育感化挽救"是少年司法的出发点和落脚点，要求对罪错未成年人和未成年被害人予以特殊、优先、全面保护，在实现办案专业化同时，强化司法保护社会化支撑。为此，构建由"党委政府主导、社会力量支持、公检法司等多部门联合的未成年人关护一体化机制"，以政府购买服务形式，引入专业司法社工参与刑事诉讼全程并实施对罪错未成年人和未成年被害人的关护工作，帮助其重新融入家庭和社会，对于实践保护性司法，推进社会善治，从而最大程度地教育感化挽救罪错未成年人、保护未成年被害人意义重大。

在少年司法一体化中，从侦查阶段开始，社工关护工作便同步开展，针对涉罪未成年人的社会调查工作从侦查阶段即开始启动，专业专职司法社工全程参与刑事诉讼及后期矫正帮教环节，涵盖公检法司四个阶段，一案到底，全程关护。服务期间为"侦查、批捕、审查起诉、审判"四阶段及刑事诉讼结束后的社区矫正和安置帮教时期。对涉罪未成年人开展"观护 + 帮教"，对未成年被害人实行"救助 + 保护"，对未成年人进行全程化、同步化、一体化关护。项目既有普遍性，也有针对性，双管齐下、"惩教"不悖，提升教育感化挽救的效果。

目前，该少年司法一体化项目我们已经探索了 3 年，效果是非常明显的，由于实现了同一名社工对同一名未成年人实行全程化全面化的关护帮教工作，社工与案主的关系建立得都很深入，也得到了当地公安检察司法机关的高度认可，被评为首批全国未成年人检察创新实践基地。但是，这个少年司法一体化项目，对司法社工的专业能力和综合质素要求更高，一线社工必须是社会工作专业本科以上毕业，且至少有 3 年以上的未成年人社会工作服务经验；项目负责人能力要求更高，需要熟练掌握青少年心理、危机干预、创伤疗愈以及相关法律法规等；而且社工需要 365 天 ×24 小时随时上阵开展外展服务，同时社工最好是有车有驾照，社工需要经常在辖区内开展深宵外展服务。然而，社会工作以一体化的方式参与未成年人矫正工作，已经充分发挥了社会工作专业的不可替代性，社会工作被越来越重视，必然是未来的方向。

民间志愿者参与社区矫正长效机制研究

——以凉山彝区“德古”为例

汪　凌*

摘　要:德古是社区矫正队伍不可忽略的一支社会力量,然而德古在参与社区矫正帮教时,存在法律知识匮乏、各方参与不够深入、激励机制不完善等问题。社区矫正与德古职责具有较高的契合度,德古参与社区矫正工作具有必要性和独有的优势。应当通过健全社区矫正制度,鼓励和引导德古参与社区矫正,充分发挥德古在社区矫正中的重要作用,促使社区矫正对象顺利回归社会。

关键词:少数民族地区;德古;社区矫正

社区矫正,是指针对被判处管制、宣告缓刑、裁定假释、暂予监外执行这四类犯罪行为较轻的对象所实施的非监禁刑事执行。[1] 社区矫正工作既属于刑罚执行工作的一部分,也是社会治理工作的组成部分,要实现社区矫正的目的,节省刑罚执行资源,提高社区矫正的质量和效率,就要动员和组织社会力量广泛参与。而在少数民族地区,民间志愿者“德古”正是凉山彝区维护当事人合法权益的重要力量,同时也肩负着维护彝区法治和社会稳定,参与彝区治理的社会责任,将有利于社区矫正法律、法规的准确实施,有利于保障社区矫正对象的合法权益,并促进社区矫正的监管能力和教育矫正水平的提升。从法律规定以及少数民族各地实际工作情况看,民间志愿者“德古”参与较为薄弱甚至参与缺漏是一个比较突出的问题。本文将针对民间志愿者德古参与社区矫正工作机制进行探究。

---

* 汪凌,四川省宜宾学院法学与公共管理学部助教。

〔1〕 张新民、刘远书:《中国社区矫正制度与立法研究》,世界知识出版社 2019 年版,第 5 页。

一、凉山彝区实务现状:社区矫正工作缺乏德古参与

相较于国外实施近百年的、成熟的广义社区矫正制度,虽然我国仅仅做了十多年的探索,但也积累了一些经验,具有中国特色。社区矫正中社会力量的广泛参与是其显著特征,但在各地开展的社区矫正工作中,社会力量参与仍然不足,尤其缺乏德古的参与。基于工作实践时间相对较短、工作基础薄弱、法律制度不健全、人员素质不能完全适应等因素的影响和制约,社区矫正工作出现了不少新情况和新问题。少数民族地区的社区矫正与其他一些地区相比,基于地域、文化、信仰、民族问题而具有独特的实践特色,更需要理论的关注和研究来提供支撑。民族地区社区矫正制度的落实是本土化进程的继续发展,但在当下还存在众多问题,相当一部分问题根源于对社区矫正制度的理论认识不足和误解。

二、社区矫正与德古职责:德古参与社区矫正工作的优势

“德古”一词,在古代彝语中主要指的是德高望重、精通学识、聪明善言,掌握彝族习性古规古俗,可以通过习惯法和典型事例解决争议,处事公平决绝,口才甚佳,足以帮助家族(或地区)处理矛盾,解决很多刑事案件、民事案件的调解者。近年来,德古包括普通的彝族同胞、村社负责人(村主任、村书记、组长)、离退休公检法及其他离退休工作人员。这些群体随着国家法治的不断发展凭借自己的彝族德古文化知识和调解方法对彝族地区乡村振兴、产业兴旺、生态宜居贡献自己的价值和作用。德古不是与生俱来的,也不是人民群众推举出来的,更不是地方政府任命的,而是慢慢地通过调解案件,基于其品行和能力受到群众拥戴的。他们在一个区域或者一个家族内部享有相当大的威信,社会经验比较丰富,熟知天文地理和卦占卜,能够运用彝族习惯法,知悉有关彝人的记录与记载,对彝族谚语倒背如流,对彝族内部成员支系有非常全面和准确的认识。

德古可以改变社区矫正工作力量不足、专业能力薄弱的现状。从各地调研情况来看,随着社区矫正对象的不断增加,社区矫正工作人员偏少、工作力量不足问题越来越凸显。而社会力量参与度不够,各种社会资源在社区矫正的各环节中的衔接路径不畅,志愿者来源有限,发展动力和后劲不足,不能解决社区矫正工作力量不足的问题。德古是彝族家族中公平与正义的象征,是家庭纠纷与家族纠纷的解决者。目前,德古依旧在彝族社会中起着举足轻重的作用,就轻罪刑事案件及刑事违法责任承担的纠纷以及各类简单的民事纠纷,彝族人还是会优先选择请德古

帮助调解以及解决。德古不只是在家族中的地位较高,在整个彝族的家支社会中,德古都具有使人信服以及具有一定的威慑力。所以吸纳德古进入社区矫正队伍,不仅可以改善在彝族地区工作的社区矫正工作人员在工作中的语言障碍以及风土文化习俗的差异的困境,同时也能更好地指导帮助社区矫正对象进行充分的矫正,以及及时了解矫正对象的矫正状况。德古是公平正义的代表,又能言善辩,且熟知彝族习惯法和社会规范,这股大的民间法律力量足以让每位彝家人信服,即便是社区矫正对象出现逆反等不良情绪,德古家支都可以利用自身身份之便,给予一定的安抚和威慑。同时,如果德古加入社区矫正制度中,也会在少数民族地区学生中产生一定影响,以此吸纳更多专业的本民族学生以及本地区的其他专业的工作人员加入社区矫正的队伍中。

三、德古参与社区矫正工作的劣势

1. 缺乏德古激励机制

德古没有固定的工资,其在化解矛盾后,一般是案件双方自己愿意给予调解费,多少未定,或者哪一方请德古喝酒。调解领域宽泛是德古独有的特性,基本上涵盖了社会所有的范畴,主要是民间案件、部分轻微刑事案件。假设在调解纷争的过程中德古带有个人主观色彩或者私人利益,违背事实有失公允地调解案件,则其德古的身份也就慢慢地被人民抛弃。由此观之,德古根据自己的业余时间选择性地参与志愿活动,这类活动基本都是无偿的,没有任何实质性的报酬,连最基础的车费、误餐补贴都没有。然而社区矫正志愿帮教是一个长期的过程,帮教的无偿性很难让德古持续地将业余时间大量投入。志愿服务的无偿性削减了德古参与实践的积极性,因此没有足够的动力推动德古参与志愿服务。

2. 选拔机制和培训渠道匮乏

由于历史地理等诸多原因当地很多"德古"知识文化水平低,甚至不乏有"文盲"和"半文盲"存在,司法行政机关对德古队伍的管理与法律法规的培训与宣传不足,没有很好地使德古掌握和使用相关法律法规的规定,因此不能充分实现德古的价值和作用,很多德古对社区矫正的了解较少,不知道参与志愿帮教能做什么、自己可以提供哪些帮助、通过哪种方式可以参与其中、在提供志愿帮教时的注意事项和相关要求是什么、志愿帮教有什么安全保障等。由于没有对德古开展前期系统的培训,没有进行良好的志愿者组织建设,没有制定有效的志愿者管理条例和规范,导致志愿者在矫正过程中退出,造成服务中断的现象时有发生。加之凉山彝区历史、区位、文化、经济等方面的因素德古群体综合素质参差不齐，很多人没有上过学，大部分人文化程度也只是小学初中，因此社区矫正德古能不能帮教、帮教技巧到底如何，这是一个目前亟须解决的难题，民间志愿者人数变动较大，人员更换频繁。而社区矫正志愿帮教是一个长期持续的过程，需要稳定的社区矫正的志愿者队伍。所以，选拔思想过硬、工作能力强、专业知识扎实、对社区矫正帮教具有较高热情的德古志愿者至关重要，这需要设置系统、科学的选拔机制及相应的保障制度。

四、构建民间志愿者参与社区矫正长效机制

社区矫正工作的执法程序包括：接收宣告、矫正执行和解除、终止三大阶段。社区矫正工作的主要内容涵盖监督管理和教育帮扶两个方面。德古熟悉彝族习性古规古俗，可以通过习惯法和典型事例解决争议，拥有良好的沟通技能，十分契合教育帮扶社区矫正对象的需求。笔者认为，德古可以全程参与社区矫正工作，在各个阶段的工作中发挥其作用。

1. 广泛积极吸纳德古进社区矫正队伍，探索民族地区纠纷化解模式

主动开展彝区多元化矛盾纠纷调解机制试点，从彝族民间“德古”中择优吸纳合格者进入社区矫正队伍，配套建立选用、任免、培训、奖惩等制度，使之整合成为一支独具民族特色的司法辅助力量，实现国家法律与彝族“习惯法”相结合、法官与德古相结合、不断发展使之成为凉山彝区创新亮点。

让社区矫正对象获得德古的帮助，将有利于社区矫正法律、法规的准确实施，有利于维护社区矫正对象的合法权益不受侵犯，并将有效促进社区矫正监督管理能力的提升与教育帮扶工作的有效开展，推进社会治理的创新发展。在接受社区矫正的过程中，社区矫正对象可能会遇到刑事、民事等法律问题，如果有德古的适当介入，就可以使其得到正确的指导，避免重新违法犯罪，同时德古也可以在实践中提高对法律的理解和运用能力。

2. 德古的角色是社区矫正工作管理者不可替代的

社区矫正对象矫治成功，顺利回归社会，不仅对其个人前途和命运有重大意义，而且有益于社区建设和社会的安定团结。与社区矫正机构和公检法司法机关工作人员角色不同，对于社区矫正对象和其家属来说，德古更容易取得他们信任，由德古指引相关事务，更能得到接受和认可，同时对于辅助社区矫正人员的心理健康，亦有一定的作用。德古利用自己的业余时间，运用专业知识给社区矫正对象以

专业的帮助,更容易消除社区矫正对象误解和冲动的情绪,从而服从判决、裁定和决定,服从社区矫正机构的管理。

3. 教育帮扶阶段,定期进行警示教育

根据《社区矫正法》和《社区矫正法实施办法》的规定,社区矫正对象应当定期报告遵纪守法、接受监督管理、参加教育学习活动等情况,比如参加公共道德、法律常识等教育学习活动,可以增强法治观念、道德素质和悔罪自新意识。德古通过有针对性地举办法律专题讲座、组织旁听庭审等方式参与社区矫正集中教育,宣传相关法律知识,增强社会矫正对象法治观念及法律意识。发挥普法宣传与教育帮扶的作用。助其认罪悔罪,预防重新违法犯罪,为其重新回归社会打下良好基础。

五、结语

社区矫正制度是在刑罚思想和刑罚制度发展演变中产生的,是完善我国刑罚执行、统一刑罚执行体制的一项重要制度,在预防和减少重新违法犯罪,维护社会和谐稳定方面具有重要意义。《社区矫正法》作为第一部专门规范社区矫正制度的法律,标志着中国社区矫正工作步入法治化、高质量发展的新阶段。德古参与社区矫正既有其必要性和优势,也是其参与社会管理,承担社会责任的体现,但基于目前法律规定和实务现状,德古参与社区矫正还有很多工作要做,还有许多问题需要探讨和解决。期待德古能够在社区矫正这一社会治理中发挥越来越重要的作用,共同努力推进社会管理创新和法治中国建设。

参考文献

[1]李树彬、宋丽红、韩安莉:《社会力量参与社区矫正的实践与思考——以天津市社区矫正为视角》,载《人民调解》2018年第3期。

[2]易启宏、李欣:《社会力量参与社区矫正的实践困境与治理路径》,载《贵阳市委党校学报》2018年第8期。

[3]哈洪颖、马良灿:《社会力量参与社区矫正遭遇是时间困境和治理图景》,载《山东社会科学》2017年第6期。

[4]徐祖华:《关于社区矫正社会化若干问题的思考》,载《中国司法》2019年第12期。

[5]张新民、刘远书:《中国社区矫正制度与立法研究》,世界知识出版社2019年版,第5页。

社会工作者介入未成年人审前调查困境研究

——以唐山市某打架斗殴案例为例

任雅怡　李雪飞*

摘　要:当前未成年人犯罪呈现出总体形势向好但数量有所回升的趋势,为了做好未成年人犯罪方面的工作,就必须要做好未成年人审前社会调查,这样社会工作者以其专业知识和技巧介入未成年人审前社会调查具有重要意义。本文以唐山市某打架斗殴案件为例,描述了社工对未成年人进行审前社会调查的过程中遇到的问题和所面临的困境,并提出相应的建议对策。

关键词:社会工作者;犯罪未成年人;未成年人审前社会调查

未成年人由于生理、心理、智力、社会经验等方面都处于不成熟阶段,认知能力较差,人格不健全等因素与社会不良环境的综合作用,其犯罪率升高、犯罪逐渐低龄化、犯罪人数增加、犯罪性质恶劣等问题日渐严重,对家庭稳定和社会发展有着很大影响,未成年人犯罪已经成为当今世界全球瞩目的社会问题。

最高人民检察院于2010年6月1日发布的《未成年人检察工作白皮书(2014－2019年)》提供了以下信息:2014年至2019年,全国检察机关共受理审查逮捕未成年犯罪嫌疑人284,569人。检察机关受理审查起诉未成年犯罪嫌疑人数量居前六位的罪名、人数分别是盗窃113,077人、抢劫57,845人、故意伤害47,881人、聚众斗殴39,881人、寻衅滋事39,082人、强奸17,690人,六类犯罪嫌疑人数量占全部犯罪人数的82.28%。目前,未成年人犯罪的总体形势正在稳定和改善,但未成年人犯罪的数量有所上升。

---

* 任雅怡,华北理工大学研究生;李雪飞,华北理工大学研究生。

由于未成年人年龄较小,行为能力尚不足,国家对于这一弱势群体十分重视,为了避免对其心理以及再社会化问题造成影响,采取了很多方法来对其进行教育和保护,其中就包括未成年人审前社会调查。

一、未成年人审前调查与社会工作

《中华人民共和国刑事诉讼法》第279条规定“公安机关、人民检察院、人民法院办理未成年人刑事案件,根据情况可以对未成年犯罪嫌疑人、被告人的成长经历、犯罪原因、监护教育等情况进行调查”。结合未成年人犯罪司法实践,本文认为,未成年人审前社会调查是指在未成年人刑事案件办理过程中,调查机构通过走访调查,了解未成年犯罪嫌疑人、被告人的生活环境、性格特点、家庭情况、社会交往、成长经历、日常行为表现和是否具备社会帮教条件等情况进行综合评价并形成书面报告,为司法机关恰当进行教育矫正以及刑罚提供有效参考。

从具体实践来看,社会调查对未成年犯罪嫌疑人的下一步管理、教育、改造计划起到关键作用。一方面,社区矫正机构会依据社会调查的内容为未成年犯罪嫌疑人设计个性化的矫正方案,并据此所采取的一系列行动措施;另一方面,社会调查也为未成年人发掘自己潜能提供了机会,提升了未成年人自我改变的动力。

在我国,1997年上海市长宁区人民检察院率先开展社会调查制度,此后各地司法机关尤其是检察机关都陆续展开了对这项制度的探索和实践。起初,审前社会调查主要是由社会志愿者,少年法庭法官和司法助理员负责,但这些人员比如志愿者存在专业素质能力不足问题,法官和助理员本身工作量大精力有限,加之经费少、人手少、资源紧缺,所涉及的部门缺乏协作,致使调查报告存在系统性、科学性和专业性不够的问题。有鉴于此,检察机关开始引入专业的社会工作者参与到未成年人审前社会调查中,不仅减轻了之前相关案件负责人员的工作负担,也在更大程度上保障了审前调查的科学性和规范性。

但是,从目前实施情况来看,社会工作者在社会调查过程中面临诸多困境。为了更加清晰地呈现问题,笔者将借助于一则真实接触过的案例来展开分析。

二、案例基本情况

被告人小A,男,2003年出生,初中学历,唐山人,跟着父母在唐山生活,因涉嫌聚众斗殴,被唐山市X公安局委托Y未成年人司法社会工作服务中心的社工进行审前社会调查。在社工督导的指导下,社工组成调查小组,开展调查工作。

该基本案情如下：

小A的同学B在微信聊天时，双方发生口角互骂，并约定地点打架。后双方各纠集20多人约定在篮球场附近，聚众斗殴，小A是其中参与者，最后造成对方一男生右手骨折，经司法医学鉴定中心鉴定为轻伤二级。

小A的审前社会调查主要对象包括：父母，老师、邻居和社区街道办的工作人员。调查内容主要包括：个人基本情况和成长经历，家庭及社会关系状况，个体状况包括生理心理状况，对法律法规的认知情况，家庭状况，回归社会支持条件等多方面因素。在这些资料的基础上，得出综合评估意见及帮教矫正建议。由于疫情原因和保护未成年人隐私的需要，调查方式为书面方式，采用心理测量表格对小A进行了心理评估，初步了解以下情况：

他与父母关系比较融洽，对自己的行为触犯法律已经有清晰的认知，参与此次案件是因为兄弟义气，现在当事人表示希望能回到学校继续学习，好好生活。

在调查工作之初，笔者根据心理量表对小A进行测评。在此次社会调查中使用的心理量表主要测量小A的心理健康、自尊和人格方面的内容。测试结果显示，小A偏向严谨型人格，心理压力较小，愿意与他人陪伴、主动与他人交流，也愿意亲近并且信任他人，生活中思虑周详，小心谨慎，是值得信赖的人。父母教养中，父母双方给予的情感温暖较高，否定较少，同时过分干涉保护得分也偏高，可能存在溺爱现象。他缺乏对自身的信心，可能存在自卑现象，对他人言语敏感，内心比较脆弱。

根据以上的调查内容，社工给出了小A家庭帮教条件较好，其行为触犯了法律但整体评估其再犯风险不高的结论，并将调查结果形成调查报告提交给委托机关——××区人民检察院。检察院依据调查结果，结合案情，依法对小A作出了相应处罚。通过对社会调查过程展开分析，笔者也意识到了一系列问题和障碍的存在，影响了社会调查的顺利开展，以及评估结果的准确性。

三、社会调查过程中遇到的问题与障碍

（一）家长不配合调查工作的开展

在与小A父亲的电话访谈中，在我们解释身份后其父亲仍对于我们十分抗拒，一直在质问：“你们做这个是干什么的？”父亲担心会泄露孩子隐私，在和警察联系后，父亲暂时表示可以接受访谈并约定好了访谈时间。但最后在约定时间，父亲的电话关机，警察也无法与他取得联系，在后续沟通中，父亲一直强调，有事情找律师，

并质疑我们约定访谈是要将孩子的事情做成访谈节目,对孩子造成不好的影响。小A的案例中出现的问题是众多案例中的普遍现象。有一些家长在了解社会调查的内容意义后,还是不愿意去配合工作,而社会工作者没有相应的权力去要求家长配合,更不能采取强制性行为。这就对社会调查的完成度与工作开展的效率产生了负面影响,社会工作者也很难去全面分析涉案未成年人的情况。

(二)对社会工作者不理解、不信任

在社会调查开展中,负责社工向案主及他家人解释"社会工作者"这一名词后,往往还是会受到质疑,有的父母甚至认为这是诈骗团体,会质问工作者"你们机构在哪里?什么时候上班?"并且提出本人要亲自去工作者所在单位查看。由此可以看出社会整体对社会工作者的认知度很小,在大众潜意识中,行政是政府部门的的职责,破案是警察的职责,审理是法官的职责,而社会工作者,在各项分工中处于一个尴尬的位置,承担具体的工作,却没有具体的身份定位与相应的权力。对社会工作者身份的不认可,也会对当事人的袒露度产生一定的影响。

(三)社会调查报告的有效度问题

在与小A的接触中,小A反复询问:"这个会对我有什么影响呢?我该怎么做才能对我有好的影响呢?"

关于审前社会调查报告的作用到底是什么?社会调查报告在庭审中起什么作用?目前在规范层面未予以明确,在实践和理论中也有很大分歧。

有些人认为,审前调查报告不属于证据,因为证据是表明案件真实情况的材料,与案件有直接的关系,但是审前社会调查报告与具体案情没有关系,只能去评估被告人的人身危险性,所以不可以作为证据使用,但可以作为量刑的参考因素。还有些人支持审前调查属于证据范畴,至少是广义的证据材料,因为审前调查报告与公检法机关提取的证据具有相同的形式要件,应当属于广义上的证据,也就是一般意义上的证据材料。另外有些人认为,审前社会调查报告虽不属于证据,仅是司法机关办案参考的重要材料,但对仅是司法机关办案参考的重要材料——调查报告进行庭审上的质证,有利于促进审理判决结果的公开和量刑整体的公正性。

正是由于前述对审前社会调查报告定性的不明确,导致司法实践中不同的司法人员有不同的态度,报告在整个案件过程中起的作用也不相同。即有的认为审前调查报告属于证据,因此会在庭审中宣读并由控辩双方进行质证,有的认为审前调查报告不能作为证据,在庭审中就不去宣读、质证。对于审前社会调查报告具体作用定位不清晰,使得当事人难以信服,这也是不利于社会调查开展的因素。

四、建议及对策

（一）完善社会工作者介入审前社会调查的政策法规

（1）从政策本身入手，明确规定相关内容。司法机关开展的社会调查具有法定的司法调查权，而社会工作者开展审前社会调查缺乏相关法律依据的保障，并且在开展调查中，当事人如果一直不配合，社会工作者就只能束手无策，工作难以开展。只有国家制定了政策，给予社工相应的权力，社会工作者才能有权力去做好社会调查，增强其可操作性。

（2）制定相应的标准，实现规范管理。规定审前社会调查的程序、作用和社会工作者在审前社会调查过程中的角色和工作范围，保证调查工作的顺利开展。此外还应明确相关的监管部门，完善监管途径和监管程序，从而实现审前社会调查的整体规范管理。

（二）加大对社会工作发展的支持力度，提高社会认可度

我国社会工作的起步较晚，现在发展也远远落后于西方，社会工作者在审前社会调查中也面临着时间、地域等多重问题，工作开展较为艰难。推动社会工作发展，不仅需要政府加大财政投入力度，更需要重视提高社工在社会上的认可度。相关的部门需要真正了解社会工作者介入这一过程的重要性，并且做好网络、媒体等方面的宣传工作，提高社会上整体大众对社会工作者的认可度，减少社会工作发展的阻力，促进其良性循环发展。

（三）完善政府购买服务的配套措施

目前政府购买社会服务存在不规范的问题，解决这一问题，一方面需要建立健全政府购买社会工作服务政策制度，建立相应完善的社会工作服务标准体系，形成协调完善的政府购买社会工作服务管理体系和相应的工作机制；政府需要逐步扩大购买社会工作服务的范围，以此推动发展，并且做好其他部门的配合工作。另一方面政府应重视培养高素质高能力的社工专业人才。专业人才是提高机构能力的重要因素，使社会工作服务的范围、质量能适应社会整体发展的需求，以保证未成年人审前社会调查持续、高质量开展。

五、结语

未成年人在成长过程中会遇到很多问题，有些会因此走上歧路。因此，我们必须高度重视未成年人的成长状况，给予他们更多的帮助和引导。对于社工来说，就

要做好社会调查这一方面的内容,发现他们犯错的原因,为帮助其制订改正计划奠定基础。就目前来看,社会工作者在介入未成年人审前社会调查方面确实存在很多困难,但是我们有理由相信,随着社会的发展和国家政策、法律法规的不断完善,这些困难可以被克服,社会工作者介入的作用也会更好地突显出来。

参考文献

[1]赵征:《未成年犯罪嫌疑人审前社会调查制度研究——以宝安区法院少年庭聘用社工实践为例》,福州大学2016年硕士学位论文,第1~2页。

[2]席小华:《论社工介入未成年人犯罪审前社会调查制度的必要性》,载《社会工作(下半月)》2010年第12期。

[3]刘韵:《未成年人刑事案件量刑前社会调查实务研究》,西南大学2015年硕士学位论文,第1~4页。

[4]杨璐:《未成年犯罪嫌疑人社会调查制度的困境与出路》,载《法制与社会》2014年第9期。

[5]王伟、宋慧耿:《浅析涉罪未成年人审前社会调查制度》,载《法制博览》2016年第15期。

[6]杜领娟:《对社区矫正审前调查中存在的问题与对策的研究》,载《法制博览》2015年第33期。

[7]王英秀:《未成年人犯罪案件审前调查制度探究》,载《江西青年职业学院学报》2013年第1期。

[8]李云雄:《社区矫正审前调查制度浅析》,载《中国司法》2009年第8期。

[9]周德伟、黄畅:《社区矫正审前社会调查制度研究》,载《法制与社会》2017年第12期。

[10]朱梦阳:《浅谈我国社区矫正审前社会调查制度的完善》,载《中国石油大学胜利学院学报》2012年第2期。

[11]张海:《承认视角下边疆民族地区社会工作职业化研究——以喀什市为例》,载《社会工作》2018年第3期。

社会力量参与社区矫正的困境与路径探索

童胜兰*

摘　要:社会力量作为社区矫正参与的中坚力量起着强化社会安全控制和分担社会责任的重要作用,参与主体的多元化和矫正方式的多样化能促进社区矫正效果良性发展。而在实践中我国存在社区矫正工作宣传不足、参与主体专业水平参差不齐、社会力量参与不足等问题,为了解决以上问题,可以借鉴一些城市的有益经验,从社区矫正知识宣传、加强职业能力培训和完善企业、志愿者、家庭等社会力量参与矫正的动员机制来提高社会力量参与矫正的效果。

关键词:社区矫正;教育帮扶;社会力量

《社区矫正法》第3条规定:"社区矫正工作坚持监督管理与教育帮扶相结合,专门机关与社会力量相结合,采取分类管理、个别化矫正,有针对性地消除社区矫正对象可能重新犯罪的因素,帮助其成为守法公民。"社会力量参与作为社区矫正的重要一环,作用不容忽视。社会力量的介入改变了传统的刑罚执行方式的格局,使社会的人力资本、组织资源、物质资源、环境资源、文化资源、技术资源等成为社区矫正的有力支撑。无论从社会学方面还是实际工作需要方面来说,社区矫正都必须使不同学科专业人员和各类社会力量参与进来,整合多种力量发挥优势。广泛吸收社会力量可以弥补目前社区矫正队伍的不足,也能提升教育帮扶质量。然而由于各种原因,我国社会力量参与社区矫正存在缺陷,未达到制度设计的初衷。本文试图分析目前社会力量参与不足之处,借鉴个别城市的成熟经验,对社会力量参与社区矫正的路径提出拙见,以期提高社会力量参与社区矫正的帮扶效果。

---

* 童胜兰,四川轻化工大学法学院在读硕士生。

一、社会力量参与的实质

(一)强化社会安全控制

社会力量参与社区矫正起着强化社会安全控制,增进社会安全的作用,同时是创新社会管理的需求。在实用主义犯罪学研究中,社会控制理论是一种重要的理论流派,其强调对偏离行为或越轨行为的控制以预防犯罪。通过协调社会运行的相关系统之间的关系,修正越轨行为的运行轨道,控制越轨者的运行方向和运行速率,进而达到社会的良性运行和协调发展。社会控制理论中的社会联系论还认为,犯罪者的犯罪原因在于与传统的社会联系薄弱或者断裂,犯罪者因此毫无约束地随意进行越轨与犯罪行为。如果我们强化犯罪者与传统社会的联系,就可以阻止犯罪者违反社会规则的越轨与犯罪行为。社会力量参与社区矫正工作作为社会控制犯罪的其中部分,其帮助将矫正对象置于社区之中,不与社会产生断裂,使他们得以与传统社会强化联系和沟通,进而逐渐对社会规则产生感情依恋,形成良好的行为习惯,承认和赞同社会公众的共同价值和道德观念,控制矫正对象的"越轨和犯罪行为"。社会力量无处不在、无时不在,在对矫正对象的社会控制方面是威力巨大的。对矫正对象而言,社会力量的介入,不仅是一种有形的"物理"监督措施,更是一种无形的、潜在的心理控制网。

(二)分担社会责任

社会责任主体有社会公众和社会群体两类,是社会公众、社会组织、社会团体及群体社会机构对社会犯罪治理的责任担当。社会责任论认为"责任"是一种义务或职责,强调责任和权利的统一,社会团体和社会公众依据其所具有的功能,在社区服务中应发挥作用。由此可以看出,社会责任论倡导社会团体、社会组织、第三部门、公民个人应在追求社会价值体系的基础上,对社会公共事务具有责任或者义务,在享受社会福利的同时,应积极参与社会公共事务,承担社会责任。社会力量作为犯罪治理的主导力量,在社区矫正中具有对矫正对象实施矫正教育的责任或者义务。公民责任论认为,公民具有维护民主政治的义务,公民所具有的责任意识是一个公民的美德;公民的核心责任是政治参与,当公民面对公共领域时,对公共利益的自觉维护与积极参与,是公民参与公共生活的道德性的体现。这表明公民个体享有国家保护的权利,同时应承担起维护社会安全、国家安全的义务和责任。"公民履行与其公民身份相适应的、符合社会公共善的义务以及对行为后果的承担。"社区矫正是涉及国家安全和社会安全的公共利益,是犯罪预防和犯罪治理的重要组成部分,所以,社会公众参与社区矫正是履行一个公民的义务与责任。

二、社会力量参与的有益经验

(一)浙江省"关心桥驿站"

这是由浙江关心桥教育公益基金会与基层司法行政机关共同创建的社区矫正专业性社会组织,主要通过基金会派驻专职社工或者组织青年志愿者、专家志愿者、爱心企事业单位、爱心人士参与支持等方式,由各县(市、区)司法局负责指导,开展青少年社区服刑人员帮教帮扶工作。其具有以下几点经验值得借鉴:

(1)专业保障,个性化个案服务。"关心桥驿站"聘用了专职社工,运用专业的社会工作理念与方法,根据青少年犯罪动因的不同调整矫正方式,注重对症下药,"量体裁衣"实施个案服务。吸收专家和志愿者等多种社会群体,丰富帮教内容载体,解决教育服务形式的单一。

(2)以平等身份互助服务。"关心桥驿站"更倾向于以一种平等主体的身份帮助青少年社区矫正对象,更尊重、体谅青少年社区矫正对象的感受,工作方式也是互动式、说服式、接纳式、建议性的,而非强制性的,强调感化、疏导,使青少年社区矫正对象更易接受和认可,减少青少年社区矫正对象潜在的抵触和戒备心理。由于是第三方,"关心桥驿站"作出的社会调查报告具有更强的中立性和专业性,建立的青少年社区矫正对象信息档案也更加全面详细。

(3)提供资源保障、职业化分流服务。社区矫正具有惩戒和帮教的作用,司法行政机关独立完成,不利于身份的转换和矫正效果。"关心桥驿站"整合资源,实现了社区矫正工作中的刑罚执行与社会参与功能的适度分离,提高了青少年社区矫正对象权益保护和犯罪预防的专业水平,并且推动完善了政府机关衔接配合以及与政府部门、爱心企事业单位等跨部门间合作机制,推动建立社会力量参与青少年社区服刑人员社区矫正的长效机制。

(4)针对青少年专门保护。目前司法所任务重、工作环境有限,社区矫正工作的开展往往在同一间办公室中进行,未对青少年社区矫正对象进行区分对待。青少年在集中教育、公益劳动过程中不可避免会认识其他犯罪的矫正对象,易交叉感染,不利于青少年矫正对象的矫正。"关心桥驿站"作为专门为青少年社区矫正对象进行矫正的机构,能有效隔离其与累犯、惯犯及暴力性犯罪等社区矫正对象接触,防止交叉感染。此外,在"关心桥驿站"而非司法所接受社区矫正,对青少年社区矫正对象的身份能起到较好的保护,有利于其更好地回归社会。

(二)北京市社会力量参与的经验

社会组织的参与为社区矫正提供了新思路,例如曙康社工事务所参与专职社工培训、三里屯司法所矫正对象个案服务和阳光中途之家解矫班减压服务等。七彩昀社工事务所在心理辅导、技能培训、就业安置等方面积极参与和平街司法所社区矫正工作。朝阳阳光中途之家与康爱之家公益服务事务所合作建立"康爱公益中途之家培训就业基地",围绕"公益皂"主题,在心理疏导、居家就业和社会责任感重塑等方面发挥出积极作用,有力促进了社区矫正对象回归社会的进程。

(1)加强高校与司法所交流,实践与理论相结合。朝阳区司法局与中国政法大学、司法部预防犯罪研究所等科研机构和高校合作,将科研实习基地开设到中途之家,使学生能学到实践知识,也能为司法局社区矫正带来新理论知识。常营司法所与北京政法职业学院专业力量开展了"心灵启航"项目,以政府购买服务的方式,通过法学、心理学、社会学等专业力量的有效参与,取得了社会力量参与社区矫正工作的良好效果。

(2)加强对社区矫正矫正对象的技能培训,促使其更好回归社会。朝阳区司法局与朝阳区电梯职业技能培训学校、北京电建职业技能培训学校等八所技能培训学校建立合作关系,为有需求的社区矫正对象提供电工、电梯安装维修、保健按摩、烘培等29个专业工种的技能培训、就业指导和职业推介服务,帮助其解决就业问题。

(3)利用榜样的力量激励矫正对象。刑满释放人员担任志愿者为社区矫正对象现身说法,如让出版了一部长篇小说《出狱》和一本散文集《没有来生》的戴某作为志愿者讲述自己的人生经历、分享感悟,使社区矫正对象的教育矫正形式更为生动,内容更富感染力,收到良好的矫正效果。[1]

(三)江苏省宜兴市社会参与成果

2010年,宜兴市将企业力量和社区资源整合,以政、企、村多方合作方式建立全省第一家社区矫正综合性帮教平台——宜兴市方圆帮教中心,其具有教育矫正、心理矫治、监督管理、公益劳动、技能培训、公益劳动、技能培训等多种功能,形成监管、教育、帮扶三位一体的工作格局。该中心建设了70亩种养殖农业社区服务基地——"方圆农场",为社区矫正对象提供果蔬种植、养殖技能培训。宜兴市司法局与环科园成校、丁蜀陶校等单位合作开展"菜单式培养",免费为3000多人提供陶

〔1〕 李亚西、范晨:《社会力量参与社区矫正工作问题研究——基于北京朝阳、江苏宜兴和浙江余杭的实践调查》,载《中国司法》2018年第9期。

艺、书画、摄影、花卉种植等职业技能培训和就业指导服务。宜兴市司法局与劳动、总工会联合创建宜兴市“金桥”就业技能培训基地,推动矫正对象参加中专学历培训和电焊、农艺技能学习。

为了解决矫正对象的就业问题,宜兴市还开展了“百家企业爱心帮教工程”,号召骨干企业每年留出一两个工作岗位,还积极开展技能培训来帮扶矫正对象。有效创设了社会化、制度化的两类人员就业安置渠道。宜兴市还成立了特殊人群帮教工作协会,由志愿者对社区矫正对象、刑满释放人员和戒毒人员等特殊群体开展帮扶工作,尽最大程度整合社会爱心人士、法律工作者、心理咨询专家、慈善企业家、社区“五老”人员及在校大学生、志愿者等社会力量,为全市特殊人群提供有针对性的就业技能培训、心理辅导、法律知识培训等专业服务,帮助他们增强社会适应能力,使他们顺利回归和融入社会。该协会还通过政府购买社会服务的形式,开展公益创投项目,主题是心理健康教育、帮困扶助、职业推介等,开辟了特殊人群社会化发展的新途径。该项目多次受到福彩公益资金项目支持,受益人群众多。

三、社会力量参与社区矫正的现状

(一)社区矫正工作宣传不足

社会力量参与社区矫正不到位的原因之一是宣传不广泛、不深入,以至于有的单位和街镇领导干部及其工作人员尚不了解社区矫正应承担的责任是什么,甚至出现部分社区居委会无理由拒收社区矫正对象的情况,对社区矫正工作开展造成较大障碍。甚至有的村民和社区居民对社区矫正工作不理解,对将社区服刑人员放在社区进行教育改造有抵触情绪,对社区矫正工作比较排斥,在入户走访调查、收集证据时工作难以得到群众的认同和有关部门的配合。某些矫正机关由于认知不到位,社区矫正工作还存在“重监管轻帮教”的现象,认为监管才是矫正工作的硬指标,教育和帮扶都是软指标,好应付。所以部分司法行政机关更多的是把工作力量放在监管上,注重将社区矫正对象管住、不出事,甚至有的地方片面强调社区矫正刑罚执行的性质,认为社会力量的参与会削弱刑罚执行的权威性。[1] 基于这样的认识,部分司法行政机关对鼓励和吸引社会力量参与社区矫正工作不够重视,导致引导社会力量参与社区矫正工作难度很大。

---

〔1〕 李树彬、宋丽红、韩安莉:《社会力量参与社区矫正的实践与思考——以天津市社区矫正为视角》,载《人民调解》2018 年第 3 期。

（二）参与主体专业水平参差不齐

社区矫正工作涉及的社会力量应包括有社会工作专业背景和技能的专职社会工作者、具有一定知识素养或实践经验的兼职社会工作者以及具有专门资质的社会组织。目前我国社工中的绝大部分人员不是专职社工，年龄也呈老年化态势。他们大多数学历偏低、没有社会工作专业技能和背景、缺乏社会工作理念和实践经验，综合职业素养不足，与真正意义上的具有专业技能和理念的社会工作者有较大差距，难以满足社区矫正工作的现实需要。有学者在调查某省社区矫正社工培训情况时发现：社区矫正社会工作者中接受过社区矫正岗前培训的占总人数的89%。在接受过岗前培训的人数中，接受过1～2周培训的占49.2%；接受过3～4周培训的占6.8%；4周以上培训的占24.7%。可以看出大部分社区矫正社工接受过岗前、岗后培训，但培训的时间大多数集中在1～2周。总体来说，工作者接受入职前培训以及入职后的培训时间都比较少。[1] 比如，2018年江津区司法局有专职社区矫正社会工作者28名，均不具备国家三级心理咨询师资质及社会工作师资质，具有法学本科学历的也仅2人，职业素养和水平显然难以适应复杂的社区矫正工作。其中，还有很大一部分是通过非正常的招聘渠道进入社工队伍，有的是通过社会关系推荐或介绍，有的是退休后的“安置性”招聘，很大一部分社会工作者缺乏相匹配的专业知识。[2] 虽然说具有从业经验，但年龄和学历导致这些人不能及时理解和掌握新观念。

（三）社会力量参与深度不足

社会力量参与的广度、深度不足，其参与能力没有得到充分挖掘与利用。当前，社会力量的参与领域较为单一狭窄。虽然新出台的《社区矫正法》中提及国家鼓励、支持企业事业单位、社会组织、志愿者等社会力量依法参与社区矫正工作。居民委员会、村民委员会依法协助社区矫正机构做好社区矫正工作。社区矫正对象的监护人、家庭成员，所在单位或者就读学校应当协助社区矫正机构做好社区矫正工作。这些条文提及了社会力量的多样性，但在实践中社会力量的主体比较单一性，主要是村、居民委员会，其他社会力量难以召集。学者宫玮汝在对某市进行实证分析时也指出参与社区矫正的社会力量主要是矫正对象的家庭成员及社区、村居委工作人员，除此之外，基层司法所工作人员难以组织其他社会力量参与任何志愿活

[1] 范佩：《社区矫正领域社会工作者职业化问题实证研究》，华中师范大学2016年硕士学位论文，第17页。

[2] 金登尚：《社会力量参与社区矫正工作路径研究》，载《中国司法》2015年第8期。

动。因此,当前社会力量参与主体非常单一,并没有满足治理理论中强调的多元化,无法达到治理效果的最优化。[1] 参与主体单一固化的常态下,社区矫正对象参加思想教育、政治教育、心理教育情况得不到正确、客观的评估,评估内容多是来自亲属、朋友的反馈,评估视角难以客观公正,而基层司法所的工作人员力不从心,对于社区矫正对象的教育帮扶存在疏漏,难以达到良好的教育矫正作用。

四、社会力量参与的完善措施

(一)加强社区矫正知识宣传

加强对法治精神的宣传,通过提升群众知晓度,扭转群众观念,进而提高公众参与度是推动社会力量参与社区矫正的前提。向居民普及社区矫正知识,尤其要将宣传范围延伸至最基层的农村地区。通过向村居民普及社区矫正制度,扩大宣传范围,让村居民正确看待社区矫正,理性对待社区矫正对象。村居委会充分利用好自身优势,担当责任,发挥自身贴近群众的优势,一点一滴改变群众对社区矫正对象是“危险分子”的固有认识。还可以通过电视、报纸、微信、微博等有效载体宣传,全面推进社会力量参与教育帮扶队伍的健康发展。对社区矫正工作人员来说,已对社区矫正教育帮扶工作熟悉了解,有充分的知识储备和学习能力,应多组织学习相关的政策文件、提高思想认识,组织到有成功经验的地市进行参观学习,推动相关政策的落实。

(二)加强职业能力培训

(1)制定第三方参与社区矫正的准入制度。对参与社区矫正的志愿者和社会工作者应当严格审查其资质,应聘用具有心理学、犯罪学以及社会工作学专业知识的志愿者,并要求其接受过一定的专门培训。

(2)加强工作人员职业能力培训,提升社区矫正队伍的整体素质。可以学习北京市社会力量参与的经验,加强高校与司法所合作,在司法所建立实习基地,专家教授可以驻扎在此传授专业知识,加强理论与实践的结合。

社区矫正是一项专业规范的刑罚执行工作,不仅需要专业知识,而且需要一些社会经验来进行案例调查和心理治疗。为此,有必要对志愿者进行培训,使他们能够快速了解和掌握社区矫正的方法。对志愿者的培训内容可以包含开展健康知识讲座、心理学辅导课程等,明确他们的工作是对社区矫正对象进行精神疏导、社区

---

〔1〕 宫玮汝:《社会力量参与社区矫正教育帮扶工作问题研究》,青岛大学2020年博士学位论文,第24页。

居住、就业等服务,并组织丰富多彩的社区活动,为他们创造健康和高质量的社区环境。[1]

(三)完善企业、志愿者、和家庭等社会力量参与矫正的动员机制

(1)动员企业积极参与。企业具有营利性,是谋求利益创造财富的主体,但企业同时又承担着一定的社会责任,特别是具备一定规模的大企业,面临着社会责任担当和企业文化营造的任务和使命。可以在市县大力宣传动员,鼓励典型企业做出表率。企业可参与首先是教育矫正环节,进行某类专业知识讲解,如紫云东方文化公司为社区矫正对象开设国学课程;其次是专业技能培训,如江苏宜兴市爱心企业为社区矫正对象开设紫砂制作课程;最后是就业安置,引导和鼓励企业提供工作岗位为社区矫正对象融入社会提供帮助,如杭州市余杭区通过开展"百企献千岗"活动,动员组织区域内500多家企业以提供就业岗位、建立过渡性就业安置基地等方式参与社区矫正工作,取得了明显成效。

(2)规范志愿者的参与。社区矫正志愿者是指具备一定专业知识和能力素养,经司法行政部门和志愿者组织登记,自愿无偿参与社区矫正工作的人员。主要的人员构成包括具有法学、社会学、心理学、教育学等专业背景的专家学者以及高校师生、离退休人员、社区居委会成员、企事业单位人员等热心社区矫正事业的相关人员。可以以市县为单位建立社区矫正志愿者协会在司法行政机关指导下开展社区矫正对象帮教帮扶工作。将志愿者纳入人力社保、民政部门或者共青团组织统一管理,确保社区矫正志愿服务工作经常化、常态化和可持续性。如杭州市余杭区成立的社区矫正志愿者服务中心,聘请区四套班子老领导担任中心顾问,吸纳21家企业法人代表担任理事,有刑罚执行、心理咨询等方面的专业志愿者700多人。应当健全完善社区矫正志愿者参与机制:在志愿者选任方面应当将专业相关性、年龄结构等因素同当地的现实条件相结合,制定出适宜的选聘机制;根据志愿者主体的专业优势等特征确定相匹配的参与领域。

(3)落实家庭参与机制。重视社区矫正对象家庭亲情感化的作用,是做好社区矫正工作的重要切入点。落实走访制度,明确上门走访目的,精心准备家访内容,准确把握家访时机,灵活调控家访氛围,努力确保上门走访取得宣传矫正知识、进行思想教育、掌握服刑人员实际改造程度、检查和督促日常动态等效果,帮助社区矫正对象改善、修复、融洽家庭关系,建立良好的家庭支持系统。加强对家庭成员的宣

[1] 谭蓉、吴天赐:《第三方参与社区矫正的困境与突围》,载《哈尔滨学院学报》2020年第10期。

传教育，督促其了解法律政策，履行监护人、保证人等责任，配合做好社区矫正工作。积极开展社会适应性帮扶工作，在法律政策框架内帮助经济困难的社区矫正对象家庭落实低保、医保等政策，解决学习、工作、生活、法律等方面遇到的困难和问题，彰显社会主义司法制度的优越性和社会人文关怀。

(4)动员妇联与共青团积极参加妇女和青少年矫正活动。妇联和共青团在针对妇女和青少年特殊群体提供服务与帮助方面具有一定的专业性，了解妇女和青少年群体的特征与需求，拥有妇女和青少年帮扶救助项目等相关资源，可以参与教育矫正和困难帮扶环节。教育矫正可以为女性社区矫正对象开展家庭教育、女性心理健康等课程教学。困难帮扶是针对妇女和未成年人特有的心理问题，可以邀请青少年研究中心处的心理专家为其提供心理辅导与咨询服务，还可以将符合条件的未成年社区矫正对象纳入其面向全区开展的困难帮扶项目中予以救助。

社区矫正是一种兼具刑罚执行、人本化、社会化为一体的复合性制度，它承载着惩罚、矫治和恢复社区矫正对象的社会功能。要实现这种社会功能，就必须借助和发挥社会力量优势。然而，社会力量参与不足成为困扰社区矫正常态化运行的关键制约因素。我们可以通过对社区矫正理念的宣传、加强社会力量的职业能力训练，积极动员社会各方力量参与进来，最大发挥社会力量优势，提高矫正效果。

未成年人矫正

论家庭在未成年人社区矫正中应发挥的作用

房　丽*

摘　要:未成年人社区矫正是我国社区矫正工作中重要的一项内容,针对未成年人独特的生理、心理特征,应充分发挥家庭在未成年人社区矫正中的作用。未成年人的监护人应依法履行相应义务,并应承担不能及时履行义务应负的法律责任,从而切实完成监管未成年人的义务。当代家庭规范未成年人行为时可借鉴中国传统的家风家训等内容,将中国传统家庭文化融入新时代家风的建设中,从培养未成年人树立正确的人生观、价值观入手,从思想根源处矫正未成年人犯错误的源头;从规范未成年人的日常行为入手矫正其错误的言行举止,最终实现未成年人社区矫正的目的。

关键词:未成年人;社区矫正;家庭责任

2020 年 7 月 1 日施行的《社区矫正法》是在多年的实践经验基础上,综合以往下发的法律法规及部门规章的相关内容修订而成的。在多年的矫正工作中,社区矫正工作人员以及社会各界都非常重视对被判处实施社区矫正的未成年人的执行情况。鉴于未成年人特殊的心理、生理特性,对未成年人采取区别于成年人的矫正手段是极其必要的,既是我国关爱保护未成年人政策的必然要求,亦是矫正目的得以实现的必备要素。由于在社区矫正中的未成年人存在“个性一般比较特别”“三观在形成过程中出现偏差”“犯罪的原因多与家庭等情感因素相关”“未成年人意志较为薄弱,易受到社会上不良青年的影响”等特征,在对未成年人进行社区矫正时

---

* 房丽,四川轻化工大学法学院副教授,博士。

基金项目:四川省高校人文社会科学重点研究基地基层司法能力研究中心研究员。本文为 2020 年度四川省社区矫正研究中心资助项目“SQJZ2020－08 未成年人社区矫正方法研究”阶段性成果。

应注重家庭的作用,尽可能地让家庭在未成年人社区矫正中占主导地位,这样一方面可减轻社区矫正工作人员的负担;另一方面更容易达成矫正目标,使未成年人回归家庭。

一、监护人应依法尽到矫正义务

未成年人的父母及其他监护人负有教育和监管未成年人的义务,虽然我国自古就有"养不教,父之过"的传统,社会普遍承认父母应承担对子女教养责任,但这仅是具有社会认同感的一个笼统意识,至于父母应承担哪些具体的法律义务仍不明确。对于实施违法犯罪行为的未成年人,其父母及其他监护人不应采取简单粗暴的家庭暴力教训未成年人,而应依照法律法规的相关规定履行法定义务。对此,我国既可借鉴域外的相关法律规定,充实我国法律制度与国际社会接轨,又应整合我国多年对未成年人进行社区矫正的经验,制定适合于我国国情的具体法律制度。

(一)其他国家的法律规定

英国重视父母在青少年矫正工作中不可替代的作用,在2003年颁布的《反社会行为法案》中规定当法院在作出移送令时,可以要求父母或者监护人出席青少年罪犯帮教小组的会议。如果父母未能遵守命令,委员会有权将案件退回未成年人法院。监护令要求父母或监护人在为期不超过12个月的期限内遵守该命令中具体规定的义务,要求父母或监护人在同期内参加由负责官员在指令中规定的不超过3个月的咨询或指导课程的命令。

美国要求父母必须配合缓刑官对少年缓刑犯进行管理,父母和监护人的责任是采取合理的措施保证孩子受到恰当的监督;为孩子提供一个适当的角色榜样,避免进行违法行为;任何时候都要与孩子的缓刑官合作,回答任何少年法庭代表的合理询问;要和孩子分担所有法庭费用和使用费用,负责所有要求和孩子参加的计划的费用等义务。

《德国少年法院法》对少年的违法行为规定了教育处分,采用给予指示、教育帮助和教养的惩罚措施,并规定了监护人对未成年人的责任、考验帮助人和监护人共同向法官报告的义务。犯罪人的父母、监护人、法定代理人或学校应在缓科官员的要求下,为其提供必要的训练或提供与犯罪人相关的信息,尽一切努力帮助缓科官员完成对犯罪人的监督。

日本对于因执行刑罚而被收容于刑事设施或者因执行刑罚或保护处分而被收容于少年院的人,在认为使其顺利回归社会有必要时,可以通过访问其家属或其他相关人员请求协助以及其他方法，对其释放后的住所、就业单位以及其他生活环境进行调整。[1]

（二）我国法律规定

我国法律关于未成年人监护人的义务规定在《中华人民共和国民法典》（以下简称《民法典》）、《中华人民共和国未成年人保护法》（以下简称《未成年人保护法》）和《中华人民共和国预防未成年人犯罪法》（以下简称《预防未成年人犯罪法》）当中。《社区矫正法》与以上法律规定的内容可以有效衔接，《社区矫正法》第53条规定“未成年社区矫正对象的监护人应当履行监护责任，承担抚养、管教等义务。监护人怠于履行监护职责的，社区矫正机构应当督促、教育其履行监护责任。监护人拒不履行监护职责的，通知有关部门依法作出处理。”此条以法律条文的形式明确了未成年社区矫正对象的监护人责任以及监护人怠于履行、拒不履行法定责任的法律后果。《社区矫正法》中强调监护人应当承担对未成年社区矫正对象的抚养、管教等义务，如不得对未成年矫正对象实施暴力、虐待、遗弃、歧视等行为，而且应学习家庭教育知识，关注未成年社区矫正对象的生理、心理状况，引导未成年人进行有益身心健康的活动，预防和制止未成年人吸烟、酗酒、沉迷网络、吸毒、与不良人员交往等行为；并应与社区矫正机构人员配合，对未成年社区矫正对象违反规定的行为及时制止和报告，杜绝其再次违法犯罪的可能性。若监护人不能履行以上监管义务，则应承担相应责任。我国法律中关于监护人承担责任的规定可见于《未成年人保护法》第62条规定：父母或者其他监护人不依法履行监护职责，或者侵害未成年人合法权益的，由其所在单位或者居民委员会、村民委员会予以训诫、制止。构成违反治安管理行为的，由公安机关依法给予行政处罚。《预防未成年人犯罪法》第49条、第50条规定：未成年人的父母或其他监护人不履行监护职责，放任未成年人有本法规定的不良行为或严重不良行为的，由公安机关对未成年人的父母或其他监护人予以训诫、责令其立即改正。《民法典》第1188条规定：“无民事行为能力人、限制民事行为能力人造成他人损害的，由监护人承担侵权责任。监护人尽到监护职责的，可以减轻其侵权责任。”第1189条规定：“无民事行为能力人、限制民事行为能力人造成他人损害，监护人将监护职责委托给他人的，监护人应当承担侵权责任；受托人有过错的，承担相应的责任。”

由上述规定可知，我国法律对于父母及其他监护人责任承担的方式限于训诫、

[1] 王爱立：《中华人民共和国社区矫正法解读》，中国法制出版社2020年版，第3页。

制止等方式,但若训诫、制止不起作用的,法律并没有实质性解决问题的规定。《民法典》中关于监护人承担侵权责任的规定基本也延续了以往法律规定的内容,没有实质变动,导致未成年人对于他人的侵害所造成的损失监护人仍只承担经济赔偿责任。从我国现有法律规定可以发现,我国法律缺乏追究未成年人监护人实质责任的规定,训诫、制止不法行为此类无关痛痒的规定并不能真正解决监护人疏于监管的现状,无法督促此类监护人真正履行监护的义务,在社区矫正工作中亦不能起到良性作用。对于家庭监护缺位的,应当建立起一套家庭监护评估、监护监督、监护指导、监护支持、委托监护及监护权转移等监护干预机制,构建"家庭、社会、政府"三位一体的综合监护体系。[1] 综合监护体系的设置并非朝夕可以实现的,现阶段还应重视充分发挥家庭的监护职能,对于家长不能履行监护职责的既要对其处以训诫等处罚,还应要求其必须参加亲职教育,提高其教养未成年人的法律意识,必要时可对其行为处以适当的如罚款、行政拘留等处罚,让其真正重视履行监护义务。

二、借鉴传统家风家训规范未成年人社区矫正对象行为

家庭是教育未成年人最主要的阵地,当代家庭虽然已不再具备传统家族对未成年人的管束权力和义务,但传统中优良的家风家训却是当代家庭应该借鉴学习的内容。习近平主席2015年2月28日在会见第四届全国文明城市、文明村镇、文明单位和未成年人思想道德建设工作先进代表时的讲话中指出:要"大力加强社会公德、职业道德、家庭美德、个人品德建设,营造全社会崇德向善的浓厚氛围;大力弘扬中华民族优秀传统文化,大力加强党风政风、社风家风建设,特别是要让中华民族文化基因在广大青少年心中生根发芽"。在对未成年人进行社区矫正时,家庭可配合社区的要求,利用传统家风家训的内容规范未成年人的行为,帮助其早日回归正常生活。

(一)借鉴传统家族治理模式

建设有中国特色的未成年人犯罪问题治理机制,既要保证现代性的社会治理模式的适用,也要兼顾传统家族治理模式中的地方性经验,关键在于建立未成年人法律合作组织、延伸未成年人矫正机构的职能、加强知行结合的未成年人道德品行

[1] 茹希佳:《江苏试点干预儿童家庭监护缺失》,载《中国妇女报》2016年1月21日,第A2版。

教育以及补充完善未成年人法律规范等。[1] 中国传统家族中都会制定各自的家规、家训以规范家族子弟的行为，比较出名的有颜之推作《颜氏家训》、司马光作《温公家范》、方孝孺作《家人箴》等。这些家训中详细规定了子弟应遵守的礼仪规范，对子弟修正品性、端正举止都有严格要求。当代家庭虽然不可能如传统家训一样制定烦琐的礼仪规范，但要求子女遵守家庭内的礼节，规范其行为细节仍有必要，如吃饭应等长辈先动筷、出门要对长辈言明去向、在家勤作家务等细微礼节。凡事都是知微见著，如果每个家庭都能从小事引导子女的行为，那么当子女成长后必会收到好的效果。对于正在接受社区矫正的未成年人制定规矩，是对其原本懒散生活习惯的矫正，令其在生活中规范不当生活习惯，反思从前的错误，从小事做起，逐步改掉原来的恶习。

传统家训中不乏对子弟惩罚的规定，如动用家法。现代人大多误解了传统家法的内涵，细观传统家法可知其并非简单粗暴的以暴力手段逼迫子女听从家长意志的行为，而是对子女违背家规却又不知悔改时给予的惩罚。家庭暴力在当代社会当然不可取，但是对子女不当行为做出适当的惩罚是教育未成年人必不可少的手段。当代家庭的家法可设置一些如面壁反思、打手板等不会伤害到未成年人身心健康却会让未成年人真正受到警诫的措施，让未成年人从小就能树立正确的价值观，明辨是非。

（二）以传统家风充实新时代家庭教育

正如习近平主席所强调的，要“引导家庭成员特别是下一代热爱党、热爱祖国、热爱人民、热爱中华民族”，家庭是培育和践行社会主义核心价值观的社会基础，把家庭成员培养成为合格的社会主义公民，是家庭教育的责任和义务。虽然家庭中父母的教育程度、家庭的经济状况让每个家庭有不同的教育子女的方式、方法，但传统文化中蕴含的朴素正义观、价值观与文化程度、经济状况并不相关。只受过很少教育的老人也知道子女应该孝敬父母、友爱兄弟，也会要求子女做人诚实守信，这是中华民族自古流传至今的基本道德观。这些传统美德理应融入新时代家风中，使社会主义核心价值观既保有传统印迹，又彰显时代特色。

针对未成年人的社区矫正模式，家庭应充分弥补以往家庭教育中的缺失，配合社区矫正工作人员完成矫正工作。我国现有的针对未成年人的社区矫正措施主要是监督管理和教育帮扶两类措施，具体表现为社区矫正工作人员定时了解未成年

---

〔1〕 张德森、李朝：《传统社会与现代社会未成年人犯罪治理模式比较研究》，载《政法论丛》2014年第3期。

社区矫正对象的日常表现,看是否有违规行为,是否接触不良人员或去往不良场所。除被动地观察被矫正人员的生活工作学习状态外,综观我国现有的针对罪错未成年人的非刑罚措施,有多种可以改革为社区性保护处分,同时亦可吸收域外经验,增设一些社区性保护措施,例如进一步扩大适用训诫、赔偿损失、罚款、赔礼道歉等软性措施,增设社会服务、假日生活辅导、保护观察等新的保护处分措施。[1] 社区矫正工作人员显然不可能全天候监督被矫正对象,需要家庭担负起监督管理的责任。家庭教育不仅是家长教育子女,作为家长也有责任和义务不断地提升自己,修正自身的不当行为,切实做好家长教导养育子女的带头作用。传统家风是由一个家族数代人传承发扬下来的,家训中的内容被溶解在那些琐碎的洒扫应对、养生送死之中,故而这些现实生活的细微内容中却蕴含着先贤们认为天地间最为宝贵的德行。家训是一个家族的精神所系,立世之基。[2] 现在社会的家庭都是小家庭,大多是三口或四口之家,但小家之外仍有亲戚往来,只是没有住在一起而已。因此,家训仍有存在的必要,只是在远离传统的今天,人们基本上遗忘了家训,忽视了家训教导子女的重要作用。没有规矩,不成方圆。当代社会的家庭应该继承并发扬传统社会中的优良家风,结合中国特色社会主义核心价值观将优秀家风发扬下去,这不仅能帮助适用社区矫正的未成年人尽快达成矫正目标,而且能促进当代家庭对未成年人的教育,有助于整个社会的和谐发展。

---

[1] 姚建龙:《未成年人法的困境与出路》,载《青年研究》2019年第1期。

[2] 陈明主编:《中华家训经典全书》,新星出版社2015年版,第3页。

涉罪未成年人社区矫正机制完善建议

邓红伟　陈佳冰*

摘　要：未成年人犯罪呈现出暴力化、团伙化、低龄化的趋势，为应对此类问题，我国着力加强对未成年人罪犯的社区矫正。未成年人社区矫正工作应当围绕尊重与保障人权原则、依法保密原则、教育为主，惩罚为辅原则、区别对待原则展开。尽快建立起一支专业化、稳定化、长效化社区矫正法治工作队伍，完善矫前人格调查机制，加快完善矫正项目建设，做到分层次、分情况展开矫正工作，并且加强校地合作，共同参与社区矫正。

关键词：未成年人犯罪；社区矫正；矫正项目

随着经济、科技等方面的不断发展，社会风气逐步开放化，网络信息传播迅速化，未成年人由于身心发展不健全，缺乏辨别能力、认知能力，很容易走上违法犯罪道路。国家对犯罪未成年人的社区矫正工作也愈发关注和重视。社区矫正是我国的一项重要法律制度，是深化司法体制改革的必然要求，是法治中国建设的重要内容。我国社区矫正工作于2003年在上海开始试点，2009年在全国试行，2014年在全国全面推进。在这期间，最高人民法院、最高人民检察院、公安部、司法部也联合发布过相应实施办法以及指导意见，[1]2019年12月28日，第十三届全国人民代表大会常务委员会第十五次会议审议通过《社区矫正法》，该法已正式生效施行。本文旨在在分析近几年来未成年人犯罪特征的基础上，对完善涉罪未成年人社区矫

---

* 邓红伟，西华大学知识产权学院、法学院硕士研究生；陈佳冰，西华大学知识产权学院、法学院硕士研究生。

〔1〕 这期间最高人民法院、最高人民检察院、公安部、司法部发布的部门规范性文件包括：《关于开展社区矫正试点工作的通知》《司法行政机关社区矫正工作暂行办法》《关于全面推进社区矫正工作的意见》《中华人民共和国社区矫正法实施办法》等。

正提出一些改善建议,以期为我国未成年人社区矫正制度构建和发展提供思路。

一、我国近年来未成年人犯罪情况概览

中国未成年人犯罪量持续下降,趋于平稳,成为未成年人犯罪率最低的国家之一,但由于近年来未成年人接触社会活动的机会明显增加,未成年人犯罪逐渐呈现出低龄化趋势,如令人震惊的大连未成年人杀人案[1]、雅安未成年人杀人案[2]等。这一系列案件令人痛心。根据国家统计局公布的2019年国家统计年鉴显示,[3]近5年未成年人罪犯数量如表1所示:

表1　2014~2018年人民法院审理刑事案件基本情况表

年份	未成年人罪犯数(人)	刑事罪犯总数(人)	占比
2014	50,415	1,183,784	4.26%
2015	43,839	1,231,656	3.56%
2016	35,743	1,219,569	2.93%
2017	32,778	1,268,985	2.58%
2018	34,365	1,428,772	2.41%

根据中国司法大数据研究院公布的2016年1月1日至2017年12月31日内的全国法院新收未成年人犯罪案件的数据来看,[4]可以分析出我国近几年的未成年人犯罪具有以下特点:

(1)犯罪低龄化、低学历化。该时间范围内全国法院新收未成年人犯罪案件中,被告人以初中生为主,占比为68.08%,是犯罪的主体人群,被告人年龄主要集中在16周岁和17周岁。其中,17周岁未成年人涉案最多,占比五成以上;16周岁未成年人涉案位居第二,占比1/3以上,是犯罪的主要年龄段。如图1所示:

[1] 载https://web.shobserver.com/news/detail?id=184137,2020年11月29日访问。

[2] 载http://news.cctv.com/2019/04/01/ARTIoXEfpfQ9w84Kxsbw1Ngf190401.shtml,2020年11月29日访问。

[3] 载http://www.stats.gov.cn/tjsj/ndsj/2019/indexch.htm,2020年11月29日访问。

[4] 载http://www.court.gov.cn/fabu-xiangqing-99402.html,除另有其他说明外,本章节的示意图皆来自中国司法大数据研究院公布数据,2020年11月29日访问。

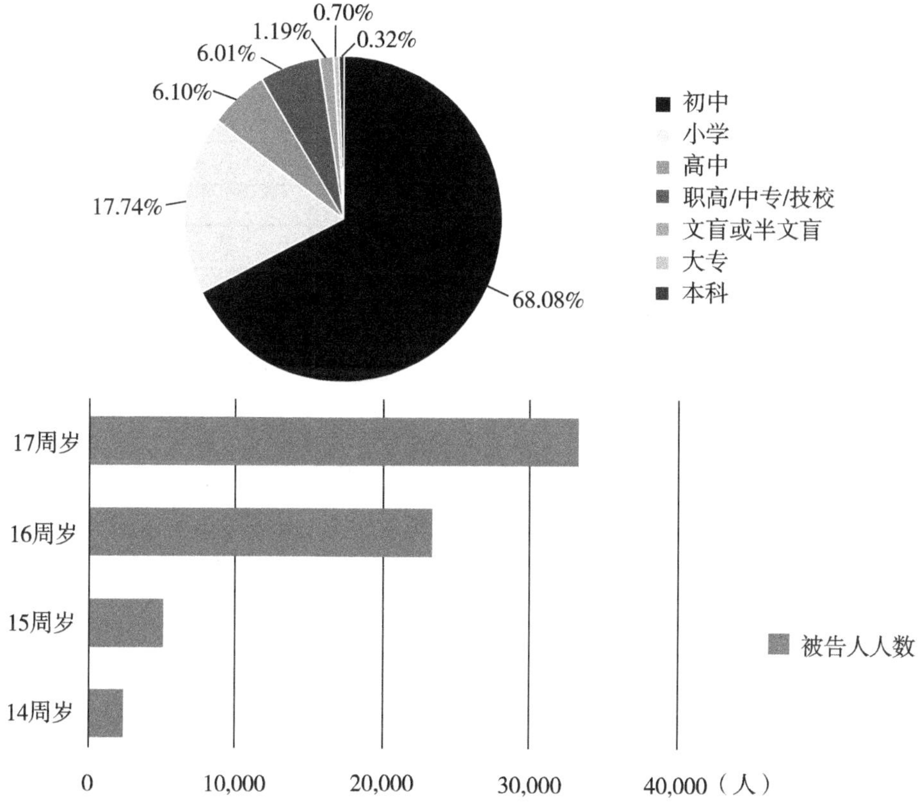

图1　未成年人犯罪低龄化，低“学历化分布图”

（2）暴力犯罪突出。未成年人社会阅历和经验不足，分辨是非、抵制不良影响的能力相对较弱，难以理智全面地看待客观事物，不足以对复杂社会有合理的认知，对自己行为予以恰当评估的能力差，遇事容易走极端，因此暴力犯罪就显得相对突出，存在较大的突发性和随意性。据该统计数据显示，未成年人最易犯盗窃罪、抢劫罪和故意伤害罪，如图2所示：

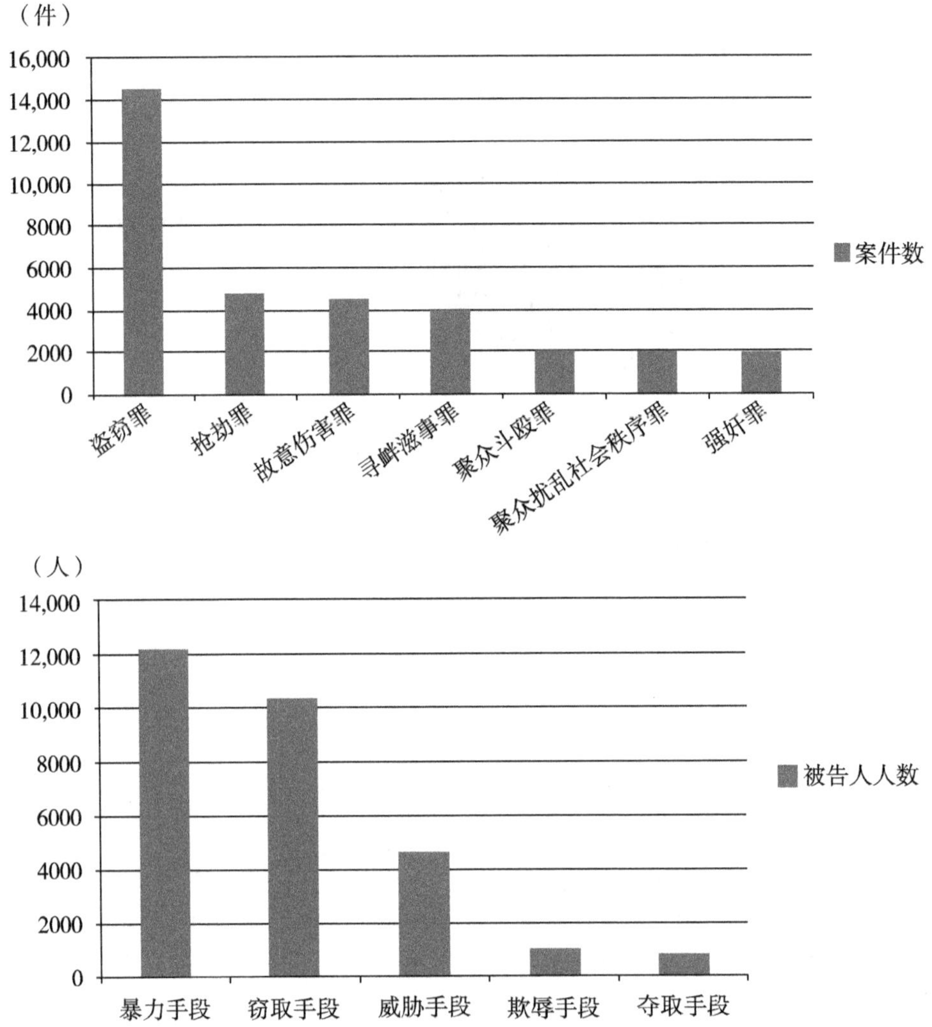

图2　未成年人暴力犯罪分布

(3)受家庭因素影响较大。据该统计数据显示,这些未成年人罪犯中,来自流动家庭、离异家庭、留守家庭、单亲家庭、再婚家庭的未成年人排名靠前,如图3所示:

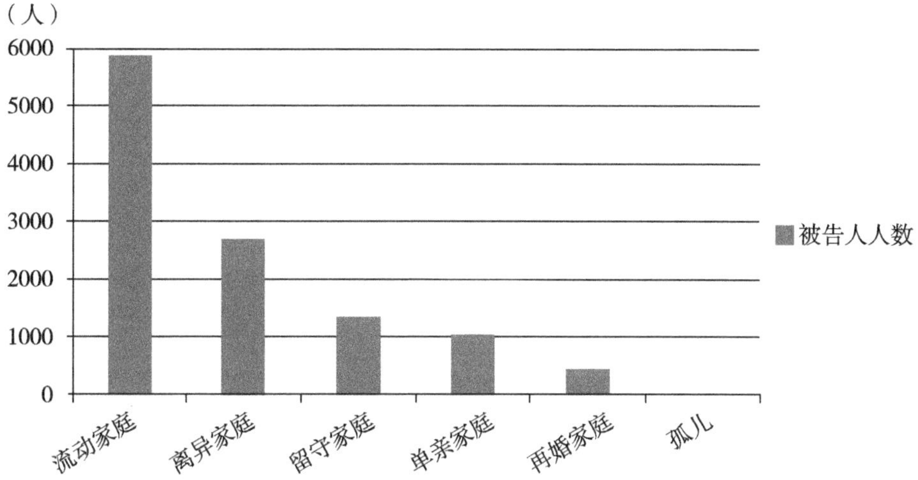

图 3　未成年犯罪人家庭情况分布

(4)结伙犯罪现象增多。青春期中的未成年人求知欲望及冒险精神高涨,他们可塑性强、相互模仿学习且急需寻求认同。在社会转型的特殊背景下,部分未成年人由于心存畏惧,缺乏体力、智能和经验,为了便于实施犯罪,团伙作案问题越来越突出,犯罪组织程度趋于严密,社会危害性加重,常结成团伙实施盗窃、抢劫、寻衅滋事、聚众斗殴等犯罪活动。[1]

二、未成年人社区矫正的必要性及工作原则

1985 年联合国大会决议通过的《联合国少年司法最低限度标准规则》中,正式提出了对未成年犯罪适用"双向保护原则",指"国家在对有犯罪行为的未成年人所进行的司法活动中,既要注重保护社会秩序、维护社会稳定和社会公众利益,对犯罪的未成年人依法惩处,又要注重保护犯罪未成年人的教育和挽救"。[2] 毋庸置疑,这是未成犯罪司法制度改革发展的一项重要突破,已然成为许多国家的未成年司法改革指导方向,我国在未成年矫正机制的探索和发展也遵循了此项原则。但在司法实践中,如何围绕这一原则,平衡司法公平和社会秩序是一项重大的难题,在如今的犯罪发展趋势下,未成年犯罪机制的矫正是必要而紧迫的,一是为了实现

〔1〕 李玫瑾、靳高风:《未成年人犯罪与少年司法制度创新》,中国人民公安大学出版社 2015 年版,第 27 页。

〔2〕 何斐明:《北京规则与修订刑法的完善》,研究出版社 2002 年版,第 46 页。

司法惩治的震慑作用,二是平衡未成年人的各项权益和社会整体利益,达到调和社会矛盾的最终效果。

我国未成年犯罪矫正机制是依法对未成年实施矫正的工作体系,是由司法机关、行政机关及其他相关机构、组织等共同构建的,涵盖了犯罪矫正的各个环节与单元。未成年犯罪人的矫正机制采用多样化的矫正措施及手段,包括监禁矫正、社区矫正、收容教养等方式,主要是围绕对未成年进行改造,使其重归社会并以此来控制和预防犯罪的发生来展开,其不仅仅有教育的成分,还包括对未成年错误思想的修正,目的在于从各个方面给予被矫正的未成年人帮扶、惩戒和必要的治疗,促使他们能顺利重返社会并融入社会。[1] 我国社区矫正工作自2003年展开试点以来,已经颁布了不少有关未成年人社区矫正的法律、规范性文件。其中关于未成年人保护以及社区矫正的原则散落于各个文件之中。总体归纳来讲,需要把握以下几项原则:

1. 尊重与保障人权原则

我国《宪法》规定,国家尊重与保障人权。《宪法》作为我国的根本大法,其他任何法律、行政法规、规章等的制定都必须遵守其要义,不得违背。《刑事诉讼法》中在坚持惩罚犯罪与保障人权并重的指导思想下,在第2条任务中也增加规定了"尊重和保障人权"。犯罪未成年人这一特殊群体作为社区矫正对象时,其身心发育尚不健全,可塑性较强,且未成年人是国家未来的希望之所在,在社区矫正的整个过程中,必须强调尊重和保障未成年人应有的权利,[2]保障其形成正确的三观以及优良的道德修养,保证未成年顺利再社会化,避免二次犯罪。

2. 依法保密原则

《社区矫正法》[3]、《刑事诉讼法》[4]以及公安部发布的《公安机关办理刑事

[1] 闫嵩巍:《我国未成年犯罪人矫正机制研究》,中国人民公安大学2018年硕士学位论文,第4页。

[2] 这些权利主要包括生命健康权、人身自由权、人格权、通信权、财产继承权、受教育权等。

[3] 《社区矫正法》第54条规定:"社区矫正机构工作人员和其他依法参与社区矫正工作的人员对履行职责过程中获得的未成年人身份信息应当予以保密。除司法机关办案需要或者有关单位根据国家规定查询外,未成年社区矫正对象的档案信息不得提供给任何单位或者个人。依法进行查询的单位,应当对获得的信息予以保密。"

[4] 《刑事诉讼法》第286条规定:"犯罪的时候不满十八周岁,被判处五年有期徒刑以下刑罚的,应当对相关犯罪记录予以封存。犯罪记录被封存的,不得向任何单位和个人提供,但司法机关为办案需要或者有关单位根据国家规定进行查询的除外。依法进行查询的单位,应当对被封存的犯罪记录的情况予以保密。"

案件程序规定》、最高人民检察院发布的《人民检察院办理未成年人刑事案件的规定》都规定了保密原则。具体而言，就是要对犯罪未成年人的身份信息予以保密，这涉及当事人的隐私权。经过一个多世纪的发展演变，当下，隐私在性质上已经由最初的“民事权利”属性，发展成为“基本权利”属性。隐私权作为基本权利，国际趋势上是不断加强对未成年人隐私的保护，我国也出台了相关规定保护未成年社区矫正对象的隐私权，那么未成年人依法享有对与公共利益无关的自身信息和个人活动的状态对外保密的权利。在整个矫正过程中要特别注意程序和内容的保密性。工作人员对参与未成年人社区矫正的专职社区工作人员和志愿者进行培训时，应当强调保护隐私的工作守则，严禁他们在矫正工作中因态度不严谨或其他原因泄露未成年人的犯罪历史、司法活动等情况。工作人员在送达矫正文书时，应当尽量避免经过第三人，当面送达时要注意着装和场合，邮寄送达采取本人或者监护人签收的方式，在邮件表面不能涉及相关信息。另外，工作人员在回访帮教时应当注意选择合适的场合，尽量对未成年矫正对象采取一对一方式进行，以免未成年人的犯罪事实被他人知道并造成事态扩大化的后果。总的来说，在未成年人的整个矫正工作中，工作人员应时刻保持谨慎、严密、负责的工作态度，关注未成年人的心理需求。[1]

3.“教育为主、惩罚为辅”原则

“教育为主、惩罚为辅”原则是我国针对未成年人违法犯罪的一项长期刑事司法政策，贯穿立法、司法、执法全过程。根据有关研究表明，未成年人实施违法犯罪行为的高发年龄段为12～16岁，基本都处于青春躁动期。而处于青春期的未成年人心智不够成熟，世界观、人生观、价值观也尚未定型，自我认知能力与控制能力行为欠缺，在外界不良影响下极易实施违法犯罪行为。犯罪未成年人由于年龄尚小，思想尚未成型，教育改造的可行性更大，更具有可塑性，完全可以通过后天矫正，重新构建健全的人格和三观。因此，我们应当坚持“教育为主、惩罚为辅”的原则，帮助犯罪未成年人重新塑立正确的三观，引导其重回正轨，使其顺利回归、融入社会，成为知法守法的公民。

4. 区分对待原则

区分对待原则有两重含义：一是将犯罪未成年人与犯罪成年人区分对待；二是将不同类型的犯罪未成年人也区分对待。犯罪未成年人与犯罪成年人在心智发育

---

〔1〕 刘彤：《未成年人社区矫正实践问题与对策研究》，中南财经政法大学2019年硕士学位论文，第34页。

程度、社会阅历、三观等存在较大差异,如果和成年人一起进行社区矫正,未成年人可能被成年人的恶性观念和行为所影响,也有可能受到成年人的不法侵害。因此,区分矫正是应有之举,这一点在我国《社区矫正法》与《预防未成年人犯罪法》上也有体现。同样是未成年人犯罪,但犯罪的原因、性质、手段、后果、情节等也有不同甚至是存在很大差异,因此,同样也必须注意区别对待,体现"宽容但不纵容"的精神。对确因年幼无知或者一时失足犯罪的,要尽量教育挽救;但对主观恶性深、手段残忍、屡教不改的,必须依法惩处。惩处也可谓一种特殊的教育。

三、涉罪未成年人分管分矫社区矫正机制构建完善建议

目前,我国的未成年人社区矫正制度中,关于犯罪未成年人特征的掌控、制度的设计和矫正项目的实施都存在一定问题。其中,最主要的问题是没有充分认识到犯罪未成年人与犯罪成年人之间在心理、需求、认知等因素上存在很大的差异,因此,为了更顺利地让犯罪未成年人再社会化,避免在执行矫正中出现管控不到位、交叉感染等问题,构建未成年人社区矫正制度下完善的分管分矫体系刻不容缓。建立合理完善的未成年人社区矫正机制,可以从以下几点出发:

1. 构建专业化、稳定化、长效化社区矫正工作队伍

根据《社区矫正法》第10条、第11条的规定,社区矫正机构应当配备法律专业人士,构建专业化队伍。[1] 矫正机制之所以能良好运行,离不开专门的机构、健全的组织、高素质的第三方和志愿者参与,而未成年犯罪人的矫正工作更需要专业化的矫正队伍予以保障。根据社区矫正工作的特点,可以通过政府购买社会服务等方式,依照每个区域未成年人矫正人员的数量按比例配置人员,比例根据被矫正人员所涉及犯罪、矫正难易程度等情况实行动态调整,比例最高不宜超过1∶10。专业人士可以面向社会工作、法律、警务等相关专业毕业生招录,对其教育背景、学历程度、专业知识等方面进行严格要求,也可以与政法院校签署合作协议,定向培养,扩展人才来源渠道。大力增加招聘"大学生"公益岗位或辅警,安排其到社区矫正中开展专门的矫正工作,通过设立奖励、聘用、提高待遇等方式使他们走上正规化的道路,以缓解社区矫正中人员缺乏的压力。同时,对已经在职的社区矫正工作人员,

---

〔1〕《社区矫正法》第10条规定:"社区矫正机构应当配备具有法律等专业知识的专门国家工作人员(以下称社区矫正机构工作人员),履行监督管理、教育帮扶等执法职责。"第11条:"社区矫正机构根据需要,组织具有法律、教育、心理、社会工作等专业知识或者实践经验的社会工作者开展社区矫正相关工作。"

可以通过定期轮换培训的模式，使其吸收经验知识结合实践提高自身业务水平。另外，各级司法行政部门可以加强宣传，通过向社会公开招募和个人自荐等形式，鼓励社会中热心公益、文化素质高、具有一定经验的公众投身社区矫正志愿者队伍，尤其是经验丰富的退休人员，其人生履历和社会经验丰富，对社区矫正工作可以起到重要的作用。

另外，为了保障社区矫正队伍的稳定，进一步增加职业归属感，必须加强社会工作者的待遇保障，吸引并留住人才。目前社会矫正工作突出的问题之一就是人才匮乏，这与待遇保障问题是相伴相生的。虽然《社区矫正法》第6条规定社区矫正经费列入财政预算，[1]但是该规定较为宽泛，没有具体标准，具体政策有待地方各级政府落实。因此，地方政府可以通过社会公益捐款、事业单位捐款等多渠道筹措专项资金，针对社区矫正人员的待遇问题，地方政府可以参考本区域的社会经济发展状况，以当地人均最低工资标准为基线，结合被矫正人员的情况，实行动态幅度调整。此外，应当建立相应的奖励机制，对于尽职尽责、工作成效优异，表现良好工作人员应给予激励，如对有关人员给予表彰和物质奖励等。还应当拓展社区矫正工作者职业晋升的渠道，建立与社区矫正社会工作相应的职称层级制度，有助于社会工作人员对工作的职业归属感与成就感的形成，保证其工作的稳定性。社工可以根据工作年限、取得的工作成效等内容进行职称层级的评定选拔，工作人员随着年限与工作能力的增长获得与其相匹配的职称晋升。[2]

2. 完善矫正前人格调查机制

未成年人犯罪呈现分级化现象，在不同地区、不同年龄段所采取的犯罪手段不同，所犯罪名也不尽相同。未成年人的犯罪原因一般比较复杂，常与未成年人父母的教育方式、家庭状况和学校管理相关，因此，人格调查报告不仅要调查未成年人的基本信息，如户籍所在地、家庭成员以及被害人意见，也应该全面考察未成年人在犯罪前的家庭条件、人格状态、是否有犯罪的前科以及犯罪后的认罪认罚态度等。此外，还可以针对不同情形调查犯罪未成年人家庭成员的受教育程度、是否存在家庭暴力，甚至所在居住地的治安环境情况等。为保障人格调查报告具有真实性和准确性，当地的司法机关对调查评估报告书应当采用统一化的格式。社会调

---

〔1〕《社区矫正法》第6条规定："各级人民政府应当将社区矫正经费列入本级政府预算。"居民委员会、村民委员会和其他社会组织依法协助社区矫正机构开展工作所需的经费应当按照规定列入社区矫正机构本级政府预算。

〔2〕黄霈霖：《我国社区矫正制度完善研究》，郑州大学2019年硕士学位论文，第32页。

查报告的制作可参照鉴定意见,主要包括三部分:第一部分为调查机构接受委托的情况、人格调查过程中采用的方法和报告制作的具体过程和程序;第二部分为人格调查收集到的综合情况分析,具体包括家庭背景、成长经历、人格状态、受教育程度、是否有犯罪的前科等;第三部分是对未成年人自我认知能力、情绪管理水平等人格状态的相关评价。根据社会调查制度的基本定位,社会调查的内容不应该包括犯罪性质、被告人是否有过错等与犯罪事实相关的情节和内容,这是因为犯罪性质以及社会危害性是犯罪成立的要件要素,被害人是否有过错也是量刑的法定判断标准,这些都属于应由人民法院依法查明的内容,由社会调查员进行调查则违背了基本的刑事诉讼规则,不利于维护未成人的合法权益。且根据上述原因,在社会调查报告的内容中也不应出现具体的量刑建议。[1]

3. 加快完善矫正项目建设,完善分层次、分情况矫正机制

未成年人的人格尚未健全,具有较强的可塑性,因此要格外重视矫正过程中其人格的完善。因此,要增强入矫教育的效果,必须要有针对性地进行矫正,让未成年矫正对象体会到法治社会的公平正义,助力未成年人形成健全的人格。

首先,根据社区服刑人员被判处的刑罚种类、犯罪情况、矫正期限、入矫时间、风险等级、悔罪表现、遵纪守法等情况,实行级别管控,不同级别采取相应的监管矫正措施。具体可以从以下两点出发:一是开展特殊矫正教育。针对每个未成年社区矫正对象不同心理特点制订特定个体矫正方案,介入"大数据"管理对未成年社区矫正对象的姓名、性别等静态信息及矫正中可能披露身份信息活动的动态信息进行智能统计、分化和存储,促进相关司法机关更优化地对矫正的未成年人进行分类管理。[2] 据此将未成年社区矫正人员定期集中到一起,单独开展理想信念、思想道德、法律知识和社会文化等学习教育,组织他们到青少年学校学习职业技能、参加力所能及的社区公益服务,侧重感化教育和加强思想矫正,从而提高未成年人的社会融合能力,促进改造决策更加科学化。二是建设符合未成年人身心特点的公益性的劳动基地以及社区矫正教育服务中心。[3] 根据我国情况,公益性的劳动基地可以建立在养老院和公园等区域,让未成年社区矫正对象定期去看望孤寡老人,与老人们建立良好的联系,从而达到修复社会交往关系、培养他们的社会责任感的效

〔1〕 李扬:《"以审判为中心"视角下未成年人社会调查制度的反思与完善》,载《广西民族大学学报(哲学社会科学版)》2018年第2期。

〔2〕 邓宗强:《浅析大数据环境下个人信息安全保护》,载《电脑知识与技术》2019年第3期。

〔3〕 狄小华:《中国特色少年司法制度研究》,北京大学出版社2017年版,第314页。

果;社区矫正教育服务中心按照当地情况,可以建立在社区活动中心、中小学周边等区域,选取固定时间为未成年社区矫正对象提供文化、法律知识的学习和培训,以及为未成年社区矫正对象提供咨询和援助。通过进行符合未成年人特征的矫正项目,让其在矫正过程中的生活更充实,从而帮助其树立起正确的价值观、建立起健全的人格。

其次,虽然《社区矫正法》第57条规定,未成年社区矫正对象在复学、升学、就业等方面依法享有与其他未成年人同等的权利,任何单位和个人不得歧视。[1] 但是社会公众对社区矫正人员或多或少地存在偏见和排斥,不相信他们能够悔过自新,使他们在就业中往往处于劣势地位。并且未成年人自身心理因素也是一个重要影响因素,可能存在因为有过犯罪行为而自暴自弃,不愿意继续上学的情况,并且选择在社区矫正结束后,到适龄时就开始工作。针对这部分人群,笔者认为,应当积极开展适应性帮扶工作,动员社会力量,整合社会资源,拓展帮扶渠道,帮助未成年人自食其力,使他们能够在工作或劳动中提升自我价值感,这一点在我国《社区矫正法》中也有规定。[2] 一方面可以协调人力资源和社会保障、教育、民政等部门落实特定社区矫正人员就业、学习和基本生活保障帮扶政策,解决他们工作和生活上的后顾之忧。另一方面结合本地就业市场需求,对社区矫正人员加强技能培训,加强鼓励帮助被矫正者通过相关技能考核,顺利取得各类资格证书,树立生活自信。对于企业聘用社区矫正人员从事长期劳动的,在政策允许范围内,可以在财政、税收上予以适当照顾,或者以经济补偿方式激发企业积极性。同时,矫正机构应重视社会合作,协调更多的企业单位参与到未成年犯罪人的安置聘用工作中,扩展就业渠道、就业平台,为表现良好的未成年人进行推荐介绍,制定相应的企业鼓励政策,吸引多方关注未成年犯罪人的再社会化进程。[3]

4. 加强校地合作,共同参与社区矫正

学校本是在校犯罪未成年人生活的主要社会环境,老师、同学是其主要的社会

---

〔1〕《社区矫正法》第57条规定:"未成年社区矫正对象在复学、升学、就业等方面依法享有与其他未成年人同等的权利,任何单位和个人不得歧视。有歧视行为的,应当由教育、人力资源和社会保障等部门依法作出处理。"

〔2〕《社区矫正法》第55条规定:"对未完成义务教育的未成年社区矫正对象,社区矫正机构应当通知并配合教育部门为其完成义务教育提供条件。未成年社区矫正对象的监护人应当依法保证其按时入学接受并完成义务教育。年满十六周岁的社区矫正对象有就业意愿的,社区矫正机构可以协调有关部门和单位为其提供职业技能培训,给予就业指导和帮助。"

〔3〕闫嵩巍:《我国未成年犯罪人矫正机制研究》,中国人民公安大学2018年硕士学位论文,第27页。

关系。重视学校在社区矫正中的作用,使未成年社区矫正对象重新建立起与学校、老师、同学之间的紧密关系,发挥好学校教育和控制功能,对于矫正人摆脱不良习性、重回正常的学生生活有着重要的作用。具体实施上,对于处于上学阶段的未成年社区矫正对象,学校不得开除其学籍,加强对他们的教育和管理,并且在校对未成年人的身份信息进行保密,打消周围同学、同学家长对"犯罪人标签"的恐惧;同时,教师应利用各种沟通渠道与他们沟通,加强师生之间的情感依恋关系,使他们积极参与学校的学习活动和日常生活,并借由学校的监督、管理和训练,施以专业的心理及行为辅导,以鼓励代替惩罚,提高未成年犯自我控制能力,帮助他们建立自信心和价值感。将法治教育、心理状态和同学关系作为工作重点,避免未成年人因为失学导致自卑、抵触陌生人等心理障碍,帮助未成年人完成义务教育。

另外,高校拥有独特的培育人才优势,在学术研究、研发社区矫正技术等方面资源丰富。司法行政部门可以与高校深化合作。一方面建立社区矫正基地,合作开展联合办学和培训,整合司法行政部门和高校的有效资源,发挥各自的优势,搭建高校学生参与社区矫正的实训基地和实习平台。为相关专业的在校学生提供在社会活动中实践学习的机会,为司法行政部门提供理论上的支持和帮助,提高学生的实践能力,并且缓解人才紧缺压力,为社区矫正工作储备知识化、专业化人才,且能充分发挥基地的综合优势对在职的社区矫正工作者进行职业培训,对社区矫正对象开展多途径多方位的教育活动,增强教育矫正工作的活力与实效。另一方面搭建高校专家咨询和论证平台,依托高校科研力量做好社区矫正理论与实务研究。合理利用技术理论优势和高校人才优势,加强学校、科研机构和专家的合作与联系,为理论研究领域的社区矫正工作提供更多的专家咨询和服务,为社区矫正制度在实施中的优化给予科学理性引导。[1]

5. 完善解除矫正后未成年人的信息保护

尽管在矫正制度中对未成年人的信息保护达成了共识,但对他人可知晓信息的部分规定得却不够明确。我国法律规定只有社区矫正机构工作人员、其他依法参与矫正工作的人员、未成年人的监护人、司法机关根据需要和有关单位根据国家规定,可以获得身份信息,但未成年人所读的学校、欲转入的学校能否知晓,没有明

---

〔1〕 郑璇:《四川省遂宁市社区矫正社会参与问题与对策研究》,云南师范大学2020年硕士学位论文,第47页。

确规定。[1] 在现实中存在犯罪未成年人所在学校知晓情况后不积极配合，或者学校因受到其他学生及家长施加的压力，要求犯罪未成年人退学的困境。因此，对于解除矫正后知悉未成年人身份信息的范围和程度，要具体情况具体分析。对于犯罪情节相对较轻，且其主观恶性和人身危险性也相对较小的犯罪未成年人，社区矫正机构处出于保护犯罪未成年人身份信息和人格尊严的目的，将知晓此类未成年人身份信息的人员范围予以一定程度的缩小，可不将信息通知犯罪未成年人所在的学校，避免对他们贴上犯罪的标签，尽量保持其正常学习和社会化[2]。而已年满16周岁有就业意向的犯罪未成年人，社区矫正机构可以协助其就业，对有关部门和单位保密其犯罪相关的信息。对于犯罪情节严重且具有较大主观恶性的犯罪，如犯故意杀人罪、抢劫罪、强奸罪等罪，会对身边人群的人身安全产生潜在威胁，则应当相对弱化保护这类未成年人的身份信息，适当披露其应当告知的部分，做到对未成年人和社会安全的法益平衡。

四、结语

少年兴则国兴，少年强则国强。如何预防和减少未成年人犯罪，如何完善涉罪未成年人社区矫正机制，是一项复杂的体系工程，不仅是我国全面依法治国的基本要求，也是世界各国在现代法治社会中都需要深入研究的一项长期性课题。在法治的框架下推进社区矫正机制的发展，不能只依靠政府部门的重视，同时也需要社会整体参与，共同建立起契合中国自身实际情况的涉罪未成年人的矫正机制。

---

〔1〕 吴宗宪、王力达：《未成年社区服刑人员身份信息保护问题探讨》，载《山东警察学院学报》2019年第5期。

〔2〕 匡敦校：《中国未成年人社区矫正的问题及对策》，载《中国青年社会科学》2015年第1期。

我国未成年社区矫正的缺陷与治理路径

郭　芬　文智慧*

摘　要:未成年人社区矫正工作的开展应该重视社会控制理论的运用,重新认识引起未成年人犯罪的原因,加强未成年犯罪人与家庭、学校之间的情感依恋;注重社区功能的发挥,为未成年犯罪人社区矫正提供多样化的渠道,让该群体有积极有益的活动可以参加并愿意参加,避免其重新涉足违法犯罪活动,最终有效地实现预防和减少未成年人犯罪的目标。

关键词:未成年社区矫正对象;社区矫正;社会控制理论

一、未成年犯罪社区矫正的起源

社区矫正是指通过适用各种非监禁性刑罚或刑罚替代措施,使罪犯得以留在社区中接受教育改造,以避免监禁刑可能带来的副作用,并充分利用社区资源参与犯罪矫正的一种罪犯处遇制度。

社区矫正制度在国外的起源是与刑罚的改革分不开的。社区矫正发源于西方国家,在20世纪后得到迅猛发展。社区矫正利用多种社会资源,整合社会多方面力量,对罪行较轻、主观恶性较小、社会危害性相对较小的罪犯,或者经过监管改造、确有悔改表现、不至于再危害社会的罪犯在社区中进行有针对性管理、教育和改造的工作,是当今世界刑罚制度发展的趋势。一般认为,世界上第一个有关社区矫正制度的立法是1876年美国纽约州制定的,而现代社区矫正概念源于第二次世界大战后,以法国著名法学家安塞尔(Ansell)为代表的新社会防卫论,社会防卫运动所倡导的非犯罪化和非刑罚化以及由此引申出来的行刑社会化思想成为刑罚发展的国

* 郭芬,长沙理工大学法学系19级法律法学研究生;文智慧,长沙理工大学法学系19级法律法学研究生。

际性潮流,社区矫正制度正是在这样的背景下产生的。[1] 同时,社区矫正制度是刑罚个别化理论的重要应用,是对罪犯的一种区别对待,鉴于未成年人身心发展及其犯罪的特殊性,他们自然成为社区矫正制度关注的重要群体。未成年人犯罪社区矫正制度,由于其矫正对象特殊,很多时候引领整个刑事政策的变革,例如,缓刑制度、恢复性司法模式等都是发源于未成年人犯罪司法领域,尔后推广至成年人犯罪司法领域。[2]

二、我国未成年社区矫正的"柔性"属性

(一)尊重和保障人权原则

2004 年的《宪法》(修正案)将"人权"概念引入《宪法》,载明"国家尊重和保障人权",标志着我国现行《宪法》首次用一个概括性条款确认了尊重和保障人权的宪法原则。将"国家尊重和保障人权"这一规定写入作为根本大法的《宪法》,必然要求我国所有现行法律体系都应最大限度地尊重人权、最全面地保护人权。未成年犯罪人作为特殊的社会群体,其人权更是应该得到保障。在未成年犯社区矫正的整个过程中,必须强调尊重和保障未成年人应有的权利。这些权利包括未成年人的生命健康权、人身自由权、人格权、住宅权、通信权、婚姻家庭权、财产和继承权、知识产权、政治权利、宗教信仰自由权、受教育权、劳动权、文化活动权、批评和建议的权利、申诉权、控告和检举的权利、获得国家赔偿的权利、获得物质帮助的权利、诉讼上的相关权利等方面的基本权利。

(二)教育为主、惩罚为辅原则

在我国的现有立法中,《未成年人保护法》和《预防未成年人犯罪法》都规定了对未成年人应坚持教育为主,惩罚为辅的原则。这一原则也是我国处理未成年人违法犯罪以及事实上矫正工作应该遵循的基本指导思想。对于 14 岁到 18 岁这个年龄阶段的未成年人,由于心智发育不成熟,更易受社会环境影响而误入歧途。未成年人犯罪的原因是多方面的,家庭、学校、社会都应承担一部分相应的责任,从某种角度来讲,他们既是犯罪人,也是环境的受害者。未成年犯由于年龄尚小,思想尚未成型,更易于接受教育改造,更具有较强的可塑性,完全可以通过教育的"后天习得",重新构建健全人格。故此,应当坚持"教育为主、惩罚为辅"的原则,通过对未成年犯进行正确的引导和潜移默化的教育,重塑其正向价值观,以非惩罚性的手段

---

〔1〕 匡敦校:《中国未成年人社区矫正的问题及对策》,载《中国青年社会科学》2015 年第 1 期。

〔2〕 贾宇:《未成年人犯罪社区矫正制度研究》,载《人民检察》2011 年第 5 期。

挽救失足少年,宽容地对他们实施矫正教育,促使其健康成长,顺利回归社会成为守法公民。[1]

(三)区别对待原则

《社区矫正法》第52条第1款明确规定:"社区矫正机构应当根据未成年社区矫正对象的年龄、心理特点、发育需要、成长经历、犯罪原因、家庭监护教育条件等情况,采取针对性的矫正措施。"该条第3款规定:"对未成年人的社区矫正,应当与成年人分别进行。"我国《预防未成年人犯罪法》第46条亦规定:"对被拘留、逮捕和执行刑罚的未成年人与成年人应当分别关押、分别管理、分别教育。"这些法律规定均体现了对于未成年人矫正对象的区别对待原则,即针对未成年人的身心特点和需要,严格按照与成年社区矫正对象分别进行的方式,对未成年矫正对象采取有针对性的思想、法治、道德教育和心理辅导等"柔性"矫正措施,充分体现矫正个别化的要求,促使未成年社区矫正对象改过自新从而顺利回归社会。未成年人的生理、心理尚未成熟,社会经验不足又容易受到外界的影响,与成年人一同实行社区矫正,其权益极可能受到侵害,成年人顽固的越轨观念和行为也可能对未成年人产生不良影响[2]。

(四)全面帮助原则

我国《社区矫正法》第55条规定:"对未完成义务教育的未成年社区矫正对象,社区矫正机构应当通知并配合教育部门为其完成义务教育提供条件。未成年社区矫正对象的监护人应当依法保证其按时入学接受并完成义务教育。年满十六周岁的社区矫正对象有就业意愿的,社区矫正机构可以协调有关部门和单位为其提供职业技能培训,给予就业指导和帮助。"第56条规定:"共产主义青年团、妇女联合会、未成年人保护组织应当依法协助社区矫正机构做好未成年人社区矫正工作。国家鼓励其他未成年人相关社会组织参与未成年人社区矫正工作,依法给予政策支持。"第57条规定:"未成年社区矫正对象在复学、升学、就业等方面依法享有与其他未成年人同等的权利,任何单位和个人不得歧视。有歧视行为的,应当由教育、人力资源和社会保障等部门依法作出处理。"这些法律条文表明,为了保证接受社区矫正的未成年犯的再社会化,再就学、就业上应协调各个有关部门遵循"全面帮助"原则。

---

[1] 李岚林:《"柔性"矫正:未成年人社区矫正的理论溯源与实践路径》,载《河北法学》2020年第3期。

[2] 张学超:《社区矫正理论与实务教程》,对外经济贸易大学出版社2012年版,第278页。

在未成年矫正对象社区矫正过程中，需要广泛动员社会各方面的力量积极参与其中，各司其职、各负其责，这也是社区矫正制度的本身特点之一。在对未成年社区矫正对象的矫正实践中，不仅需要公、检、法、司等政法专职执法队伍，还可以广泛动员组织社会力量参与未成年人社区矫正工作，吸纳社会上专业社工、志愿者、共青团、妇联、关工委、基层群众性组织人员等共同参与发挥合力，全面帮助未成年矫正对象，保证未成年矫正对象社区矫正工作顺利开展。针对未成年人的身心特点，综合运用社会学、心理学、教育学、法学等专业知识，采取有益于其身心健康发展的“柔性”矫正措施，帮助其改正犯罪恶习。除此之外，在未成年社区矫正对象就学、就业、基本生活保障上，协调有关部门提供必要帮助。全面帮助原则不仅贯穿社区矫正整个过程，也体现在矫正结束后对未成年人以后生活、学习、发展等方面的关怀帮助和及时调查回访，帮助其顺利融入社会。

三、我国未成年社区矫正存在的问题

（一）未成年犯社区矫正制度的内容不独立化

从社区矫正的立法内容上看，2004 年司法部的《司法行政机关社区矫正工作暂行办法》提及应对社区矫正对象实施分类管理、个性化教育，但这里的分类管理，是针对“社区服刑人员的犯罪原因、犯罪类型、危害程度、悔罪表现、家庭及社会关系等情况”以及被判处刑罚的类别和不同特点而制定有针对性的教育改造计划和措施，并没有针对成年犯与未成年犯而进行区别对待。2005 年的司法部《关于预防青少年违法犯罪工作的实施意见》提到积极探索适合未成年矫正对象特点的社区矫正管理办法，全面掌握未成年社区矫正对象各方面的情况，结合实际制定有针对性的教育改造计划和措施，但该意见仅仅是宏观指导层面的规范性文件，并没有明显的强制执行力。2012 年的《社区矫正实施办法》在前述意见的基础上，明确提出了对未成年人的社区矫正应当与成年人分开进行，未成年社区矫正对象的矫正小组应当有熟悉青少年成长特点的人员参加，针对未成年人的年龄、心理特点和身心发育需要等特殊情况，采取有益于其身心健康发展的监督管理措施。虽然这些内容与未成年人社区矫正独立化的国家相比还有一定差距，但至少已意识到成年犯与未成年人犯的差别。目前，未成年人社区矫正制度并没有与成年犯社区矫正制度分立，也没有规定专门的未成年人社区矫正管理机构，管理人员中仅仅是有专业人士参与，这离未成年人社区矫正制度的独立化还有一定的差距。正是考虑到我国未成年人社区矫正立法内容的欠缺与不独立，应当尽快制定专门的未成年人社区矫正法。[1]

(二)缺乏适合未成年人特点的社区矫正项目

许多西方国家已采取了专门适用于未成年人的社区矫正管理制度和模式,并在防治未成年犯的问题上取得了很大成效。与此相比,在我国目前的社区矫正制度中并没有适合未成年犯特点的专门矫正项目,与成年犯混同操作,这对于未成年犯的矫正工作极为不利,并且大大影响了社区矫正的效果。首先,在《关于开展社区矫正试点工作的通知》中仅规定,社区矫正适用于管制、剥夺政治权利、缓刑、监外执行、假释五种情形,并未特别提及未成年犯问题。其次,从发达国家和地区对未成年犯进行社区矫正的实践来看,当矫正机关接受了社区矫正对象后,先要对其进行危险性以及需要结构的评估。而根据我们对基层社区矫正项目的调研,我国的社区矫正试点项目中,均没有危险评估制度,一般采取定期谈话、专家心理咨询、社会帮教、参与社区公益劳动等方式。因此,我们迫切需要针对未成年犯特点的社区矫正项目,因人因罪地加以矫正,这样才能真正起到帮助未成年人回归社会的作用。[2]

(三)矫正方式问题

社区矫正制度在我国起步较晚,就目前来说仍然处于探索阶段,又由于对未成年人适用社区矫正的数量较少,因此,也没有专门针对未成年人的矫正方式,未成年人和成年人不加区分混同矫正,矫正方式类似,主要有公益劳动、思想教育、法治教育、社会公德教育、技能培训、心理矫正以及就业指导、生活指导等。虽然未成年人社区矫正不乏社区矫正的共性,但更有区别于成年人社区矫正的特色,许多西方国家已采取了专门适用于未成年人的社区矫正管理制度和模式,有专门的管理机构和不同于成年人的专业化管理人员。由于目前我国的现实中基本上还没有确立适合未成年人特点的社区矫正管理制度,如此不加区分地与成年人混同操作,既不利于未成年人的矫正,又影响了社区矫正工作的效率。对于此种情形,正如有学者所言:"未成年人社区矫正项目的设置存在以下几个问题:(1)没有对未成年矫正对象形成足够的约束力,使社区矫正面临虚化的危险;(2)矫正项目缺乏针对性。矫正项目普遍不能切合未成年人的特点,没有针对性。对矫正对象没有吸引力,缺少矫正意义。迫切需要针对未成年犯设立更多符合其自身特点的社区矫正项目。"这种看法客观地反映了我国目前未成年人社区矫正中的现实情况。

---

[1] 林安民:《论我国未成年人社区矫正体系的缺陷》,载《当代青年研究》2014年第5期。
[2] 贾宇:《未成年人犯罪社区矫正制度研究》,载《人民检察》2011年第5期。

鉴于未成年人的特殊性,将未成年人与成年人进行区分矫正,势在必行。同时还要对未成年人进行分类管理,所谓分类管理,就是以人身危险性大小为分类标准,结合其回归社会的趋向程度,将社区矫正对象区分为几类,分别实施不同强度的管理方式。实施分类管理,可以有针对性地制订个别化的矫正方案,使矫正工作有的放矢,也有利于合理配置力量,加大对人身危险性较大的重点对象的控制,提高管控安全系数。但是,这也只是从宏观上加以分类,具体到个人又如何因人而异还有待进一步探讨,因为对未成年人的影响甚至一句话的语气都会产生认同或排斥的心理变动和情绪变化,而且任何一种方式又并非"孤立无援"的,一定是与相应的内在和外在的"情景"相契合。目前对未成年人的矫正还没有一个成熟的统一方式。虽然国外以及国内理论与实践部门在借鉴国外的经验基础上提出了一些针对未成年人的矫正方式,并且现实中也有成功的个案,但这仍然不能作为化解刚性的监管与柔性的社会化之间悖论的"成功经验"或"理论依据"。正因如此,可以说,对未成年人社区矫正是挑战我们人类智慧的一项"事业"。[1]

四、我国未成年社区矫正的治理路径——以社会控制理论为基础

社会控制理论的概念——美国犯罪学家特拉维斯·赫希于 1969 年出版的《少年犯罪原因》一书中所提出的"社会控制理论"(Social Control Theory),也称"社会联系理论"(Social Bonding Theory)[2]成为当代青少年犯罪研究中地位最重要且引用最广泛的犯罪学理论。

社会控制理论认为,任何人都是潜在的犯罪人,个人与社会的联系可以阻止个人进行违反社会准则的越轨与犯罪行为,当这种联系薄弱时,个人就会无约束地随意进行犯罪行为,因此,犯罪就是个人与社会的联系薄弱或受到削弱的结果[3]。赫希的社会控制理论的核心概念是"社会联系"(Social Bond),他认为个体犯罪是天生的,遵守规则却是后天习得的,个人与社会联系连结的强弱,是决定一个人是否遵守社会规范的主要原因。社会联系强即可阻止违反社会准则与犯罪行为产生,犯罪是个人与社会联系薄弱的结果。也就是说,当人们不再受社会法律的控制与传统规则的教化时,则易倾向于犯罪。社会联系主要由以下四种成分组成:一是

---

〔1〕 骆群:《未成年人社区矫正的难点分析》,载《青少年犯罪问题》2012 年第 1 期。

〔2〕 吴宗宪:《西方犯罪学》,北京法律出版社 2006 年版,第 386 页。

〔3〕 郭晓红:《未成年犯罪人社区矫正的路径选择——以社会控制理论为视角》,载《法学杂志》2014 年第 7 期。

依恋(attachment),即个人对他人或群体的感情联系。这种依恋包括对父母、学校和同辈朋友的依恋。对正常人来说,这种感情联系是犯罪的重要抑制因素,这种感情联系越强烈,个人在打算进行犯罪行为的时候就越有可能考虑犯罪行为会给这种联系造成的损害,因此,依恋在控制少年犯罪中起着重要的作用。二是奉献(commitment),即将时间、精力和努力使用于传统的活动内容上。赫希认为,如果人们为了顺应传统的生活方式而花费时间和精力,致力于传统的生活、财产、教育、名誉等活动中,就不大可能从事危及其传统目标和地位的活动,因而也就不大可能从事犯罪活动。三是卷入(involvement),即花费时间和精力较深入地参加传统活动,全力以赴地忙于各种传统事务,这样就会缺少从事越轨活动的时间和精力。个人全力以赴参加的传统活动主要有两类:传统的工作、运动、娱乐和业余爱好以及与学校有关的传统活动。四是信念(belief),即对共同的价值体系和道德观念的赞同、承认和相信。在社会或群体中存在一种共同的价值体系和道德观念,生活在这种社会或群体中的人们通常都相信、遵循这些价值体系和道德观念。如果缺乏这样的信念或者使其受到削弱,个人就有可能进行越轨及犯罪行为。[1]

因此,基于社会控制理论,我国未成年社区矫正的治理路径可以分为以下几方面。一是"家庭治疗":增进情感依恋。"依恋"在抑制和矫正未成年人犯罪中起着十分重要的作用。未成年社区矫正对象的罪错行为往往与其家庭因素关系密切,我国《社区矫正法》也规定:"应当根据未成年社区矫正对象的……家庭监护教育条件等情况,采取针对性的矫正措施。"可见,根据未成年社区矫正对象的家庭监护教育条件,可以视需要介入家庭治疗。家庭治疗是将家庭关系看成由多个亚系统组成的完整系统,由家庭治疗师通过改变家庭内部环境中成员之间不良的交往模式,改变家庭成员中个体的心理和行为问题[2]。二是"社区融入":强化社会参与。未成年社区矫正对象的社区融入,具体是指在社区载体上,未成年社区矫正对象通过社区交往,参与社区活动,享有社区服务,实现对新的生活方式、生活环境的适应,对新的角色认同,从而对社区有归属感。

具体来讲,对于处于上学阶段的未成年社区矫正对象,学校不得开除其学籍,而应加强对他们的教育和管理,并为他们犯罪历史和服刑现状保密;同时,教师应

---

〔1〕[美]米歇尔·尼科尔斯:《家庭治疗基础——心理咨询与治疗系列》,林丹华等译,中国轻工业出版社2005年版,第186页。

〔2〕李岚林:《"柔性"矫正:未成年人社区矫正的理论溯源与实践路径》,载《河北法学》2020年第10期。

利用各种沟通渠道与他们沟通，加强师生之间的情感依恋关系，使他们愿意参与学校的学习活动，并借由学校的监督、管理和训练，施以专业的心理及行为辅导，以鼓励代替惩罚，提高未成年犯自我控制能力，帮助他们建立自信心和价值感。

除了增强未成年社区矫正对象对学校的参与和融入，对于年满16周岁且具有就业意愿的未成年人，社区矫正机构应充分运用社会力量和链接社会资源为未成年人提供就业帮助，包括职业培训、职业指导和推荐岗位等，帮助未成年人自食其力，使他们能够在工作或劳动中提升自我价值感，展现自我效能，从而控制与规范自我的偏差行为。我国《社区矫正法》也规定："对未完成义务教育的未成年社区矫正对象，社区矫正机构应当通知并配合教育部门为其完成义务教育提供条件。未成年社区矫正对象的监护人应当依法保证其按时入学接受并完成义务教育。年满十六周岁的社区矫正对象有就业意愿的，社区矫正机构可以协调有关部门和单位为其提供职业技能培训，给予就业指导和帮助。"

参考文献

[1]皮艺军：《中国少年司法理念与实践的对接》，载《青少年犯罪问题》2010年第6期。

[2]戴相英：《未成年人犯罪与矫正研究》，浙江大学出版社2012年版，第114页。

[3]陈伟：《教育刑与刑罚的教育功能》，载《法学研究》2011年第6期。

[4]姚建龙：《国家亲权理论与少年司法——以美国少年司法为中心的研究》，载《法学杂志》2008年第3期。

[5]张学超：《社区矫正理论与实务教程》，对外经济贸易大学出版社2012年版，第238页。

[6]王爱立、姜爱东：《中华人民共和国社区矫正法释义》，中国民主法制出版社2020年版，第254页。

[7]吴宗宪：《西方犯罪学》，法律出版社2006年版，第386页。

[8]陈晓明：《学校与青少年犯罪防范：以社会控制理论为基础》，载《青少年犯罪问题》2004年第7期。

关于《社区矫正法》实施的积极意义与完善建议
——以未成年人社区矫正为视角

王 睿*

摘 要:《社区矫正法》在第七章专设未成年人社区矫正特别规定,对未成年人社区矫正的依法管理、依法保护未成年人利益具有重大意义。在未成年人犯罪的刑罚执行中,应贯彻不同于成年人的法律原则、法律规定和法律程序,为未成年人社区矫正的实施专设不同于成年人的法律制度以及实施机构,采取"教育为主、惩罚为辅"的理念、采取个案矫正、区别对待的方式、帮助未成年人回归社会,把对未成年人的教育和健康发展作为未成年人司法的最高目标。

关键词:社区矫正;未成年人犯罪;个案矫正

引 言

《社区矫正法》已于2020年7月1日实施,我国自此实现社区矫正法治化。《社区矫正法》在第七章专设未成年人社区矫正特别规定,这对未成年人社区矫正的依法管理、依法保护未成年人利益具有重大意义。社区矫正作为一种不对犯罪人实施监禁的刑罚措施,其不仅当然地具备一般刑罚所具有的的惩罚和威慑功能,其制度本身还具有监禁性刑罚所不具备的制度优势。从实践中看,将对未成年人实施社区矫正作为刑罚执行方式的一种,有利于降低执行刑罚的成本,防止未成年与成年罪犯之间的交叉感染、帮助未成年犯回归社会、帮助未成年人树立社会责任感、有效防止未成年犯再犯罪等。

《社区矫正法》将未成年人犯罪与成年人犯罪区别对待,究其本质,是因为未成

---

* 王睿,西南科技大学法律硕士。

年人犯罪与成年人犯罪有着根本性不同。从某种意义上讲，犯罪的未成年人既是加害者也是被害者，由于其心智不成熟和社会化不足，又由于不良社会环境的影响，在其实施行为之时并不能准确认识到自己行为的性质，以及其行为所将带来的刑罚的痛苦。所以，不能按照成年人的标准去评价未成年人实施的行为，亦不能采取和成年罪犯相同的矫正理念和措施。“少年的特殊性决定了他们需要与成人全然不同的理念和规则来规范，继续用成人司法的标准来处置少年法律事务应当被认为是一种居高临下、倚强凌弱的粗暴。”[1]世界各国在法律上也对其实施区别对待，一般的原则是对于未成年人犯罪比照成年人犯罪采取非刑事化、轻刑化、非监禁化司法措施。目前，对未成年人进行特殊保护的理念在国际上已达成共识。

对于未成年人犯罪采取区别于成年犯的矫正措施，体现了“儿童利益最大化”的原则[2]。在未成年人犯罪的刑罚执行中，贯彻不同于成年人的法律原则、法律规定和法律程序，为未成年人社区矫正的实施专设不同于成年人的法律制度以及实施机构，在未成年人社区矫正中更加注重尊重保护未成年人的人权，采取“教育为主”“惩罚为辅”的理念，采取个案矫正、区别对待的方式，帮助未成年人回归社会，树立社会责任感以及信念感，把未成年人权利保护和健康发展作为未成年人司法的最高目标。根据《社区矫正法》第七章的法律规定、法律原则和理念，对未成年人采取有针对性的矫正措施，遵循多元化矫正策略，充分发挥社区矫正的矫治功能、教育功能、帮扶功能，将对未成年矫正对象发挥重要积极作用。

一、未成年人社区矫正特别规定的积极意义

（一）采用人性化行刑方式，有利于尊重和保障人权

在当代国际社会中，对未成年人犯罪采取相较于成年人犯罪较轻的刑罚措施已经达成了共识。采取这种非监禁的人性化刑罚方式，既有利于未成年人的身心健康，又有利于未成年人的教育重塑。在我国对社区矫正进行了专门立法的背景下，有利于在法律框架内严格依法对社区矫正的实施进行管理，从而有利于尊重和保障犯罪人的人权。这是符合《中华人民共和国宪法》第33条规定的尊重和保障人权原则的，这些权利包括未成年人的生命健康权、人身自由权、人格权、住宅权、通

---

〔1〕 皮艺军：《中国少年司法理念与实践的对接》，载《青少年犯罪问题》2010年第6期。

〔2〕 1990年生效的《联合国儿童权利公约》（Convention on the Rights of the Child）明确规定了“儿童利益最大化”原则：“关于儿童的一切行动，不论是由公私社会福利机构、法院、行政当局或立法机构执行，均应以儿童的最大利益为一种首要考虑。”

信权、婚姻家庭权、财产和继承权、政治权利、受教育权、劳动权、宗教信仰自由权、文化活动权、知识产权、批评和建议的权利、申诉权、控告和检举的权利、获得国家赔偿的权利、获得物质帮助的权利、诉讼上的相关权利等方面的基本权利。是将宪法原则具体落实在社区矫正的实施中。并且当相关国家人员违反《社区矫正法》规定的职责和义务时,社区矫正人员可依法对其进行控告和检举,实现了社区矫正实施过程中的有法可依。

(二)体现了教育为主、惩罚为辅原则

目前,我国《未成年人保护法》和《预防未成年人犯罪法》都明确了对于未成年人应坚持教育为主,惩罚为辅的原则。在《社区矫正法》中这一原则也得到了体现,其强调了监护人的监护责任、社区矫正机构帮助未成年犯罪人完成义务教育的职责等。具体实施未成年人社区矫正工作时,这一原则也应当得到贯彻。正如英国《未成年人法案》所言:因未成年人司法之目的乃为矫正,故法庭在面对未成年人案件之时,不管其是否属于违法者,均应对未成年人之利益作特别考虑,采取恰当措施使其脱离不利环境,以确保教育和培训的恰当运用之效果[1]。

之所以采纳教育为主惩罚为辅的原则,一方面,是因为根据班杜拉的社会学习理论,人的行为特别是复杂的行为,后天的学习占据了主要的因素。人类是通过后天的观察和模仿,从而逐渐形成自我的,后天的成长环境对于一个人人格的建立具有重大的影响。尤其是对于未成年人,其心智发育并不成熟,如果受到社会的不良影响,很容易因此而误入歧途,对比成年人而言,他们还有另一个身份,那就是不良社会环境下的受害者。但根据社会学习理论,由于他们的心智还未完全成熟,人格还未完全建立起来,这个时期的他们人格和思想还未定型,还有可以通过后天的教育进行塑造和完善的可能性,这就需要社会、家庭、学校共同承担起教育和帮助的责任。因此应当注重对于未成年犯罪人的教育,而非一味的惩罚。另一方面,从古典主义犯罪学派的观点出发,犯罪是在理性的自由意志支配下实施的行为,犯罪行为是理性人对遭受惩罚的风险与犯罪后所能获得的收益进行利益权衡比较后,从而对自己的行为作出的选择。在功利主义原则下,如果人们认为刑罚处罚带来的痛苦将会大于实施犯罪行为所能获得的收益时,就会通过权衡利弊放弃犯罪,反之则会实施犯罪。这也是报应刑的理论来源,通过提前以法律明文规定的方式明确宣布犯罪的法律后果,从而使人们能够充分权衡犯罪所带来的利与弊,以此达到预

〔1〕 *Children and Young Person Act 1933*. §44. UK. Parliament, 1933, p. 147.

防犯罪的效果。以报应刑的方式对犯罪进行惩罚的前提假设是犯罪人心智成熟，能够准确认识到自己行为的性质以及其所带来的法律后果，并在认知清楚的前提下仍然选择实施犯罪行为，因此其在道德和法律上理应承担非议与责罚。然而，未成年人并不完全具备这种认识自己行为性质的能力和判断利弊的能力，因此，自然无法实现法律通过明文规定犯罪后的法律后果想要实现预防犯罪的目的。同样，在此基础之上，对心智尚未成熟的未成年人采取与心智成熟的成年人相同的惩罚措施，必然不能取得相同的社会效果和法律效果。在此基础之上，对未成年人采取刑罚处罚的报应并不能取得法律想要实现的社会效果。因此，对未成年人一味地采取惩罚绝非最优的方式，应当重在采取教育和保护的方式，完善其人格，使其重新认识自己行为的性质以及其行为所将带来的后果，重塑其世界观，使其回到正轨。由此看来，“教育刑”[1]的意义和社会实效远远大于惩罚所能带来的实际效果。

(三)采用了个案矫正、区别对待的模式

最新颁布的《社区矫正法》第52条规定：“社区矫正机构应当根据未成年社区矫正对象的年龄、心理特点、发育需要、成长经历、犯罪原因、家庭监护教育条件等情况，采取针对性的矫正措施。社区矫正机构为未成年社区矫正对象确定矫正小组，应当吸收熟悉未成年人身心特点的人员参加。对未成年人的社区矫正，应当与成年人分别进行。”该规定明确了对于未成年人社区矫正的个案矫正以及区别对待的原则，体现了注重就未成年人的个人具体情况有针对性地采取矫正措施，进行教育辅导，以教育为主帮助未成年人重回正轨，改过自新。根据未成年矫正对象的不同特点，在对不同罪犯的危险性、心理状态、矫正项目需求、矫正效果等方面进行科学系统的量化评估的基础上，运用分类处遇和个案矫正的方式，对不同罪犯区别对待，采取符合未成年人身心发展规律的方法和原则来促进未成年罪犯弃恶向善，避免再次走向犯罪道路。该规定同时明确了未成年人社区矫正和成年人社区矫正单独进行，由于未成年人尚不成熟，分辨是非的能力不足，如果将未成年人和成年人的社区矫正放在一起同时进行，很有可能会导致交叉感染，未成年人可能会再次受到不良影响，这不利于对未成年犯的教育辅导，也不利于其心理健康。

(四)鼓励社会多方参与、全面帮助

我国《社区矫正法》第55条规定：“对未完成义务教育的未成年社区矫正对象，

---

[1] 陈伟：《教育刑与刑罚的教育功能》，载《法学研究》2011年第6期。

社区矫正机构应当通知并配合教育部门为其完成义务教育提供条件。未成年社区矫正对象的监护人应当依法保证其按时入学接受并完成义务教育。年满十六周岁的社区矫正对象有就业意愿的,社区矫正机构可以协调有关部门和单位为其提供职业技能培训,给予就业指导和帮助。"第56条规定:"共产主义青年团、妇女联合会、未成年人保护组织应当依法协助社区矫正机构做好未成年人社区矫正工作。国家鼓励其他未成年人相关社会组织参与未成年人社区矫正工作,依法给予政策支持。"第57条规定:"未成年社区矫正对象在复学、升学、就业等方面依法享有与其他未成年人同等的权利,任何单位和个人不得歧视。有歧视行为的,应当由教育、人力资源和社会保障等部门依法作出处理。"

以上法律条文规定了社区矫正机构对于未成年社区矫正对象在教育和就业上有义务提供帮助,并且有义务监督未成年社区矫正对象的监护人依法保证其受教育的权利。同时鼓励社会各界相关社会组织参与未成年人社区矫正工作。保障未成年社区矫正对象在复学、升学、就业等方面依法受到平等保护,不受歧视。以上规定不仅有利于未成年社区矫正对象回归社会,融入社会,也体现了社区矫正的社会化、非监禁化等特点,动员社会各界积极参与,吸纳各方面人才的加入,有针对性地纳入教育学、心理学、法学等专业人员合力帮助未成年人进行社区矫正。社会、学校、家庭本身就负有责任使未成年人在成长过程中免受负面的影响、受到良好的教育以及妥善的监护,因为其未能使未成年人免受社会中不良影响的干扰,从而使未成年人误入歧途,因此在未成年人社区矫正的过程中,原本应当发挥却未能发挥积极作用的社会、学校和家庭都应当承担一定的责任,发挥其积极的作用,帮助未成年人改过自新,重新融入社会。

(五)有利于保护未成年人的个人信息

我国《社区矫正法》第54条规定:"社区矫正机构工作人员和其他依法参与社区矫正工作的人员对履行职责过程中获得的未成年人身份信息应当予以保密。除司法机关办案需要或者有关单位根据国家规定查询外,未成年社区矫正对象的档案信息不得提供给任何单位或者个人。依法进行查询的单位,应当对获得的信息予以保密。"在现实生活中,如若不注重对未成年人身份信息的保密,则有较大的可能性会使其在学校学习中、社会工作中以及生活中因为曾经的犯罪记录受到歧视以及不公正的待遇。对未成年人社区矫正对象的身份信息进行保密,有利于未成年人在学校进行正常的学习生活、在社会中进行正常的工作,有利于未成年人改过自新,重新融入社会。

(六)有利于未成年人罪犯再社会化

《联合国少年司法最低限度标准规则》(也称《北京规则》)第19条规定:“把少年投入监禁机关始终是万不得已的处理方法,其期限应是尽可能的最短时间。”第29条第1款规定:“应努力提供帮助少年重获社会新生的半监禁办法,如重返社会训练所、教养院、日间训练中心以及其他这类适当的安排办法。”第18条第1款规定:“应是主管当局可以采用各种各样的处理措施,使其具有灵活性,从而最大限度地避免监禁。”根据该规则所持的精神,对未成年人采取非监禁化、灵活化刑罚措施有助于帮助未成年人重获新生。并且,对于剥夺人身自由的刑罚措施,即便是十分短暂的剥夺,也应当最大限度地避免。因为监禁性刑罚对于未成年人身心健康的伤害可能是巨大的,未成年人本身社会经历就不足,监禁性刑罚会使其重新融入社会的难度上升,并且,在监禁过程中也会不可避免地受到成年罪犯的影响,交叉感染难以避免,其再次犯罪的可能性将会增加,监禁性刑罚的社会效果不仅不能实现,还有可能起到负面影响。

二、对我国未成年人社区矫正的完善建议

《社区矫正法》的正式实施,自此我国在社区矫正领域正式进入法治化时代。但是在《社区矫正法》实施的过程中,还存在诸多现实问题亟待解决,包括亟须完善矫正项目体系、专业社区矫正管理人员队伍建设、建立矫正质量评估体系等。

(一)完善矫正项目体系

对未成年人犯罪实施社区矫正,其主要的意义就在于使未成年人通过非监禁化的刑罚措施完成教育和改善,又不会失去社会联络,其最高目的是完成对未成年罪犯的再教育。否则,对未成年人的轻刑化刑罚将失去意义,甚至可能会助长未成年人对法律丧失敬畏之心,刑罚丧失威慑力。因此,建立一个科学的矫正项目体系就至关重要。世界上很多国家设有针对未成年人的矫正项目,如英国的出席中心令、社区服务令和监督令,美国的释放安置、小组之家、居中制裁、日处遇项目,日本的保护观察、释放后的安置服务和更生保护,荷兰的替代制裁项目、教育令等[1]。这些种类丰富且针对性强的未成年犯罪矫正项目,在运作机制上协调有序,取得了良好的矫正效果。我国可以借鉴国际社会的经验并结合具体国情设计各种未成年人矫正方案与矫正项目。例如,一定期限的无偿性社区劳动,参加必要性技术课程;

[1] 刘强:《社区矫正制度研究》,法律出版社2007年版,第279页。

对于具有精神健康疾病或药物、酒精依赖的未成年人,强制其参加精神治疗、药物治疗、酒精治疗、监督、主题活动等,对于具有较大人身危险的罪犯设立通过电子监视和警察监视的控制管理;对于存在认知和各种隐僻障碍的未成年罪犯设立"心理治疗""认知重建""毒瘾治疗"等项目以促进罪犯转化[1]。同时,具体落实《社区矫正法》中个案矫正的原则,针对不同类型犯罪适用不同的矫正措施:对正处在求学阶段的罪犯,社区矫正工作人员可通过走访相关教育机构,对未成年人的社会关系和交友情况进行重点监督与管理,有针对性地进行教育并有效预防再犯罪的发生;对于暂时失学但准备继续上学的,社区矫正工作人员可以为其介绍或者推荐相关教育部门帮助其顺利完成学业,同时安排就业培训方面的矫正项目,重视防止因失学而引发的各种心理障碍;对于已失学不准备继续上学的,适当增加就业技术指导,或者帮助其正确处理人际关系,增进工作与生活压力的平衡与排解能力,并为其推荐合适的工作[2]。

(二)专业社区矫正管理人员队伍建设

未成年人社区矫正的顺利进行需要严密的组织与科学的管理,需要富有管理经验和专业知识的管理与矫正队伍的参与。在刑罚执行机关的主导下,充分发挥各领域专业人才的积极作用,通过严格的聘任和考核制度,共同完成刑罚执行和未成年犯的矫正工作。社区矫正管理专业化建设涉及如下方面:

明确社区矫正主体和职责分工,建立健全社区矫正的各项工作机制。司法行政机关作为社区矫正的执行主体,应承担社区矫正工作的领导与协调责任,积极组织社区力量和社工志愿者开展社区矫正工作。人民检察院对社区矫正各环节应加强法律监督,确保社区矫正工作的正确实施。公安机关应积极配合司法行政机关对脱管、漏管和重新违法犯罪的社区服刑人员及时进行处理。

提高社区矫正管理者业务素质。社区矫正管理者代表国家执行刑罚,应当具备实施未成年人社区矫正的业务素质。要按照"制度化、专业化、规范化"的要求,尽快建设一支具备执法资格和较高专业素质的社区矫正工作队伍。同时要加大社区矫正专业的培训力度,对现有社区矫正工作人员进行分期分批培训,提高他们的专业水平和工作技能。

---

〔1〕 张德军:《短期自由刑执行机制改革研究——以社区矫正制度的完善为视角》,载《法学论坛》2014年第4期。

〔2〕 甄贞、管元梓:《未成年人社区矫正工作的制度完善——以矫正方案科学化为视角》,载《河南社会科学》2013年第5期。

建立合理的社区志愿者聘用机制。社区矫正的目标要依靠社会各界力量对罪犯的共同影响与帮助来实现。其中社区志愿者的广泛参与是社区矫正重要的力量源泉。合理的社区志愿者聘用机制的构建非常重要。一要通过合理的晋升和奖励机制吸引心理学、社会学和教育学方面的专家和学者从事矫正的兼职工作;二要引导富有爱心、精力充沛、掌握相关专业知识的大学生参与到矫正工作之中。

(三)建立矫正质量评估体系

由于我国长期受重刑主义历史传统的影响,大多数人观念中仍存在着重刑主义和刑罚报应思想,这种观念导致社会公众对社区矫正工作的价值认同障碍,很难接受未成年人社区矫正。我国传统刑罚文化是一种崇尚刑罚报应主义的重刑文化。在这种重刑文化的浸润下,民众更加认同刑罚对犯罪的隔离功能,而不能接受以恢复性为目标的社区矫正制度。与此同时,因为我国目前没有形成比较完备的未成年人社区矫正危险评估机制,对矫正期间的违规行为缺乏强有力的惩戒制度,由此造成社区矫正的犯罪控制能力较差,因而造成社会公众对于社区矫正效果的怀疑,难以形成社区矫正开展与推进所必需的社会认同与支持环境。因此建立科学的矫正质量评估体系对于加强公众对社区矫正工作的价值认同以及未成年人社区矫正质量的确保至关重要。

三、结语

当前世界各国对未成年人犯罪的处遇越来越向非刑事化、轻刑化和非监禁化的方向发展。对未成年犯罪人适用社区矫正,是适合未成年人特殊的生理、心理特点的刑罚方式。我国社区矫正历经近20年的发展,由早期的试点到试行,再到目前全国实行,《社区矫正法》的出台正式标志着社区矫正法治化时代的到来。相应地,作为社区矫正重点工作的未成年人社区矫正,亟须积极应对法治化新时代的要求,以《社区矫正法》为基础,逐步实现未成年人社区矫正各项工作的升级和完善。

实证研究

《社区矫正法》实施效果考察研究

肖乾利　吕沐洋*

摘　要:《社区矫正法》的施行远未达到立法预期,在刑事理念、机构设置、队伍建设等方面还"征途漫漫"。需要树立"刑事人道"理念,加强规范性文件的梳理与完善,抓紧机构建设,实现教育帮扶的针对性与有效性,完善检察监督,构建"尽职免责"机制。

关键词:《社区矫正法》;实施效果

作为世界上第一部由国家立法机关编撰的社区矫正的基本法律——《中华人民共和国社区矫正法》(以下简称《社区矫正法》)[1],对于推进我国社区矫正工作规范化、专业化、法治化以及国家犯罪治理体系和犯罪治理能力现代化迈出了关键性的一步。但是,"法律的生命不在于逻辑,而在于经验"。一部法律的生命力、权威性需要通过法律实施而体现。从成本—收益、重新犯罪率等具体指标考量,社区矫正是一项低成本、高收益的中国特色的刑事执行制度,一名社区矫正对象的年矫正经费仅为监狱服刑罪犯监管经费的1/10[2],重新犯罪率一直控制在0.2%的较低水平。当然,《社区矫正法》实施效果的评估还需要考量立法理念贯彻、公众认可度、机构队伍建设等因素。

一、《社区矫正法》实施所取得的成效

自2020年7月1日《社区矫正法》施行以来,社区矫正工作取得了以下成效。

---

* 肖乾利,四川宜宾学院法学院教授;吕沐洋,四川省珙县人民检察院党组书记、检察长。

基金项目:本文系四川省高校人文社科重点研究基地——社区矫正研究中心2019年度重点项目"社区矫正中检察监督问题研究"(编号:SQJZ201903)阶段性成果。

〔1〕 吴宗宪:《社区矫正史上的重要里程碑》,载《犯罪与研究》2020年第3期。

〔2〕 王学比:《改造在高墙之外,矫正不只是监管》,载《人民日报》2009年11月2日,第10版。

(一)立法理念广受推崇,人权保障得以贯彻

传统报应性司法侧重于对罪犯的刑事惩罚。而注重罪犯“回归社会”“通过动员社区力量参与,对犯罪人提供帮助,以修复受损社会关系”[1]的恢复性司法自20世纪70年代兴起以来,已经受到了国际社会的推崇。《社区矫正法》将恢复性司法理念融入立法:采用“社区矫正对象”称谓;没有遵循矫正部门所倡导的“制服效应”,而是在淡化“监督管理”基础上浓墨“教育帮扶”;将社区矫正的目的由“改造成为守法公民”转变为促进社区矫正对象顺利“融入社会”;禁止全员适用电子定位装置。前述规定,折射立法者坚持对轻缓罪犯的去标签化,彰显了对矫正对象的人文关怀和对其复归社会的期待,并将“尊重和保障人权”写入了《社区矫正法》。

公众认同是一项制度能够有效实施的社会心理基础。随着《社区矫正法》施行,理论界绝大部分学者高度认同恢复性司法理念。“社区矫正是以惩罚性为基础,以恢复性为核心,注重罪犯重返社会的刑事执行制度”,逐渐成为通说。[2] 实务部门中,社会组织、检察机关特别认同这一理念。民众对社区矫正的认可度有了显著提高,由试点初期的25%上升到80%以上。[3]

(二)“合法性危机”得以化解,工作开展更为便捷

《社区矫正法》第8条确立的司法行政机关对社区矫正“主管”的规定,化解了2012年《社区矫正实施办法》(以下简称2012版《实施办法》)所规定的司法行政机关从事社区矫正的“合法性危机”。因为社区矫正工作涉及社区矫正对象人身自由的限制,而根据《立法法》第8条、第9条的规定,对公民人身自由的限制与剥夺,只能由法律来设定。当时,2012年版《实施办法》设定的对社区矫正对象人身自由的限制,不仅存在法律层级效力较低的问题,而且有“违宪”之嫌。为此,司法行政机关虽然事实上承担着社区矫正工作,但由于缺乏合法身份,处境艰难。个别地方的检察机关甚至对司法行政机关从事社区矫正工作发出纠违通知。

《社区矫正法》第8条之规定,明确了司法行政机关社区矫正执行主体的法律地位,结束了多年来司法行政机关在社区矫正中的尴尬地位。同时,《社区矫正法》第17条关于“执行地”的确立、电子定位装置的规范适用、外出请假事由的合理设

---

[1] 赵云霞、张会清:《恢复性司法理念下社区矫正相关问题研究》,载《河北法学》2012年第1期。

[2] 王顺安:《从刑罚执行到刑事执行——谈对社区矫正性质的认识》,载《河南司法警官职业学院学报》2020年第2期。

[3] 邓中文、肖乾利:《社区矫正理论与实务研究》(第2卷),中国政法大学出版社2019年版,第3页。

置，解决了社区矫正工作中的三大难题[1]。此外，《社区矫正法》废止每月需“强制劳动和强制学习”的“双八活动”，引入了《刑事诉讼法》的逮捕和追捕，并将原来的“司法主打，公安协助”的收监执行改变为“公安机关负责，司法行政部门协助”，使得收监执行工作更容易开展，[2]让广大社区矫正工作者从繁重固化的工作得以解脱。

（三）机构陆续设置、细则陆续出台

《社区矫正法》确立的社区矫正工作由社区矫正委员会“统筹协调”，司法行政机关“主管”，社区矫正机构“具体实施”，司法所受委托参与的顶层设计思路，正在全国范围内如火如荼地开展。社区矫正委员会、社区矫正机构陆续在全国建立。在海南、吉林、安徽、山西等省已经实现了省市县乡四级社区矫正委员会、省市县三级社区矫正机构的全覆盖。[3] 从社区矫正委员会设置情况看，大多数由党委常委、政法委书记担任，也有部分地方社区矫正委员会主任由本区域行政首长或分管副职领导担任。社区矫正委员会在司法厅（局）设办公室，由司法厅（局）长任办公室主任。[4]

不少省份颁行了实施细则。上海、河南、福建、湖北、安徽、四川、贵州等省市均制定了《社区矫正实施细则》，在社区矫正工作上有了自己标准，增强了日常监管的规范性、操作性，对外出请假事由作了基本界定，进一步明确各方执法权限和法律责任，对保证社区矫正规范实施，推动社区矫正工作持续健康发展具有十分重要的意义。部分省市的规定具有开创性。如福建省关于“履行生态修复协议”的规定，[5]四川省关于社区矫正工作人员“尽职免责”的规定。[6]

---

〔1〕 鲁兰：《〈社区矫正法〉的精神意蕴与价值追求》，载《河南司法职业警官职业学院》2020 年第 2 期。

〔2〕 司绍寒：《试论〈社区矫正法〉的意义与不足》，载《犯罪与改造研究》2020 年第 8 期。

〔3〕 李光明：《安徽召开社区矫正工作会议市县全部单独设立矫正机构》，载中国长安网，http://www.chinapeace.gov.cn/chinapeace/c28512/2014 -08/14/content_12013372.shtml。

〔4〕 吴宗宪：《社区矫正导论》（第 2 版），中国人民大学出版社 2020 年版，第 61 页。

〔5〕《福建省实施细则》明确规定，涉及生态修复案件被宣告缓刑的社区矫正对象应当履行生态修复协议，参与生态环境保护活动。人民法院、人民检察院因社区矫正对象未有效履行生态修复协议而发出生态修复令的，县级社区矫正机构应当对该社区矫正对象进行教育，依法依规予以处罚或者提出撤销缓刑建议。

〔6〕 四川省关于社区矫正工作人员“尽职尽责”中规定，“对社区矫正工作人员追究法律责任，应当根据其行为的危害程度、造成的后果，以及责任大小予以确定，实事求是，过罚相当。社区矫正工作人员依法履职的，不能仅因社区矫正对象再犯罪而追究其法律责任”。

(四)社会力量参与取得新突破

社区矫正承载着惩罚、矫治、再社会化和复归社会的多重社会功能,要实现这种社会功能,就必须借助和发挥社会力量优势。《社区矫正法》确立了坚持因“人”施教、因“需”帮扶原则,以及实施队伍建设专业化、社会支持多元化、项目委托市场化帮扶运行机制,并明确:社区矫正经费应当列入本级政府预算。前述规定,有利于社会力量参与社区矫正工作。

目前各地依据《社区矫正法实施办法》《关于组织社会力量参与社区矫正工作的意见》以及各省份实施细则进行探索和创新。不少省份,如浙江省,已经实现了政府购买社区矫正服务工作全覆盖。“购买服务”意味着社会力量以组织化的方式参与到社区矫正工作中,“有偿但不盈利”模式是平衡国家和社会投入与收益较为可行的办法,通过国家与社会组织的合作,以最低的成本实现社区对罪犯的矫治。[1]

实践证明,社会力量介入社区矫正,以一种平等主体的身份帮助矫正对象,通常会更为尊重和体谅矫正对象的感受,工作方法也是互动式、说服性、接纳式、建议性的而非强制性的,容易使矫正对象接受和认可,减少矫正对象潜在的抵触和戒备心理,往往可以收到良好的矫正效果。

(五)检察监督及时跟进

“一切有权力的人都容易滥用权力,这是万古不易的一条经验,有权力的人们使用权力一直到遇到界限的地方才休止。”[2]检察机关作为法律的监督者,需要对社区矫正及时跟进。

在《社区矫正法》施行后,社区矫正检查监督在各地进行了一系列创新。诸如,在乡镇司法所或者区县社区矫正机构设立派驻检察室,[3]通过地方人大立法确立检察建议强制反馈制度,[4]创新检察建议宣告送达形式,在公开宣告、公开送达时邀请人大代表等第三方人员全程参与,并将检察建议落实情况向有关第三方通

[1] 李蓉、祝千惠:《社区矫正中政府购买服务的风险及防范》,载《湖南科技大学学报(社科版)》2020年第1期。

[2] [法]孟德斯鸠:《论法的精神》,张雁生译,商务印书馆1994年版,第104页。

[3] 郭树合、邵倩、柳英华:《山东乳山检察院派驻检察室开展社区矫正监督活动》,载正义网,http://www.jcrb.com/procuratorate/jckx/201607/t20160705_1631491.html。

[4] 桑先军:《社区矫正检察工作相关立法思考》,载《江苏警官学院学报》2017年第5期。

报。[1] 为督导破坏生态环境资源犯罪的社区矫正对象“补植复绿”,将生态修复纳入社区矫正考核范畴,促进生态修复与社区矫正有效衔接。[2] 建立社区矫正信息共享平台。例如,江苏省苏州市在2013年就全国率先实现了社区矫正工作信息在公、检、法、司相关部门之间的互联互通。[3] 四川、河北、浙江的检察院通过发出检察建议,堵住社区矫正对象养老金发放漏洞,核实并追回多发的养老金,避免了社保基金的流失。[4]

二、《社区矫正法》实施中存在的问题透视

法的实施要具备多方面条件,由于理论储备的不足(诸如,有关社区矫正概念与性质在理论界无法达成共识)、配套细则的滞后(直到《社区矫正法》生效前一天,司法部等部门的《社区矫正法实施细则》才得以颁布)等原因,加之《社区矫正法》具有创建性、纲领性和前瞻性,条款规定确定基本框架的同时又留有余地,为各地制定细则预留了弹性空间,所以落实到具体工作上缺乏操作性,施行中依然存在不少盲点和空白。

(一)理念认知仍有偏差

由于受报应主义、重刑主义思维影响,一些社会公众难以理解不将社区矫正对象送监服刑,难以理解对社区矫正对象的帮扶。社区矫正工作者利用自身社会资源协调民政部门帮助社区矫正对象办理低保,协调劳动部门为社区矫正对象提供就业机会,协调教育部门为社区矫正对象提供就学帮助等,这些最基本的帮扶遭遇普通民众的质疑,更有甚者认为,国家帮助社区矫正对象有鼓励犯罪之“嫌疑”。在2020年浙江大学努某强奸案被人民法院判处缓刑后,浙江大学给予努某留校察看处分,但在媒体与社会影响下,特别是有人撰文《浙江大学,是一所培养强奸犯的985大学》后,学校基于舆论压力,被迫作出开除学籍处分。这说明,普通公众难以接受轻罪缓刑化处置。只是,将犯罪人开除学籍容易而开除社会难。

受传统“重管理、轻教育”思想的影响,部分社区矫正执法人员理念认知存在偏差,把社区当成了“没有围墙的监狱”,模仿监狱管理模式,只求“把人盯住”“不脱管

[1] 林施兆:《人大监督视角下加强检察建议刚性的路径探析》,载《中国检察官》2020年第5期(上)。

[2] 载正义网,http://www.jcrb.com/procuratorate/jcpd/201804/t20180416_1859210.htm。

[3] 载苏州市多部门互通共享社区矫正信息,http://www.pfcx.cn/Item-60-33724.aspx。

[4] 载 https://www.cqcb.com/shuangcheng/2020-10-22/3159900_pc.html。

漏管”“不重新犯罪”,而轻视对社区矫正对象的帮扶教育。帮扶教育在社区矫正中处于“说起来重要、做起来次要、忙起来不要”的虚化状态[1]。

从基层社区矫正工作考核体系指标设计来看,“在有关社区矫正的官方报道领域,矫正政绩观主导指标——主要关注重新犯罪率”[2]。笔者在对四川省F县司法局调研过程中发现,该县将社区矫正中重新犯罪率不超过0.1%作为评价标准,一旦超过0.1%,受矫人员所在司法所在社区矫正效果评价中的结果直接被评价为不合格。F县社区矫正效果考核评价细则规定,考核内容包括四项,即监督管理工作、教育帮扶工作、档案管理工作、组织保障工作。考核满分为100分,其中监督管理工作占35分、教育帮扶占15分,档案管理工作占30分、组织保障工作占20分。可见,在社区矫正效果评价考核时,存在过分关注监督管理而不够重视教育帮扶的问题。

(二)法律缺失、细则扩权,让社区矫正机构凸显被动

《社区矫正法》基于多方面的原因,对不少重要事项缺失规定,诸如,社区矫正中心是辅助机构、服务机构还是社区矫正机构?[3]矫正小组成员应扮演何种角色与承担何种责任?暂予监外执行的女性社区矫正对象利用连续怀孕逃避收监,如何处理?前述内容,《社区矫正法》没有回应,让社区矫正机构在实践中稍显被动。

个别内容还存在立法冲突,如《社区矫正法》规定有权委托调查评估的是决定机关,但决定机关并不包括人民检察院。而依据2019年版《人民检察院刑事诉讼规则》第277条[4],以及最高人民法院、最高人民检察院、公安部、国家安全部、司法部印发《关于规范量刑程序若干问题的意见》第3条,[5]人民检察院也能委托社区矫正机构进行调查评估。此处的《规则》《意见》是否有违《社区矫正法》之嫌?实践中,往往存在案件处于公安机关侦查阶段就开始委托社区矫正机构对犯罪嫌疑人进行调查评估的情形,有的地方检察机关在案件未向人民法院提起公诉的阶段

---

〔1〕 马灵喜:《社区矫正教育研究》,载《中国司法》2015年第6期。

〔2〕 任文启:《西部地区青少年矫正工作的实践、困境与反思》,载《上海青年管理干部学院学报》2013年第4期。

〔3〕 郑艳:《社区矫正中心的功能定位与运作模式研究》,载《中国司法》2020年第3期。

〔4〕 《人民检察院刑事诉讼规则》第277条规定,犯罪嫌疑人认罪认罚,人民检察院拟提出适用缓刑或者判处管制的量刑建议,可以委托犯罪嫌疑人居住地的社区矫正机构进行调查评估,也可以自行调查评估。

〔5〕 《关于规范量刑程序若干问题的意见》第3条规定,对于可能判处管制、缓刑的案件,侦查机关、人民检察院、人民法院可以委托社区矫正机构或者有关社会组织进行调查评估,提出意见,供判处管制、缓刑时参考。

就开始委托社区矫正机构对犯罪嫌疑人进行调查评估。

《社区矫正法》也存在一定“模糊”地带。如《社区矫正法》第 9 条中规定的“地方人民政府根据需要设立社区矫正委员会”。这里的“根据需要”如何理解？法无明确规定。导致不少地方政府认为不需要就是无须设立社区矫正委员会。《社区矫正法》第 36 条、第 43 条关于组织教育学习表述中的“根据需要”，何为“根据需要”、教育的频次等都没有作更多的阐述。由于缺乏“精细化”规定，使得不少省份发布的本省的社区矫正实施细则出现“百花齐放”局面，但为细则“重监管、轻帮扶”的层层加码提供了条件。各省市实施细则，增强了日常监管的规范性、操作性，如都将人民检察院增补为调查评估的委托机关（除贵州省外），详列了外出请假主要事由，执法程序更加细化，强化了日常管理。但问题是自我扩权、任务层层加码，日常监管的规范性、操作性是更强了，但规定过细、过严、过于烦琐，又给基层工作造成极大压力和困难。

（三）机构建设严重滞后

基层社区矫正工作人员都有一个内心愿景：借助《社区矫正法》实施契机，真正把社区矫正机构建立起来，把队伍拉起来，解决“小牛拉大车问题”。但由于《社区矫正法》规定的“模糊”，缺失设置的“标准”，各地社区矫正机构要么没有设立，要么设立得“五花八门”，人员编制基本未变，仅是加挂牌子而已。

《社区矫正法》本意是让乡镇以上党委政府能够统揽社区矫正工作全局、发挥积极作用。但由于对社区矫正委员会如何运行，未作明确规定，导致仅仅是空设一个委员会而已。虽然少数地方设立的区（县）级社区矫正机构，但仍然是内设机构，没有解决独立法人问题，没有解决编制问题、级别问题。

司法所仍是社区矫正工作的主力军。根据《社区矫正法实施办法》的规定，所有对矫正对象的奖惩权上收到县级矫正机构（除了 7 天以下的外出审批，还需要县级矫正机构备案），司法所现在连对矫正对象的训诫权都没有，何谈树立司法所工作人员的工作权威，现在的司法所关于社区矫正的现状就是“权力上收、工作照常、地位下降、责任不明”。

（四）部门衔接仍有空档，司法行政仍唱“独角”

在社区矫正审前调查评估中，社区矫正机构作出的“不同意纳入”的评估意见，委托机关不予采纳，怎么办？《社区矫正法》未作规定，《社区矫正法实施办法》第 14 条，仅规定“社区矫正决定机关对调查评估意见的采信情况，应当在相关法律文书中说明”。而在各省市实施细则，如四川省《实施细则》第 31 条，仅规定“委托机关对调查评估意见的采信情况,应当及时函告受委托的社区矫正机构、有关社会组织及委托机关所在地的同级人民检察院"。此处,仅仅是"函告"了事,无须说明理由。此类做法,极大地浪费司法行政本身就及其短缺的资源。

根据《社区矫正法》第17条的规定,社区矫正执行地的确定权被授予了社区矫正决定机关,法律并没有赋予社区矫正机构对此提出异议的权力。但现实情况是:部分人民法院没有核实实际居住地就以户籍地作为实际居住地下发执行通知书,导致社区矫正对象一到户籍地社区矫正机构报到,就提出变更执行地申请。因多种原因若变更不成功,会极大地影响矫正对象接受监管的积极性和配合程度,对司法所的社区矫正工作带来消极影响。

在提请撤销缓刑、假释收监执行案件中,社区矫正对象有逃跑可能的,社区矫正机构可以提请法院决定逮捕。但实践中存在部分人民法院仅依据《刑事诉讼法》决定逮捕,而不将《社区矫正法》第47条作为决定逮捕的依据。此时,社区矫正机构怎么办?这里涉及《刑事诉讼法》与《社区矫正法》之间的关系问题。两者是"上位法"〔1〕关系,还是同等效力关系。

《社区矫正法》第4条明确规定,"相关部门之间依法进行信息共享"。但在实践中,尤其是社区矫正对象在矫正期间被拘留、强制隔离戒毒、采取刑事强制措施等限制人身自由情形的,有关机关很少及时主动通知社区矫正机构。在社区矫正过程中,存在各项工作全由司法行政一家来"唱独角戏"或者说"自娱自乐"的窘境。

(五)社会力量教育帮扶存在的问题

《社区矫正法》设专章对社会力量参与教育帮扶进行了规定。但社会力量参与社区矫正存在以下难题:

(1)社会资源未实现整合共享。参与的社会力量较为丰富,从专业组织到民间组织,从乡贤协会到公益组织,均参与其中。但各种力量的参与呈现出各自为政的现象,未能做到互通联动,在一定程度上造成了资源低效、浪费的现象。〔2〕

(2)社会力量参与缺乏长效机制,形式化色彩浓厚。尤其是政府购买服务太少。"购买服务"实质是将社区矫正中作为服务的内容剥离出来,以市场的方式交

〔1〕 司绍寒:《试论社区矫正法的意义与不足》,载《犯罪与改造研究》2020年第8期。

〔2〕 金越、胡晓军、郑艳:《社会力量参与社区矫正工作的模式与路径探索——基于"枫桥经验"的传承与发展》,载《中国司法》2019年第7期。

由社会承担。[1] 通过"购买服务",让充沛的社会资源有质有量地输入社区矫正。实践中,仅几类人员实施政府购买社区矫正服务,有的先尝试未成年社区矫正对象的帮教活动。

(3)承接能力不足,不少区县至今还缺乏承接的社会组织。就目前的情形观之,司法行政机构直接提供社区矫正服务的能力已接近最大峰值,而社区矫正实践对矫正服务的需求却在不断攀升。

(4)政府购买服务存在容易滋生腐败、社会组织的公益宗旨与市场机制追求利润最大化是相悖的(难以平衡)、过度市场化、供给匮乏(西部农村地区较多区县至今没有承接的社会组织)等问题。

(5)帮教个性化缺失。当前,大部分帮教共性太大,缺少个性化的服务内容,出来的帮教报告像流水账,相似度太高。教育方式以"说教"为主,采用"我说你听""我命令你服从"的模式,在"教育"的双方之间缺乏互动性,难以产生"心悦诚服"之后的行为改善。学习教育方面不同程度地存在表面化、走过场的现象,缺乏系统性规划,存在教育学习内容浮浅化、教育学习方式机械化、心理矫正形式化倾向。特别是社区矫正对象最为急需的职业技能教育或培训严重缺乏。[2]

(六)检察监督缺乏刚性

《社区矫正法》施行前,就有社区矫正检察监督定位问题的不同争论。能否将检察机关定位为既是"社区矫正的参与者",又是"独立行使法律监督的监督者"。[3] 这一功能的定位是否妥当,有待进一步商榷。

而最为紧要的是,检察监督效力缺乏刚性问题。"在实践中,被监督机关藐视或者无视检察机关的纠正违法通知和检察建议的情况时有发生,而检察机关却只能无可奈何。"[4]这种缺乏强制力、没有惩罚性"乞丐式监督",[5]极大地损害了检察机关监督的权威性和严肃性。《检察院刑事诉讼规则》虽然就检察监督的具体业务部门、提出纠正的情形等进行了规定,但对如何发现违法情形、如何提出纠正意

---

〔1〕 李蓉、祝千惠:《社区矫正中政府购买服务的风险及防范》,载《湖南科技大学学报(社会科学版)》2020年第1期。

〔2〕 周建宇:《社区矫正人员教育帮扶体系比较研究》,法律出版社2020年版,第132页。

〔3〕 游支红、许泽:《社区矫正检察监督的思考——以E市为参考》,载《法制博览》2019年第12期(中)。

〔4〕 蒋伟亮、张先昌:《国家权力结构中的检察监督——多维视野下的法学分析》,中国检察出版社2007年版,第241页。

〔5〕 张建伟:《从权力行使型到权力抑制型——刑事程序构造的重新设定》,载《政法论坛》2004年第3期。

见等规定不明确。因此实践中,全国各地对社区矫正的检察监督模式不一,有的实行派驻检察、有的设立检察官办公室,更多的是不定期巡视检察,对同样的违法行为,有的检察机关提出书面纠正违法,有的提出书面检察建议,还有的仅仅口头纠正,有的为了完成考核指标,而提出纠违通知。

三、《社区矫正法》贯彻实施的几点建议

尽管实务部门,尤其是司法行政部门对《社区矫正法》有抱怨,但社区矫正,是贯彻宽严相济刑事政策,推进国家治理体系和治理能力现代化的一项重要制度。笔者认为,要做好当前社区矫正工作,需要理顺以下几点:

(一)树立刑事人道理念、提升民众认可度

社区矫正是国家刑事执行与基层治理的有机融合,国家在追究社区矫正对象刑事责任的同时,也负有帮助其重返社会的责任,因此,国家层面应树立"共建共治共享"的社会治理理念;社区矫正机构应理性对待社区矫正对象,克服以报应为主题的"重刑主义"而树立"刑事人道"理念;社会公众应消解偏差性认知而重塑认同理念。随着刑事理念的进步,国家在刑事执行过程中的角色也随之变化,国家对犯罪不再是绝对的"命令—服从"关系,而发展成为一种法律上的权利义务关系。为此,国家应去除对刑罚的崇拜与依赖,转变社会治理理念,克服制度设计中身份限制,以保障社区矫正对象的"公平"就业。[1]

(二)规范性文件的梳理与完善

用"陈旧"的规范来约束、限制"新时代的公民",显得有些不合时宜,相关规范性文件有待完善与变革,特别是在就业范围限制、前科报告、地域限制等方面。部分法律法规将受到刑事处罚作为特定职业的禁止范围,将社区矫正对象从该种职业人员范围之中予以排除,使矫正对象的就业范围变得狭窄了,增加了其就业的难度。又如,《刑法》第100条规定受过刑事处罚的人在入伍、就业的时候,应当如实报告前科。虽在表面上不对矫正对象的就业产生任何限制,但实质上在用人单位选择矫正对象时为其提供了"有色眼镜",往往造成对社区矫正对象的隐形歧视。又如,教育部制定的《高考报名条件》部门规章,与《社区矫正法》相冲突,导致一定数量的青少年社区矫正对象难以实现其大学梦。

---

[1] 李光勇:《中国矫正人员帮扶现状、困境与对策调查研究》,载《中国刑事法杂志》2013年第4期。

(三)加紧机构建设

当务之急应尽快建立区县社区矫正机构,不然,社区矫正工作难以开展。现实中,增设机构和加挂牌子并不一定需要很多的人员编制。因为在社区矫正管理局或者社区矫正执法大队中,可以使用社会工作者承担一些事务性工作。同时,社区矫正中心的人员可以是事业编制人员,也可以是社会工作者;如果是社会工作者,只要有资金购买社会服务或者岗位就可以使用,而不一定涉及编制。这里的关键是要用好政府购买服务。

社区矫正委员会不仅仅只是一个"议事协调机构",将在及时协调解决法律没有规定或者社区矫正工作职能部门遇到的困难和问题方面发挥更大作用。应抓住"社区矫正委员会",体现统筹机制,利用它来解决部门间扯皮问题。当然,它与政法委、领导小组、联席会议之间是什么关系,需要理顺。

区县社区矫正机构原来是内设机构,现在应该至少将其设置为司法行政机关的二级局(或者直属局),对外有独立法人资格。根据工作需要还应尽快设立分支机构,建立社区矫正执法大队,在乡镇设立社区矫正执法中队。

(四)实现教育帮扶的针对性、有效性

《社区矫正法》第40条提出了通过"公开择优购买"和"项目委托"的操作路径,为社区矫正社会工作者队伍的扩大开拓了制度空间。但现实中不少地方的教育帮扶,是社区矫正机构单方意志的"强制灌输",即"我认为你需要什么教育,我就给予你什么教育",往往忽略社区矫正对象的真实需求;且片面强调政策、法规教育,忽略社区矫正对象重返社会必需的职业技能教育。特别是在部分农村地区社区矫正对象文化学历严重偏低的情况下,如何实施教育矫正,值得我们思考。我们通过调研发现,西部农村社区矫正对象中还存在至少20%以上是文盲,虽然他们愿意接受教育学习,但不识字、无法书写、无法阅读,甚至口头表达也有一定障碍。如果社区矫正工作人员缺乏对这些情形的知悉,显然难以实施有针对性、个性化、精准性的帮教。

我们认为教育帮扶,应采用项目化方式运行。将教育帮扶分为认罪悔罪矫正项目、家庭关系修复项目、人际关系修复项目、理财能力项目、经济生活矫正项目等等[1]。此外,可以借鉴国外市场化、产业化运作机制,将受矫正机构委托的低风险社区矫正对象置于自己管控与帮扶之下,既能解决矫正对象的就业帮扶,又避免产

〔1〕 梅义征:《社区矫正、社区治理与社区安全》,上海人民出版社2020年版,第46页。

生矫正对象外出务工难以管控的局面。

(五)完善社区矫正检察监督

检察机关作为法律监督者,不是社区矫正机构,不应该越位,不应提倡直接参与社区矫正对象的监管、帮扶、心理辅导。在当前社区矫正检察监督中,需要解决以下两方面问题:

1. 尽快搭建全国统一社区矫正监督信息化平台

应打破部门"信息壁垒",加快实现社区矫正信息共享。尝试将人工智能技术引入信息平台系统,自主收集分析社区矫正对象报到定位、教育学习、公益活动、心理评估等情况,智能给予科学有效的针对性建议。问题是,应由谁来牵头组建共享信息平台?最好是一个更加利益无涉的更超然、更权威的主体,比如政法委。

2. 建立社区矫正法律监督纠错机制

从检察机关的职能来看,其所享的法律监督本身是不包含实体处分权的,一般只有"启动程序解决问题的程序功能"。因此,对于这一问题,应该寻求其他更加合理的解决方法。如果被监督单位不落实、不予纠正的,应采取其他措施予以救济:一是应当健全复议复核程序。为解决被监督单位对检察机关纠正意见、检察建议的异议,应有一个复议复核机制;二是建立纠正意见、检察建议向被监督单位上级主管部门和同级人大常委会抄送和通报制度。对于被监督单位既不纠正也不提出复议复核,或者经复议复核检察机关维持原纠正意见、检察建议,仍然不予以纠正和落实的,检察机关应当向被监督单位的上级主管部门和同级人大常委会抄送纠正意见、检察建议和通报被监督单位拒不纠正的情况。[1]

(六)构建"尽职免责"制度

实践中有一种动向:只要社区矫正对象重新犯罪,就责任倒查,追究社区矫正执法人员渎职罪刑事责任。不区分工作中的过失与刑事责任的过错让社区矫正工作者每个人头上都顶着一把达摩克利斯之剑,诚惶诚恐。笔者以为,社区矫正工作者追责机制不能过于绝对化,应考虑现状现实,考虑到目前制度不健全、权责不对等、人财物保障不充分等状况,建立一定的容错机制,而不一味采取刑事制裁。2018年,中共中央办公厅印发了《关于进一步激励广大干部新时代新担当新作为的意见》。该《意见》强调,要"建立健全容错纠错机制,宽容干部在改革创新中的失误错误""切实为敢于担当的干部撑腰鼓劲"。毕竟,犯罪构成主观罪过的认定,需要考

〔1〕 林礼兴、尚爱国、沈玉忠:《社区矫正法律监督机制的构建与完善》,载《人民检察》2012年第1期。

察行为人的“预见义务”与“预见能力”。具体到社区矫正渎职犯罪领域，社区矫正执法人员虽然对社区矫正对象有一定人身管控手段，但由于矫正对象处于开放社区，这些管控手段难以排除或者阻止其“重新犯罪”的发生，或者说这些管控手段对“重新犯罪”缺失防范（或者控制）能力。[1]

〔1〕 但未丽：《社区矫正执法人员玩忽职守罪认定偏差与匡正》，载《法律适用》2020 年第 22 期。

我国当前社区矫正职务犯罪现状及预防建议

雷安军　王留彦*

摘　要:社区矫正领域的职务犯罪日渐增多,成为影响社区矫正制度发展的一个重要因素。学术界对社区矫正职务犯罪的研究成果较少,关注度不够。本文通过对41个社区矫正职务犯罪案例进行分析,提炼出以下方面预防社区矫正职务犯罪:提高社区矫正工作人员对社区矫正工作的重视;建立规范化的社区矫正管理制度,形成落实管理制度的有效机制;社区矫正机构应积极关注暂予监外执行条件,要及时提出收监建议;加强对基层社区矫正机构和工作人员的监督。

关键词:社区矫正;职务犯罪;预防

一、引言

社区矫正是我国当前正在着力推行的一项重要的法律制度。社区矫正制度是落实宽严相济刑事政策,实现犯罪人回归社会的重要制度。从2003年开始试点以来,社区矫正制度在全国如火如荼地发展。2019年12月18日,我国第一部《社区矫正法》颁布。该法第4条第2款规定:"社区矫正工作应当依法进行,尊重和保障人权。社区矫正对象依法享有的人身权利、财产权利和其他权利不受侵犯,在就业、就学和享受社会保障等方面不受歧视。"由此可以看到,社区矫正工作走向法治化和规范化,社区矫正对象的人权保障将进一步加强。

在社区矫正逐步走向法治化、规范化的过程中,社区矫正中的职务犯罪逐渐浮

* 雷安军,重庆大学法学院副教授,法学博士;王留彦,四川宜宾学院法学院副教授。

基金项目:四川省社区矫正研究中心重点项目"域外社区矫正实践的考察与借鉴"(项目编号:SQJZ2015－02)资助成果。

现出来,“社区矫正逐渐成为职务犯罪案件的易发领域”[1]。社区矫正的对象是不适合收监执行的犯罪人。社区矫正的职务犯罪让一些应该收监的犯罪人逃避刑罚惩罚,让一些应该受到矫正的对象脱离管理,这对刑事司法的公正性和权威性造成极大的破坏。因此,社区矫正中的职务犯罪受到社会的广泛关注。

我们发现随着社区矫正制度的全面铺开,社区矫正职务犯罪也逐渐增多。而学术界对社区矫正职务犯罪的研究成果较少。在知网以“社区矫正职务犯罪”为关键词进行检索,共有5篇学术论文,没有学术专著。5篇关于“社区矫正职务犯罪”的论文分别涉及如下主题:(1)社区矫正执法人员职务犯罪罪名及预防。廖瑞权在《区矫正执法人员职务犯罪的罪名及预防》中认为,社区矫正职务犯罪的罪名包括贪污罪、受贿罪、渎职罪等,预防的手段是加强教育、强化监督。[2] 马先惠在《社区矫正执法人员职务犯罪预防机制研究》中提出了完善社区矫正监督立法、加强社区矫正职务犯罪防控、拓宽职务犯罪检举渠道、提升社区矫正执法人员法治思维等建议。[3] 阮淑敏在《未央区社区矫正工作职务犯罪隐患及其预防》中分析了西安市未央区社区矫正工作中存在程序违法问题较多、监管教育措施虚化、未形成有效监督等问题,应落实部门职责、加强司法能力建设、加强教育来预防社区矫正职务犯罪。[4]

(2)社区矫正职务犯罪侦查、监督。刘瑜、田瑾在《社区矫正环节的职务犯罪侦查工作宜由监所检察部门承担》中认为,对于社区矫正职务犯罪,应由反贪、反渎、监所联合行使侦查权,以有力地打击社区矫正职务犯罪。[5] 张燕波在《社区矫正检察监督之完善研究》中认为当前的社区矫正制度中存在监督立法不完善、监督手段单一、监督效果不佳等问题,应当通过加强社区矫正的检察监督立法、建立社区矫正数据库等手段,更好地实现对社区矫正职务犯罪的检察监督。[6]

现有研究对社区矫正职务犯罪有一定的认识,但存在研究数量少、研究面窄、研究深度不够等问题。研究社区矫正职务犯罪案例,归纳职务犯罪的种类和犯罪

[1] 朱香山、韦磊:《社区矫正逐渐成为职务犯罪案件的易发领域》,载广东省人民检察院阳光检务网,2020年5月10日访问。

[2] 廖瑞权:《社区矫正执法人员职务犯罪的罪名及预防》,载《法制博览》2016年11月(下)。

[3] 马先惠:《社区矫正执法人员职务犯罪预防机制研究》,载《攀登》2018年第4期。

[4] 阮淑敏:《未央区社区矫正工作职务犯罪隐患及其预防》,载《新丝路(下旬)》2015年第9期。

[5] 刘瑜、田瑾:《社区矫正环节的职务犯罪侦查工作宜由监所检察部门承担》,载《现代妇女:理论前沿》2014年第10期。

[6] 张燕波:《社区矫正检察监督之完善研究》,载《江西科技师范大学学报》2016年第4期。

的行为模式,从中吸取经验和教训,对于完善社区矫正制度具有重要意义。

二、社区矫正职务犯罪案件基本情况

课题组在中国裁判文书网、北大法宝及互联网上以“社区矫正职务犯罪”进行检索,共收集到了41个真实案例。由于社区矫正制度实施的时间不长,这41个案例基本上接近全部样本的数量。

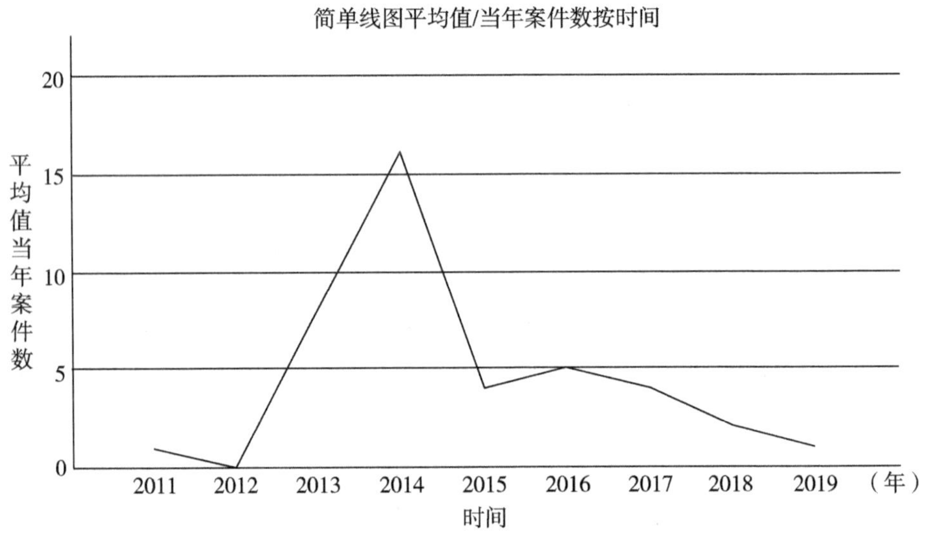

图1　社区矫正职务犯罪当年案件数量走势图

通过图1,我们看到社区矫正职务犯罪从2011年到2019年的变化趋势,其中最高峰为2014年,达到16件,占全部41件案例的39%。2014年之后,社区矫正职务犯罪迅速下降。2012年1月最高人民法院、最高人民检察院、公安部、司法部印发的《社区矫正实施办法》使得社区矫正走向规范化管理。然而,我们在案例情况中看到,基层司法局和司法所对于该《实施办法》的学习和落实需要时间,2014年社区矫正职务犯罪仍出现较多。2014年司法部办公厅、最高人民法院、最高人民检院等机关推出《关于全面推进社区矫正工作的意见》,进一步要求对社区矫正严格管理。同时,各省先后制定了省级社区矫正细则,因而社区矫正的职务犯罪开始逐年下降。

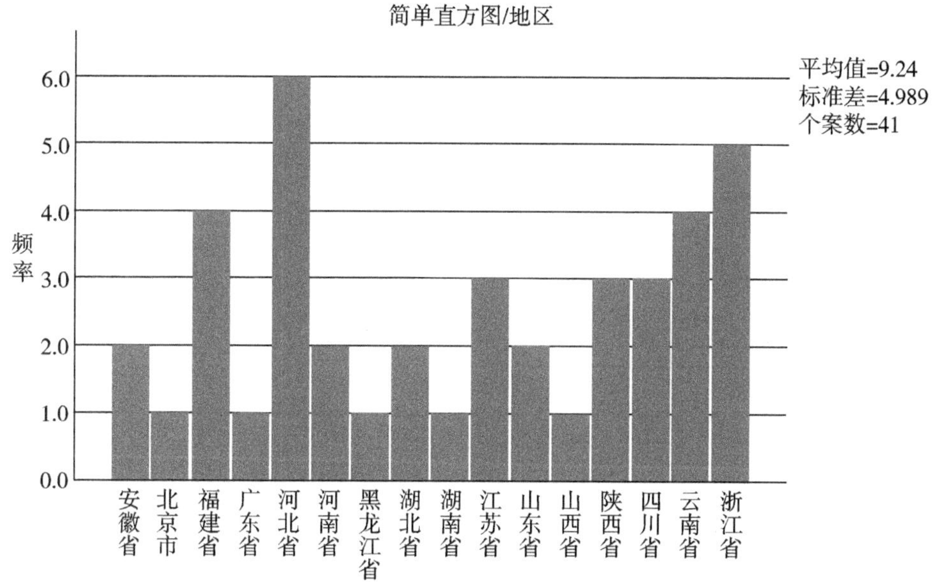

图 2　社区矫正职务犯罪在各省的分布图

根据图 2,上述 41 个社区矫正犯罪的案例分布在 16 个省,其中河北省最多,有 6 个案例,广东省、北京市、山西省、黑龙江省、湖南省最少,为 1 个案例。

表 1　被告人总人数分布表

被告人总人数(人)	件数(件)	百分比(%)	有效百分比(%)	累积百分比(%)
1	34	82.9	82.9	82.9
2	5	12.1	12.1	95.0
3	1	2.5	2.5	97.5
4	1	2.5	2.5	100.0
总计	41	100.0	100.0	100.00

从表 1 被告人数量来看,82.9% 的案件只有 1 个被告人,12.2% 的案件有 2 个被告人,而 3 个以上被告人的案件只占 4.8%。这说明社区矫正职务犯罪主要是简单犯罪。

表2　社区矫正职务犯罪罪名表

罪名	案件数(件)	百分比(%)	有效百分比(%)	累积百分比(%)
帮助犯罪分子逃避处罚罪	2	4.9	4.9	4.9
滥用职权罪	4	9.8	9.8	14.7
滥用职权罪、受贿罪	1	2.4	2.4	17.1
受贿罪	5	12.2	12.2	29.3
贪污罪	1	2.4	2.4	31.7
玩忽职守罪	27	65.9	65.9	97.6
徇私枉法罪	1	2.4	2.4	100.0
总计	41	100.0	100.0	100.00

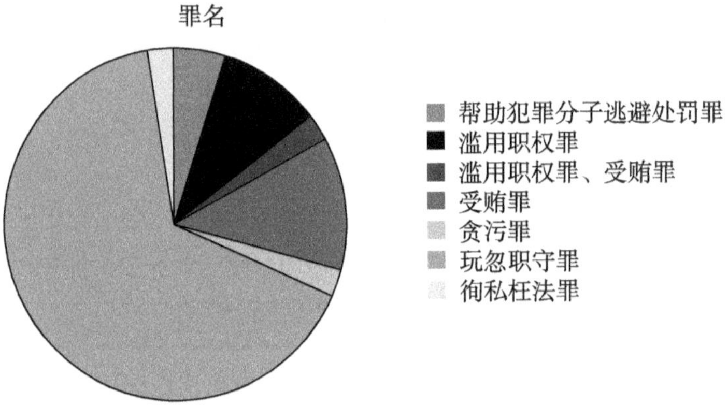

图3　社区矫正职务犯罪涉及罪名分布图

根据表2,在社区矫正职务犯罪涉及的罪名方面,玩忽职守罪最多,占总体案件的65.9%;其次是受贿罪,占12.2%;再次是滥用职权罪,占9.8%,随后是帮助犯罪分子逃避处罚罪,占4.9%;徇私枉法罪、贪污罪占比最少,为2.4%。

表3　社区矫正职务犯罪被告人判处刑罚情况表

刑罚情况	案件数(件)	百分比(%)	有效百分比(%)	累积百分比(%)
缓刑12个月	5	12.2	12.2	12.2
缓刑27个月	1	2.4	2.4	14.6
没收财产5万元	1	2.4	2.4	17

续表

刑罚情况	案件数(件)	百分比(%)	有效百分比(%)	累积百分比(%)
免予刑事处罚	16	39.0	39.0	56
实刑	8	19.5	19.5	75
无罪	4	9.8	9.8	85.3
刑罚不详	6	14.7	14.7	100.00
总计	41	100.00	100.00	100.00

根据表3,有4个案件作了无罪宣判,占9.8%;有16个案件被判有罪,但免予刑事处罚,占全部案件的39%;判处缓刑的总共有6个,占14.6%;判处实刑的有8个,占19.5%。在判处实刑的案件中,最大刑期为120个月,最小刑期为9个月,平均刑期为39.75个月。

表4 社区矫正职务犯罪被告人原来担任职务表

被告人原来担任的职务	案件数(件)	百分比(%)	有效百分比(%)	累积百分比(%)
负责司法所工作	2	4.9	4.9	4.9
聘用制负责社区矫正的人员	1	2.4	2.4	7.3
区司法局社区矫正科科长、工作人员	1	2.4	2.4	9.7
司法局社区矫正科科长	1	2.4	2.4	12.1
司法所负责人	3	7.4	7.4	19.5
司法所副所长	1	2.4	2.4	21.9
司法所工作人员	4	9.9	9.9	31.8
司法所临聘人员	1	2.4	2.4	34.2
司法所临时负责人	1	2.4	2.4	36.6
司法所所长	19	46.6	46.6	83.2
司法所所长、副所长、街道工作人员	1	2.4	2.4	85.6
司法所所长、工作人员	1	2.4	2.4	88
司法所所长、内勤、县司法局工作人员	1	2.4	2.4	90.4
司法所所长、社区矫正大队长	1	2.4	2.4	92.8
司法所所长、司法所工作人员	1	2.4	2.4	95.2

续表

被告人原来担任的职务	案件数（件）	百分比（%）	有效百分比（%）	累积百分比（%）
镇司法分局局长	1	2.4	2.4	97.6
镇政府工作人代管司法所工作员	1	2.4	2.4	100.0
总计	41	100.0	100.0	100.00

通过表4,我们可以看到,司法所所长单独犯罪的有19个案例,占全部案件的46.3%。司法所所长单独及与其他人一起犯罪共占83.2%。因此,预防社区矫正职务犯罪要抓住司法所所长这个“关键的少数”。

三、社区矫正职务犯罪行为研究

根据前述研究,从罪名来看,社区矫正职务犯罪主要涉及玩忽职守罪、受贿罪、贪污罪、滥用职权罪、帮助犯罪分子逃避处罚罪。下面对涉及这些罪名案例中的犯罪行为进行分类研究。

(一)玩忽职守罪

玩忽职守罪占全部案例的65.9%,是最多的一类案件。《刑法》第397条规定了玩忽职守罪,即国家机关工作人员对工作严重不负责任,致使公共财产、国家和人民的利益遭受重大损失的行为。[1] 玩忽职守罪的犯罪构成包括:第一,在主观方面,该罪要求行为人在主观上存在职务上的过失,如疏忽大意、过于自信、擅离职守等;第二,在客观方面,构成该罪的行为人表现出不履行或不正确履行应负的职责,致使公共财产、国家和人民利益造成重大损失。在27个被判处玩忽职守罪的案例中,被告人的行为可以分为以下四类:

(1)未按照《社区矫正实施办法》及各省的《社区矫正实施细则》建立并落实社区矫正的管理制度。例如在案例35中,2012年3月至2014年5月,被告人章某曾经担任奉化市司法局莼湖司法所工作人员。在工作期间,章某严重不负责任,未认真履行工作职责,其具体的表现就是:①未能依法设立社区矫正小组;②未能根据矫正对象的情况制订严管的矫正方案;③在负责矫正工作过程中,章某没有开展和落实日常的矫正活动,包括每月报告、每月走访、教育学习等监管、教育工作等,没有落实月度考核评价,并根据考核结果调整监管教育措施;④章某未能履行矫正职

〔1〕 雷安军:《国家司法考试法律法规汇编》,九州出版社2008年版,第541页。

责,但为了应付上级检查,他弄虚作假伪造相关档案材料;⑤章某对矫正对象周某的思想动态、生活工作情况等没有掌握,使周某完全处于失控的状态。由于章某未能履行矫正职责,导致社区矫正对象周某在矫正期间继续从事犯罪活动,最后发生了周某犯开设赌场罪和寻衅滋事罪的后果。[1] 案例35展示了社区矫正中玩忽职守犯罪有代表性的一种行为模式,即不建立社区矫正的日常管理制度。

(2)已经建立其社区矫正管理制度,但工作人员没有严格坚持该制度,这一类案件很多,其最核心的表现就是在执行矫正制度中打折扣,不严格落实矫正制度。例如在案例40中,被告人邢某原担任永年县西阳城乡司法所所长。社区矫正管理制度要求矫正对象亲自来报到。被告人邢某明知这一规定,但他却违反该规定,在矫正对象王某乙没有亲自来报到的情况下,收取了王某乙亲属提交的社区矫正报到手续。对于没有亲自报到的情况,根据社区矫正制度,矫正人员应当上报司法局,但邢某未将此情况上报司法局。对于超过1个月未报到的矫正对象,矫正人员应当提出撤销缓刑予以收监的建议,然而,邢某未提出对矫正对象王某乙收监的建议,致使矫正对象王某乙长期脱离监管,最后重新犯罪。[2]

(3)在司法局交接工作时所产生的问题,新接任的管理人员对之前社区矫正对象疏于管理。例如在案例3中,蔡某被确定为山东省菏泽市定陶区滨河司法所负责人。司法局让蔡某去领取社区矫正对象的材料。蔡某拿到材料以后,按照社区矫正的制度联系矫正对象。蔡某给其中有一个矫正对象聂某1打电话,但电话不通。蔡某就没有再联系聂某1,致使其长期脱管,并实施了贩卖毒品、容留他人吸毒等犯罪。即使蔡某辩解自己还负责信访、维稳、综治等工作,实在忙不过来,也仍然被判构成玩忽职守罪。[3]

(4)对于患病等特殊的社区矫正对象,社区矫正工作人员疏于管理。如案例39中,被告人权某是具体负责社区矫正的工作人员。社区矫正对象代某甲因患病暂予监外执行,接受社区矫正。在对代某甲进行社区矫正的活动中,权某未与代某甲

---

〔1〕 原浙江省奉化市司法局莼湖司法所工作人员章某玩忽职守罪一案一审刑事判决书,载社区矫正宣传网,http://www.chjzxc.com/index.php/Article/info/id/4353.html,2019年11月7日访问。

〔2〕 河南省永年县人民法院(2015)永刑初字第00200号刑事判决书,载法院裁判文书网,http://wenshu.court.gov.cn/website/wenshu/181107ANFZ0BXSK4/index.html?docId=529f0ca28a1f45d087356c22 201eb296,2019年11月14日访问。

〔3〕 山东省菏泽市中级人民法院(2017)鲁17刑终214号刑事裁定书,载法院裁判文书网,http://wenshu.court.gov.cn/website/wenshu/181107ANFZ0BXSK4/index.html?docId=8e5144de52e24a2bb345a7c300b57915,2019年11月14日访问。

治病的医院联系,未对其治疗和复查疾病进行核实,因而未能掌握代某甲疾病痊愈的事实,更没有向监狱反映代某甲的病情变化并提出收监建议。正是这些疏忽导致代某甲在身体痊愈之后实施了杀害五保老人并焚尸的恶性案件。权某后被法院判处构成玩忽职守罪。[1]

(二)受贿罪

受贿罪有5个案件,占全部社区矫正职务犯罪案例的12.2%。受贿罪有以下两种犯罪行为:

(1)利用职务之便,向矫正对象及其亲属索取所谓的"费用",归个人使用。例如在案例26中,被告人陈某曾经担任某市司法局社区矫正工作管理科科长。被告人陈某利用职务之便,在缓刑、假释人员的社区矫正适用前调查评估以及在社区矫正工作的实施过程中,先后48次向相关的缓刑、假释人员及其近亲属索取所谓的"法律顾问费"。在3年里,被告人陈某索取钱财11万余元。[2] 被告人陈某的行为,给当地的社区矫正工作的廉洁性带来巨大的负面影响。在41个案例中共有5个受贿案件,而社区矫正管理人员索取贿赂的就有4个案件,在受贿案件中占80%的比例。由此可见,社区矫正人员索贿是一个需要重点预防的领域。

(2)利用职务之便,收受贿赂。例如,在案例31中,被告人张某在担任风城司法所所长期间,利用职务便利,收受社区矫正对象及其家属等15人次送的现金3.25万元,以及购物卡和其他财物。收受财物后,张某利用职务便利,在外出请假、日常监管等方面为社区矫正对象提供非法的便利。[3] 社区矫正工作人员收受贿赂,从而为社区矫正对象提供便利,破坏了社区矫正工作人员职务的廉洁性,并且对其他社区矫正对象构成一种不平等的对待,因而应受到刑法制裁。

(三)贪污罪

社区矫正工作与钱财的关系较远,故构成贪污罪的情形较少,在课题组收集的41个案例中,贪污罪仅有一例(案例27)。在该案中,贪污罪的表现是非法以司法

〔1〕 安徽省淮北市相山区人民法院(2015)相刑初字第00285号判决书,载法院裁判文书网,http://wenshu.court.gov.cn/website/wenshu/181107ANFZ0BXSK4/index.html? docId=04009e46d2924cf585f36b99fca388cb,2019年11月14日访问。

〔2〕 江苏省丹阳市人民法院(2014)丹刑初字第97号判决书,载法院裁判文书网,http://wenshu.court.gov.cn/website/wenshu/181107ANFZ0BXSK4/index.html? docId=adefb259b84d48e4bc7040a3a8bdfdb8,2019年11月14日访问。

〔3〕 福建省泉州市中级人民法院刑事裁定书(2015)泉刑终字第14号,载法院裁判文书网,http://wenshu.court.gov.cn/website/wenshu/181107ANFZ0BXSK4/index.html? docId=cd45dbe2c9224335a47de9badeeaa88b,2019年11月14日访问。

所的名义向被矫正人员收取各种费用归自己所有。被告人丁某曾担任潜江市司法局广华司法所所长。被告人丁某以司法所的名义,向社区矫正对象及其家属非法收取所谓的“保证金”“劳动公益金”“调查费”。被告人丁某非法收取费用3.53万元,这些费用没有在司法所入账,全部归丁某个人使用。[1]

（四）滥用职权罪

根据《刑法》第397条的规定,滥用职权罪是指国家机关工作人员超过职权,违法决定、处理其无权决定、处理的事项,或者违反规定处理公务,致使公共财产、国家和人民利益遭受重大损失的行为。[2] 在社区矫正滥用职权的案件中,可以看到以下两种情形:

(1)在对社区矫正对象进行管理的过程中,弄虚作假,应付上级检查。如案例12,被告人林某原系连江县某司法所所长。在管理社区矫正对象的过程中,被告人林某知道社区矫正对象原某某没有参加社区劳动和集中学习,但却允许原某某的弟弟代替原某某补签到。被告人林某还指使其他社区矫正工作人员对社区矫正对象的档案进行虚假记录,以应付上级检查。[3] 被告人林某甲的行为造成原某某长期处于脱管状态,并被民网、新华网等媒体报道和转载,对社区矫正工作产生了恶劣的社会影响。

(2)超越工作权限为未纳入其管辖社区进行矫正的人员提供虚假证明。例如案例7中,被告人姜某海在负责昆明市倘甸产业园区、轿子山旅游开发区乌蒙乡司法所工作期间,超越工作权限为未纳入其管辖社区进行矫正的保外就医人员文某出具虚假证明文件,致使文某长期漏管。后文某在漏管期间因犯贩卖毒品罪被判处死刑,经最高人民法院核准后被执行死刑。[4]

（五）帮助犯罪分子逃避处罚罪

根据《刑法》第417条的规定,帮助犯罪分子逃避处罚罪是指有查禁犯罪活动

---

〔1〕 湖北省江汉市中级人民法院刑事裁定书(2014)鄂汉江中刑终字第00037号,载法院裁判文书网,http://wenshu.court.gov.cn/website/wenshu/181107ANFZ0BXSK4/index.html? docId = 102526dc35ea43f3995b885e54da168d,2019年11月14日访问。

〔2〕 高铭暄、马克昌:《刑法学》(第7版),北京大学出版社、高等教育出版社2016年版,第640页。

〔3〕 福建省福州市中级人民法院刑事裁定书(2015)榕刑终字第1007号,载法院裁判文书网,http://wenshu.court.gov.cn/website/wenshu/181107ANFZ0BXSK4/index.html? docId = 9e3dd2ff0ce444b6a0d9c679ebdea302,2019年11月14日访问。

〔4〕 云南省昆明市中级人民法院刑事裁定书(2017)云01刑终873号,载法院裁判文书网,http://wenshu.court.gov.cn/website/wenshu/181107ANFZ0BXSK4/index.html? docId = a3c41422f11142babc90a91800bcb225,2019年11月14日访问。

职责的国家机关工作人员,向犯罪分子通风报信、提供便利,帮助犯罪分子逃避处罚的行为。[1] 具体有以下两种情形:

(1)为不适格的人提供可以适用社区矫正的虚假证明。例如案例27,江某为温岭司法局城东司法所所长周某某所管理的社区矫正人员。江某在社区矫正期间重新犯罪,并且因重新犯罪被列为网上追逃对象,周某某明知这一事实,仍为他出具了可以判处缓刑并进行社区矫正的虚假证明,最后周某某被法院认定构成帮助犯罪分子逃避处罚罪。[2]

(2)帮助被矫正人员逃避收监。例如案例17,被告人王某原为某司法所所长,为了帮助矫正对象王某1逃避被收监执行的处罚,违反工作规定将王某1即将被撤销缓刑的消息告知王某1的父亲王某3,并为其出谋划策,为其伪造矫正记录。此外,被告人王某联系承办该案件的法官,要求法官暂时不要作出撤销缓刑的裁定,将司法所准备的虚假证明材料送交给法院的承办法官。最后,法院根据虚假的"社区矫正人员王某1现实表现情况"的材料作出不予撤销王某1缓刑的决定,导致王某1得以逃避收监执行的刑罚处罚。[3]

(六)犯罪原因分析

结合以上玩忽职守罪、受贿罪、滥用职权罪、帮助犯罪分子逃避处罚罪、徇私枉法以及贪污罪等案件来看,社区矫正职务犯罪的原因可以归纳如下:

第一,未能建立完善的社区矫正制度。案例35展示了社区矫正中玩忽职守犯罪具有代表性的一种行为模式,即不建立社区矫正的日常管理制度。一些地方的社区矫正机构未按照《社区矫正实施办法》及各省的《社区矫正实施细则》建立并落实社区矫正的管理制度,这是引发社区矫正职务犯罪最为首要的原因。

第二,已经建立较为完善的社区矫正制度,但执行人员未能认真地落实和执行该制度。例如在案例40中,被告人邢某原担任永年县西阳城乡司法所所长。社区矫正管理制度要求矫正对象亲自来报到。邢某在社区矫正对象未能亲自来报到的情况下,仍然为社区矫正对象办理了接收手续。

第三,社区矫正人员工作态度不认真。例如在案例3中,蔡某给社区矫正对象

---

〔1〕 雷安军:《国家司法考试法律法规汇编》,九州出版社2008年版,第544页。

〔2〕 温岭一司法所所长出具假证明获罪,载台州日报网,http://www.taizhou.com.cn/news/2012-04/04/content_567120.htm,2019年11月14日访问。

〔3〕 云南省红河哈尼族彝族自治州中级人民法院刑事判决书(2019)云25刑终第257号,载法院裁判文书网,http://wenshu.court.gov.cn/website/wenshu/181107ANFZ0BXSK4/index.html? docId=2e7b2d22c6f14063b605aaa700ae3305,2019年11月14日访问。

打电话没有打通，蔡某就对该社区矫正对象放任不管，这导致了该社区矫正对象再次犯罪。

第四，钱权交易所导致的职务犯罪。与其他职务犯罪一样，社区矫正职务犯罪同样存在因钱权交易所产生的犯罪，例如案例 26 中，被告人陈某多次收受社区矫正对象的各种“费用”，为社区矫正对象谋取利益。

四、预防社区矫正职务犯罪的若干建议

上述案例研究揭示了社区矫正管理工作中所存在的问题，对完善社区矫正制度有着重要的参考意义。法律的实施包括司法和执法。社区矫正是执法的重要环节，是刑罚落实的重要手段。社区矫正是恢复性司法的重要内容，是修复犯罪人与社会关系的基本方法。为预防社区矫正职务犯罪，可以从以下五个方面入手：

（一）提高社区矫正工作人员对社区矫正工作的重视

一些基层司法所工作人员对社区矫正工作的重视度不够，如案例 3 中，原山东某街道司法所负责人蔡某认为：“觉着自己不是司法局的正式人员，还干着维稳、信访，当时刚开始进行社区矫正工作，没很当个事。”最后，蔡某因其疏忽大意构成了玩忽职守罪。

（二）根据《社区矫正法》等规范性文件建立社区矫正管理制度，并形成落实管理制度的有效机制

在社区矫正的案件中，我们看到构成职务犯罪大多是由于没有形成并落实社区矫正管理制度所致。即便在 4 个宣布无罪的案件中，被告人也存在没有完全遵守社区矫正管理制度的问题，只是行为较为轻微，故没有被法院判处有罪。

（三）监狱应当设立特殊监区，对有病的罪犯收监，不能将这些人推给社区矫正机构，因为社区矫正机构难以胜任对这些人身危险大的罪犯的矫正

司法实践中，一些患病的罪犯并不符合社区矫正的条件，只是因为患某种疾病，如艾滋病、大三阳、肺结核等，而被法院决定暂予监外执行。这些罪犯的刑期均在 3 年以上，社会危险性较大，应当收监，如此才能避免这些应当收监而没有收监的罪犯在社区矫正的过程中重新犯罪。2020 年 7 月 1 日施行的《社区矫正法》没有涉及这个重要的问题。解决特殊疾病（主要是传染病）罪犯的收监问题有赖于整个刑事司法制度的协调与完善。

（四）社区矫正机构应积极关注暂予监外执行条件，一旦该条件消失，要及时提出收监建议

从司法实践来看，社区矫正对象未能及时收监从而引发的新案件的情况时有发生。对于怀孕、患病等原因引起的暂予监外执行，社区矫正工作人员应与医院保持联系，随时掌握被矫正人员的健康状况。《社区矫正法》第49条明确规定了社区矫正机构提出收监建议的审批程序。如果该审批程序能得到社区矫正机构的重视，则可以有效地预防矫正对象因未能及时收监而导致的重新犯罪。

（五）加强对基层社区矫正机构和工作人员的监督

社区矫正机构职责重大，如果缺乏监督，可能会导致严重的后果。例如在前引案例27中，湖北潜江某司法所原所长丁某供述："从2008年到现在，司法所就我一名工作人员，司法所的日常工作都是由我来负责。"[1]被告人丁某所在的司法所的财务收支以及所有工作基本都由丁某一人说了算。被告人丁某所在的司法局负责管理80多名社区矫正人员。由于缺乏有效的监督，丁某以司法所名义非法收取社区矫正人员12人次35,300元占为己有，构成了贪污罪，破坏了司法矫正机构的廉洁性和公正性。

[1] 湖北省江汉市中级人民法院刑事裁定书(2014)鄂汉江中刑终字第00037号，载法院裁判文书网，http://wenshu.court.gov.cn/website/wenshu/181107ANFZ0BXSK4/index.html?docId=102526dc35ea43f3995b885e54da168d，2019年11月14日访问。

社区资源整合对戒毒矫正人员社区矫正的影响

陈鹏悦 *

摘　要：社区矫正具有人性化和科学性特征，能够在戒毒矫正教育中起着非常重要的作用。通过对社区资源的整合，借助更多的社会力量，引入更多的社会工作服务参与到社区矫正项目当中，可以有效地提升矫正人员的心理适应能力，帮助戒毒矫正人员更快的回归社会。基于此，本文主要对社区资源整合对戒毒矫正人员社区矫正的影响以及策略等进行分析和探讨。

关键词：社区资源整合；戒毒矫正人员；社区矫正影响

引　言

我国社会的和谐发展离不开以人为本的社会发展理念的指导，在这样的背景下，刑罚的执行制度变得更加理性化，而社会矫正就是其典型的代表。社区矫正主要是指将符合缓刑、管制、假释以及暂予监外执行等法定条件的罪犯安置于社区内，然后在由国家机关组织的民间组织、社会团体以及相关的社会志愿者的协助下，在服刑人员被判决的期限内，帮助他们矫正犯罪心理以及行为恶习，从而使得他们可以重新回归社会的一种非监禁刑罚执行活动。社区矫正目前被广泛地用于戒毒人员的戒毒矫正当中，并取得了良好的效果。通过对社区资源的整合，可以充分地利用各种社会力量，为戒毒矫正人员提供更好宽松、良好的矫正环境，进而提升社会矫正对于戒毒矫正人员矫正效果，帮助戒毒矫正人员顺利回归社会。

一、社区资源整合对戒毒矫正人员社区矫正的影响

我国《社区矫正法》等法律文件中明确规定，社区矫正必须要在社区矫正机构

---

* 陈鹏悦，吉林司法警官职业学院副教授，硕士。

的组织指导下,由社会工作者或者志愿者参与到社区矫正工作当中。这就要求我国各级司法行政机关必须将建立一个由党委政府统一领导、相关部门积极配合和社会力量广泛参与的社区矫正领导体制与工作机制作为工作的重点。其中社会力量在社会矫正工作当中发挥着非常重要的作用,尤其是社会资源〔1〕。社区资源的整合是指将社区相关的社会资源进行相互协调,并将其整合成一个整体,然后由社区对这些资源进行支配和动员的过程。比如,整合政府、社区组织、居民以及驻社区单位等不同社会主体所拥有的各类社会资源。通过对社区资源的整合,可以为戒毒矫正人员提供更加良好的社区矫正环境,进而有效地提升社区矫正的效果,帮助戒毒人员更好地进行心理和行为矫正,让他们可以更快地回归社会。由此可见,社区资源整合在戒毒矫正人员的社区矫正中的作用是不可忽视的。

二、社区资源整合对戒毒矫正人员社区矫正的策略

(一)引入社会工作服务参与社区矫正项目,提升戒毒矫正人员的心理适应能力

在戒毒矫正人员社区矫正的过程中,社会工作起着非常重要的作用。社会工作主要是在科学的理论指导下,通过运用科学的知识、方法以及技巧来对社会问题进行有效的解决、对社会关系进行协调并能够促进社会和谐发展的专业助人服务活动〔2〕。那么在戒毒人员的社会矫正过程中要如何有效地运用社会工作提升社区矫正的质量和效果呢?这就需要引入更多的社会工作服务参与到社区矫正项目当中,同时通过具有丰富的社会工作经验和专业的社会工作技巧的工作人员在戒毒人员的社区矫正过程中扮演好中介、引导以及评估等重要的角色,以此来有效地提升戒毒人员社区矫正的效果,推动我国社区矫正事业的持续发展。

社区矫正最为主要的特征就是以社区为基础,同时依赖于社区,注重利用社会力量来对戒毒人员进行社区矫正。这就要求相关政府部门要充分地利用社会各界的力量,并将各项社会资源进行整合,引入更多的社会服务参与到社区矫正项目当中。比如,政府部门可以和社区组织合作,开展社区矫正项目购买社会服务试点工作,为参与社区矫正的戒毒矫正人员提供心理辅导、心理测量、教育帮扶等专业服务。同时为每一位戒毒矫正人员建立相应的心理信息档案,对他们定期进行心理辅导和教育培训,以此来提升戒毒矫正人员的心理适应能力,帮助他们矫正吸毒犯

〔1〕 黄曼:《社区资源整合对戒毒矫正人员进行社区矫正的影响》,载《法制博览》2017年第33期。
〔2〕 吴连芝、马晶芳:《关于强制隔离戒毒社区矫正机制构建的思考》,载《学园》2014年第33期。

罪的心理。另外,在对戒毒人员进行社区矫正的过程中,还应当要逐渐形成线上线下协调统一的工作模式,比如,开展线下门诊咨询、一对一咨询和线上网络咨询、电话咨询等心理咨询服务[1]。同时建立完善的心理矫正评估标准体系,对戒毒人员的心理状态进行科学的评估,以此来为他们提供更加科学、有效的心理矫治服务,进而提升社区矫正对戒毒矫正人员的针对性和有效性。

相关政府部门还应当通过社会服务参与社区矫正项目,实现社区矫正工作人员"1+X"的模式,即号召各大高校的学生作为社会服务志愿者,由专业的心理咨询专业团队带领组建成社区矫正志愿者队伍,为戒毒矫正人员开办心理知识专题培训讲座,向他们介绍基础的心理学知识,并帮助他们解决各种常见的心理问题。同时,通过组织各种社会服务,引导戒毒人员参与到其中,帮助他们多与社会接触,以此来提升他们的心理适应能力,帮助他们能够更加顺利地回归社会。另外,在社区矫正过程中,还应当要为戒毒矫正人员建立团体心理辅导小组交流平台,促进戒毒矫正人员之间的相互沟通和交流,以此来有效地增强戒毒矫正人员的社会交往能力和人际沟通能力。

(二)整合多方资源,做好社区适应性帮助工作,帮助戒毒矫正人员重塑社会行为

社区矫正的主要目的是通过对戒毒矫正人员进行社会适应性帮扶、教育矫正以及监督管理等方式,来帮助他们矫正吸毒犯罪的心理和行为,从而将他们重新改造成遵纪守法的良好公民。因此,在对戒毒矫正人员进行社区矫正的过程中,相关政府部门应当要将社会多方资源进行整合,并构建一个集"监督、教育、管理、服务"为一体的社区矫正中心,以此来确保社区矫正工作的有序开展,具体可以从以下几个方面实施:

(1)将法律的规范和作用充分的发挥出来。社区矫正的实质是在执行刑罚,所以社区矫正工作的开展必须要坚持法治化、制度化以及规范化的原则。在我国的《中共中央关于全面深化改革若干重大问题的决定》当中就有这样一条规定,即将劳动教养制度进行废除,对违法犯罪行为的惩治和矫正相关的法律进行不断的完善,以此来使得社区矫正制度变得更加的完善,确保社区矫正工作能够有法可

---

[1] 钱洪:《吸毒青少年社区矫正的社会工作介入——以无锡A街道为例》,南京农业大学2014年硕士学位论文,第16页。

循[1]。这就要求相关政府部门将涉及社区矫正服务的各项具体业务的工作制度进行不断的完善,同时要求各级社区矫正工作人员加强对相关制度的学习,并在实际的社区矫正工作中将各项规章制度贯彻落实,以此来不断地提升社区矫正工作人员的法治思维,让他们在相关工作当中可以利用法律途径来对各种利益问题进行协调和处理,从而不断地提升社区矫正工作人员的工作能力和专业素养,使得社区矫正的执法行为变得更加规范,进一步为社区戒毒矫正人员提供更加优质的教育帮助服务。另外,对戒毒矫正人员进行监督和管理是社区矫正工作的重要内容。因此,相关政府一定要加强对戒毒人员社区矫正的监督管理工作,比如,实现分级管理和定期考核制度;对特殊戒毒矫正人员进行重点监督和管理;充分利用各种先进的信息技术,建立社区矫正信息管理平台,或者利用电子围墙技术对戒毒矫正人员进行定位监管,以此来提升社区矫正工作的现代化管理水平。

(2)充分发挥道德教化作用。在对戒毒矫正人员进行社区矫正的过程中,应当将道德教化作用充分地发挥出来,以此来对戒毒矫正人员进行教育矫正。这就要求相关政府部门将社区戒毒矫正人员的行为矫正和养成作为社区矫正工作的重点,同时将分段式教育作为对戒毒矫正人员进行教育的主要方式,并通过入矫教育、日常教育以及解矫教育等多种教育方式对戒毒矫正人员进行循序渐进的教育,以此提升他们的法治意识、道德观念以及社会责任感。另外,在对戒毒矫正人员进行社区矫正的过程中,还应当加强对他们进行人文和社会关怀,以此让他们意识到自己吸毒行为是错误的,并能够自觉地接受社区矫正过程中的相关管理和改造措施,从而确保社区矫正工作的顺利开展。

(3)做好社区适应性帮扶工作。为了能够帮助戒毒矫正人员顺利回归社会,在对他们进行社区矫正工作的过程中,应当以他们的实际需求为出发点,做好社区适应性帮扶工作,帮助他们重塑社会行为。这就要求社区矫正工作人员应当要加强对戒毒矫正人员的了解,并积极地帮助他们解决生活实际问题和困难,从而实现对戒毒矫正人员的有效帮扶[2]。另外,相关政府部门也应当要将社区矫正社会适应性帮助工作纳入社会管理服务工作体系当中,并充分地调动各界社会力量,对社区资源进行不断的整合,同时组织政府工作人员、法律服务人员、法律义工、党员干部、社会志愿者、矫正志愿者等社会力量组建定向帮扶团队,根据不同的戒毒矫正人员

---

〔1〕 阮惠风、李阳辉、杨光:《吸毒人员社区戒毒矫正的理论与实践探索——以昆明市五华区为例》,载《云南警官学院学报》2009年第2期。

〔2〕 佚名:《优势视角下的社区矫正研究》,燕山大学2017年硕士学位论文,第21页。

开展相应的社会适应性帮扶工作。比如,为了帮助戒毒矫正人员能够在回归社会后,能够找到适合自己的工作岗位,应根据他们的需求,在他们进行社区矫正的期间,对他们进行就业辅导,以此提升他们的再就业能力。此外,政府部门应当鼓励当地企业积极参与到戒毒矫正人员的社区矫正工作当中,让企业承担起相应的社会责任,整合企业力量,为社区戒毒矫正人员解决实际的困难,从而为社区矫正工作提供强大的助力。

三、结语

综上所述,通过对社区资源的整合能够有效地提升戒毒人员社区矫正的效果,提升戒毒人员的心理适应能力,重塑戒毒人员的社会行为,从而使得他们能够正常地回归社会。因此,我国相关部门应不断地加强对社区资源整合以及对戒毒矫正人员社区矫正的探索,并结合戒毒矫正人员的需求,通过对社区资源的整合,为每一位戒毒矫正人员提供个性化的矫正方法,以此提升社区矫正的针对性和有效性,帮助戒毒矫正人员顺利矫正吸毒心理和行为,让他们能够更快地适应和回归社会,进而促进我国社会的和谐发展。

女性社区矫正对象社会融入困境与对策研究

曾海潮　李晓兰　陈　珊*

摘　要：随着社会经济的不断发展及女性地位的提高，女性权益的保护也逐渐受到了重视，女性犯罪人的权益却没有得到合理对待。女性在其生理上和心理上有别于男性，在社区矫正领域具有特殊性，但是现行的立法与实践却没有完全照顾到女性的特殊性。本文通过对女性的特殊性及其社会融入中的困境进行研究，发挥社会支持的优势，提出相应的对策。

关键词：女性社区矫正对象；社会融入；女性权益；困境与对策

社区矫正是与监禁矫正相对的行刑方式，是以社会为平台，将符合社区矫正条件的罪犯置于社区内，由专门的国家机关和社会力量在社区中实施监管、教育和帮扶，矫正其犯罪心理和行为恶习，由此促进其顺利回归社会的非监禁刑事执行活动。

近年来，随着社会经济的不断发展及社会地位的提高，女性在各行各业中充当不同的角色，也面临着不同的挑战，但仍有极少部分女性因为法律意识淡薄，越过法律的底线，导致我国社区矫正中女性呈现人数逐渐上升的趋势。虽然总体人数不多，所占比例不高，但仍应该引起社会对该问题的关注。社区矫正对象在社会融入中本就属于弱势群体，基于女性在其生理上和心理上的柔弱性和脆弱性，有别于男性社区矫正对象，女性社区矫正对象属于“双重”弱势群体，即弱势群体中的弱势群体。

---

* 曾海潮，西华大学法律硕士研究生；李晓兰，西华大学法律硕士研究生；陈珊，西华大学副教授、硕士研究生导师，法学博士。

虽然女性社区矫正对象所占比重不高，但对其开展社区矫正社会融入研究符合我国妇女权益保障的新要求，不仅直接关系到整个社区矫正工作的顺利进行，还有利于减轻女性社区矫正对象心理应激，提高其社会适应能力，助力其回归社会，对于完善社区矫正法治建设、提升矫正效果具有重要的意义。

一、女性社区矫正对象社会融入的需求

（一）女性社区矫正对象的特殊性

我国女性社区矫正对象虽然总体人数不多，所占比例不高，但呈现人数逐渐上升的趋势。中青年年龄段的女性社区矫正对象所占比重大，未成年所占比例上升趋势愈加明显。据调查，女性社区矫正对象所犯犯罪类型以财产型犯罪和依附性犯罪为主，近年来，因追求虚假的物质生活而导致犯罪和与因反抗而产生的被动性犯罪逐渐增多。女性社区矫正对象文化程度普遍偏低，大部分没有稳定的工作，收入水平也不高。在家庭方面，与家人关系不和谐，经常发生严重冲突。女性社区矫正对象的犯罪对象往往是与自己较亲近的亲人、朋友，但也呈现犯罪对象范围的扩大化。由于女性情感细腻，心理承受能力差，自我控制能力弱，因而激情犯罪比重较大，但预谋性犯罪的比重也逐渐增加。

女性社区矫正对象是不同于男性社区矫正对象，主要原因还是来源于女性与男性的生物学差异。首先表现出来的便是女性社区矫正对象的再就业率比男性要低，原因在于男女之间的生理差别，男性可以从事更多的重体力劳动和一些工作强度大的工作，而女性更适合需要细心的工作，但是这些工作诸如文秘、行政等工作往往对于这些曾经犯罪的人员充满歧视，这种歧视不只是在于对于其以往的犯罪行为，也在于对于她们的整体素质的不信任，因为很多犯罪人的文化处在一个很低的水平。这种歧视也就是我们所说的“双重歧视”，既歧视她们曾经是犯罪人，又歧视她们是女性。这一歧视也使得女性比男性更难找到工作，也更难融入社会。而且心理特征上，女性天生在情感方面就比男性丰富，心思更加敏感，感情更为细腻，心理承受能力较为脆弱。对于社会中的这种歧视，女性不会那么容易消化，容易演变出排斥社会的心理，变得自暴自弃，使得自己离社会更远，离犯罪更近。生理特征上，女性具有特殊性，如在月经期和更年期期间，情绪不稳定，更容易产生波动。另外女性在妊娠期间心理和生理更是承受巨大的改变与压力，更加需要心理上的关怀和身体上的照顾。

由于女性相较于男性更加敏感，成长过程中家庭环境和生活环境中的不利影

响对她们的伤害往往要比男性大很多,使得女性在成长过程中往往会建立一种不成熟的价值观念。而且女性往往容易受到来自社会的不良诱惑,若未建立正确价值观,则很容易被人引诱,从而走上歧途。她们的共同特点往往是在家庭中不能得到来自亲情和心灵上的关注、缺乏积极健康的社交关系以及缺乏家庭中正常的情感交流需要,以至于当违法倾向出现在这些女性身上时,亲人和朋友很难及时察觉到并给予关注和纠正。这些因素与女性的犯罪有着重要的联系,在社区矫正过程中,以上问题如果得不到较好解决,又会导致他们无法融入社会,进而导致她们重新犯罪。

(二)女性社区矫正对象社会融入需求

由于女性社区矫正对象在心理、家庭情况等方面的特殊性,导致她们在接受社区矫正之后,产生的各种需求都无法得到满足,更难以融入社会。

在就业方面,据统计,大部分的女性社区矫正对象自身文化水平较低,受教育程度在高中及以下的约占50%以上。[1] 她们在犯罪前没有稳定的工作,犯罪后,由于"罪犯"这一身份,更是无法找到新的工作。她们无法就业,因而断开了与社会融入的方式,甚至连基本的生活也无法保障。

由于女性社区矫正对象受教育程度普遍偏低,因此在教育培训方面也产生一定的需求。一般而言,一个人没有一技在手就无法在社会上生活,更别提女性社区矫正对象这一"双重弱势群体"。

近年来,女性社区矫正对象财产型犯罪的比重不断上升,由于形成的不正确的金钱观以及对物质的盲目追求,女性社区矫正对象在生活质量方面的需求越来越多。但是由于接受社区矫正后,没有稳定的生活来源,与之前的生活水平往往会形成很大的差异,导致女性社区矫正对象无法接受,产生自我抵触心理,不利于其融入社会。

女性社区矫正对象也存在精神上的需求。她们敏感、易自我怀疑,渴望来自家人、朋友的关心和爱护。"社区矫正对象"这一身份使她们产生自卑的心理,羞愧与他人交流,但又渴望与他人进行交往,渴望社会对她的关爱,这种矛盾的心理给其带来精神上的折磨。精神上的需求是不能被忽视的,它影响着女性社区矫正对象融入社会的意愿,精神上的需求满足了,她们更愿意与他人沟通交流,这对其融入社会有积极的影响。

---

〔1〕 曹颖:《女性社区矫正对象社会支持网模式研究》,载《犯罪与改造研究》2017年第3期。

二、女性社区矫正对象社会融入的研究现状与困境

（一）女性社区矫正对象社会融入的现状

社区矫正的社会意义，既在于使被矫正者能够在良好的社会环境中接受改造，免受狱内其他罪犯的“交叉感染”，从而提高改造效果，有利于其重新顺利回归社会，也在于更广泛地利用社会资源，降低行刑成本，同时避免被矫正者个人家庭的稳定性遭受太大影响，有利于维护社会的和谐稳定。但是女性社区矫正对象在多了矫正人员这个身份后，对就业持消极的态度，她们的收入、社会福利保障普遍偏低。在劳动力市场、社会网络以及社会保障等领域遭遇社会排斥后，这种社会排斥又会导致自我排斥的产生。社会交往方面，由于女性敏感的思想，强烈的羞耻感让她们降低社会交往的频率，再加上她们大多社交圈子狭窄，容易形成自我封闭，导致社会排斥的进一步加剧，从而不利于其融入社会。

一部分女性社区矫正对象婚姻关系存在解体的可能性，由于矫正人员的身份，导致其家庭关系紧张，其子女可能会埋怨，身边的朋友也渐行渐远，这些社会关系的淡化严重影响女性社区矫正对象的社会融入效果。

女性社区矫正对象的社会融入是“自愿型社会化”，她们的主观能动性即矫正态度在其中起到关键作用。但据研究发现，大部分的女性社区矫正对象的社会融入主动性不高，可能是基于其自身产生的自卑心理。[1] 所以，总的来看，女性社区矫正对象的社会融入度呈现低水平的特点。具体表现在就业率低、再犯率高和收入水平显著低于男性社区矫正对象三个方面。

（二）女性社区矫正对象社会融入困境

社会融入属于社会学概念，社会融入是处于弱势地位的主体能动地与特定社区中的个体与群体进行反思性、持续性互动的社会行动过程。本文将社会融入分为三个方面，分别阐述女性社区矫正对象社会融入困境。

1. 社会交往困境

随着历史的演变，社会大众对性别角色形成了固有的印象。绝大多数人群认为女性就应该温柔体贴、秀外慧中，在家相夫教子，在大多数人的潜意识中女性一般为犯罪中的受害人，而面对犯过错误、受过社区矫正的女性，往往会觉得有很大反差，认为她们的主观恶性会更大，因此女性社区矫正对象更容易受到社会的歧

---

〔1〕 佟向杰：《女性社区矫正对象的特殊性及社会工作的介入》，载《全国商情（理论研究）》2011 年第 14 期。

视。由于女性生物学的特殊性,女性比男性的心理更加敏感,对于与己有关的信息往往会通过情感的加工后再吸收,使得女性在有犯罪经历后,更加害怕他人的排斥和误解,活得更加小心翼翼,从而选择减少社会交往的频率。造成其比男性社区矫正人员要承受更大的心理压力,进而不愿意融入社会,对外界产生排斥心理。每个人都会有社会交往的需求,但是当她们长期压抑自己交往的需求,久而久之,心理上会产生强烈的自卑,并且人生态度也会越来越消极,内心的自卑让她们的人际交往中存在障碍,不知道如何面对亲人与朋友。因为现有的法律法规,几乎没有专门保护女性社区矫正对象,所以在矫正过程中,容易忽视女性的特殊特征与需求,现有的社工力量和政府购买能力也还做不到对每个社区矫正人员的心理问题进行有效疏导,从而她们渴望社会交往的想法得不到实现。缺少与社区居民的有效沟通、交流以及情感上的互动,许多女性社区矫正对象变成了情感的孤岛,离社会越来越远,影响其融入社会的效果。

2. 社会适应困境

社会适应是指个体逐渐地接受现有社会的道德规范与行为准则,对于环境中的社会刺激能够在规范允许的范围内做出反应的过程。社会适应的程度会影响社会融入的程度。女性在进行社区矫正时,意识里不愿意接受社区矫正人员这个身份,对矫正行为表现出排斥。据调查,有一部分女性社区矫正对象认为自身因法律意识欠缺而犯罪不应受到处罚,这些错误的认知和现有认知相矛盾,表现出不协调状态,造成心理压力并产生紧张感,思想斗争激烈,往往表现在行为上就是不愿接受社区矫正。[1] 她们排斥接受社区矫正,无法改变她们与社会的隔阂,渐渐地她们便与社会渐行渐远,女性社区矫正对象可能会遇到社会关系断裂的情况,如父母不理解、夫妻感情破裂、朋友的疏忽远离、邻里的歧视等,这些情况会加剧女性社区矫正对象的排斥心理,社会融入的途径减少,其在遇到困难时也难以获得帮助。

3. 社会保障困境

由于女性犯罪人数占总人数比例少,呼声低,其社会保障往往很容易被忽视。女性本就处于社会关系中的弱势地位,女性触犯刑法后很容易导致其原本的社会关系崩塌,使得女性社区矫正对象更多时候只能依靠自己在社会中艰难地生存下去,对于女性社区矫正对象的社会保障少之又少。而在司法行政机关为主导的社区矫正过程中,大多是重视监督管理与教育矫正等法律法规要求的社区矫正程序,

[1] 黄译:《社会支持网络视阈下女性社区矫正人员的社会融入困境与对策研究》,江西师范大学2020年硕士学位论文,第11页。

忽视了女性社区矫正对象真正的需求，对于帮助女性社区矫正对象巩固或恢复社会关系的内容是缺失的。对于女性社区矫正这一项工作而言，以目前现有的法律法规而言，都是关于对社区矫正人员的监管措施，女性相比于男性的特殊性是显而易见的，但是《社区矫正法》中只有第25条规定了，社区矫正对象为女性的，矫正小组中应有女性成员。只有这条规定，虽然考虑到了女性的特殊性，但是对于女性权利的保护肯定是不够的。

三、制约女性社区矫正对象社会融入的困境产生原因

（一）自身原因

相对于男性社区矫正人员，女性更加感性，情绪更加复杂，对于情感的需求较大。她们期待可以被他人关注、认可、欣赏和喜爱。但她们中多数人对自己现在的能力和价值感到不满，对周围他人和生活、社会环境感到不满，怨恨自己、他人或生活、社会环境。对自己的未来感到不自信和担忧，引发难过、生气、担心或害怕的情绪感受和心理症状。实践中发现，如果女性社区矫正对象越能够得到多的情感支持，抗压性越强，也越愿意主动去参与社会生活和适应社会。但大部分女性社区矫正对象就业状况不稳定、个人文化素质不高、敏感胆小，故而愿意倾听其心声的社会关系较少，情感支持需求难以得到满足。女性社区矫正对象原本可能担任的角色是人女、人妻、人母，突然沦为失学失业的角色，突然的转变可能导致其遭受社会大众的排斥，家庭关系破裂。罪犯的身份使她们行为受到限制，产生强烈的自卑心理。她们中的一些人甚至拒绝被帮助，严重影响其社会关系网络的重建。

（二）社会原因

女性社区矫正对象获得支持的范围和程度对其社会融入会有一定的影响，家人、朋友、社区成员、社区矫正社会工作者给予的社会支持，更有利于实现双向沟通并建立系统的社会支持网络，从而助其更好地融入社会。如得不到社会支持甚至遭到排斥，会使她们难以融入社会。[1] 在司法行政机关为主导的社区矫正过程中，大多是重视监督管理与教育矫正等法律法规要求的社区矫正程序，忽视了女性社区矫正对象对于家庭关怀的迫切需要，对于帮助女性社区矫正对象巩固或恢复家庭关系的内容是缺失的。相当一部分女性社区矫正对象的家庭关系处于紧张或者较紧张的状态，这其中包括社区矫正对象与父母的关系、与兄弟姐妹的关系、与子

---

〔1〕 杨梦暄：《社会工作介入女性社区服刑人员的社区矫正研究》，河北大学2019年博士学位论文，第27页。

女的关系、夫妻之间的关系等。在社会支持网络的构建中,面临最大的难题是非正式社会支持网络的断绝和缺失。非正式社会支持网络的断绝和缺失,不仅是矫正对象回归社会的最大障碍,也是诱发再犯罪的主要原因。

(三)制度原因

制度因素也是导致女性社区矫正对象社会融入的过程中所遇到困难和问题的原因之一。制度因素主要是指监管部门的矫正方法、部分法律法规的限制,社工政策难以落实,资源整合力度不够等。女性社区矫正对象对政策性支持的满意程度越高,她们对社会支持利用度就越高。[1] 所以矫正机构对社区矫正政策的落实,满足女性社区矫正对象的需求,这样有利于她们对社会支持利用最大化,使她们更顺利地融入社会。

我国社区矫正工作自2009年在全国全面推开,由于起步较晚,女性社区矫正对象的教育矫正工作还不够完善,有关女性社区矫正对象教育矫正的研究也还处于起步阶段。2012年最高人民法院、最高人民检察院、公安部、司法部联合制定的《社区矫正实施办法》,将未成年社区矫正对象作为一个特殊群体制定了特定的政策,而对女性社区矫正对象这一社区矫正的另一弱势群体,并没有制定针对性的法律政策。《社区矫正法》设定专门一章规定未成年人社区矫正特别规定,包括针对性的矫正措施,与成年人分别矫正,矫正中监护人的义务,身份信息的保密等,而仅在第25条规定针对女性社区矫正对象,矫正小组应有女性成员,尚无专门女性罪犯的社区矫正制度。我国现行的矫正机制、管理机制、评估标准等几乎都是按照矫正对象中占大多数的男性社区矫正对象设计出来的,很少考虑到女性社区矫正对象的弱势地位和特殊性。[2] 在司法行政机关为主导的社区矫正过程中,大多是重视监督管理与教育矫正等法律法规要求的社区矫正程序,忽视了女性社区矫正对象对于家庭关怀的迫切需要,帮助女性社区矫正对象巩固或恢复家庭关系的内容是缺失的。

社区矫正工作方式有时候会引起一定的争议,比如有些地方的司法行政人员有职业制服,走访的时候开着警车,因为女性社区矫正对象的心理更加脆弱和敏感,更容易引发她们的自卑心理,时时刻刻都在提醒她们自己与别人不一样,社会排斥增加,社区归属感和社会融入意愿降低,进而会影响她们的社会融入。

---

[1] 陈姝宏:《社区矫正对象再社会化研究》,吉林大学2014年博士学位论文,第31页。

[2] 彩云:《社区服刑人员的社会融入与精神健康:基于上海的实证研究》,载《华东理工大学学报(社会科学版)》2014年第4期。

四、女性社区矫正对象社会融入的对策建议

(一)加强对女性社区矫正对象心理辅导

一些女性社区矫正对象因自卑心理表现为不愿意与他人接触,对自己的家庭存在愧疚心理,因犯罪失去工作后心理落差很大。针对女性社区矫正对象畏罪情绪和羞耻心理,社区矫正机构应提供心理辅导的课程,帮助她们跳出自我,以旁观者的角度去看待自我、了解自我。心理辅导的内容应包括引导其正确评估个人能力,加强对其价值观的教育,帮助其树立正确的人生观、价值观。[1] 让女性社区矫正对象对自己的犯罪行为有清晰的认识,全面认识自己,掌握良好的沟通技巧,拥有正常的人际关系,拥有一定的职业能力,构建个人社会支持网络,从而适当地运用这些支持来满足需求,获得帮助,更高程度地融入社会。

基于女性社区矫正对象自身的特点,在开展社会矫正工作过程中,区分性别的特征就显得十分有必要。由于女性社区矫正对象的心理素质相较于男性更加脆弱,因此需要加强对她们的情感支持,如理解、倾听、尊重和心理辅导等,这样有利于提高社区矫正工作效率,更有利于帮助女性社区矫正对象抗击心理压力,帮助其更好地融入社会。这亦符合《社区矫正法》规定矫正机构帮扶义务的立法精神。

(二)建立社会、家庭、朋友"三重"社会支持系统

社区是女性社区矫正对象社会交往与互动的社会空间,也是实施社区矫正的主要场所。良好的社区关系可以帮助女性社区矫正对象更好地融入社会。各个社区可以因地制宜开展各项社区文化活动,加强女性社区矫正对象、社区居民、社区矫正工作者之间的沟通与交流。通过这种交流与互动,使矫正人员接受正确的价值引导,让其对社区有归属感和被认可感。

家庭对女性社区矫正对象社会融入是非常关键的。女性社区矫正对象在家庭中充当着不同的角色——母亲、妻子、女儿,家人的支持是其最重要的情感支持来源。在矫正过程中,社区矫正工作人员应当采取适当措施,帮助女性社区矫正对象恢复或者重建其与家人之间的情感纽带。通过获得家人的支持与鼓励,来消除其自身的敏感和不安,促使其更好地融入社会。

女性因自身的人际交往范围比较窄,朋友是其主要的倾诉对象。但据调查显示,女性社区矫正对象在进行社区矫正时,因自身的羞愧,拒绝主动与亲密的朋友

---

〔1〕 郑丽萍:《互构关系中社区矫正对象与性质定位研究》,载《中国法学》2020 年第 1 期。

联系,情绪宣泄的途径关闭,导致其不良情绪大量聚集,更不易于其社会融入。[1]此时,就更需要朋友主动的关怀与开导,及时与她们进行沟通,给其提供强有力的情感支撑,帮助她们融入社会。

建立女性社区矫正对象和社会各界的联系,帮助她们解决面临的就业问题和心理问题。特别要加强妇联在其中的作用,妇女联合会本就是帮助女性的组织,妇联来帮助社区矫正中的妇女再合适不过,妇联不仅要帮助普通的女性,更要帮助那些误入歧途的女性重新回归社会的怀抱。

(三)建立专门的女性社区矫正制度

我们目前还还没有专门针对女性社区矫正对象制定的法律,对这一方面的规定还很欠缺,导致对女性社区矫正对象的保障不到位。制定专门针对女性社区矫正的制度,保障女性社区矫正对象在经济、政治、文化、社会等方面享有平等的权利,明确各职能部门和社会力量的职责分公工,使得社会力量参与促进女性社区矫正对象社会融入有法可依。

在目前的《社区矫正法》中只有第25条规定了,社区矫正对象为女性的,矫正小组中应有女性成员。但是对于特定的矫正措施都没有与男性矫正对象进行差别规定,而男女性的差别却那么明显,所以应该仿照未成年矫正对象的制度,建立一套女性矫正对象的制度,帮助女性更好地融入社会。

为了确保法律适用的可操作性和针对性,还需要对制度实施进一步细化。女性社区矫正对象有其自身的独特性,比如心理承受力弱、经济依附性强,就需要建立特定的女性社区矫正制度,加强家庭的矫正力度,加大心理矫正和妇联等专业女性社会工作组织的参与力度,从制度上保障女性社区矫正工作的专业性和针对性。

建立社区矫正人员社会融入制度,帮助处于社会边缘的女性社区矫正对象。比如,针对因犯罪而失业的女性,国家可以通过制定法律鼓励企业积极参与社区矫正人员的再就业,国家可以对企业实施优惠补贴,促使企业积极主动参与,帮助女性社区矫正对象更好地融入社会。通过制定这些制度和规章可以使女性社区矫正对象重新融入社会有章可循,也呈现出相关措施法律化、制度化趋势,从而使其顺利适应社会、融入大环境。

开展职业技术教育,拓宽其经济来源。[2] 从历年的统计数据分析,造成女性社

[1] 郭砾:《犯罪的社会性别视角》,载《大连大学学报》2001年第5期。

[2] 自正法:《涉罪未成年人社区矫正的实证考察与治理路径》,载《西南民族大学学报(人文社科版)》2020年第10期。

区矫正对象职业融入社会困难的原因很多,比如文化程度偏低,没有一技之长,精力体力明显低于男性,情绪不稳定等。而且国家对于犯罪人的再就业还有特别限制,公务员和许多职业考试也不能参加了,这其实阻碍了犯罪人融入社会,不利于降低犯罪人的再犯率。

有些女性社区矫正对象在接受社区矫正后会失去之前的工作,就业情况变得不稳定。就业是每个人自身的经济来源,是融入社会的物质基础,通过工作才能满足自己及家人的基本生活需求,实现自己的价值,女性社区矫正对象也不例外,尤其在现代女性意识逐渐崛起的社会,大多数女性社区矫正对象是有强烈的就业意向的。因此提高女性社区矫正对象的职业技能,使她们有一技之长,拓宽就业渠道是她们融入社会的关键。

五、结语

随着《社区矫正法》的施行,社区矫正在我国越来越受到重视,女性社区矫正对象是不可忽视的弱势群体。对女性社区矫正对象开展社区矫正社会融入研究,应充分考虑到社会、家庭及制度对其产生的影响。女性群体有其自身的特点与需求,因此,针对女性社区矫正对象社会融入的对策,不能忽视其性别特征与特殊需求。通过对女性社区矫正对象开展社会融入研究,有利于解决其特殊困难与需求,帮助其再建社会关系网,提高其社会适应能力,符合《社区矫正法》的立法宗旨与目的,对于完善社区矫正法治建设、提升矫正效果具有重要的意义。

智慧矫正

基于区块链技术的社区矫正模式改革研究

刘寅生　袁　颖　陈　珊*

摘　要：党的十九大报告鼓励并支持建设“数字中国”“智慧社会”，为将现代信息技术应用于新时代中国特色社会主义的发展提供了保障。同时“区块链＋社区矫正”作为数字法治、智慧司法中的重要内容，其作为推进实现国家治理能力和治理体系现代化的驱动力不可忽视。本文在分析传统社区矫正模式的基础上，结合区块链技术的优势，在吸收各地“区块链＋社区矫正”实践探索的经验上，提出基于区块链技术的社区矫正模式改革的建议，以实现社区矫正效能最大化。

关键词：区块链；社区矫正；模式改革

党的十九大报告指出：“加强应用基础研究，拓展实施国家重大科技项目，突出关键共性技术、前沿引领技术、现代工程技术、颠覆性技术创新，为建设科技强国、质量强国、航天强国、网络强国、交通强国、数字中国、智慧社会提供有力支撑。”[1]其中“数字中国”“智慧社会”首次写入党代会工作报告，进入公众视野。2019年10月24日，在中央政治局第十八次集体学习时，习近平总书记强调，“把区块链作为核心技术自主创新的重要突破口”“加快推动区块链技术和产业创新发展”[2]。“区块链”已走进大众视野，成为社会的关注焦点。而近年来，各地政府已经开始意识到区块链技术对于本区域产业转型和经济发展的重要性，同时，不可忽视的是区块链

---

* 刘寅生，西华大学法学院硕士研究生；袁颖，西华大学法学院硕士研究生；陈珊，西华大学法学院副教授、硕士生导师，法学博士。

〔1〕 习近平在中国共产党第十九次全国代表大会上的报告，载 http://cpc.people.com.cn/n1/2017/1028/c64094-29613660.html，2020年11月25日访问。

〔2〕 习近平：《把区块链作为核心技术自主创新重要突破口　加快推动区块链技术和产业创新发展》，载 http://cpc.people.com.cn/n1/2019/1026/c64094-31421707.html，2020年11月25日访问。

技术在完善政策和监管体系方面也有着明显的优势。

2019年11月16日,司法部在南京举办"区块链+法治"论坛,强调要积极推进区块链技术与法治建设全面融合,要把"区块链+法治"作为"数字法治、智慧司法"建设新内容[1]。以佛山市禅城区推出的"区块链+社区矫正"为例,"社矫链"的应用正在打破传统社区矫正的局限性,以区块链独有的优势推进社区矫正模式的改革。众所周知,社区矫正工作是针对不需要监禁或者不再需要监禁的对象,将其置于社区环境之中,由司法行政机关和社会各方力量进行监督,实现对其犯罪行为惩罚的同时,并对社区矫正对象的心理和行为进行矫正和改造,使其可以更好地回归社会,减少再犯罪可能性。社区矫正作为一种刑事执行方式,但它不同于一般的刑罚,它致力于将惩罚矫正对象、保护社会正义、矫正犯罪心理和使矫正对象更好地融入社会相结合,具有惩罚性和恢复性双重价值[2]。由此可见,社区矫正有着区别于其他刑罚的特点,如何将社区矫正的效能最大化?利用区块链技术推进社区矫正传统模式的改革的可行性何在?本文将对上述问题进行分析。

一、传统社区矫正模式及其现实问题

(一)传统社区矫正模式

传统的社区矫正模式主要有九个方面,传统社区矫正流程图如图1,其中审前评估、分级处遇以及监管这几部分比较重要:

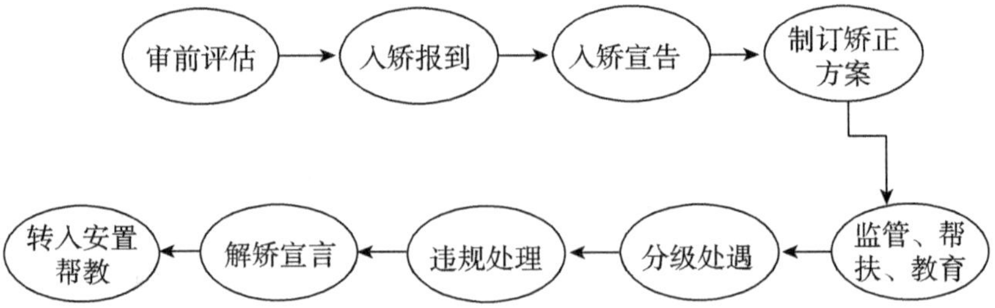

图1 传统模式下的社区矫正流程图

---

[1] 司法部举办"区块链+法治"论坛,强调要"抢抓机遇,积极推进区块链技术与法治建设全面融合",载http://www.moj.gov.cn/news/content/2019-11/17/bnyw_3235971.html,2020年12月25日访问。

[2] 黄海滨:《浅谈基层司法所开展社区矫正工作的存在问题及解决对策建议》,载https://www.sohu.com/a/217133654_660595,2020年12月25日访问。

1. 审前评估

社区矫正审前评估制度又被称为社区矫正审前社会调查或社区矫正调查评估制度，主要是指人民法院在作出判决之前，先由司法行政机关对拟判处社区矫正的对象进行有关调查和评估，以给法院提供一定的依据来认定该对象是否适合社区矫正。公正合理的审前调查程序和评估结果可以为法院是否判处管制、宣告缓刑、裁定假释提供有效的参考依据〔1〕。同时，监禁刑罚执行管理机关决定是否实行暂予监外执行以及假释提请也需要司法行政机关提供环境评估报告。一般情况下，通过审前评估后被认为不适用社区矫正的，刑罚执行机关不予监外执行或假释。

2. 分级处遇

社区矫正的分级处遇制度是根据矫正对象存在的不同情形采取不同待遇的管理方式。因为每一个需要矫正的对象犯罪的类型不同、犯罪的程度不一以及犯罪后态度也不同，所以要进行分级处遇，一般分为三个等级：严管、普管和宽管，等级不同，严格程度也不同〔2〕。社区矫正机构会按照划分出来的等级区别对待矫正对象，依照法律规定，矫正其犯罪心理和行为恶习。

3. 监管

对社区矫正对象的监管采取分级模式，不同模式下矫正对象的监管严格程度不同，要针对不同社区矫正对象的情况、采取不一样的矫正手段、制订不同的监管方案〔3〕。一般的监管方式主要有定位、定期书面报告、电话汇报情况以及日常社区矫正活动的考核。根据不同情形划分等级来进行监管，可以合理地分配人力资源，更有效地实现社区矫正目的，对矫正对象也有更好的矫正效果。

（二）传统社区矫正模式存在的问题

传统的社区矫正模式的运行下，矫正对象在矫正实施完毕后，要想实现社会化的目标较为困难。社区矫正对象的就业率低下，以南充市嘉陵区为例，2018 年，全区动态保持社区矫正对象 300 人左右，已就业人数约占 61%。有的司法所社区矫正对象就业比例不到 60%，如城区某司法所 2018 年 8 月的社区矫正对象总数为 96 人，已就业仅有 57 人，就业率约 59.4%。另外，就业质量也存在一个很大的问题，

〔1〕 王品政：《Y 市 H 区社区矫正的现实困境和完善路径研究》，扬州大学 2019 年硕士学位论文，第 15 页。

〔2〕 张文：《未成年人罪错行为分级处遇研究》，湘潭大学 2020 年硕士学位论文，第 23 页。

〔3〕 鲍宇科：《社会治理现代化中社会力量参与社区矫正的机制研究》，载《中国监狱学刊》2020 年第 6 期。

非稳定就业人员比例较大。在已就业社区矫正对象中,从事杂工、短工、苦力的人员占据较大比例,约为75%,社区矫正对象的就业情况并不稳定。矫正完成后,他们很难再很好地融入社会,一般会以出卖劳动力来赚取微薄的工资来维持生存,比如在工地上做搬运工、跟着包工头做装修工人等,这些工作都是临时工,生存的保障具有不确定性,失业风险较大,更没有失业保险、养老保险、医疗保险等社会保障。

传统社区矫正模式中矫正过程涉及的教育工作部分投入不足。在整个社区矫正的过程中,对于矫正对象的教育显得特别重要,尤其是心理教育方面。在该过程中,应该在监管的基础上,重点对矫正对象进行教育来矫正他们的心理和行为方式。当前的问题就是教育投入不足,主要表现在:第一,存在重视监管、轻视矫正的情况。社区矫正这种非监禁刑罚与监禁最大的不同就是对于罪犯自由的限制程度,在监狱中对罪犯的自由是一种绝对限制,而社区矫正只是相对限制,是希望实现在一定的监管下能够达到矫正目的,使矫正对象可以更好地回归社会、融入社会。但就目前的情况看,司法所工作人员对矫正工作投入明显不足,在对矫正对象的监管上花费大量人力物力财力。第二,教育矫正方式针对性不强。社区矫正对象的犯罪类型、犯罪情况以及心理状态都各有不同,在该种现实情况下,对于其监管应该"对症下药",不同矫正对象适用不同的矫正方式,只有"因地制宜"才能做到有效的矫正。而以现存的矫正方式笼统地对他们进行教育矫正,是很难实现矫正对象再社会化和降低再犯率的目的的。第三,缺乏对矫正对象的心理矫正。这是需要专业人员对矫正对象定期进行心理矫正和辅导,当前社区矫正机构缺乏这种专业人士进行科学的矫正。现实中存在的这些问题阻碍着社区矫正降低再犯率和实现社会化的目标的实现[1]。

二、传统社区矫正模式效能低下的原因

(一)社区矫正信息收集不统一、各司法部门信息分散

当前并没有建立起一个统筹的信息交换平台。社区矫正信息化管理还不够便捷,社区矫正的实施过程是需要司法行政机关与公、检、法、监狱之间的相互配合、信息共享,要做到各机关的矫正工作动态数据共享[2]。

在市场经济体制下,人口流动性非常大,居民的户籍所在地和经常居住地可能

[1] 黄海滨:《浅谈基层司法所开展社区矫正工作的存在问题及解决议》,载 https://www.sohu.com/a/217133654_660595,2020年1月11日访问。

[2] 马慧:《社区矫正的定位认识与现实困境——以西安市为例》,载《法制博览》2016年第6期。

存在不一样，还有可能存在居无定所根本无法确定其居住地的情况，这对于社区矫正的实施又增加了很大的难度。《社区矫正法》第 17 条社区矫正决定机关判处管制、宣告缓刑、裁定假释、决定或者批准暂予监外执行时应当确定社区矫正执行地。社区矫正执行地为社区矫正对象的居住地。社区矫正对象在多个地方居住的，可以确定经常居住地为执行地。社区矫正对象的居住地、经常居住地无法确定或者不适宜执行社区矫正的，社区矫正决定机关应当根据有利于社区矫正对象接受矫正、更好地融入社会的原则，确定执行地。法律的规定并不是完美的，在现实情况中有部分矫正对象就会抓住制度上的漏洞来规避社区矫正，选择四处奔波、居无定所，就会出现一些难以实行有效监督的情况。比如，在出监狱之前，有的矫正对象故意隐瞒自己的住所地、谎报自己居住地或者因为客观原因其提供的原来的地址早就不存在了，还有一些人虽然在出监狱前是提供了真实的固定居住地，但其出了监狱后故意选择不回其提供的固定居住地，也拒绝透露自己实际居住地点等情况，这就造成出监狱后无法掌握其实际居住地，致使社区矫正工作人员无法掌握其活动情况〔1〕。在这些情况下，即使是通过手机定位等方式，也不能形成一种完整的信息链，无法准确地掌握矫正对象的真实情况，无法保障社会安全，防止再犯罪。

上述信息的缺失导致脱管、漏管现象发生，在一定程度上影响着社区矫正制度的发挥。如何统一收集信息，社区矫正机构、律师事务所、监狱、法院、司法局在社区矫正工作中如何实现信息共享、相互配合，做到既充分保障社区矫正对象的人权，又避免出现管理漏洞，是有待解决的现实问题，这也是导致传统社区矫正模式效能低下的原因之一。

（二）缺乏社会认同，社会参与度不高

当前社会中，对于社区矫正缺乏认同，社会参与度不高，社会公民多数为一种畏惧心态，认为矫正对象就是犯了罪的恶劣的罪犯，由于受到我国传统刑罚观的束缚，加之，民众对社区矫正的认知有局限性，把对符合社区矫正条件的矫正对象的帮扶曲解为对罪犯的纵容。但是社区矫正的立法目的就是要实现社会和矫正对象利益的平衡，既要保护社会正义、社会公益，又要实现矫正对象最后能回归社会、融入社会，降低再犯率和节约司法成本的目的。“社区”不仅是一个空间概念，更是一个群体概念，是指社区居民参与对犯罪人的矫正。监狱矫治训练他律，易形成“监狱人格”；社区矫正培养自律，在犯罪人忏悔与重新融入社会中预防再犯罪，降低司

〔1〕 范慧慧：《我国社区矫正制度的困境及对策研究》，载《法制与社会》2020 年第 23 期。

法成本[1]。现实中存在很多排斥矫正对象的现象,矫正对象往往被标签化,很多时候雇佣方拒绝雇佣有前科的人,矫正对象再就业难,不利于社区矫正对象回归社会,脱离了社区、缺少了民间的参与就违背了社区矫正的初衷。此次社区矫正立法高度重视民间力量的参与,在“总则”中确立了“专门机关与社会力量相结合”的基本原则,并在第11条至第13条、第25条,第38条至第41条规范了社会力量参与社区矫正的形式与内容。社区矫正的实施必须有赖于多方参与,才能更好地实现社区矫正立法目的。

社会的认同是矫正对象开始重新回归社会的一个基础,我们可以通过很多真实有效的矫正对象的数据来给社会公民一份安全感,让矫正对象得到社会的认同,社会各界人员一起参与,让社区矫正制度发挥其作用。

(三)社区矫正监管效率不高、力度不足

现在社区矫正的监管手段太过单一,还是一种传统的“人盯人”方式,没有以一种信息化手段进行监管,对社区矫正工作人员的需求数量要求多、能力要求也较高,要耗费大量人力资源来进行监督。目前司法所采取的对矫正对象的监管方式,主要是通过定期汇报、实地走访、手机定位等传统手段和方式进行,这种方式耗费了工作人员大量的时间和精力,但监管效果并不理想。在当前这个网络信息时代,这种方式明显是比较落后的,我们可以选择更多电子设备和信息传输等方式来实现对矫正对象的实时监督,不用花费太多的人力进行监督,依靠各种真实数据来记录,社区矫正工作人员只需要进行一定的数据统计分析,既能够很好地对矫正对象进行监督,还能提高社区矫正监管效率和力度,做到实时监督。

三、区块链助力社区矫正何以可能?

区块链具有去中心、去信任和开放性等特征,其既适用于利益关系分散、信任驱动力弱的场景,也适合规则约束性差和使用协议规则、社会规则进行约束的场景[2]。“区块链+社区矫正”可以融合公安、检察院、法院以及司法部门的信息数据,拥有数据资源共享、工作业务协同、实时实地监管以及社区矫正信用评价等功能,为社区矫正工作的转型升级以及达到“共建共治共享”的社会格局提供强大的驱动力。

---

[1] 范慧慧:《我国社区矫正制度的困境及对策研究》,载《法制与社会》2020年第23期。
[2] 傅晓阳:《区块链技术应用探索》,载《中国金融》2018年第2期。

（一）区块链的优势

1. 区块链的反篡改性

区块链采取分布式存储，其原理在于多节点备份。区块链将社区矫正数据多次进行打包备份，保证了数据存储的安全性，同时，分布式存储方式增加了篡改数据的成本和工作量，使得数据被篡改的难度增大[1]。

另外，区块链采取单向密码的加密方式。其原理是指明文到密码功能上采取不可逆的密码。系统中存储加密口令，通过给口令加密得到检验。输入后，就会与存储的加密口令相比较，使得攻击者即使得到非法存取计算机存储器也不能确定口令的明码形式。此种加密方式让篡改的行为留下痕迹，更易发现被篡改的数据。

因为区块链通过点对点的方式传输数据，而全球范围内的网络节点均可无条件地加入，这增加了矫正信息在传输过程中被入侵的可能性。区块链所依赖的智能合约也不是完美的，因为智能合约在使用过程中，涉及复杂的时间依赖和顺序依赖问题，同时，合约代码具有不确定性和不一致性，因此，智能合约本身就存在一些漏洞，而当漏洞放大后便会直接影响合约的执行结果。

区块链在社区矫正数据整合与分析过程中提供具有普适性的去中心化技术，而智能合约作为区块链技术的基础，可以应用到不同的场景。因此，需要将区块链应用于社区矫正制度中，其关键在于司法部门提供智能合约的应用接口。

2. 区块链链式存储具有阶段性

链式存储的逻辑在于：首先对数据进行打包并上传；数据的载体相较于传统模式产生改变，其外在载体从传统的 PC 机、移动通讯设备、硬盘转变为区块链网络中的各个节点，而内在载体从 0、1 的常规计算机语言转化为固定数位的哈希值[2]。因此，分布式的存储方式和单向密码的加密方式，外在载体转化为区块链网络节点以及内在载体转化为哈希值，在技术层面可以防止数据被篡改。

“区块链＋社区矫正”模式中，矫正数据的运行主要经过以下步骤：

（1）区块链技术对某一时间点上传的矫正对象的数据进行打包再上传到节点，形成相应的数据块。

（2）将打包好的数据块上传到社区矫正的整个区块链网络，完整的区块链网络的其他节点会对新上传的数据块进行验证，将经过验证的数据块备份到本地服务

〔1〕 樊沛鑫：《区块链技术的应用与法治发展》，载《人民法院报》2020 年第 8 期。

〔2〕 仲蓓鑫、林浩、孔苏鹏等：《基于区块链技术的多源网络数据隐私保护方法》，载《信息安全研究》2021 年第 1 期。

器中。

(3)当区块链网络中的节点更新内容时,区块链网络中的其他节点在不被修改的前提下会对新更新节点的数据进行打包,由此形成了2~3个数据块。并通过第二个程序进行验证备份。

(二)区块链助力社区矫正的可行性

1.区块链通过打破信息壁垒,有助于信息数据实时共享

按照相关规定,非本地户籍社区矫正对象需要提供矫正地的居住证明和稳定收入证明两项数据,才得以在本地进行社区矫正。但居住证明和稳定收入证明需要到本地流动人口办公室开具。但在"区块链+社区矫正"模式下,可以通过在线身份平台进行身份认证,在横向上,打通社区矫正相关的公安、检察院、法院、司法部门的信息壁垒,实现信息的实时共享,更为精确地掌握社区矫正对象的信息动态,以实现矫正数据的线上直通传输,让各机构之间的数据流畅沟通,减少工作人员的办事流程,提高部门之间的协同性。

2.区块链通过矫正状态的实时掌握,有助于提高社区矫正的监督效率

传统的社区矫正监督模式主要基于矫正对象定期汇报、工作人员实地走访调查、电子监控等程序。但在"区块链+社区矫正"模式下,工作人员仅需要打开矫正平台查看档案菜单,便可轻松获取社区矫正对象的个人信息,实时掌握其矫正状态。在监督社区矫正对象的同时,可以对工作人员的工作质量和效率进行量化分析,对于工作人员的办事效率和积极性也有一定的促进作用。

3.区块链通过构建信用模型,有助于社区矫正对象重返社会

社区矫正对象在社区矫正完成后,通常会陷入"社会接受度低""自我证明力低"等困境,但在"区块链+社区矫正"模式下,社区矫正对象的自我证明力可以得到显著提升,以达到重返社会及自我真、善、美等人生价值的回归状态。在区块链查询平台可以对矫正对象的日常轨迹和行为进行评价,该信用评价模型会将矫正记录以及矫正对象的日常行为记入个人信用评价系统,以提升矫正对象的自我改造证明力。同时,可以依据该信用评分对矫正对象实行更具针对性的矫正措施:以社区矫正平台的数据为依据,对信用好的社区矫正对象根据其自身特性给予创业扶持、技能培训、工作介绍,而对信用差的矫正对象,提供更具针对性的监督和教育改造。

4.区块链通过建立"个人数据空间",有助于降低再犯率

目前的社区矫正模式对于社区矫正对象重返社会后的回归度调查统计并不及

时，对于矫正成果的评价体系尚不完善，矫正对象在重返社会后存在再次违法犯罪的可能性。在“区块链 + 社区矫正”模式下，通过区块链技术为社区矫正对象建立“个人数据空间”，该功能不仅记录矫正对象在矫正期间的表现，还会对矫正完成后的矫正对象进行监督。通过对其一定时间内的行为表现、帮扶记录进行分析，对于存在潜在社会危险性的人员进行重点监督，并及时向监管单位发出通知及建议，加强对该人员的关注。除此之外，各银行、保险、教育、通讯机构可以通过对其“个人数据空间”进行查询和评价，协同社会监管部门规范社区矫正对象的日常行为，降低矫正后对象再犯罪的可能性。

5. 区块链通过对数据载体的信用担保，有助于保障社区矫正对象隐私

对社区矫正数据流转、移送阶段的载体提供信用担保，但并不涉及数据的内容，保障了社区矫正对象的隐私。

表 1　传统模式和“区块链 + 社区矫正”模式对比分析

	传统模式社区矫正	“区块链 + 社区矫正”
传输备份方式	人工传输、备份数据	区块链网络多节点验证、备份
数据保真	篡改痕迹查找困难，数据恢复难度大	篡改难度大，篡改痕迹内容清晰可查
数据安全	保密性不足	单向密码加密，保密性较强
数据载体	PC 机、手机、硬盘	区块链节点

传统模式下的社区矫正，人工传输数据过程中难免对信息的完整性产生影响，信息的真实度也会因人工的干预而下降，容易出现数据失真和传输不及时。但在“区块链 + 社区矫正”模式下，因为区块链具备去信任化和反篡改的功能特征，在载体和内容上也可以做到相互区分，社区矫正数据的真实度将得到有效保障，其数据信息传输的各个阶段分别进行，环节的纰漏也不会对矫正数据的真实性产生较大的影响，故能保证矫正数据的传输效率质量的提高，且不涉及具体信息，避免了信息的失真，也保障了社区矫正对象的隐私。

四、基于区块链技术的社区矫正模式改革建议

区块链技术作为一种新兴技术应用于社区矫正中，既是一种极大的挑战，更是一种推进“数字法治、智慧司法”的全新路径。如何将“区块链 + 社区矫正”落到实地，最重要的是从我国社区矫正制度本身出发，结合区块链的优势进行运用。在聚焦区块链信息存储安全性的同时，应当将各地的成功经验加以学习研究。

（一）建立统一的"区块链＋社区矫正"平台

《社区矫正法》第5条规定："国家支持社区矫正机构提高信息化水平，运用现代信息技术开展监督管理和教育帮扶。社区矫正工作相关部门之间依法进行信息共享。"法条对信息化核查、使用电子定位装置也作出了专门的规定。由此可见，国家是鼓励并支持现代信息化技术应用于社区矫正，但各地并未建立起统一的"区块链＋社区矫正"信息平台。以佛山市禅城区"社矫链"为例的地方社区矫正信息平台正在逐步建立，但缺乏统一的"区块链＋社区矫正"平台，无法打破各地信息壁垒以及推动各矫正机构的信息流通。国家应当在鼓励信息化技术应用社区矫正的同时，积极开展平台的建设工作，以成功地区的平台建设经验为基础，统一平台的各项标准和操作规范。

（二）推进"区块链＋社区矫正"监管体系建设

如本文所述，区块链技术与社区矫正制度具有高度契合性，以及在推进社区矫正模式转变过程中具有巨大的优势，但也存在前文提到的传输数据过程中被侵入的风险、智能合约的不稳定性等不足。除此之外，在社区矫正过程中使用区块链技术也存在缺乏监管的问题。2019年2月15日，国家互联网信息办公室施行了我国第一部关于区块链技术应用的管理规定《区块链信息服务管理规定》，该规定弥补了对于区块链技术应用市场的规则空白，规定了区块链信息服务的备案流程以及信息服务提供者的法律责任和违规后的制裁措施，对于维护区块链技术的应用起到一定的积极作用。但该规定还无法解决区块链专项立法缺失的问题。当前，必须推进"区块链＋社区矫正"监管体系的建设，"以链治链"，充分利用区块链技术对该模式进行监管。区块链监管的重心应当置于社区矫正平台和社区矫正工作人员上，实现传统的监管模式向自动化监管模式的转变，增强对社区矫正工作人员和平台监管的精准性，以此提升"区块链＋社区矫正"的安全性，应对新模式带来的挑战和风险。

（三）细化"区块链＋社区矫正"平台的嵌入标准

社区矫正的实施针对不同的矫正对象需要采取不同的措施，但在"区块链＋社区矫正"的模式下如何细化仍然缺乏具体的标准。在社区矫正过程中，要明确不同的考核评价标准，首先在入矫阶段，关键是掌握矫正对象的信用水平和认罪情况；在矫正阶段，考察矫正对象的矫正效果和悔罪情况；在解矫阶段，注重其回归社会的能力，必要时采取帮扶和再教育。另外，要明确针对不同的管理等级采取不同的管理措施，可以将矫正对象分为：宽松、普通、严格、重点四个等级，再根据该等级嵌入区块链平台匹配相应的管理措施。统一“区块链 + 社区矫正”模式的嵌入标准，不仅可以发挥区块链的各项优势，还能最大限度地实现社区矫正的公平和效率。

五、结论

由此可见，“区块链 + 社区矫正”模式更能契合新时代“区块链 + 法治”的现实要求。但应当注意的是，全面深化“区块链 + 社区矫正”最重要的环节是进行有效的顶层设计〔1〕。同时，不可忽视各地区的实际情况，应当将各地推行“区块链 + 社区矫正”的成功经验同本地实际情况予以结合。在聚焦区块链信息存储安全性的同时，要兼顾对传统行政管理手段的升级，以此达到“数字中国”“智慧社会”的目标，推进国家治理体系和治理能力的现代化。

〔1〕 郑戈：《区块链与未来法治》，载《东方法学》2018 年第 3 期。

基于智慧矫正的信息化核查方法与策略研究

陈雪松*

摘　要:《社区矫正法》的正式实施给社区矫正工作带来了历史性的创举和挑战,从业务范围、工作职责、参与单位、权责归属、保障措施等方面进行了明确,但涉及矫正实施工作,特别是如何管理、如何管好、用什么方法管等,只提到了流程规范、信息化核查等概要性要求。通过对智慧矫正分析、信息化技术特点分析、人工智能应用、信息化核查研究设计,可以为《社区矫正法》的实施提供更详实的策略指导和技术方案。

关键词:社区矫正;智慧矫正;信息化;核查

一、概述

对矫正对象进行日常管理和行为监管是社区矫正工作的任务和应当履行的职责。社区矫正工作特点是开放、动态、即时、严格,这项工作具体实施是在司法所或社区矫正中心〔1〕。由于我国城乡发展、东西发展不平衡,人员分布不均〔2〕,导致很多地区司法所和社区矫正中心工作人员不足,如果采用"人盯人""人管人"进行社区矫正监管,势必造成效率低、效果差、人情关系复杂等诸多困境〔3〕。随着信息技术的不断发展、应用和普及,一些地方采用手机定位、电话查岗、指纹打卡、钉钉签到等信息技术辅助社区矫正工作对矫正对象核查起到了较好的监督,有效地减轻了社区矫正工作人员的劳动强度。《社区矫正法》第 26 条中对信息化核查提出了明确要求,但并没有描述具体实施方法和标准,故本文在此对信息化核查的具体内

---

* 陈雪松,武汉警官职业学院副教授,博士。司法部科技创新项目评审专家。

〔1〕 李敏宏:《一般缓刑制度研究》,吉首大学 2019 年硕士学位论文,第 26 页。

〔2〕 姜祖桢等:《社区服刑人员矫正效果及其相关因素实证分析》,载《中国司法》2017 年第 5 期。

〔3〕 金晓流:《关于优化社区矫正教育模式的实践探索》,载《中国司法》2015 年第 5 期。

容和方法进行探讨。

在研究信息化核查时,需要先了解智慧矫正的概念。司法部《智慧矫正术语与缩略语》标准规范(征求意见稿)中是这样描述的,智慧矫正(Smart community corrections)是将现代信息技术与社区矫正工作深度融合再造,实现人力、设备、信息等资源有效整合与优化配置,构建集自动化数据采集与共享、精准化大数据分析与研判、智能化管理决策与指挥调度等功能为一体的全流程智能化社区矫正信息化体系。由此可见,信息化核查是智慧矫正的重要组成部分,它不仅是对核查采用信息化技术和手段,还要求信息化核查具备智能应用的形式和特征。

世界各国对社区矫正对象的核查的方式大致可分为传统型和现代型,传统型还是以人工方式进行监管的核查,一般在规定时间和地点对社区矫正对象进行核查,有要求矫正对象主动核查,也有工作人员到矫正对象处核查的,还有矫正对象监督小组成员进行核查的。现代型有利用手机定位、视频电话、芯片定位、指纹签到等方式进行核查的。这些方式的特点是与当地法律要求、经济水平和地域环境相适应,但规范性较差[1]。

国内信息化核查方式较典型的有内蒙古自治区的数字电视居家核查,北京、上海、湖北、广东的电子手环核查,重庆、安徽、广西的电话定位核查,西藏、宁夏的电话通话核查,江西的指纹、视频核查。这些方式在社区矫正核查中有较好的效果,但也存在规范性较差,过程信息不详[2],特别是有些地区的核查与《社区矫正法》[3]第29条定位装置只在特殊、少数人群、有限时间内使用相违背。这就需要对信息化查核进行内容、方式、方法的充分理解和合理设计。

二、核查的重难点

无论是否采用信息化方式,核查都是社区矫正工作的必要内容[4],因此需要分析核查的内容具体有哪些,如图1所示。

---

〔1〕 梁宇栋:《社区矫正的性质之探析》,载《社科纵横》2019年第3期。

〔2〕 李雪萍等:《社会力量参与社区矫正问题浅议》,载《法制与社会》2017年第21期。

〔3〕 《中华人民共和国社区矫正法》2019年12月28日第十三届全国人大常委会第十五次会议表决通过,2020年7月1日实施。

〔4〕 俞杨文:《上海社区矫正信息化建设工作完善研究——以闵行区为例》,上海师范大学2017年硕士学位论文,第10页。

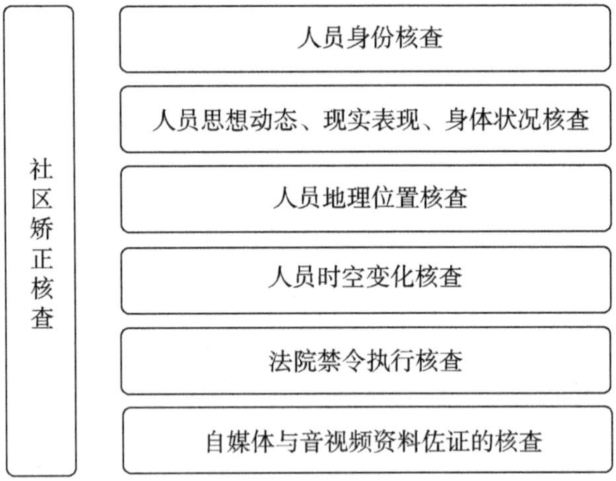

图1　社区矫正核查范围结构图

(1)人员身份核查。主要核查矫正对象姓名、性别、年龄、学习履历、工作履历、社会关系、起诉书、判决书、裁定书、决定书、病残鉴定书、保证书、具保书、评估函、评估意见书、矫正接收通知书,身体状况核查和心理状况核查等。用以保障社区矫正对象的法律程序、入矫程序和矫正实施的合法性和可行性。此处的重难点是信息的真实性、有效性和准确性核查,社区矫正中心或司法所的工作人员并不是各专业的专家,也不是以上各种信息的数据中心,有很多信息需要进行核实、比对、校验,如矫正对象已来报到,但社区服刑通知书还没有从法院投送到社矫局,人员身份信息和家属信息需要到派出所去核实等。

(2)人员思想动态、现实表现、身体状况核查。可通过对其本人或对其家属、亲友、邻里和相关人以访谈、问卷、现场查看等方式了解社区矫正对象的思想动态、活动范围、行为表现、身体状况等情况,进行检查并记录,用于判断其是否有改造效果,是否影响周围民众生产生活,是否违反相关规定和禁令。如矫正对象不能认识自己所犯罪行,反而因执行非监禁式社区服刑,而有藐视法律的言行,给周围民众造成不良影响的,要及时发现、及时制止,给予批评教育或收监处理。

(3)人员地理位置核查。含常住地理位置、工作地理位置、参与活动地理位置和外出、迁居位置核查。根据《社区矫正法》第27条的规定,社区矫正对象离开所居住的市、县或者迁居,或对于因正常工作和生活需要经常性跨市、县活动的,应当报经社区矫正机构批准。需要有相应信息化核查手段对其活动位置进行核查。如矫正对象因工作需要频繁跨市县活动,如果每次都以纸质报告或电子报告提交申请，再由管理人员审批，再进行核实，由于人盯人难以实现，很难保障人员地理位置核查的及时性、准确性、真实性。

(4)人员时空变化核查。对社区服务人员地理位置核查是点式核查，为加强监管，确保安全，有时需要进行人员时空变化核查，主要是核查人员活动地点随时间变化的轨迹。用以防止和预警人员活动越界、脱管、脱逃事件的发生。

(5)法院禁令执行核查。根据《刑法》的规定，对于被判处拘役、3 年以下有期徒刑的罪犯，犯罪情节较轻、有悔罪表现、没有再犯罪的危险、宣告缓刑对所居住社区没有重大不良影响的，应当宣告缓刑，同时发出禁止令，禁止在缓刑考验期限内从事特定活动，进入特定区域、场所，接触特定的人。如某社区矫正对象缓刑考验期限内不得接触同案犯和进入夜总会、酒吧、迪厅、网吧等娱乐场所，这些禁止令需要严格执行和监督，采用信息化技术核查必不可少。

(6)自媒体与音视频资料佐证的核查。时代在进步、社会在发展，信息技术已深深融入生活的方方面面，对社区矫正对象的教育改造如果还停留在传统的上课、劳动、思想汇报等形式，很难对社区矫正工作有所提升。自媒体、音视频宣传等途径可以成为社区矫正对象改造的新路径，可以真正实现以案说法、以身示法，提高周边人员的守法意识。这种方式虽然只是探索，但也不妨成为立功减刑的新模式。

三、信息化对社区矫正工作困难和不便的纾解

由于每一个社区矫正对象的案件、案情和社会关系都具有独立性，在核查工作中存在各种各样的困难和不便，主要表现在：

(1)空间位置核查不便性。社区矫正工作是涉及全国的普遍性工作，我国幅员辽阔，地形地貌千差万别，在一些山区、林地、草源、岛屿、交通不便和偏远地区对社区矫正对象日常监管中的核查，需要长途跋涉、翻山越岭、趟溪越涧才能完成。利用信息化方式，通过卫星、Wi－Fi、基站均可实现位置信息的核查。

(2)时间核查不便性。社区矫正中心和司法所的工作人员一般以工作时间为主要核查时间，但对社区矫正对象的监管和核查是全天候的，特别是一些社区矫正对象的活动习惯、工作习惯、生活习惯并非 5×8 小时的常规时间。而现行的各级国家机关工作时间是 5×8 小时模式。此时需要利用信息化技术进行 7×24 小时的监管和核查应用，信息化设备也具备这种时间连续性的工作要求。

(3)事多人少的困境。从全国范围来看社区矫正对象的管理绝大多数由司法所人员承担，但司法所在机构保障、人员保障、经费保障上存在较多困难。无人所、

一人所、两人所现象不在少数,而司法所的业务职能和日常工作也较为庞杂,如法治宣传、法律咨询、审前调查、社区矫正对象管理、政法委综治管理、人民调解、安置帮教、党建工作等。另外,按现行的司法行政机构属地管理和垂直业务指导双线运行模式,基层司法所除完成司法行政业务工作外,还涉及扶贫、维稳和地方政府交办的其他工作。在不借助信息化技术和信息化设备的环境下很难把这些工作保质保量完成,基层常喊"忙不过来""干不了"成为普遍现象。

(4)传统认知与业务开展的不便。在日常社区矫正工作中,社区矫正对象的管理虽然由矫正小组承担,但矫正小组成员专职进行矫正教育的人员有限,在实际工作中,有些矫正对象的性格、癖性、生活环境比较特殊,矫正核查工作中存在不方便、不安全、不易完成等问题,如某社区矫正对象是男性、吸毒人员、残疾卧床、独居,而司法所的工作人员是女性、身材娇小,面对这种处境,工作人员在核查中不可避免地会出现胆怯,担心等不利于核查的状态。因此,采用信息化技术进行核查可以纾解这类困难境况。

(5)重大公共卫生事件或突发灾害事件的应急处理。社区矫正工作具有连续性、不可间断的特点,在常规监管中可以用增加人手的方式来解决事多人少的问题,也可以通过增加活动频次的方式来加强对社区矫正对象的监管力度,但在突发自然灾害、公共卫生事件等不可预期的重大事件中,需要保障社区矫正对象监管的连续性、可持续性要求。如2020年年初的新冠疫情,全国多地防疫指挥中心要求非防疫需要不得外出,此时采用电话、视频、位置共享进行核查就显得非常实用和必要。

四、信息化技术在矫正核查中的应用

信息技术的发展已在某些领域有所突破并取得较好效果,特别是近几年发展相对成熟的语音识别、人脸识别[1]、OCR识别、语音合成技术等。这些技术正好用在矫正核查中,可较好地提高工作效能,降低矫正工作人员劳动强度。

(1)语音识别。语音识别引擎与说话人无关,为自助语音终端提供连续语音识别功能。针对语音识别应用中面临的方言、口音、背景噪声等问题,基于实际业务系统中所收集的涵盖方言和不同类型背景噪声的海量语音数据,通过先进的区分性训练方法进行语音建模,使语音识别在复杂应用环境下也有良好的效果表现。语

[1] 司法部:《"数字法治智慧司法"信息化体系建设实施方案》(司办通〔2018〕135号,2018年10月)。

音识别在信息化核查中用于与社区矫正对象语音通话、视频通话、谈话、会议的语音转文字需求，一般与自然语义理解功能结合使用，对语音识别的内容进一步分析、理解和答复。

（2）人脸识别。当有人员的人脸进入设定检测区域时，前端摄像机会检测人脸并抓拍最佳识别度的人脸，业务需要时可以同时根据每张脸的大小和各个主要面部器官的位置信息生成人脸特性数据，把采集到的人脸与人脸特性数据发送给后端服务器进行智能业务处理。后端服务器可以根据需要把抓拍到的人脸直接存入人脸图片库，用于后期的业务处理；或者后端服务器直接利用前端摄像机发送的人脸特性数据进行比对操作，以确定当前拍摄到的人员是否为人脸特性数据库内设定的黑名单人员，可以防止危险状态进一步发展。人脸识别可以是相对静止人脸识别，也可以是复杂背景下多人同屏识别，在信息化核查中用于人员身份鉴别，鉴权许可，可与社区矫正数据中的人脸对比也可以与公安户籍系统人脸数据对比，是一种理想的无感知人员识别，可用于社区矫正对象人脸签到、卡口探测、轨迹跟踪等场景。

（3）声纹识别。声纹识别是一项根据语音波形中反映说话人生理和行为特征的语音参数自动识别说话人身份的技术。由于每个人声音的生物特征具有与其他人不同的唯一性，不易伪造和假冒，因此利用声纹识别技术进行身份认证，安全、准确、可靠。声纹识别的语音采集装置造价低廉，只需电话、手机或麦克风即可，无须特殊的设备。声纹识别用于远程会见、远程调解、会议转写、会见监听、日常谈话等场景下实现人员身份识别和鉴定，也可用于音频文件转写为文字文件时标注对话双方（多方）的角色识别。声纹识别在信息化核查中用于对社区矫正对象的身份确认和权限鉴别，可安装在司法所或社区矫正中心固定场所的签到、打卡场景，也可以用于定位手机、定位手环的人员核查，防止人机分离。

（4）OCR 识别。OCR 识别指电子设备（如扫描仪或数码相机）检查纸上打印或手写的字符，然后用字符识别方法将形状翻译成计算机文字的过程。本系统将接业务需要提供针对身份证、思想汇报、改造心得等有文字内容的图片识别能力。在信息化核查中可用于固定终端或移动终端中对身份证、汇报材料、案件卷宗、思想汇报、改造心得的文字识别。一般用于文字材料识别后的存储或由自然语义理解系统对文字材料进行理解、分析并用于预警或辅助决策。

(5)自然语义理解[1]。语义是指语言描述的事物所代表的含义,以及这些含义之间的关系。语义理解是对自然语言进行语义理解给出适合的指令集合,从而实现智能人机交互。语义理解(NLP)指将一句自然语言转化为计算机可读的结构化数据。可用于语音识别、文字识别后的语义理解,一般用在人机对话、预警预测、卷宗分析、档案结构化处理、电话核查等场景。

(6)语音合成[2]。语音合成是将文本信息转化为语音数据的技术,语音合成系统的合成引擎在完成文本到语音数据的转化过程中可以简单分解为两个步骤的处理。文本先经过前端的语法分析,通过词典和规则的处理,得到格式规范并携带语法层次的信息,传送到后端。后端在前端分析的结果基础上,经过韵律方面的分析处理,得到语音的时长、音高等韵律信息,再根据这些信息在音库中挑选最合适的语音单元,语音单元再经过调整和拼接,就能得到最终的语音数据。此语音数据合成一段话以音频播放方式传达给接收对象,一般用于对社区矫正对象的主动式智能语音核查中,例如以某社区矫正对象监管员的音色,合成需要社区矫正对象回答的问题,由系统电话拨打到矫正对象手机,以监管员的音色音质提问并接受答复内容。

(7)智能问答。通过建立专业问答库,将业务知识转化为问题和答案式的结构化数据,为用户提供快速的语音问答功能。用户可通过语音输入需要解答的问题,系统需识别用户的问题意图,通过语义相似度分析,将最匹配的答案返回给用户。智能问答需注意的关键技术是问题嵌套和追问。可用于社区矫正对象日常问题智能答复,以文字显示方式在智能终端或短信方式完成,也可与语音识别、自然语义理解、语音合成结合使用,实现语音智能问答。

(8)智能定位(卫星、基站、Wi-Fi等)。GPS定位,由24颗工作卫星组成,使得在全球任何地方、任何时间都可观测到4颗以上的卫星,测量出已知位置的卫星到用户接收机之间的距离,然后综合多颗卫星的数据就可知道接收机的具体位置。

北斗卫星导航系统(BeiDou Navigation Satellite System)是中国正在实施的自主发展、独立运行的全球卫星导航系统。系统建设目标是:建成独立自主、开放兼容、技术先进、稳定可靠的覆盖全球的北斗卫星导航系统,促进卫星导航产业链形成,形成完善的国家卫星导航应用产业支撑、推广和保障体系,推动卫星导航在国民经

---

〔1〕 杨立扬:《智能语音交互技术在IPTV业务中的应用研究》,载《信息通信》2018年第7期。

〔2〕 王树兴:《高速公路呼叫中心语音识别和语义理解技术探析》,载《中国交通信息化》2019年第2期。

济社会各行业的广泛应用。

基站定位，移动位置服务不需要开通 GPRS，手机移动通信是采用蜂窝状布局的基站，基站负责手机终端的通话等功能，当手机开机的时候，相隔固定的时间会与基站进行联系，确认手机的当前状态，从而确定手机所在大概位置。

Wi-Fi 实时定位是利用现有的无线网络，配合 Wi-Fi 标签和相关的移动终端设备，如 Wi-Fi 手机、PAD、笔记本电脑、Wi-Fi 终端等，再结合相应的定位算法，来确定相关人员和物品位置的一种技术。

由于单一的定位技术在复杂场景下很难准确有效地实现定位功能，智能定位技术采用一种以上的定位方法，结合固定位置设备（如指纹机、人脸识别机、监控摄像头、自助服务机、自助服务亭等），运用空间距离算法进行定位信息互补和定位信息校准。可用于信息核查中社区矫正对象打卡签到、活动轨迹核查、越界预警、禁令核查、外出处迁核查、未动异常报警等场景。

（9）知识图谱。知识图谱让 AI 去理解知识的逻辑与关系，理解问题后给出或寻找、组合、计算出答案。在信息化核查中需要运用知识图谱技术对核查实体进行知识图谱分析，形成信息化核查模型，用于人员身份、社会关系、地理位置、时空轨迹、法院禁令、思想汇报、危害评估、改造成效的核查。

五、信息化核查设计

按照《社区矫正法》第 3 条和第 24 条相关内容，社区矫正工作坚持监督管理与教育帮扶相结合，根据裁判内容和社区矫正对象的性别、年龄、心理特点、健康状况、犯罪原因、犯罪类型、犯罪情节、悔罪表现等情况，制订有针对性的矫正方案，实现分类管理、个别化矫正。矫正方案应当根据社区矫正对象的表现等情况相应调整。信息化核查也应围绕社区矫正分类管理、个别化矫正这一要求进行设计，同时结合当地社会经济发展水平、地形地貌、生活习俗，适应当地社区矫正机构信息化建设能力进行信息化核查设计。信息化核查分级如图 2 所示。

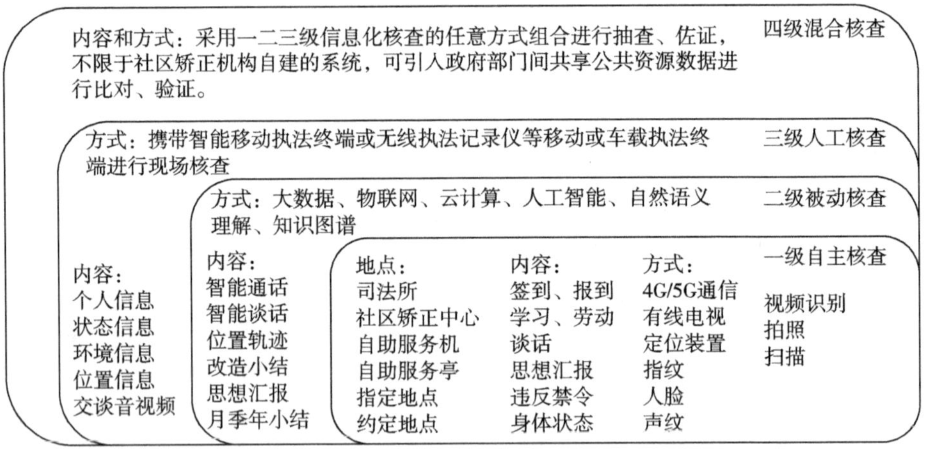

图2　信息化核查分级示意图

一级自主核查：社区矫正对象按社区矫正机构要求主动到司法所、社区矫正中心、自助服务机、自助服务亭、指定地点或约定地点实现签到、报到、学习、劳动、谈话、提交思想汇报等日常核查工作。自主核查可采用常规方式人工核验、签字报到等形式，也可借助信息化技术和手段利用4G/5G通信、有线电视、定位装置、指纹、人脸、声纹、视频识别等技术实现。

自主定位可进行手机定位、手环定位，或在固定场所签到以确认定位，为保障定位是由其本人完成，可辅以电子屏签名、指纹、人脸、声纹、标志物拍照比对等方式验明身份和位置。信息化核查系统应具备设置自主核查的规则和策略参数功能，对不符合规定的核查进行智能提醒和预警，以电话、邮件、短信、微信等方式告知社区矫正对象和工作人员，或转为二级被动核查流程。

二级被动核查：利用大数据、物联网、云计算、人工智能、自然语义理解、知识图谱等技术，让社区矫正对象被动接受核查。可以向社区矫正对象发起智能通话、智能谈话、智能问答、提交改造小结、思想汇报和月(季、年)考核小结要求，并通过设备和算法对反馈信息或答复进行分析和处理。利用定位装置或周界卡口感知装备对临界、越界、违反禁令、轨迹异常社区矫正对象进行实时核查和预警。在对社区矫正对象被动核查的交互过程中同时采集定位、声纹、人脸、签名等信息进行核查。二级核查同一级核查相似，但采用更多人工智能技术进行内容、意愿分析和交互式核查，同时兼具一级核查的身份确认、位置定位功能，对未完成核查和不符合规定的核查进行智能提醒和预警并转为三级人工核查。

三级人工核查：在一二级信息化核查异常或个案矫正计划书规定环节或日常

工作安排情况下系统提示进行人工核查，人工核查由工作人员携带智能移动执法终端或无线执法记录仪等移动或车载执法终端进行现场核查，核验并记录社区矫正对象的个人信息、状态信息、环境信息、位置信息、交谈音视频等需要被记录下来的数据。

四级混合核查：信息化核查的方式和方法并不拘泥于一二三级的划分界限，也不限于社区矫正机构自建的系统，采用一二三级信息化核查的任意方式进行抽查、佐证并引入政府部门间共享公共资源数据进行比对、验证，核查的重心在于能否达到提升效能、解决困难、规范监管、利于改造的目的。因此可以根据当地的实际情况进行合理设计，下面列举两个场景：

场景一，某社区矫正局智慧矫正平台与当地平安城市平台、通信管理局基站平台对接，利用平安城市工程遍布城市各处的摄像头进行社区矫正对象的核查工作。社区矫正局对部分摄像头采集的视频数据进行人脸识别分析，发现社区矫正对象在相应摄像头前出现时，即给社区矫正对象发送信息确认今日已签到，若在城市边缘发现不应该在此处的社区矫正对象，立即通过与通信管理局的基站信息核查平台进行数据比对，根据手机基站与视频位置信息对社区矫正对象进行提醒，并预警给社区矫正管理人员进行人工核查。

场景二，某社区矫正矫正对象因故外出，已履行外出请假手续，但外出并不代表暂时可以不监管，凡是外出的社区矫正对象可以要求其携带定位装置或通过智能手机的定位功能通过钉钉、微信、百度地图等方式进行位置打卡，或与公安系统的宾馆住宿平台和交通购票平台对接进行外出核查。信息化核查的一级、二级、三级核查同步启动通话核查，视频核查等方式，防止人机分离，确保核查的有效性和准确性。

六、展望

社区矫正工作既是对违法犯罪人员的惩戒，也是要促进社区矫正对象顺利融入社会回归正途。信息化核查既要体现出社区矫正对象时刻受到法律的监督和惩戒，并不是一个普通公民的自由人属性，也要以最小的公众知晓率保护社区矫正对象的个人信息，如果存在每天到社区矫正中心签到，坐飞机安检手环不可取下等明显异于常人的情况，会导致其融入社会倍添压力和阻碍。信息化核查需要在技术创新、应用创新和制度创新中不断改进。

技术创新需要研发更加智能、更加小巧、更耐用的核查装备和应用软件。例如可穿戴式智能眼镜,用于社区矫正工作人员现场核查时识别矫正对象、记录和回传视频信息。高性能供电系统研发可以为小巧的智能设备提供不间断电源。

应用创新需要利用现有的用于教育、医疗、卫生、安全、通信等领域的技术和装备,结合社区矫正信息化核查需要进行改造,并使之适用于社区矫正信息化核查。例如,医学中可以置入皮下的芯片、教育领域可以计时计分考核的教学平台都可在信息化核查中开展应用。

制度创新需要从国家层面对社区矫正平台进行全国联网要求,对社区矫正对象外出、迁居、跨界的监管责任划分和联合监管制度制定相应制度和要求。例如,跨省迁居、外出的监管有没有时长限制,若联合监管,则按时间划分,还是按位置跨界划分,交通工具上的监管如何划分监管责任等,都需要有制度来规范。

随着《社区矫正法》的实施和信息化技术的不断发展,信息化核查必定会向着精细化、科学化、智能化、合理化、人性化方向不断发展和改进。

智慧矫正建设之联动响应协同办案系统研究

谭庆芳*

摘　要：司法部继智慧监狱、智慧戒毒标准出台以后，正着手研究智慧矫正标准。从社区矫正工作实际业务开展来看，智慧矫正不仅需要矫正工作五个基本环节内的联动响应，也需要各协作单位的外部协同办案，只有这两方面都实现了联动协同才能真正实现矫正工作智慧化。而《社区矫正法》的正式实施则明确了业务范围、工作职责、参与单位、权责归属、保障措施等多方面要求，这对矫正流程内部逻辑关系分析、外部单位协同内容梳理有着非常有效的指导。同时借助网络联动、人工智能、消息提醒、数据共享等信息化技术，为智慧矫正实现联动响应协同办案提供技术方案和应用支持。

关键词：智慧社区矫正；联动响应；协同办案

一、概述

"智慧司法"的快速推进，着力推动着"智慧矫正"建设工作跨越式、融合式发展，给现有的建设进度带来巨大推进。例如，人们经常探讨的结合视联网、人脸识别等新技术，加强对社区服刑人员全时定位、轨迹跟踪、网络管控和动态监管，防止人员脱管、漏管和预防重新违法犯罪等问题，又或者经常探讨的公安机关、检察机关、人民法院及监狱等机构，如何高效地实施联合办公，如何有效地进行业务往来，如何方便快捷地流转文件等问题。

（一）智慧社区矫正实现协同办案的必要性

针对上文中提出的协同办案必要性问题，可以在《社区矫正法》中找到相关条

---

* 谭庆芳，武汉警官职业学院工程师。

款依据。

《社区矫正法》第一章"总则"第5条[1]中明确规定,国家支持社区矫正机构提高信息化水平,运用现代信息技术开展监督管理和教育帮扶。条款虽然明确,但怎样运用信息技术?怎样开展监督管理?怎样进行教育帮扶?这就涉及社区矫正工作中调查评估子系统、矫正衔接子系统、社区矫正实施子系统、矫正终(中)止子系统、矫正解除子系统五个内部环节之间的纵向联动响应。

《社区矫正法》第四章"监督管理"第33条[2]中明确规定,社区矫正对象符合《刑法》规定的减刑条件的,社区矫正机构应当向社区矫正执行地中级以上人民法院提出减刑建议,并将减刑建议书抄送同级人民检察院。人民法院应当在收到社区矫正机构的减刑建议书后30日内作出裁定,并将裁定书送达社区矫正机构,同时抄送人民检察院、公安机关。条款明确写明了社区矫正机构、人民法院、人民检察院、公安机关等机构之间的联合办案,这就涉及社区矫正工作中数据系统的对接要求,包括与省社区矫正局数据交换共享平台对接、与司法厅业务系统对接、与省监狱局业务系统对接、与省高级人民法院业务系统对接、与省检察院业务系统对接、与省公安厅业务系统对接、与外省社区矫正局等横向协同办案。

因此,探索社区矫正纵向贯通、横向协同的信息化联合监管体系工作尤为重要。

(二)智慧社区矫正协同办案的现状分析

当前,公安机关有自己的公安专网,检察院、法院、司法、监狱也都有各自的信息化专有平台,但这些平台之间目前没有完全联通,而且这些部门自己内部平台也存在系统相对独立、数据独享、网络分割、通信不畅等问题,信息往往不能共享,遇到紧急案件,需要合理调用数据时,内外联动均不能有效发挥作用。总体说来,当前制约各部门基础信息化的"瓶颈"是在信息的传输环节上缺乏网络互通环境,在数据的传输、存储、加密、共享等环节上,缺少行之有效的对基础信息进行研判、分析及标准化的措施,同时在应用环节上缺乏整体观及一体化的意识。

但是,随着近几年整个"公、检、法、司、安"信息互联互通的提倡以及信息化技术的飞跃发展,联动协同办案水平得到了有效提高,部分监狱、司法机构围绕执法

[1] 《中华人民共和国社区矫正法》2019年12月28日第十三届全国人大常委会第十五次会议表决通过,2020年7月1日实施。

[2] 转引自澎湃号-云岭政法网,https://www.thepaper.cn/newsDetail_forward_2176292,2020年12月11日访问。

工作的关键岗位、关键环节，例如，将罪犯收押、减刑、假释、暂予监外执行、释放等业务工作放在网上办理，减轻了监狱收押、刑罚执行办案、释放等刑罚执行的工作量，提高了办案质量和效率，实现了执法工作全程有据、全程监督。

再如，通过法院和监狱的联动协同办案，车拉人送纸质卷宗已然成为历史。监狱和法院全面实现互联互通，科技法庭网络庭审，减刑、假释、暂予监外执行案件网上办理。这样的改变一方面让办案数据传输变得快捷安全高效。监狱审批案件材料完成后一键传输到法院，法院裁定后直接通过系统查看打印，直接送达罪犯，改变过去办一批案件需要多次车拉人送纸质卷宗的方式。另一方面，系统操作全程留痕，系统办理的案件审核审批呈报有详细记录，对于案件快速通过流程明确责任人，便于监督。此外，系统办理的案件形成了永久保存的电子卷宗，卷宗材料保管也得到了规范统一。

通过公安和监狱的联动协同办案，押犯往返跑的“高危行为”一去不返。通过“公安与监狱信息资源共建共享系统”，监狱与公安看守所数据互联互通。犯罪嫌疑人被法院最终定罪判决后，通过此系统，可实现新收押罪犯智能分流、法律文书提前审核、送押时间提前预约，减少收押错误，节约司法成本。而在此系统互联互通前，看守所在送监收押时，需要“连人带材料”一并移交，法律文书一旦有错漏，看守所只能押解准罪犯在监狱和看守所之间“往返跑”。这一“高危行为”在系统成型后已经杜绝。[1]

在常态化下需要外部协同办案，在特殊环境和时刻更需要这样的工作方式。2020 年突如其来的新冠疫情，让整个社会的工作都面临着极大的考验，尤其是对社区矫正工作的考验，人员签到、帮扶教育等面对面的各项活动，都受到了极大的限制。但正是利用了一系列的信息化技术手段，克服了重重困难，采用手机定位、App 签到、远程在线教育、电子思想报告等方式，又利用部门之间的电子数据联动协同交流，顺利渡过了非常时期，这也充分展现了“智慧社矫”的信息化魅力。

（三）智慧社区矫正协同办案的现实意义

《社区矫正法》的实施，结合大数据融合、网络联通，为智慧矫正建设提供了有力支持。

可以通过案例说明：法院审判完个人的相关案情后，直接将数据与监狱、社区矫正部门对接，实现网上信息实时共享，就不再需要到法院去看此人什么时候判

---

〔1〕 转引自澎湃号－云岭政法网，https://www.thepaper.cn/newsDetail_forward_2176292，2020 年 12 月 11 日访问。

的、此案件的具体信息等。

再举例说明:司法所是社区矫正日常管理机构,肩负着对社区矫正对象刑罚执行的监督管理、管理教育和帮扶工作的重任,但由于人力物力警力等不足,遇到服刑人员脱管、脱逃等现象且具有暴力行为时,没有手铐、没有警车等资源,常常显得无能为力。此时,只需要将脱逃人员信息上传至协同办案系统,实现数据信息共享,公安系统将会发挥协同追捕的作用,极大减轻了司法所的追逃风险和业务工作量,让司法所更专注地进行教育帮扶。

协同办案系统中需要具备一定的权限才能查看这些共享的数据及资源,并且各部门之间要更加清晰明了权责界限,就需要有强大的行政和技术支撑体系和多方的协同治理。

地方人民政府根据需要设立社区矫正委员会,负责统筹协调和指导本行政区域内的社区矫正工作。有了社区矫正委员会这样一个联合协同办公的行政机构作为支持,再结合联合协同办公信息系统、大数据共享等,为协同办案系统在工作、经济、资源、人力等方面带来了极大的便捷和高效,能有效减少各单位之间公文流转时间的浪费、资金的浪费和纸质文档的浪费。同时,按照依法治国的理念,通过一定信息公开、信息共享,让普通老百姓能了解案情、知道罪犯的服刑、社区矫正等工作都是有一定的规范流程,这也是协同办案实际意义的另一个方面体现。

二、联动响应协同办案的重难点

社区矫正主要涉及公安、法院、检察院、监狱和社区矫正机构五大主体,五大主体之间既相互联系,又相互协作,因此涉及法律层面、组织管理、技术架构三方面,以它们为突破口,解决信息壁垒,实现五大主体之间的信息共享。[1] 但随着当前犯罪形式的多样化、犯罪人员的复杂性,社区矫正机构还要与戒毒局、公安局实现信息互通,这就面临着一系列重难点问题:各部门之间网络联通、各部门内部数据接口打通、各部门之间的业务联动、各部门之间的权责划分、部门内外数据的时效响应及总体业务的统筹协调等。

要想又快又好地解决上述重难点问题,需要利用信息化技术进行“智慧公安”“智慧司法”“智慧社矫”建设,在联动协同系统开发中有针对性地进行方案设计和系统开发。

---

〔1〕 高梅书:《社区矫正社会参与不足之深层原因及对策探析——基于市民社会视角》,载《中国刑事法杂志》2013年第8期。

三、联动响应协同办案系统的优势体现

“智慧社矫”是提高社区矫正质量和效果的重要手段。大数据、信息共享、流程协同等计算机技术的发展对司法领域的改革产生了深刻的影响。利用大数据的技术优势,利用大数据的信息共享,利用联动响应办案系统,可以对我国社区矫正的海量数据进行挖掘,构建具有“在线化、可视化、实时化、智能化”的智慧矫正体系,能增强协同办案流程的规范、时实、高效,准确及安全。[1] 联动响应协同办案系统的优势如图 1 所示:

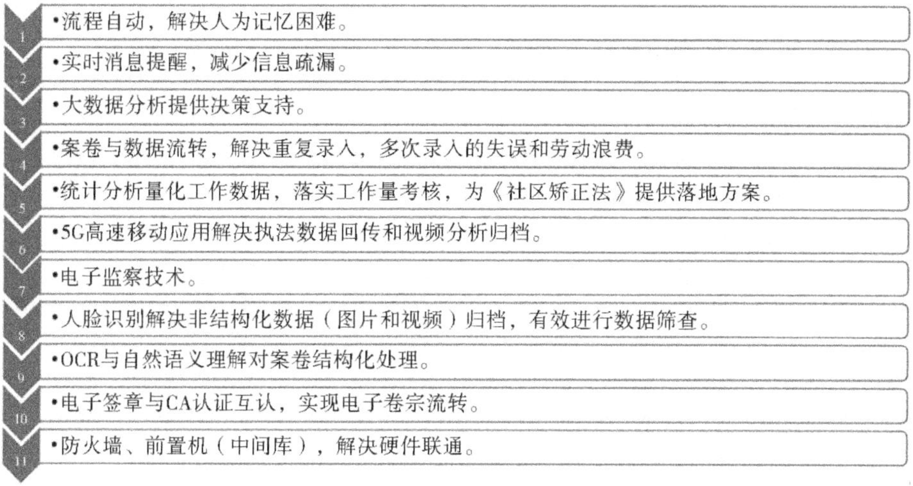

图 1　联动响应协同办案系统的优势体现

四、联动响应协同办案系统功能设计与实际应用

社区矫正工作数据对接要求不仅涉及单位内部五个环节之间的纵向联动协调,还涉及外部其他单位的横向联动协调,因此在整个系统中都应从这两个大方面来进行设计和优化。

(一)网络连接层次设计

(1)省级社区矫正业务单位的连接,包括省社区矫正局和市(州)、县(市)、乡镇(街道)的连接,以及省社区矫正局内部各业务科室之间使用的办公网。省级社

---

[1] 汪友海:《大数据视野下智慧社区矫正体系的构建》,载《法制博览》2019 年第 9 期。

区矫正核心业务应用通过电子政务外网进行连接,各级社区矫正工作人员访问省级社区矫正局综合管理平台。市(州)、县(市)等单位网络接入省级平台。

(2)与司法部,通过电子政务外网连接。主要用于与司法部社区矫正信息管理系统和刑满释放人员信息管理系统进行数据互联,提交工作业务报表,同步人员信息。

(3)与省级政法各兄弟单位,包括监狱、戒毒、公安、检察院、法院等政法单位的连接,通过政法专网或电子政务外网实现。

(4)与省级其他政府部门,如民政、人社等非政法部门,通过电子政务外网实现。

(5)与互联网连接。用于社区矫正人员定位手环的信息收集,单兵设备、移动指挥车的信息回传;政务公开类应用如法律法规、政务服务、信息发布等内容,可统一部署在互联网,便于公众信息的获取。

(二)内部联动响应系统功能设计

1. 调查评估子系统

总体要求:调查评估实现对公安、法院、检察院所递交的文书进行接收,并且对犯罪人员进行走访等调查,对其进行风险分析并确定严重级别,最后形成调查评估报告,对调研数据进行录入、汇总、存档。

功能要求:

(1)委托函管理。当社区矫正部门接收到公安、法院、检察院的委托函等材料,对委托函进行管理和查看,及时归档;根据委托函的内容,确定所需要进行调查评估的犯罪人员,记录犯罪人员详细电子数据。

(2)犯罪前科调查。社区矫正人员入矫之前,都需要有前期信息记载,因此录入犯罪前科调查委托函,应对应生成一条明细并归档,系统与公安机关对接,区县级公安机关可以同步查看犯罪前科调查委托函,并在系统中填写《违法犯罪前科证明》,回复犯罪前科调查结果,区县社区矫正局可以同步查看犯罪前科调查结果归档,信息数据共享。

(3)调查评估。适用社区矫正对象基本情况录入,形成拟适用社区矫正对象基本情况登记表,调查评估完成后,区县社区矫正局可通过系统回复委托单位调查评估意见,委托单位在收到意见书以后通过系统可回执给委托单位,法院填写回执单内容后,系统自动回复区县级司法局;可以导出调查评估笔录的功能,导出的格式包括.xls 和.doc 格式。

(4)矫前智能分析。支持通过社区矫正对象过往基础数据、行为数据、心理数据、社会关系等信息比对分析,提供多维度调查评估意见。结合心理测量等技术,为社区矫正人员进行电子画像。

2. 矫正衔接子系统

总体要求:矫正衔接实现对社区矫正对象的衔接工作,包括对社区矫正对象报到进行登记和身份验证,对其进行入矫宣告,成立矫正小组,对社区矫正对象进行风险评估且确定严重级别,并形成矫正方案。

功能要求:

(1)法律文书衔接。针对法律文书是否齐全进行检查,如果法律文书不齐全,则退回,不接收拟适用社区矫正对象;齐全则进行居住地核查、文档信息录入、归档。

(2)居住地核查。对社区矫正对象进行居住地核查,符合居住地条件的社区矫正对象,可在其居住地接受社区矫正,没有固定居住地的,则在其户籍所在地接受社区矫正。

(3)社区矫正对象报到登记。工作人员通过系统为社区矫正对象办理登记手续,核实身份,将服刑人员信息录入系统形成档案。硬件设备应支持身份证读取、生物特征采集比对、身份核验、人脸识别等。

(4)入矫宣告。进行入矫宣告管理,新增社区矫正对象社区矫正宣告书,录入入矫宣告时基本信息,信息留档保存。

(5)社区矫正小组建立。矫正工作小组由工作人员、监护人、社区矫正对象的亲属及社会工作者、志愿者等共同成立。

(6)风险评估。对社区矫正对象主要进行心理测评,并确定社区矫正对象的高、中、低监管级别,针对不同级别,制订不同方案。

(7)社区矫正方案制定。利用数据的匹配度,根据社区矫正对象情况,制订个性化矫正方案,并且能将方案以 word 或其他规定形式导出到本地,永久保存或进行信息共享。

3. 社区矫正实施子系统

总体要求:对社区矫正对象通过定位、定时定期报到等进行监管;同时采取集中和在线教育等多种形式进行教育帮扶,要求社区矫正对象定时定期参加社区服务劳动;对社区矫正对象的各项活动进行考核奖惩,提供就学就业的相关指导等社会适应性帮扶。

功能要求:

(1)社区矫正对象考核奖惩。根据社区矫正对象教育矫正以及社区服务的情况考核奖惩的相关规则,合理制定计分规则,考核计分,确定社区矫正对象是否完成考核分数。依据此分数及量化表现进行奖惩。

(2)社会适应性帮扶。根据每名矫正对象的不同兴趣爱好及工作经历,以及企业和用工要求对矫正对象进行技能培训,提供就学帮扶、就业创业指导、协同帮扶等帮助。

(3)社区矫正对象社区服务。社区矫正对象通过司法所提供劳动场所或联系相关外部场所参与社区服务劳动,并且记录劳动情况,且作为考核的其中评分项。进行社区服务机构管理、劳动情况记录,同时,劳动情况的记录纳入考核奖惩的指标中。

(4)志愿者反馈。定期反馈志愿者“一帮一”矫正帮教的矫正对象日常表现情况,定期提出矫正对象的月(年)度考核建议;按要求记载所帮教的矫正对象参加公益劳动等活动情况。

(5)监督管理。主要包括进入特定区域、外出请假、居住地变更、警告、治安处罚、撤销缓刑、撤销假释、收监执行、减刑、管理等级变更等申请流程。同时,对矫正对象进行定位监管和风险评估。主要包括定位监管、不准出入境报备、边控报备、日常走访、督办整改、重点人员甄别、报到及思想汇报、动态分析会、禁制令执行、会客管理、综合审批,综合审批调用智能政务子系统完成综合审批的各项功能,支持矫正对象采用包括但不限于电话、社交软件等方式完成日常报告,能够录音留痕,同时系统能够进行自动电话调查。

(6)社区矫正对象心理矫治。社区矫正对象被通知进行心理咨询或者主动申请心理咨询,预约心理咨询专家和心理咨询场所,确定时间和地点。系统针对社区矫正对象的情况,根据业务规则和具体数据分析,判断其接受心理咨询的频度和深度,智能生成心理咨询计划。矫正对象通过心理咨询后,生成心理咨询报告,并且记入档案中,采用大数据分析技术,自动形成心理评估、心理辅导和矫治建议。

(7)社区矫正对象教育矫正。社区矫正对象每月参加教育学习时间和社区服务时间不少于8小时。其接受集中教育或者在线教育的情况将作为考核的其中评分项。矫正对象可以通过社区矫正对象App来接受在线教育。矫正对象登录移动终端App,调用在线教育子系统。根据矫正对象的犯罪性质来智能匹配相应的视频课程供其在线学习,完成在线学习还需要完成相应的作业。接受教育矫正后,矫正对象必须参加测试,所得的分数作为考核奖惩的指标之一。教育测试需要根据上课的类别，抽取相应的试题，由矫正对象解答，在多种终端上都能完成。

(8)矫正效果评估报告。支持自动抽取和整合矫正对象改造态度、日常管理情况、教育学习、社区服务和心理健康等数据，结合矫正对象考核打分情况和个性化标签，比对初始评估数据，自动生成矫治效果评估报告。

4. 矫正终(中)止子系统

总体要求：矫正终(中)止子系统实现社区矫正对象在矫正期间由于二次犯罪、就医、戒毒或死亡等情况，导致矫正终(中)止的流程。

功能要求：

(1)矫正终止。系统提供流程管理和审批管理，包括暂予监外执行期满的正常收监、暂予监外执行的非正常收监、假释服刑人员的撤销假释收监、矫正对象被判处收监执行、被判处监禁刑罚、矫正对象死亡。

(2)矫正中止。系统处理矫正对象被羁押情况的矫正中止，提供流程管理和审批管理，详细数据归档，以供部门间信息共享。

5. 矫正解除子系统

总体要求：解除矫正子系统实现对于矫正期满的矫正对象，协助进行期满鉴定，确认可解除矫正后，组织进行解矫宣告，并且撤销相应的报备信息，同时开具解矫证明并通知相应执行机关刑满释放。

功能要求：

(1)解除矫正预告。对快到期的矫正进行预告，进行正常结束矫正审批。提供解除社区矫正宣告书、解除社区矫正通知书、解除社区矫正证明书、期满鉴定表管理，通知社矫对象提交矫正期满自我小结。

(2)解除矫正逾期警告。对已经逾期没有解除矫正的信息进行警告，自动列出已经逾期的在矫人员信息。

(3)解矫证明及通知执行机关。工作人员书面通知决定机关(法院)，抄送公安机关及检察院，并且协同通知监狱、看守所为社区矫正对象办理刑满释放手续。

(4)解矫处理(撤销报备等)。解矫处理包括解除矫正后撤销不准出入境报备及边控报备等，以及逾期解矫的处理。

(三)外部联动响应系统功能设计

表1　外部联运响应系统硬件接口

硬件接口	实现与CA系统对接,在关键环节引入CA认证,以便实现所有用户登录各个业务系统时的统一身份认证功能。
	实现在关键环节引入身份证读卡器,以便快速读取身份信息。
	实现与定位手环的对接,实现对社区矫正对象定位信息的管理。
	实现与打印机、扫描仪、高拍仪的接口集成,档案电子化,同时输出纸质文档。
	实现和签字板的接口集成,实现业务电子化。
	实现和指纹识别、人脸识别、语音识别设备的接口集成,实现考勤管理、身份核验等生物识别功能。
	实现与视频会议、视频点名系统的接口集成,用于视频会议、远程会见、视频点名等相关能力调用。
	实现与心理评估设备的接口集成,用于风险评估等相关能力调用。

表2　外部联运响应系统功能设计

需求分析	功能设计
系统对接要求	与外部其他单位实现电脑、网络、移动终端等对接,后期能实现信息互通,实时共享。
与省社区矫正局数据交换共享平台对接	与省社区矫正局数据交换共享平台对接,通过平台实现与其他部门系统的数据交互。
与司法厅业务系统对接	与司法厅业务系统实现案件评查等业务的数据对接。
与省监狱局业务系统对接	与监狱局业务系统对接,实现文书、函件往来。具体包括委托调查评估函、退还委托函理由说明、调查评估意见书、起诉书、执行通知书、结案登记表、社区矫正人员报到情况通知单、社区矫正宣告书、回执、期满解矫材料、刑满释放材料、收监执行等相关文书材料。
与省戒毒局业务系统对接	系统需与戒毒局相关业务系统对接,获取社区矫正对象被强制戒毒信息、戒毒人员假释、监外执行信息。实现以上业务的文书、函件往来。
与省法院业务系统对接	需与法院相关业务系统对接,获取法院委托调查函信息、专项检查信息、缓刑假释监外执行的撤销信息,实现以上业务的文书、函件往来。

续表

需求分析	功能设计
与省检察院业务系统对接	需与检察院相关业务系统对接，获取检察院调查评估委托信息，实现检察院对社区矫正工作的监督检查，获取涉黑社区矫正对象脱管、漏管和重新违法犯罪信息，实现以上业务的文书、函件往来。
与省公安厅业务系统对接	需与公安相关业务系统对接，实现向公安提出网上追逃、针对外籍人员进行边控，针对社区矫正对象提出出境报备、治安处罚、提请犯罪记录调查、获取人员活动轨迹、提请押送社区矫正撤销人员，获取涉黑社区矫正对象脱管漏管和重新违法犯罪信息，实现以上业务的文书、函件往来。
与省卫健委业务系统对接	具备与卫健委业务系统对接能力，实现暂予监外执行人员的病情诊断书等。实现以上业务的文书、函件往来。
与外省社区矫正局、司法单位对接	需预留与外省社区矫正、司法单位业务系统对接的接口，实现将来跨省业务衔接和联动。
与司法部业务系统对接	根据司法部数据规范要求，将社区矫正对象数据上报至司法部平台。接口需满足司法部数据交换接口规范。
与省政府业务系统对接	具备与省委办公厅、省政府办公厅、省政法委、省发改委等业务衔接单位相关系统进行对接的能力，实现社区矫正对象基本信息正常上报。
与省教育厅业务系统对接	具备与省教育厅业务系统对接的能力，获取未成年社区矫正对象基本情况、家庭情况等。
与省民政厅、省总工会业务系统对接	具备与省民政厅、省总工会业务系统对接的能力，获取社区矫正对象详细信息、家庭基本情况等。
与省财政厅业务系统对接	具备与省财政厅业务系统对接的能力，进行财政、工资等数据往来交互。
与省政法委网格化管理系统对接	通过网格化管理系统获取信息数据，并将其归集到社区矫正综合管理系统中进行分析、研判。
与“天网工程”对接	通过“天网工程”人脸识别能力对社区矫正对象进行全程、全时、全域实时视频图像监管。

五、展望

在DT(Data Technology)时代，社区矫正工作正面临着极为丰富的数据信息，无论是单位内部信息共享还是单位外部文件流转等，都需要利用高效实时的联动响应协同办公系统来提高效率，实现将社区矫正和安置帮教工作纳入规范化、标准化、智能化的轨道，提高工作的效率，提升服务水平，保证社区矫正对象、安置帮教人员的社会安定。但系统开发和实际应用是一个长期实践的过程,应该结合《社区矫正法》中涉及的各种业务需求,不断完善各模块功能设计,使其成为社区矫正工作最强有力的信息化辅助工具。

关于社区矫正对象纳入网格化管理的研究

贺　鹏*

摘　要:社区矫正工作是关乎社会和谐稳定的一项重要工作,加强社区矫正对象网格化管理,是进一步完善和创新社区矫正工作,推进城乡基层治理制度创新和能力建设的重要举措,也是深化平安建设、实施乡村振兴战略的重要基础。高度重视社区矫正工作,将社区矫正对象纳入网格化管理是贯彻落实中央和省委决策部署的大胆创新,只有不断推进和持续健全社区矫正相关制度,才能有效预防犯罪,减少危害社会和谐的不安定因素,才能充分发挥社区矫正工作在促进经济社会发展中的重要作用,更好地为我国社会发展和民主法治建设服务。

关键词:社区矫正;网格化管理;创新;重要作用

我国的社区矫正工作通过数年的探索和实践,目前已经形成相对比较完善、符合我国基本国情的一项刑事执行制度。早在2013年,党的十八届三中全会通过的《中共中央关于全面深化改革若干重大问题的决定》中就明确提出,要"健全社区矫正制度",其后以习近平同志为核心的党中央一直高度重视社区矫正工作,习近平总书记多次作出重要指示,要求进一步创新和完善社区矫正制度,深化改革,提升质效。而网格化管理是依托统一的城市管理以及数字化的平台,将城市管理辖区按照一定的标准划分成为单元网格,通过加强对单元网格的部件和事件巡查,建立一种监督和处置互相分离的形式。十八届三中全会《关于全面深化改革若干重大问题的决定》也同时提出,要改进社会治理方式,创新社会治理体制,以网格化管理、社会化服务为方向,健全基层综合服务管理平台。将社区矫正对象的管理纳入

* 贺鹏,四川省屏山县司法局社区矫正执法大队负责人。

网格化管理体系中的一环,能够最大程度地增加和谐因素,增强社会发展活力,提高社会治理水平,全面推进平安中国建设,维护国家安全,确保人民安居乐业、社会安定有序。

一、现行相关法律文件规定

随着《社区矫正法》的正式施行,我国的社区矫正工作进入了一个新的发展阶段,也预示着社区矫正工作将迎来更加复杂和艰巨的挑战。仅仅依靠社区矫正机构和受委托的司法所来对社区矫正对象进行监管帮教,显然不能适应新时期社区矫正工作的要求。目前,《中华人民共和国社区矫正法》(以下简称《社区矫正法》)和最高人民法院、最高人民检察院、公安部、司法部联合制定并于《社区矫正法》同日开始施行的《中华人民共和国社区矫正法实施办法》(以下简称《实施办法》)的相关规定主要有:

《社区矫正法》第3条规定,社区矫正工作坚持监督管理与教育帮扶相结合,专门机关与社会力量相结合,采取分类管理、个别化矫正,有针对性地消除社区矫正对象可能重新犯罪的因素,帮助其成为守法公民。本条中"专门机关和社会力量相结合"表明,要充分调动社会力量参与社区矫正,社会力量就包括了村、居委会和政府购买服务。

《社区矫正法》第5条规定,国家支持社区矫正机构提高信息化水平,运用现代信息技术开展监督管理和教育帮扶。社区矫正工作相关部门之间依法进行信息共享。本条规定明确了司法行政机关要将社区矫正信息化建设作为战略性任务,加强统筹规划,完善顶层设计,配置好相应设施,做好一体化融合,发挥好向下辐射作用,避免重复建设。

《社区矫正法》第11条规定,社区矫正机构根据需要,组织具有法律、教育、心理、社会工作等专业知识或者实践经验的社会工作者开展社区矫正相关工作。第12条规定,居民委员会、村民委员会依法协助社区矫正机构做好社区矫正工作。第13条规定,国家鼓励、支持企业事业单位、社会组织、志愿者等社会力量依法参与社区矫正工作。第16条规定,国家推进高素质的社区矫正工作队伍建设。社区矫正机构应当加强对社区矫正工作人员的管理、监督、培训和职业保障,不断提高社区矫正工作的规范化、专业化水平。第25条规定,社区矫正机构应当根据社区矫正对象的情况,为其确定矫正小组,负责落实相应的矫正方案。根据需要,矫正小组可以由司法所、居民委员会、村民委员会的人员,社区矫正对象的监护人、家庭成员,所在单位或者就读学校的人员以及社会工作者、志愿者等组成。社区矫正对象为女性的，矫正小组中应有女性成员。《实施办法》也对矫正小组职责进行了明确，其中第19条规定，执行地县级社区矫正机构、受委托的司法所应当为社区矫正对象确定矫正小组，与矫正小组签订矫正责任书，明确矫正小组成员的责任和义务，负责落实矫正方案。矫正小组主要开展下列工作：(1)按照矫正方案，开展个案矫正工作；(2)督促社区矫正对象遵纪守法，遵守社区矫正规定；(3)参与对社区矫正对象的考核评议和教育活动；(4)对社区矫正对象走访谈话，了解其思想、工作和生活情况，及时向社区矫正机构或者司法所报告；(5)协助对社区矫正对象进行监督管理和教育帮扶；(6)协助社区矫正机构或者司法所开展其他工作。第26条规定，社区矫正机构应当了解掌握社区矫正对象的活动情况和行为表现。社区矫正机构可以通过通信联络、信息化核查、实地查访等方式核实有关情况，有关单位和个人应当予以配合。社区矫正机构开展实地查访等工作时，应当保护社区矫正对象的身份信息和个人隐私。第35条规定，县级以上地方人民政府及其有关部门应当通过多种形式为教育帮扶社区矫正对象提供必要的场所和条件，组织动员社会力量参与教育帮扶工作。有关人民团体应当依法协助社区矫正机构做好教育帮扶工作。第38条规定，居民委员会、村民委员会可以引导志愿者和社区群众，利用社区资源，采取多种形式，对有特殊困难的社区矫正对象进行必要的教育帮扶。第40条规定，社区矫正机构可以通过公开择优购买社区矫正社会工作服务或者其他社会服务，为社区矫正对象在教育、心理辅导、职业技能培训、社会关系改善等方面提供必要的帮扶。以上《社区矫正法》中众多条款的规定，都为将社区矫正纳入网格化管理提供了必要法律支撑，特别是作为网格化管理中最重要的村社网格员，作为政府购买服务的一类，同时从业人员大多数是各乡镇村社干部的情况下，能够利用现有配置资源，迅速有效地进入社区矫正监管帮扶的社会角色，从而使社区矫正工作实效得以提升，最终提高矫正质量，预防减少犯罪，促进社区矫正对象顺利融入社会。

四川省委政法委、四川省司法厅于2020年6月2日联合下发的《关于加强社区矫正对象网格化管理的通知》中要求，各级党委政法委、司法局要深入贯彻党的十九大、十九届四中全会及省委十一届六次全会精神，全面落实习近平总书记关于完善社区矫正制度的重要指示和《社区矫正法》，进一步创新和完善社区矫正工作，提升社区矫正工作质效。

二、调研情况

(一)以××县为例,社区矫正工作融合网格化管理的前期准备情况为:××县社区矫正机构指挥中心已于2017年开通“雪亮工程”接入权限并使用

各乡镇司法所也均开通了四川省网格化服务管理信息系统账号,并对社区矫正对象基本信息进行了录入,已经实现了网格化服务管理信息系统与社区矫正一体化平台的业务协同与数据共享。下一步再通过政府购买服务的形式,将社区矫正工作纳入镇村两级网格员职责范畴,明确职责任务分工,建立完善工作制度、细化管理考核机制,同时加强对网格员的培训、指导和监督,确保社区矫正网格化管理工作顺利实施,并取得较好的社会效果。

(二)目前××县经过乡镇合并和村建制调整后,现有11个乡镇,辖17个社区和152个村

××县11个乡镇司法所受县级社区矫正机构的委托,承担具体的社区矫正相关工作。通过××县综治委了解到,全县各村(社区)网格员共有169人,一般由各村(社区)常职干部兼任,增加网格员参与社区矫正工作职责并给予相应补贴,是充分利用现有资源、避免重复建设的优化、高效配置。

(三)社区矫正对象纳入网格化管理的优势分析

(1)利用网格员常驻基层、贴近村居、熟悉情况、群众基础好等优势,发挥网格员在社区矫正工作中的作用,定期对网格内社区矫正对象进行走访,及时收集和了解社区矫正对象反映的问题和意见并反馈至司法所。在日常巡查中对社区矫正对象开展法律教育、宣传讲解各项帮扶政策,帮助他们重拾信心,同时落实个性化的教育帮扶措施,及时对生活贫困、就业困难、身体残疾或有重大疾病的社区矫正对象情况进行反馈并参与协调解决。

(2)通过强化政法系统资源的统筹和整合,建立和形成“资源共享、信息融合、精准管理、全面覆盖”的社区矫正工作网格化管理机制,实现社区矫正刑事执行与网格化管理服务工作的有机结合。以网格化管理加强社区矫正对象这类特殊人群管理和服务工作,及时掌握服务对象的动态情况,切实提高社区矫正工作信息收集、分析研判、预警预防和应急处置能力,实现底数清、情况明的动态化管理,最大限度地消除社区矫正中存在的不和谐不稳定因素。

(四)社区矫正对象纳入网格化管理的长远意义

(1)充分调动社会力量参与社区矫正,也是国家治理体系、治理能力现代化的

必然要求。党的十九届四中全会提出，要坚持和完善共建共治共享的社会治理体系。在社区矫正过程中，在国家提供体制基础、秩序保障的前提下，将社会力量、公众力量融入教育矫正罪犯工作，不仅是教育帮扶社区矫正对象的有益途径，也是国家治理与社会参与有机统一、协调共进的重要体现。

（2）通过将社区矫正纳入网格化管理，实现社区矫正机构与相关部门之间的信息共享、业务协同、网上办案，进而有效防止社区矫正对象脱漏管现象发生，减少重复劳动，提高工作的规范性和效率。

（3）网格化管理作为社会治理的重要手段，其信息化程度对经济社会发展有重要影响。2019 年 1 月，司法部印发了《关于加快推进全国“智慧矫正”建设的实施意见》，决定运用互联网、云计算、物联网、大数据、人工智能、区块链等现代信息技术对传统社区矫正工作进行全方位改造，促进社区矫正工作创新发展，使社区矫正信息化建设迈入新的历史阶段。目前，全国初步形成了“智慧矫正”建设总体框架，建成了部、省、市、县、乡五级贯通的信息化体系和全国社区矫正数据库，推动社区矫正工作从人工管理到网上管理，从数字管理到智能化管理，信息化在推动社区矫正智能管理、精准执法、预警预测、科学决策等方面发挥了越来越重要的作用。

三、存在的主要问题或困难

（1）党委政法委综合治理机构要会同社区矫正机构，对辖区内的社区矫正对象网格化管理工作进行分析研判，并协调解决该项工作遇到的困难和问题，通过网格化服务管理信息系统及时向网格员推送社区矫正对象信息、分配工作任务，同时做好网格员参与社区矫正工作的考核工作。

（2）社区矫正机构要制定细化工作任务清单，梳理社区矫正对象基本信息并推送至四川省网格化服务管理信息系统，对网格员参加社区矫正工作进行业务培训和指导，及时响应处理网格员上报情况。利用“雪亮工程”对社区矫正对象进行视频点验、轨迹管理。对网格员参与社区矫正工作的成效进行评价，并提供给综合治理中心作为网格员考核的参考。

（3）网格员要作为主要成员积极参与到矫正小组组建中，并以矫正小组成员身份参与到社区矫正对象入矫报到、监管教育、帮扶走访、解矫宣告等工作全程中。要准确掌握本网格内社区矫正对象的个人基本信息、家庭信息及社会关系情况，实施动态管理。受社区矫正机构委托，按社区矫正对象管理等级和重点特殊时期、节点的要求定期进行电话沟通或实地走访，及时了解和掌握社区矫正对象的生活状况、思想情况、活动轨迹等情况,对社区矫正对象出现行为异常、违反监管规定、发生矛盾纠纷、涉访涉诉、显现违法犯罪迹象等情况及时进行上报。

四、意见建议

(1)党委政法委要发挥牵头作用,加强统筹协调。司法行政机关要加强与党委政法委综合治理机构的沟通和协作,进一步细化责任分工,建立完善工作制度,统筹好业务协同、数据共享、考核评价等工作,确保工作推进步调统一、方向一致。

(2)各村(社区)两委要尽快确定兼任网格员人选,确保该项工作顺利推进。党委政法委、司法局要加强与财政等部门的沟通协调,按照"费随事转"原则,落实网格员参与社区矫正工作补贴,构建横向到边、纵向到底的社区矫正对象网格化监管体系。

人工智能背景下大数据在社区矫正中的运用

余沛谚*

摘　要:社区矫正作为一种与监禁矫正相对的刑罚执行方式,是新时代统筹推进国家治理体系和治理能力现代化、社会治理专业化精细化法治化的重要内容之一。随着生物识别、定位技术等取得显著成果,人工智能应用领域不断拓展,特别是在司法领域,大数据应用的实践与探索也不断深入。本文主要阐述了在人工智能背景下,大数据在社区矫正工作中运用的优势,以及其目前在我国社区矫正中运用的现状和存在的问题,并针对这些问题提出完善建议。

关键词:社区矫正;大数据;人工智能

社区矫正是指针对被判处管制、宣告缓刑、裁定假释、暂予监外执行这四类犯罪行为较轻的对象所实施的非监禁性矫正刑罚,其实施的目的是通过政府、社会以及爱心人士的帮助,使矫正对象改正恶习,并帮助他们重新回归社会。2019 年 12 月,第十三届全国人大常委会第十五次会议通过了《中华人民共和国社区矫正法》(以下简称《社区矫正法》),并于 2020 年 7 月 1 日起实施,《社区矫正法》的颁布与实施结束了社区矫正工作无法可依的状态,在社区矫正事业的发展史上具有"里程碑"意义,是立法之楷模。[1]《社区矫正法》第 5 条规定,国家支持社区矫正机构提高信息化水平,运用现代信息技术开展监督管理和教育帮扶。社区矫正工作相关部门之间依法进行信息共享。我国传统的社区矫正工作执行大多依赖人工管理、书面汇报,存在诸多问题,尤其是在司法改革背景下,要推进社区矫正的发展,更显

* 余沛谚,西华大学法学院法律硕士研究生。

〔1〕 姜爱东:《〈社区矫正法〉具有里程碑意义》,载《人民调解》2020 年第 2 期。

得力不从心。中国特色社会主义已经进入新时代,人工智能逐渐成为当今的时代标志,我们更加需要认真研究人工智能背景之下社区矫正规律及其新特征,运用好大数据创新社区矫正管理方式和矫正模式,不断提高社区矫正工作水平和质量。

一、人工智能背景下大数据在社区矫正中运用的优势

人工智能是研究开发用于模拟、延伸和扩展人类智能的理论、方法、技术及应用系统的一门综合性技术科学。人工智能具有高效性、自发性、深度性等特点。随着现代通信、互联网、物联网、大数据的不断发展与完善,人工智能也得以飞速发展,学界对于这一概念的界定也日趋精细化:人工智能是基于对人类智能实质的理解而生产的,一种以智能方式对人类意识、思维、行为模拟后进行自主学习并能够做出反应的机器,包括信息收集、语言识别、图像识别、自然语言处理和信息反馈、处置等,最终达到机器能够像人类一样思考、学习、行动的目的,甚至可能产生具有超过人类智能的类人机器。[1] 这里采纳麦肯锡全球研究所对"大数据"给出的定义,大数据是一种规模大到在获取、存储、管理、分析方面都大大超出了传统数据库软件工具能力范围的数据集合,具有海量的数据规模、快速的数据流转、多样的数据类型和价值密度低四大特征。大数据技术即从海量的数据中挖掘出有价值的信息。

根据上述大数据、人工智能的特点和功能,以人工智能为背景,将大数据技术运用到社区矫正工作中,将其作为情报分析、辅助决策及具体实施的手段,构建集业务管理、移动办公、指挥调度、辅助决策、应急处置功能于一体的社区矫正全智能化体系,以数据一体化、管理智能化、互联移动化、指挥可视化为目标,打造社区矫正信息化新格局,实现现代信息技术与社区矫正业务深度融合的全流程智能化。这将十分有利于解决社区矫正当前存在的问题以及更好地适用《社区矫正法》,也将大大提升社区矫正工作人员的战斗力。具体如下:

(一)弥补了社区矫正工作人员数量的不足

传统的社区矫正工作依靠人工管理,缺乏科学技术的支持。在面对社区矫正对象数量不断上升的情况时,社区矫正工作者的负担不断加重,社区矫正的工作面临极大困难。在构建人工智能平台后,通过大数据技术对社区矫正对象的相关信息进行分析,能够针对社区矫正对象的不同情况制定符合他们的矫正措施和帮扶方式,能够实时掌握他们的活动情况,对社区矫正对象的相关数据信息进行分析,

---

〔1〕 胡向阳、丁寒:《人工智能犯罪预测》,载《中国刑警学院学报》2020年第6期。

实现了从“人管人”的模式到“技管人”的模式，强化了社区矫正监管工作的科技水平，缓解了一线社区矫正工作者的工作压力。

（二）电子化档案管理

社区矫正工作的开展会产生大量的资料，传统的社区矫正资料存档管理需要大量的时间和空间，收集与保存都有较大困难。但不论何时，只要有社区矫正资料就需要开展收集、整理、归档等一系列的社区矫正档案工作，社区矫正档案是极具司法价值的，对社区矫正对象的监督管理、相关部门的协作交流等都具有十分重要的作用，而不仅仅是社区矫正资料的记录。因此社区矫正工作相关材料的电子档案建立和利用对于提升社区矫正工作的效率来说具有十分重要的意义。

在运用人工智能定位、大数据智能分析等技术后，社区矫正平台将信息数据进行收集和整理，形成了巨大的数据库，司法工作人员可以在该数据库中查找需要的数据资料，方便了司法人员的工作，在该数据库里社区矫正对象的基本信息和监管信息都有详细的记录，这就为社区矫正对象的档案电子化管理提供了依据和模板。[1]

（三）智慧化管理模式，发挥预测预警作用

构建人工智能、大数据管理模式，建立智慧平台，打造“部级—省级—市级—县级”四级分析研判体系，采用数据建模、数据挖掘等技术，进一步加强数据资源整合共享和深度应用，开展风险评估、行为预测和矫正工作情况研判等方面的预测预警和辅助决策，降低执法成本，提升工作质效。

二、大数据在社区矫正中的运用

根据上文的阐述，大数据技术具有许多优势，可以被运用在社区矫正领域的多个方面和各个阶段，本文主要讨论运用大数据打造“智慧矫正”，并以此来解决社区矫正工作中存在的问题。近年来，司法部高度重视“智慧矫正”的建设，将“智慧矫正”列为“数字法治智慧司法”信息化体系的重要组成部分，充分运用大数据、人工智能等现代信息技术对促进社区矫正工作创新发展，全面提高社区矫正工作质量有着十分重要的意义。[2]

---

〔1〕 王迪：《大数据时代下社区矫正的运用和完善》，甘肃政法学院 2019 年硕士学位论文，第 19 页。

〔2〕 赵晓林：《大数据、人工智能等新一代信息化技术在社区矫正工作中的应用探讨》，载《贵州社会公共安全高端论坛优秀论文集》，2019 年。

(一)跨部门信息共享和网上办案

我国有部分地区检察机关在搭建网上信息平台,完善社区矫正专项监督信息共享方面“先试先行”,构建人工智能平台,进行大数据分析,从而实现信息共享,减轻各部门的工作对接成本,以此来弥补我国社区矫正工作中衔接机制的缺陷,是十分契合我国进入新时代对社区矫正工作进行创新和发展的举措。大数据分析技术运用互联网、云计算、区块链等现代科技化手段实现“大数据”的共享和互认,利用鲜活、完整、准确的大数据支持,打造开放、共享、规范的社区矫正智能化平台,真正实现政法跨部门大数据的互认互助、高效联动和网上业务流转和办理。例如,将社区矫正对象的相关信息进行大数据分析,分类整理为定位数据、考勤数据、生理数据、交通数据、社会信用数据、财务数据、消费数据、社会关系数据等数据信息库,并将各类数据整合为一个整体的数字画像,再将多个数字画像整合,从而形成以每个社区服刑人员为单位的数字画像池。最后通过移动App,利用协同管理、下发预警、异常上报等功能,上报内容包括但不限于文字、音频、图像、视频、GPS数据等,将负责社区矫正、社区帮教、社区监控等具体的任务的社区干部、单位保卫人员等有机结合到社区矫正工作中,让公安派出所、社区组织、管理民警和参与干部多方形成管理的合力,最终达到促进相关部门工作衔接的目的。

(二)构建智慧化管理模式

面对各项考核指标、各项工作的现实要求,传统的社区矫正工作普遍存在人少事多的矛盾,导致工作人员接触矫正对象的时间不多,对矫正对象缺乏全面了解,管理工作的针对性不强。除此之外,传统的日常监控监管手段的落后甚至缺失,容易造成监控的空白和监视的盲区,从而造成各类影响社会安全稳定事件的滋生和发展。因此引入大数据、人工智能技术等现代化的科技手段进行智慧矫正,提高了管理工作的效率,减少了管理工作的工作量,增加管理容量,解决人少事多、不专业的问题。利用大数据分析、人工智能身份识别、远程监控等技术,为社区矫正中心提供全覆盖管理系统,进行可视化管控,矫正人员、司法管理人员行为全程留痕。通过人工智能指纹识别、语音识别、人脸识别、声纹识别等技术,实现远程化矫正工作模式。本文以对社区矫正对象进行监管为例,运用大数据、人工智能进行电子定位监管,电子定位设备通过北斗、GPS、基站和Wi－Fi等方式实现社区矫正对象的定位信息上报,与各省市社区矫正管理信息系统中的定位监管模块互通,通过对系统中的定位信息、社区矫正对象基本信息、日常监管信息等进行大数据分析,可以充分

发挥大数据和人工智能在社区矫正对象日常监管中的巨大作用。[1] 具体如下:

(1)对某段时间在指定地点范围内频繁出没的社区矫正对象的定位和轨迹信息通过人工智能平台进行大数据分析,对检索结果进行多维度筛选。若有吸毒史的社区矫正对象在某地频繁出没某些娱乐场所且超过设定阈值,则触发报警功能,此时再由社区矫正工作人员根据报警情况并结合近段时间该类社区矫正对象的日常表现等采取一定措施,以免社区矫正对象再次出现吸毒行为,进而有效预防违法犯罪情况的发生。

(2)通过对社区矫正对象的定位信息以及轨迹进行分析,若社区矫正对象在同一时间、同一地点出现,定位为同行人员,尤其是有同案犯的社区矫正对象,在排除集中教育学习、社区服务等情形外,又在相同的时空聚集,将触发报警信息,防止该类人员再度聚集在一起从事违法犯罪活动,此时再由社区矫正工作人员将此类报警信息作为辅助决策的依据,不需要工作人员花费较多时间追踪,就可以及早发现社区矫正对象重新违法犯罪的情况。

(3)当智能平台、定位系统进行数据分析,发现某个社区矫正对象突然在某个时间段内频繁地在深夜外出,与其本人的工作时间和生活规律又不符合,此时社区矫正工作人员应重点关注此人,必要时进行走访调查,避免再次违法犯罪情况的发生。

(三)智慧检察监督平台

设计融合了人工智能、大数据等科技的智慧检察监督平台,在检察机关与审判机关、司法行政机关、公安机关达成共识之后,该智能平台分析整合出的相关数据可以作为各部门进行社区矫正工作的共同依据,缓解我国社区矫正工作中检察监督手段落后、效率不高的问题。如四川省成都市司法局创新性研发并试点“社区矫正监管机器人”,在“互联网+社区矫正”的模式下,开启“AI 人工智能+社区矫正”新模式。“社区矫正监管机器人”被赋予“生命力”,由机器人代替社区矫正工作人员的工作。[2] 每位社区矫正对象都应当下载 App 软件,矫正行为通过手机或者电脑上报,通过对入社区矫正对象的轨迹、签到等信息的记录,自动进行碰撞排查分析,缩小侦查范围,降低工作量,加快侦查速度。结合轨迹记录,对入矫人员的异常

〔1〕 周逸璇、李晶晶、徐津霞、匡露婷、刘红杏:《大数据分析在智慧矫正监管领域中的运用》,载《法制与社会》(司法天地)2020 年第 4 期。

〔2〕 彭思远:《人工智能在社区矫正中的主体责任研究》,载《四川大学学报(哲学社会科学版)》2019 年第 3 期。

聚集、异常分布进行统计分析，实时预警，并通知聚集人员类型、数量、可能正在从事的事务、事态可能发展趋势等。智慧检察监督主要是进行视频监控，定时或者不定时在平台上请销假、签到，在网上对社区矫正对象的个人信息资料进行管理等功能来进行检察监督工作，从而形成集网上管理、精确定位、远程考核、异常报警为一体的综合应用平台，一方面可以进一步强化司法行政机关对社区矫正对象的监管，加强检察机关对司法机关监管行为的监督，解决目前社区矫正检察监督工作中存在的问题，实现无纸化办公。[1] 对智慧检察监督平台的重点功能分析如下：

1. 面部认证定位签到

传统的社区矫正通常采用纸质登记或刷身份证等方式记录，手段陈旧，造成记录过程无法保证被记录人即是对应的社区矫正对象，真实性难以保证，存在代签现象，同时纸质手段还会造成难以统计、记录难以查询等问题。在引用大数据、人工智能技术后，社区矫正对象定时通过移动端进行面部签到，结合语音识别、声纹识别技术，此时定位信息同步上传到平台，完成身份确认的同时将定位信息进行捆绑，这样便可以将社区矫正对象的身份、地理位置精确固定下来。若数据分析出来社区矫正对象的签到地点已经离开了限定区域，平台则会发出报警并形成统计报告。面部认证定位不仅可以解决社区矫正对象时间冲突签到难的监督问题，也便于一些身体残疾行动难的社区矫正矫正对象接受监督，还可以解决社区矫正监督工作人员对外地的社区矫正人员监督难的问题。

2. 线上请假管理

不需要专门的工作人员坐班办理请假事项，也不用社区矫正对象在移动端烦琐地说明请假理由和上传请假相关佐证材料，社区矫正工作人员可以进行远程走访、远程面询，对矫正人员提出的请假申请、外出申请、审批申请进行线上处理，矫正对象也可以通过该平台进行线上报道、线上签到、线上教育培训等。如司法行政机关进行网上审批，同时抄送检察机关，检察机关对相应材料进行审查、监督。司法行政机关确认其请假理由的真实性，检察机关通过对网上资料的审查，认定其请假的合理性。在通过请假之后可以在平台上进行面部认证定位、签到。既解决了请假难、给假难的问题，又解决了检察监督难的问题，用技术手段弥补人力不足的缺陷，改变了矫正工作人员效率低下的传统工作模式。[2] 另外，将执法行为纳入平台进

---

〔1〕 申琪：《智慧社区矫正系统的探索构建》，载《吕梁学院学报》2020年第5期。

〔2〕 唐万辉、徐少君、卢继红、张晨曦：《“互联网+社区矫正”检察监督模式研究》，载《新时代智慧检务建设论文集》，2019年。

行监督，有利于促使执法人员必须严格按照各项规定进行监管，克服受人为因素影响等弊端，解决长期以来执法人员碍于情面、淡化责任问题。

3. 视频监控监督

传统社区矫正工作的执行缺少技术手段辅助，一般需要社区矫正工作人员亲自到现场进行审查，这种方式无疑导致工作效率低下，资源成本浪费大。因此构建智慧监督平台，实现对社区矫正工作人员日常工作的远程监督，在社区矫正对象进行集中学习、集体劳动事项时，通过现场的监控进行视频传送，对学习、劳动的内容、形式、社区矫正矫正对象的态度进行实时全面掌握，依托信息化手段提高社区矫正工作的监督监管效率，保证社区矫正工作的有效进行，增强监督效果。同时，使用统一的智慧监督系统，执行统一的监督标准，变抽象化为具体化，变粗放监督为依规监督，变弹性把握为量化考核，能够杜绝检察人员"不作为""乱作为"。甚至可以达到有效提高在矫人员法律意识、规矩意识，降低侥幸心理，真正做到督促其认罪服法，安心改造的矫正效果。

4. 数据报送与文书送达

智慧平台可以快速形成大量矫正相关信息，通过大数据、人工智能深度学习技术对数据进行统计分析，形成研判报告。司法行政机关的每月监管数据在平台上直接发送到检察机关，检察机关进行签收，数据传送效率大提高。除此之外。检察机关对行政机关及审判机关在履行职务中发生的违法问题，在平台上可以对其发送检察建议、纠正违法意见书、收监建议，并且及时接收反馈信息。

5. 建立档案

将社区矫正对象个人信息、公益劳动、思想汇报、集中教育、心理咨询、走访登记、请假审批、刷脸定位和计分考核等日常工作数据纳入平台统一管理，全面整合社区矫正数据资源，形成一份系统全面、共享的数据化卷宗，实现社区矫正基础工作向信息化、规范化、高效化管理转变。

三、大数据在社区矫正运用中存在的问题及建议

（一）大数据在社区矫正中存在的问题

从上述分析看，在人工智能背景下，我国的社区矫正运用大数据技术在信息化体系的建设中取得了阶段性成果，但是人工智能、大数据技术尚属于新型技术，在构建智慧社区矫正平台的探索过程中，不可避免地存在一些问题，需要进一步完善。具体如下：

1. 社区矫正技术存在地域差异

经济基础决定上层建筑,在社区矫正工作中也得到了同样的体现。由于不同地区经济水平的差异以及社区矫正信息化的建设的不完善,导致不同地区之间社区矫正技术情况有所差别。例如,在一些经济发展水平高的省份,社区矫正工作的相关基础设施已经比较齐备,不仅为社区矫正对象配备了定位手机而且还为其佩戴了电子手环,但在某些经济发展水平相对落后的省份目前只引用了定位监管设备,用定位手机进行定位监管,而那些经济发展水平十分落后的地区,仍在利用传统的监管模式,从这些监管的方式的不同就能够了解到不同地区在信息收集方面存在的巨大差距。[1]

2. 社区矫正工作人员能力不足、业务素质缺乏

司法行政机关作为社区矫正的执行主体,社区矫正工作最终会落实到司法所及相关工作人员身上,社区矫正从引进至今仅十余年,我国还没有足够的社区矫正实践经验,也缺乏专门针对社区矫正的培训,因此我国司法行政机构普遍存在社区矫正工作人员能力欠缺、缺少专业素质的问题。在人工智能背景下,因为有了大数据的参与,社区矫正的手段越来越多样化,越来越信息化,信息化人才队伍是智慧社区矫正体系建设的重要保障。但在实际工作中,社区矫正机构尤其是基层的技术管理人员较少。

3. 没有统一的建设标准

根据我国目前的情况来看,大数据在我国社区矫正中的运用还没有全国统一的建设标准,而是各个区域分别制定自己的标准,《社区矫正法》颁布后也只是笼统地规定为“国家支持社区矫正机构提高信息化水平,运用现代信息技术开展监督管理和教育帮扶。社区矫正工作相关部门之间依法进行信息共享”,没有对现代信息技术的建设进行明确规定。因此在缺乏统一的信息技术规范和统一的建设标准的情况下,目前的社区矫正平台之间不能很好地实现数据共享,信息孤岛现象比较突出。

(二)大数据在社区矫正运用的完善建议

在人工智能、大数据等信息技术快速发展的大背景下,进行社区矫正中信息化建设是我国深化司法体制改革和完善社区矫正制度的必然选择。一方面,大数据等信息技术运用到司法领域将大大提高司法的效率;另一方面,使得司法领域必须

---

〔1〕 刘威:《和谐社会背景下中国地方政府开展社区矫正工作研究》,吉林大学2012年博士学位论文,第23页。

不断进行改革和完善。针对以上大数据在社区矫正中运用存在的问题,笔者提出如下建议:

1. 加强信息网络建设

要想实现社区矫正信息化建设,信息网络是最重要的,因为它是信息传输和数据交换的基础,所以现在当务之急是扩大社区矫正信息网络的覆盖面,让省、市、县、乡的社区矫正机构都能够利用该网,在全国形成统一的社区矫正网络系统,尽可能减少地区差异,同时将该社区矫正网络与公、检、法的网络相联通,实现数据的共享与交流。在全国各级建立信息管理平台,实现省、市、区、镇四级的社区矫正管理互联互通。

2. 优化社区矫正工作人员的职业素养

在人工智能时代下,智慧社区矫正系统的建设需要大数据等信息技术手段的支撑,通过构建社区矫正大数据中心,对社区矫正的数据进行挖掘、分析和利用,推动现代科技与社区矫正制度的有机融合。信息技术具有较强的专业性,智慧社区矫正体系的建设需要信息技术方面的专门人才队伍作为支撑。因此提高社区矫正工作人员的专业能力和职业素质是保证社区矫正顺利进行的重要一步,社区矫正工作人员要想能够灵活运用现代科技手段,需要政策的保障、政府机构的支持,需要为社区矫正工作人员提供学习途径、安排学习课程、打造统一的学习平台,从而建设具备相应职业素养的工作队伍。

3. 建立大数据运用标准体系

我国的社区矫正的相关规定仍需要不断完善,应当对大数据等信息技术的建设制定统一的标准,并且通过经费保障等方法让这个统一的标准得到落实。目前,可以根据国务院颁布的《关于印发促进大数据发展行动纲要的通知》的相关内容,从顶层设计开始建立统一的标准,而且要将大数据的建设标准贯穿到社区矫正的全周期。因此,智慧社区矫正体系要在大数据接入、预处理、存储、检索、分析、可视化和资源调配等方面建立统一的技术规范标准,包括数据的接口标准和系统操作等系列标准。[1]

四、结语

我国社区矫正虽然属于“舶来品”,从试点开始到如今《社区矫正法》的施行只

---

〔1〕 汪友海:《大数据视野下智慧社区矫正体系的构建》,载《法制博览》2019年第9期。

有短短十余年,但经过了数十年的研究,已经克服了众多挑战。在人工智能背景下,我国抓住了现代信息技术快速发展的契机,运用大数据等先进的科学技术创新在社区矫正中的应用方式,坚持"向科技要警力",强化新一代信息技术在社区矫正工作中的深度应用,优化融合队伍建设与信息化建设,提升了社区矫正工作质量。运用大数据进行社区矫正信息化建设能更好地促进社区矫正工作向合理化、信息化、智能化、现代化方向发展,是时代的必然选择。但需要注意的是,人工智能技术目前仍处于史前时代,融合大数据等技术的智慧社区矫正平台还有很远的路要走,需要我们不断探索完善。

社区矫正中电子监控的应用研究述评

左然然*

摘　要:在大数据时代的背景下,推进社区矫正工作的信息化、科技化、智能化,应当进一步完善电子监控在社区矫正中的应用。本文对近年来研究社区矫正中涉及电子监控的相关文献进行梳理,分析国内外电子监控在社区矫正的应用中的发展情况,归纳学界中对电子监控应用提出的不同问题,最后通过总结与反思,提出建议,以期通过电子监控应用的成熟,推动社区矫正制度的完善。

关键词:社区矫正;电子监控;电子镣铐;电子环;制度完善

一、研究背景

2019年12月28日,第十三届全国人大常委会第十五次会议表决通过的《社区矫正法》不仅是中国第一部社区矫正单行法规,也是世界上第一部社区矫正专门的单行法规。《社区矫正法》的颁布为我国社区矫正工作的持续发展推进提供了牢固、坚实的法律基础,打消了人们对于社区矫正发展前景的疑虑和担忧,更使得我国的社区矫正工作迈进了一个新的阶段。[1] 社区矫正作为一种非监禁刑的刑事执行制度,体现了惩罚与帮扶并重的刑事执行理念,其目的不在于一味地对犯罪人施以刑罚,而是在以相对限制人身自由的方式对其进行惩罚的同时,又注重对犯罪人重返社会的促进和帮助。

在大数据时代的背景下,推进社区矫正的信息化、科技化、智能化是提升社区矫正监管效率、实现其矫治功能的现实要求。而社区矫正系统的智慧化,大数据、区

---

* 左然然,华东政法大学在读硕士研究生。

〔1〕 吴宗宪:《我国〈社区矫正法〉的重要价值》,载《中国司法》2020年第2期。

块链等技术的运用都离不开电子监控在矫正工作中的应用和普及。

这里所讨论的电子监控主要是指利用科技（包含电话、无线电讯传输、恒星定位科技等）在被监控者的手腕或脚腕上佩戴一个电子设备，通过该设备对受控者进行定位，并在监督到受控者违反监管规定、出现在在禁止区域时发出警报。[1] 虽然自2014年上海市第一次正式启用电子脚镣追踪假释犯以来，一些试点城市通过近几年的实践探索，已经对电子监控在社区矫正中的应用积累了一定的经验，建立起了相应的制度模式，但由于发展起始和社会基础的不同，我国电子监控的应用与西方国家仍然存在很大差距。同时，作为一项科学技术的实践运用，电子监控在实际运行的过程中也存在诸多问题。技术层面上尚有缺陷亟待完善，实际推行过程中亦面临困难，甚至是电子监控这一措施的监管效果都遭受了质疑。因此，加强电子监控在社区矫正中的应用研究就显得尤为重要。

二、域外视角——域外电子监控应用情况简述

电子监控起源于美国哈佛大学心理实验科学委员会的苏威治贝尔博士（RobertK Schwitzgebel）1964年在马萨诸塞州为了研究在减少攻击频率的实证效益而进行的一项心理实验。该实验挑选了一些在康桥及波士顿地区生活并自愿参与的假释犯、心理疾病患者和调查者进行，通过具有定位能力的电子设备来追踪佩戴者的行踪，并对佩戴者的心率等生命体征进行监控。这也是首次将电子定位追踪技术应用在刑事司法领域。[2] 1983年，美国部分看守所及监狱因嫌疑犯、罪犯拥挤爆满而产生危机，新墨西哥州的杰克·洛弗（Jack Love）法官首先尝试着将电子监控技术运用于刑事案件，并在正式判决中宣布对被告使用电子镣铐，令其于社区服刑。之后由于电子监控的效果良好以及媒体的广泛宣传，美国其他州也开始推行这一技术。

美国电子监控在社区矫正领域的应用最早起始于家庭监禁。“家庭监禁”（home arrest）又称为“住宅禁闭”（home confinement）或者“住宅羁押”（home detention）是指在一定期限内，将犯罪人限制在其住所范围之内非经批准而不得随意外出的限制措施。[3] 该项制度最初启用于20世纪70年代，其目的是希望青少年通

[1] 武玉红：《社区矫正管理模式研究》，中国法制出版社2011年版，第67页。

[2] 林顺昌：《破除“电子监控”之迷思论回归实益性之犯罪者处遇政策》，载《亚洲家庭暴力与性侵害期刊》2009年第12期。

[3] 蔡国芹：《美国社区矫正体制的中间制裁制度》，载《时代法学》2007年第6期。

过在家中监禁来减轻集中监禁对他们产生的负面影响，防止集中监禁的交叉感染并引导其尽快回归社会。然而家庭监禁的性质决定其在执行时必然要耗费大量的人力资源来对被禁闭者进行监督，以确保其严格遵守相关规定，因此该项制度在当时并未得到真正的实现。而电子监控技术的应用则为家庭监禁广泛施行提供了基础，矫正机构的工作人员不用实地监督就可以了解被监管人员是否待在家中。

20 世纪 90 年代，电子监控技术引入欧洲。先是英国、瑞典、荷兰等国家效仿美国将电子监控应用到家庭监禁中，此后，德国、法国、意大利、葡萄牙、瑞士和西班牙等国也相继在刑罚执行中推广应用电子监控。[1] 其中，英国最早开始引进。1988 年，英国内政部长访美后就提出电子监控的议案，这项提案在得到民众和媒体大力支持的同时，存在不少官员对于其经济成本和实际效果的怀疑，经过多年的试验后，电子监控措施最终得以在英国确立。[2] 目前，英国的电子监控主要应用于家庭拘留和宵禁、成人和青少年宵禁令、成人和青少年保释、假释许可等社区管理制度中。适用电子监控的被监管人类型包括盗窃犯及夜间侵入住宅盗窃者、酒后驾车者、强奸犯、与毒品案件相关的罪犯等。

目前，许多国家，如英国、美国、法国、德国等，都已经将电子监控普遍运用到缓刑、假释、短期限制自由刑、审前程序和保安处分等司法措施中，并以详细的法律确定了其适用条件和程序。

三、国内视角——我国社区矫正中电子监控的应用

（一）电子监控应用在社区矫正中的优越性

电子监控技术的引入可以帮助社区矫正工作高质量高效率地进行，学界通常认为电子监控应用在社区矫正中具有如下优越性。首先，电子监控能够有效地提高社区矫正的监管力度，防止脱管漏管现象。电子监控可以通过监视和威慑这两个方面的作用来帮助社区矫正的进行。一方面，通过佩戴电子监控设备，工作人员可以实时掌握被监管人的定位，掌握其行踪。另一方面，基于电子监控设备的定位作用，它可以对佩戴者起到一定程度的威慑，让其意识到自己时时刻刻都处于被监管的状态之中，从而打消其违规以及再犯罪的念头。而在人口大规模流动的如今，

---

〔1〕 王晓霞、孙宝民：《论德国电子脚镣制度及对我国刑罚的影响》，载《国家检察官学院学报》2004 年第 2 期。

〔2〕 武玉红：《电子监控在我国社区矫正管理中的运用与优化》，载《青少年犯罪问题》2013 年第 3 期。

社区矫正工作的进行也愈加开放,传统的由监管人员上门联络、挨家挨户了解被监管人行踪的方式已经无法满足现状。使用电子监控就可以有效防止漏管脱管问题,帮助矫正工作的正常进行。

其次,电子监控的应用还可以增强社区矫正的鞭策作用,促使更好地抑制犯罪、预防犯罪。电子监控的存在可以时时提醒被监管人员保持警惕,鞭策其积极改正。对于部分缺乏自制力的犯罪人来说,处于时时刻刻的监管之中甚至要比监狱更具有威慑力,因为他们必须改造自己,努力遵守规定。

最后,电子监控的应用在经济上也具有优势。有了电子监控设备和监控系统就可以为社区矫正对象划定一个"电子围栏",与在监狱中需要监房、狱警以及各种配套设施相比更为经济,既解决了基层司法所人员不足的难题,也提升对矫正对象的管理效率及质量。

此外,杨凤宁还提出,电子监控在社区矫正中的运用有助于扭转司法行政机关执法权有限的局面,可以更好地固定矫正对象违规违法证据,同时为矫正对象的考核、减刑和收监提供有效依据,还有利于禁止令制度在我国司法实践中的落实,通过电子监控的应用可以对被监管对象对象日常行踪加以监督,这也为禁止令实际执行提供了可行性。[1]

(二)应用发展及现状

电子监控在我国的应用最早是基于2008年北京奥运会对社会治安严格管控的需要。奥运会期间,通过对社区矫正人员佩戴电子脚镣来掌握其实时位置的同时,运用指纹识别技术来确定被监管人的身份。[2] 2012年,上海率先开展了在社区矫正中适用电子环监控技术的试点工作。[3] 2014年12月,上海市第一中级人民法院首次将电子监控写进刑事裁定书中,纳入假释执行程序,并在宣读裁决书的当场为犯罪人佩戴含有GPS芯片和SIM卡的电子脚镣。

王汀认为,相较于西方国家而言,我国电子监控的应用起步晚,与此同时,我国电子监控的发展也具有后发优势。这一优势在于,不少国内学者在电子监控被人们熟知之前就已经对该技术在域外的应用状况进行了研究和考察,这种考察不仅包括电子监控适用的程序和范围,还包括了其在适用中出现的关于隐私权、实际效

〔1〕 杨凤宁:《电子脚环在社区矫正中的运用及其完善》,载《安阳工学院学报》2019年第5期。

〔2〕 姚智洞:《论电子监控在刑事强制措施中的应用》,重庆大学2017年硕士学位论文,第27页。

〔3〕 王汀:《电子环监控技术在非羁押性强制措施中的应用——基于现状调研的SWOT分析》,载《四川警察学院学报》2018年第5期。

果以及适用限度等方面的问题。[1] 这都对我国的实际操作提供了借鉴和经验，我们还可以在此基础上，对国外的制度和规范进行反思，找到属于我们的实践路径。

根据上海市普陀区的社区矫正工作报道，现阶段司法局正在积极引进电子手环及相关电子监控技术来加强对社区矫正对象的监管。相较于从前使用较多的定位手机来说，电子手环搭载的 GPS、Wi - Fi、北斗以及基站定位技术能够有效应对“人机分离”的监管漏洞，同时电子手环也具有防拆卸、防水等功能，可以更好地实现对被监管者的实时监控。在出现被监管者违规拆卸手环、脱离规定范围的情况时，电子手环也能够及时发出警报提醒工作人员及时处理。[2] 这种技术的的运用在提高社区矫正工作效率和监管质量的同时，又可以体现社区矫正工作的严肃性。

现阶段国内积极引进的电子手环设备可以为社区矫正对象划定“电子围栏”，设定矫正对象活动范围，社区矫正对象一旦越界，电子定位腕带会自动振动警告，提醒矫正对象应在规定范围内活动。与此同时，电子定位腕带会向管理平台发送警报信息，让社区矫正机构能较为准确及时地掌握社区矫正对象的行踪动态，实时发出监管指令，确保社区矫正对象在可控范围活动，实现了对社区矫正对象的有效监管与约束，最大程度地避免脱管、漏管等现象发生，有效降低违法犯罪的风险。与此同时，电子手环还可以根据需要即时定位或轨迹回放，实现对佩戴者的实时监控，保证 24 小时监管无盲区。对社区矫正对象使用电子手环进行监管，对某些矫正意识不强，经常性违规违纪的社区矫正对象也能产生较好的震慑和警示作用。

（三）我国电子监控在社区矫正应用中存在的问题

1. 技术层面的问题

电子监控作为一项科学技术，其在实践运用过程中必然会遇到一些技术层面的问题。首先，设计本身存在的问题。电子监控设备通常佩戴于被监管人的手腕或者脚腕上，为了方便被监管人的日常生活，设备的体积较小，因此无法搭载太大容量的电池。而监控设备又要求 24 小时不间断的实时监控，随意拆卸也会发出警告，这就导致了实践中电子监控设备的续航不够以及充电难困难。其次，信号不稳定的问题。电子监控的实施有赖于 GPS、Wi - Fi 以及基站定位技术，这就存在信号、连接不稳定所带来的信号延迟、连接异常、位置偏移等问题，从而导致监管上出现

---

〔1〕 王汀：《电子环监控技术在非羁押性强制措施中的应用——基于现状调研的 SWOT 分析》，载《四川警察学院学报》2018 年第 5 期。

〔2〕 《我区推进“智慧矫正”社区矫正对象戴上电子手环》，载普陀新闻网，http://ptnews.zjol.com.cn/putuo/system/2019/12/22/032081453.shtml，2020 年 11 月 24 日访问。

漏洞。同时,定位技术本身也无法达到位置绝对的精确,即使是系统上判定被监管人员存在违规现象,也不能就此认定其违规,电子监控只能用作一种辅助手段,其最终的结果还是需要社区矫正工作人员的检查核验。[1] 最后,电子监控作为一种技术发明,也存在一些技术上可以被利用的漏洞,犯罪人可能会以更新的技术来逃避监管。

2. 实际推行中存在的问题

除了技术上的问题,电子监控在实际推行中也会遇到阻碍。首先,由于民众传统的刑罚观念与社区矫正的理念相悖,会导致群众对于电子监控甚至是社区矫正制度本身的抵触。社区矫正是以矫正罪犯,帮助其重新回归社会为目的,而群众的普遍刑罚观念则是报复,两者截然相反,不可调和。[2] 因此,大多数人会认为将罪犯关进监狱才是最好的选择,从而在实践中排斥电子监控的施行,认为这是对罪犯的提前释放,会对社区安定产生破坏。其次,电子监控可能会影响与减少社区矫正工作人员与被矫正人的沟通。社区矫正的任务不仅仅是监控,更重要的是通过教育帮扶等多种途径促进矫正对象适应并融入社会。尤其是对假释犯,他们在监狱中服刑一段时间,长期脱离社会生活,也可能与亲友关系疏离,因而短期内很难适应社会生活。对这类假释犯的社区矫正,不仅是严加监控,使其没有机会再犯罪,更重要的是为其逐渐适应社会提供机会和条件,即采取心理辅导、教育帮扶、技能培训等措施,使其具备适应社会生活的能力。[3] 而电子监控的推行大大方便了监管工作的同时,则可能会减弱这种面对面沟通所带来的矫治效果。

3. 电子监控的效果遭受质疑

但也有人并不看好电子监控的威慑力,认为电子监控不是真正的惩罚,因为罪犯没有那种监狱的经历,被置于电子监控下实际上是处于软禁状态,犯罪人可能会相对自由地根据他们自己的意志去实施新的犯罪。因为他们未被关在监狱,他们对公众形成可能的威胁。但事实上,对采取电子监控的犯罪人的限制是严格的,同时犯罪人必须具备一定的条件资格才能被适用这种惩罚。

此外,赵志强认为,电子监控还存在其他问题,一方面是电子监控在某种程度上被认为是对穷人的歧视。因为在有些国家的规定中,电子监控所产生费用需要由被监管人来承担,这就导致了经济条件差的人无法接受电子监控,造成一种不平

[1] 郭鼎威:《电子监控技术在社区矫正工作中的应用》,载《人民调解》2018 年第 1 期。
[2] 蔡婧:《电子监控在社区矫正中的应用分析》,载《社会民生》2015 年第 1 期。
[3] 郭健:《关于构建我国社区矫正电子监控制度的设想》,载《犯罪与改造研究》2017 年第 1 期。

等。另一方面电子监控还存在侵犯被监管人员隐私和人格尊严的嫌疑。由于被监管人员的实时动态都处于监视之下，难免会使其隐私权遭受侵犯，而且时时刻刻的监管也可能会损害被监管者的人格尊严。[1]

四、总结与反思

《社区矫正法》的颁布实施为电子监控的应用提供了法律依据，而依法使用电子定位装置对社区矫正对象进行监管，是推进“智慧矫正”工程建设，提高社区矫正监管智能化、信息化水平，推进国家治理体系和治理能力的现代化的重要举措，也是贯彻实施《社区矫正法》的具体实践。笔者在梳理社区矫正中电子监控的应用研究文献时发现，目前学界对电子监控的研究相对较为薄弱，很多还停留在之前使用手机定位以及电子脚镣刚刚应用的阶段，与区块链、智慧矫正的研究联系还不够紧密；研究内容更多的是关于域外经验的借鉴、电子监控应用的优越性和争议等理论方面的问题，关于国内具体实践的实证研究较少，有涉及的也基本只关注上海地区，对其他地区的应用情况不够重视。如果对实践中的矫正案例进行研究，我们应该能够发现更多实际推行中存在的问题，并由此推动社区矫正制度的发展完善。

学者们在论述进一步完善电子监控在社区矫正中的应用时，基本上提到了推动立法完善、加强技术发展、促进民众刑罚观念的转变以及将电子监控与其他监管措施相结合这几个方面。就目前的情况而言，《社区矫正法》中的第29条[2]已经对电子监控设备实施的决定机关、适用电子监控的人员类型，以及电子监控设备使用的期限都作出了规定，并明确提出对通过电子定位装置获得的信息应当严格保密，一定程度上保障了矫正对象的隐私权。同时，随着科学技术的进步，矫正领域的电子监控设施设备也在不断地更新换代，技术层面上的问题虽然无法被完全克服，

---

〔1〕 赵志强：《电子监控在社区矫正中的应用》，载《江西警察学院学报》2013年第4期。

〔2〕 《社区矫正法》第29条规定：“社区矫正对象有下列情形之一的，经县级司法行政部门负责人批准，可以使用电子定位装置，加强监督管理：

（一）违反人民法院禁止令的；

（二）无正当理由，未经批准离开所居住的市、县的；

（三）拒不按照规定报告自己的活动情况，被给予警告的；

（四）违反监督管理规定，被给予治安管理处罚的；

（五）拟提请撤销缓刑、假释或者暂予监外执行收监执行的。

前款规定的使用电子定位装置的期限不得超过三个月。对于不需要继续使用的，应当及时解除；对于期限届满后，经评估仍有必要继续使用的，经过批准，期限可以延长，每次不得超过三个月。

社区矫正机构对通过电子定位装置获得的信息应当严格保密，有关信息只能用于社区矫正工作，不得用于其他用途。”

但总体上是在持续改善的。而公众刑罚观念的转变则需要更多的宣传引导,让人们意识到犯罪是社会中存在的正常现象,这是一个较长的努力过程。在这里,笔者提出一点关于电子监控设备的称谓问题。

笔者注意到,很多学者会以“电子脚镣”“电子镣铐”的称谓来指代电子监控设备,而笔者认为,“镣铐”的说法更像一种诫具,而现实中这种佩戴在被监管人员身上的电子设备更多的是出于监管的意图,其目的在于明确监管佩戴者的定位、对其起到警示作用、在其涉足禁止区域的时候第一时间发现并予以应对,而非出于训诫。同时,“镣铐”这一称谓也会加重被监管人员身上“罪犯”的色彩,对其教育矫治的产生负面影响。《社区矫正法》将社区矫正的性质由“刑罚执行”改为“刑事执行”,将被矫正人的称谓由之前所广泛使用的“社区服刑人员”正式规定为“社区矫正对象”,弱化了被矫正人身上关于“罪犯”“刑罚”的标签,这既代表一种观念上的进步,体现了刑事司法领域中人权意识的提升,又促进了社区矫正制度帮助犯罪人回归社会目的的实现,也有利于民众实现刑罚观念的转变。因此,笔者认为,应当抛弃“电子镣铐”这一明显带有刑罚色彩的称谓,转而使用“电子脚环”“电子手环”“电子监管设备”等更中性的称谓来指代社区矫正中电子监控的应用设备。

在目前的刑事执行实践中,还倾向于使用电子手环来替代电子脚环。与脚环比起来,社区矫正人员所佩戴的用于监管的电子手环更具有隐蔽性,它在公众的眼中看起来与平常的电子手环没有什么区别,进一步弱化了矫正对象身上“被惩戒”的标签。而在佩戴者看来,手环则比脚环更清楚地提醒自己正处于被监管的状态之中,从而威慑被监管人不要实施违规的行为,积极参与改造。

按照《社区矫正法》的规定,绝大多数严格遵守社区矫正机构日常监督管理规定的社区矫正对象,可不再佩戴电子定位设备。立法强调了对社区矫正对象的合法权益和人身自由保护,因此很多传统的监管手段方法将不再适用,必须有新的探索和实践。电子监控作为一种技术手段,是社区矫正工作推行的工具、是一项辅助措施,电子监控的推广应用是完善社区矫正制度的应然之举,在研究如何以电子监控应用的成熟推动社区矫正制度的完善同时,也需要对社区矫正的监督管理方式提出更高的要求。

检察监督

新制度主义视角下社区矫正检察监督制度目标的二重性及其实现路径

梁宇栋*

摘　要:随着《社区矫正法》的出台,社区矫正检察监督制度与该法的对接和嵌入成为我们必须思考的问题。从新制度主义视角出发,基于组织合法性机制的考量,社区矫正检察监督制度的目标具有二重性:合法律性监督和社会治理。通过对当前社区矫正检察监督制度在组织体系、监督方式和手段等方面治理能力的反思,应从理念、制度、技术三个层面重塑社区矫正检察监督制度:治理思维;检察机关的职能下沉、同步监督与巡回监督相结合、通过完善社区矫正委员会制度强化检察建议和纠正违法通知书的效力;进一步建立社区矫正信息共享平台,提升矫正效率。

关键词:检察监督;合法性机制;社会治理

一、文献回顾与问题

2019年12月28日,《中华人民共和国社区矫正法》(以下简称《社区矫正法》)正式颁布,并于2020年7月1日起正式实施。它是从2003年社区矫正制度试点开始以来,经过近十几年的艰辛探索和大胆尝试,在不断试错纠偏、总结经验、建章立制中逐渐完善的产物,标志着我国社区矫正制度本土化迈出了关键性的一步,社区矫正法治化建设从此进入了新时期。与2012年《社区矫正实施办法》明确赋予人

* 梁宇栋,四川文理学院政法学院讲师,硕士。

基金项目:本文系四川省教育厅人文社会科学重点研究基地——社区矫正研究中心立项资助的2020年度研究课题"刑罚执行一体化背景下社区矫正检察监督制度研究"的阶段性成果。项目编号:SQJZ2020-13。

民检察院对社区矫正执行的法律监督权相比,《社区矫正法》对社区矫正检察监督的规定并没有实质性改变。社区矫正检察监督的程序缺失、事后式监督的滞后性和监督手段缺乏力度等问题依然存在。在此背景下,我们有必要再次审视当前社区矫正检察监督制度,通过制度性改进推动社区矫正立法的进一步完善。

从2012年以来,众多学者对社区矫正检察监督制度的研究大致三种路径:第一,学者们聚焦于检察监督制度的某个具体工作机制展开研究和探讨。如有学者围绕社区矫正中派驻检察室监督机制的构建问题,认为社区矫正检察监督的存在监督地位不明确、监督刚性不足等问题,并在此基础上提出相应的举措〔1〕。有的学者围绕检察机关在社区矫正中合法性监督机制提出"嵌入式"监督与"巡回式"监督相结合,刚性监督与柔性监督相结合的举措〔2〕。第二,学者们从整体上把握当前社区矫正检察监督制度存在的问题,进而提出系统性的改进策略。有学者提出,检察机关在社区矫正检察监督过程中,其监督权的可操作性、功能定位、监督形式等方面存在问题,应从思想观念、内容细化、监督方式、资源配置等方面加以完善〔3〕。第三,学者们结合地方社区矫正检察监督实践探索检察监督机制。有学者以西安市未央区社区矫正实践为研究对象,对该区社区矫正检察监督实践存在的问题展开反思,并提出检察机关应当树立协同监督理念,广泛吸纳社会力量参与监督工作,建立与社区矫正发展相适应的法律监督体系,推动社区矫正的规范化建设〔4〕。

这些研究成果大多结合具体的社区矫正检察监督实践,以"困境—突破"思维范式为框架,挖掘、分析检察机关在矫正监督中存在的问题和症结,进而提出许多具有建设性的洞见。然而,这种研究进路往往聚焦于对问题的描述性呈现,对这些问题背后的深层逻辑缺乏应有的关注和分析,使我们无法真正深刻理解社区矫正检察监督制度存在困境的原因。更为重要的是,这些改进策略的合理性依据是什么?基于社区矫正检察监督特定侧面或部分的探讨,虽然为我们提供不同的思路,但是这也可能遮蔽我们对整个检察监督模式的反思,陷入"只见树木,不见森林"窠臼之中。它们能否与既有的整个社区矫正制度相对接和融合?我们到底需要建构

〔1〕 薛芳:《社区矫正中派驻检察室监督机制研究》,载《中州大学学报》2016年第8期。

〔2〕 敦宁:《社区矫正检察监督机制的系统改进》,载《华北水利水电大学学报(社会科学版)》2019年第2期。

〔3〕 陈伟:《社区矫正检察监督机制的改革与完善》,载《湖北社会科学》2017年第3期。

〔4〕 李岚林:《我国社区矫正法律监督:探索与反思》,载《吉首大学学报(社会科学版)》2016年第7期。

什么样的社区矫正检察监督制度？这些问题亟待我们对社区矫正检察监督制度进行更为深入的探索。从2012年《社区矫正实施办法》正式确立社区矫正检察监督制度以来，大量相关研究显示当前社区矫正检察监督制度存在的问题具有相当的普遍性、稳定性和持续性。针对这种现象，有学者认为，重复再现的组织现象是建筑在稳定持续的组织制度基础之上和相应的组织环境之中的[1]。如果我们把社区矫正检察制度看作组织结构与制度合一的组织体系时，我们就可以从组织社会学的视角来回应这些问题。

二、新制度主义视角：合法性机制

在组织社会学中有理性选择、新制度学派、组织与社会网络等理论流派，其中新制度学派试图解释具有不同内部结构、目标、任务、技术和环境条件的组织的趋同现象。该学派早期代表人物塞尔兹尼克认为，组织并不是基于特定的目标组织完成某种任务的技术体系，而是处于社会环境、历史影响之中并随之不断变化而调整、适应的有机体。组织通过制度化将价值判断深入组织内部结构和整个运作过程中。在此基础上，迈耶提出了新制度主义理论。他认为，任何一个组织必须适应环境。环境包括技术环境和制度环境。其中制度环境是由法律制度、文化期待、社会规范、观念制度等广为人知的社会事实构成的。理性选择学派更多考虑的是技术环境，基于效率原则来认识组织的。而我们应当从一个组织所处的制度环境出发，认识组织行为，解释组织现象。通过组织的制度化实现组织与外在制度环境的一致，即合法化过程。合法性机制是制度主义理论的核心理念。韦伯从权威的产生的角度首先提出了合法性的概念。制度学派将其理解为一种在社会认可基础上建立的一种权威关系，具体是指那些诱使或迫使组织采纳具有合法性的组织结构和行为的观念力量。法律制度、文化期待、观念制度等广为接受的社会事实都能从多层面对人们和组织的行为发挥规范和约束作用。组织基于合法性的要求，在组织形式和行为构建过程中，通过彼此模仿导致组织之间的日益趋同[2]。

在社区矫正制度语境中，检察机关确立自身的权威和地位的过程中首先面临着外在制度环境与自身目标、任务和能力相一致的问题。对于检察机关而言，社区矫正的基本性质、矫正参与主体的多样性、矫正对象自身情况的复杂性、矫正程序

---

[1] 周雪光：《基层政府间的“共谋现象”——一个政府行为的制度逻辑》，载《社会学研究》2008年第6期。

[2] 周雪光：《组织社会学十讲》，社会科学文献出版社2003年版，第64~109页。

链条较长、流程错综交错、矫正环境的开放性等因素是确立社区矫正检察监督制度必须考虑的外在因素。检察机关自身在目标的确立、机构设置、人员安排、专业化程度、资源投入、程序设计、监督手段等方面的配置与制度设计必须与外界制度环境要求保持一致。因此,审视和分析当前社区矫正检察监督制度就需要我们从社区矫正的性质与基本制度模式为切入点,对社区矫正检察监督的目标和具体模式展开探讨。

三、社区矫正检察监督目标的合法性重申:从总体合法性走向情境合法性

2006年5月,最高人民检察院在《关于在社区矫正试点工作中加强法律监督的通知》中明确提出了社区矫正检察监督的两个目标是社区矫正的合法律性监督与社会治理相结合。该政策目的,一方面,在于通过对社区矫正工作的监督推动我国刑事司法政策的有效贯彻,保证社区矫正刑罚的正确执行,预防和减少矫正对象重新犯罪,保证社区矫正对象的合法权益,有力维护法律的尊严;另一方面,通过协调社区矫正实施主体间的关系,凝聚力量、整合资源,化解社会矛盾、保障社区矫正帮扶、教育、管理的顺利开展,提升矫正质量。然而,理论界对检察机关直接参与社区矫正工作,帮扶矫正对象进行改造的问题多有质疑。有学者就指出,在社区矫正过程中,检察机关既是参与者又是监督者的角色定位,将自身置于自己监督自己的尴尬境地,进而弱化监督工作的客观性和独立性[1]。我们认为,确立特定组织系统的目标首先是考虑其外在环境的运作逻辑和要求。而组织目标的合理性也往往通过是否适应满足这种逻辑和要求来判断。在社区矫正制度语境中,检察机关在社区矫正中目标的确立不仅要考虑自身的总体合法性,也要考虑自身所在的具体社会制度情境。根据《宪法》、《人民检察院组织法》第20条、《人民检察院刑事诉讼规则》第643条和《社区矫正法》的相关规定,检察机关对社区矫正各执法环节有依法实行法律监督的权力。检察机关在社区矫正过程中对刑罚执行进行合法律性监督是这种总体合法性的内在要求的结果。至于在社区矫正中检察机关参与社会治理的问题,我们应当在社区矫正的这一特定的具体制度情境中进行分析。从2003年以来,关于社区矫正的主要性质是刑罚执行还是社会处遇的争议一直持续至今。我们认为,与监禁刑罚执行不同,行刑社会化是社区矫正的核心特征,是各个主体围绕矫正对象实施矫正持续展开合作和彼此互动的动态过程。在社会学知识场域

〔1〕 张燕波:《社区矫正检察监督之完善研究》,载《江西科技师范大学学报》2016年第4期。

中，社会化是个体将其所在参照群体的价值与规范逐渐内化的过程[1]，也是不断与群体成员发生互动，建立关系，获取知识、技能和资源，并对群体成员的行为产生认同进而赋予自身行为合法性的过程。社区矫正，作为一种社会化的行刑方式，实质上就是围绕矫正对象构建制度性的参照群体，通过塑造组织化的路径实现从原有群体向设定群体的角色转变。这需要各种社会力量的有效参与以及与司、公、检、法各个部门的无缝衔接和配合。正是在此背景下，当前《社区矫正法》也明确了社区矫正的刑罚性与社会性的二元属性。根据该法第8条至第13条和第24条、第25条的规定，从制度层面上没有采用科层化的等级结构，而是基于社区矫正的二元属性构建了双层耦合包容的治理型的组织系统：有社区矫正机构、法院、公安机关构成外层结构，主要涉及审前调查评估、交付执行、执行变更和终止执行各个执行程序及其彼此衔接，保障社区矫正工作的顺利开展；由社区矫正机构及其派出机关、社会组织、志愿者、社区委员会、矫正对象的家庭、学校等社会力量构建的内层结构，主要任务在于对社区矫正对象开展帮扶、教育、就业和心理辅导等工作，促其顺利回归社会。社区矫正机构及其派出机关是将这两层结构实现耦合的基点。检察机关对社区矫正的所有层面和环节实施法律监督，最大限度地预防矫正对象脱管漏管问题的发生。可见，政府期望通过这种组织形式全力动员各方社会力量，充分利用各自的优势和资源参与社区矫正工作，聚成合力，实现矫正对象顺利回归社会的预期目的。然而，这个组织系统只是提供了实现矫正对象社会化的可能性。它为矫正对象提供了基本的行为指引和规范，形塑矫正对象融入社会的各种行为。但是我们可以看到，在具体实践过程中参与主体的多样性使得彼此之间的关系趋于繁杂，过程缺乏协调性、连贯性。同时，由于社区矫正对象在自身性格、文化水平、主观恶性、家庭背景、社会关系、人身危险性、改造态度、情感倾向、行为方式等方面的差别较大，各个参与主体基于自身的性质、目的，对社区矫正的认知与认同，矫正手段、方式等方面的情况也不相同，这些因素可能导致对社区矫正对象实施矫正的效果缺乏一致性，甚至出现彼此相互重叠，甚至冲突的情况，从而矫正效果整体呈现趋于碎片化的倾向。因此，针对矫正对象在具体矫正实践中，与社会成员互动中产生的诸多不确定、偶然性，进而影响矫正效果的情况，协调各方力量彼此关系、加强衔接配合、合力共同推动矫正工作，提升矫正质量就成为实现这种社会化的关键所在。这要求检察机关不能置身于矫正过程之外，变成不在场的“旁观者”。相反，检

---

〔1〕［英］齐格蒙特·鲍曼、蒂姆·梅：《社会学之思》（第3版），李康译，上海文艺出版社2020年版，第40～42页。

察机关应当深入矫正工作中,对矫正对象进行走访、谈话,了解其生活状况,尽可能较为全面掌握矫正对象的基本动态,适时拟定矫正计划,改变矫正对象的社会认知,帮助其切断或修复、重建各种正常社会关系,引导矫正对象参与社会互动,建立社会认同,进而顺利融入社会;同时,在此过程中能够有效地发现各方主体在社区矫正过程中面临的现实困难、倾听各方的相关意见和建议,并与社区矫正机构进行充分沟通和协商,适时调整、优化矫正方案,纠偏各类违法行为,从而实现各方在实施社区矫正方案思想上的统一、行动上的一致性,有效调动各方的积极性和主动性,有力地整合各方力量和资源,提升教育改造的质量,从而在实现合法律性监督与社会治理的统一融合过程中,推动社区矫正制度整体的实效性。对于检察机关参与矫正对象的监管与教育过程,使得自身陷入"自己监督自己"的尴尬境地,不能保证监督工作的客观性和独立性的问题,我们认为,如果从宪法和科层体制的角度讲,对单一政府机构的权力运作进行法律监督,检察机关保持自身的独立性与客观性尤为必要。学者们提出的上述质疑也具有一定的合理性。但事实是,社区矫正工作不仅仅依赖于社区矫正机构的权力运作,它还需要公安机关、法院、各种社会性力量的广泛参与和配合。相应的社区矫正工作的内在复杂性增加,对于融贯整个社区矫正工作的权力性依赖度提高。检察机关的法律监督职能显然无法完全有效应对这一局面。因此,基于对社区矫正性质的认识和社区矫正制度模式的设计,我们应当从治理的视角,关注社区矫正工作的实际情况,从实际出发来看待检察机关"参与者"的角色,进而从应然的总体合法性认知走向实然的情景合法性认同。

四、当前检察监督模式的审视:目标的偏离与弱化

斯科特从理性系统的角度认为组织由外在环境、战略与目标、组织及其结构、工作与技术等要素构成。组织的能力之一就是依靠组织自身的各种控制机制实现预期目标,以适应外界环境要求的可靠性[1]。在明确合法性监督和社会治理的组织目标之后,调整、配置、优化自身治理能力各要素构建与此要求相适应的组织架构和工作机制是检察机关要解决的首要任务。

然而,一方面由于社区矫正立法模式的选择和实践因素的考量,社区矫正检察监督的目标发生偏离。从2003年社区矫正工作试点以来,矫正对象的脱管、漏管问题一直是社区矫正机构关注的重点和难点。由于社区矫正立法采取"先行实践,立

---

〔1〕[美]W. 理查德·斯科特、杰拉尔德·F. 戴维斯:《组织理论——理性、自然与开放系统的视角》,高俊山译,中国人民大学出版社2011年版,第21~29页。

法跟进”的立法路径，社区矫正机构的执法权限缺乏充分法律依据，矫正机构只能根据实际情况灵活掌握，权力滥用的概率也随之加大。为尽量减少社区矫正机构在矫正过程中侵犯矫正对象合法权益的情况，合法律性监督成为检察机关的首要任务。而相应的检察监督模式又不能有力支持检察机关同时兼顾这两个目标。最终，社会治理的目标在社区矫正检察监督实践中逐渐隐形化。另一方面，由于自身的组织能力存在不足，检察机关进行合法律性监督同样面临弱化的倾向。具体有以下三方面的问题：

首先，组织保障不力。当前社区矫正检察监督工作存在人员数量少，与社区矫正工作要求的专业知识、技能和经验不相匹配，资源配置不足等问题。有学者就指出，无论在检察机关内部是否设置专门的刑事执行检察部门，由于对社区矫正的性质及其重要性的认识存在偏差，检察机关内部在人、财、物资源分配上倾向于监狱场所的派驻检察，社区矫正执法监督所获得资源相对较少，整体上存在明显失衡[1]，“人少事多责任重”矛盾突出。

其次，事后监管模式的运用对社区矫正工作的开展具有明显的负面影响。尽管在2012年《社区矫正实施办法》中明确规定了检察机关对社区矫正实施检察监督的权力，但是法律依据不充分一直是检察机关开展检察监督工作的“瓶颈”之一。在实际矫正过程中，检察机关在何种条件下监督、何时监督、监督手段的适用情形和效力等问题仍然制约着矫正检察监督工作的顺利开展。因此，在检察机关自身治理能力保障不足的情况下，检察机关依据《社区矫正法》的规定选择事后监督模式具有一定的合理性。但我们应该认识到，这种将检察机关置于整个矫正执行过程之外的境地明显不利于对公安机关、法院、司法行政机构在社区矫正工作中的协调，提升矫正工作效率；由于信息获取的延迟性，查识、甄别、防范各类违法犯罪行为的难度加大、成本增加，进而合法律性监督的实效性要求达不到预期。虽然在实际工作中检察机关通过定期专项检查、突击检查、集中点验等方式最大限度地降低事后监督带来的负面影响，但是这反而进一步确证事后式监督的合理性，根本性的症结并没有得到彻底解决。

最后，检察监督的形式化。纠正违法和检察建议是检察机关实施矫正监督的重要手段。但是在矫正实践中这种监督力度缺乏刚性。当检察机关向社区矫正机构发出《纠正违法通知书》和《检察建议书》后，矫正机构拒绝采纳执行和纠正时，检

---

〔1〕 凌高锦：《中国社区矫正检察监督制度路径选择》，载《党政干部学刊》2019年第9期。

察机关只能要求有关单位书面回复,没有被采纳的应当说明理由,而没有追究单位或责任人的法律责任的处置性权力。针对这种情况,检察机关只能根据相关规定提交上一级检察机关并由其向同级被监督机关提出而了结。这种缺乏强制力的监督对社区矫正合法律性监督形式化倾向形成逆向激励。随着《社区矫正法》的实施,社区矫正过程中矫正对象的脱管、漏管问题也相应得到预防和解决,但是对检察机关履行合法律性监督职能的要求也随之提高,此时检察机关自身存在的治理能力不足的问题将会更加突出。

五、社区矫正检察监督制度的系统性重塑

随着犯罪轻刑化的趋势愈加明显,社区矫正制度的适用将更加频繁,对其检察监督的必要性和有效性的要求也随之提高。虽然《社区矫正法》出台的诸多举措能够有效地应对矫正对象的脱管、漏管问题,但是如何提高社区矫正质量,提升矫正效果,解决虚管的问题仍是当前需要着重思考和解决课题。根据周雪光教授的观点,当组织治理负荷大大超出自身能力承担的范围,出现治理"空转"的情况时,组织需要调整自身的内部机制如开展运动式治理、组织重组、运用新的信息技术等来解决这个难题[1]。为了进一步与当前社区矫正制度的内在要求相契合,避免检察机关在开展矫正检察监督中出现"监督空转"的局面,我们必须立基于"制度供给侧"的角度,在整体上从理念、制度和技术三个层面重塑社区矫正检察监督制度。

(一)转变理念,用治理的思维构建社区矫正检察监督制度

社区矫正是我国宽严相济刑事政策背景下行刑社会化、人性化理念的制度性产物,是"恢复性司法"精神的集中体现。在此形势要求下,检察机关应当适时探索新的检察监督模式。因此,我们必须重新认识社区矫正制度实践的内在逻辑,将合法律性监督和社会治理两个基本目标贯穿、融合于社区矫正实施过程中来思考社区矫正检察监督模式的构建。社区矫正是将矫正对象重新融入社会的再社会化实践过程。与监禁刑罚执行的检察监督不同,社区矫正检察监督在目的、对象、方式、社会环境等方面存在明显的差异。这要求多方主体的积极参与,为矫正对象逐步融入社会构架必要的社会关系网络和组织化的互动渠道。综观《社区矫正法》的制度设计,我们能够看到社区矫正制度是社区矫正机构主导,多元主体合力协作的基本格局。社区矫正工作的实施必须依赖于法院、公安机关的积极配合,而且需要各

[1] 周雪光:《国家治理规模及其负荷成本的思考》,载《吉林大学社会科学学报》2013年第1期。

种社会力量的积极参与。面对如何将这些主体整合为一,形成合力,提升矫正效果,从而实现社区矫正工作的预期目标的问题,作为检察监督者的检察机关旁观者的角色显然不能完全适应这一要求。而在具体实践过程中存在的动态性、不确定性等因素,更是要求检察机关应该以参与者的角色融入其中,这样才能真正履行监督者的职能。因此,我们必须用"治理"的思维来构建一种"主动、同步、动态"式的社区矫正检察监督模式。

(二)重塑社区矫正检察监督模式

鉴于社区矫正的内在要求,我们应该通过制度化建设来重塑社区矫正检察监督模式,其着眼点就在于加强检察机关自身的治理能力,它直接决定了检察监督程序设计、监督方式和监督效果。首先,设立与社区矫正机构相匹配的组织体系,将检察监督的工作重心下移,实现机构、人员、权力、考核评价、资源配置等一系列配套制度的整体下沉。检察机关刑事执行检察部门应将社区矫正检察监督置于与监所检察同等重要的位置,并在社区矫正机构建立相对独立的具有派驻性质的社区矫正检察室,设立社区矫正检察官,为社区矫正检察监督奠定坚实的组织基础和资源保障,从而大大缓解检察机关在社区矫正中治理能力的不足。其次,在检察监督执行程序方面,建立常态化的监督机制。一方面,检察机关应当参与社区矫正各个程序流程的所有环节,将监督权力的触角适当置于每个程序的前后节点,从而建立自上而下的同步监督机制。通过这种同步常态化的监督,检察机关能够高效地识别社区矫正过程中出现的各种问题,及时提出纠正意见或检察建议,纠偏各种违法失职行为,从而有效预防犯罪行为的出现。同时,通过这种程序监督,可以有力地贯通公安机关、法院与社区矫正机构之间协调合作的通道,提高社区矫正的执行效率,为社区矫正实施的顺利开展提供合法性的良好环境。另一方面,在社区矫正监督管理程序环节,建立巡回式的监督机制。针对社区矫正实施过程中各种社会力量参与度不足、彼此协调性较差的现实情况,检察机关通过巡回式监督参与社会治理,有效地将自下而上的救济性监督和自上而下的同步监督结合起来。最后,完善检察建议制度,提升检察监督力度。当前检察建议的执行力度较弱直接导致无力对涉及矫正对象的在矫正过程中的各种实体性权益的救济,从而引发对检察机关在社区矫正工作中的权威性的质疑。有学者对此提出,将社区矫正检察监督与行政监察和纪委监察有机结合起来增强检察监督的刚性[1]。我们认为,调动检察机关

〔1〕 全亮、刘敏、丁英慧:《社区矫正检察监督机制实践考察》,载《宜宾学院学报》2018 年第 11 期。

自身以外的制度资源来解决检察监督刚性的问题固然可以,但协调各种制度资源、通力合作参与社区矫正,极大地增加了矫正监督的运行成本,不是最佳选择。社区矫正制度作为一个系统,其产生的各种问题应该通过自身的机制建设来应对和解决。在我们看来,完善社区矫正委员会工作机制是更为适宜的举措。根据《社区矫正法》第8条第3款的规定,地方人民政府根据需要设立社区矫正委员会,负责统筹协调和指导本行政区域内的社区矫正工作。该规定目的在于为公、检、法、司等执行机构提供信息交流、研究问题、完善对接机制,实现力量统合、资源整合、彼此密切配合的平台。虽然该规定只是概括性的,但在《社区矫正实施办法》的日后修订中,可以就社区矫正委员会的性质、地位、职能、议事规则、检察机关的优先性地位等问题作出明确规定。通过这些规定,提升纠正违法和检察建议执行的可行性和操作性,从而解决检察机关监督缺乏力度的问题。

(三)加快网络信息化平台建设,为社区矫正检察监督提供必要的技术支撑

当前《社区矫正法》第5条明确要求加快社区矫正网络信息化平台建设。近年来,全国各省市围绕社区矫正的信息化、智能化,积极探索和搭建各具特色的"互联网+社区矫正"信息共享平台。但是,由于各地法院、检察院、公安机关和司法行政机关之间缺乏统一的协调,也不同程度地呈现出"信息孤岛"的局面。这样就造成各机构获取社区矫正对象的信息的成本增加,直接影响了社区矫正工作的效率。我们认为,应当建立全国统一的社区矫正信息化平台。充分利用"互联网+"、大数据、云计算等现代科技手段,以社区地域信息为基础,以社区矫正对象的基础数据为信息来源,分类管理、构建社区矫正机构、社区居民委员会、社会组织、志愿者、矫正对象家庭成员等相关信息合一、访问权限有别的社区矫正数据库平台,并与民政、法院、公安机关、监狱和检察机关等相关职能部门相衔接,形成以大数据分析为基础的社区矫正信息化、智能化平台,实现社区矫正参与主体彼此信息共享、业务同向协同的格局。这不仅提高了对社区矫正对象的精细化监管水平,有效防止脱管漏管现象的发生;也为检察机关通过信息平台及时掌握矫正对象在日常监督检查、教育及心理辅导等方面的基本情况,实现同步、动态监督提供了基本条件,从而有效提升检察机关法律监督的实效性和参与社会治理的精准性。

社区矫正检察监督研究

王红星　王世楠*

摘　要:对社区矫正开展法律监督是检察机关的一项重要职能,在《社区矫正法》颁布实施后,如何更好发挥检察机关的法律监督作用;如何构建和完善法律监督实践中缺失的内在结构;如何更好地保障人权;如何尽快适应新形势对社区矫正法律监督工作要求,确保国家检察机关在刑事执行过程中公平公正值得深思。在此,笔者试结合基层检察院的实践工作要求,针对上述问题提出自己的见解和改正措施,力争为完善《社区矫正法》的法律监督制度,提供一些实效参考。

关键词:检察监督;问题分析;完善措施

《社区矫正法》第二章第8条第2款规定,人民检察院依法对社区矫正工作实行法律监督。第八章第62条规定,人民检察院发现社区矫正工作人员违反法律规定的,应当依法提出纠正意见、检察建议。有关单位应当将采纳纠正意见、检察建议的情况书面回复人民检察院,没有采纳的应当说明理由。据此,人民检察院依法行使法律监督,特别是对国家机关及其工作人员适用法律的活动进行法律监督,有了明确答案和依据。检察监督既能避免和减少执法、司法实践中存在的无序性、随意性等问题,又能够使违法犯罪分子依法受到追究和制裁,保障社区矫正对象的合法权益不受侵犯,更能有益于解决各相关职能部门之间对社区矫正对象动态信息的信息共享问题。同时,充分体现了立法机关对检察机关多年来社区矫正法律监督工作的肯定。这对于准确及时惩罚犯罪,尊重和保障人权,推进司法改革无疑有积极的推动作用。

---

* 王红星,湖北武汉警官职业学院副教授,硕士;王世楠,广西梧州万秀区人民检察院检察官。

一、社区矫正执法中检察监督工作存在的问题

近年来,各类刑事案件逐年攀升,进入社区的矫正对象也逐年增多。在贯彻落实《社区矫正法》实施的今天,各级检察机关更加注重发挥自身的法律监督职责作用,同时,也根据形势发展的需要,加大对社区矫正工作全方位的监督力度。虽已初见成效,但是,从长期健康发展来看,《社区矫正法》对检察机关的监督内容、监督程序已经作了非常明确的细化和规范的要求,这也意味着社区矫正工作对检察机关提出了更高的监督要求。为加快促进社区矫正工作有效开展,以下就检察监督工作中存在的问题展开论述。

(一)检察监督的刚性不足

法律监督应当是检察机关依法对社区矫正工作开展监督,对发现的违反法律规定的问题依法提出纠正意见、检察建议,堵塞社区矫正工作中的制度漏洞、纠正错误,促进社区矫正执法规范化,维护司法公正,预防和减少违法犯罪,保障法律统一和正确实施。检察机关行使法律监督权要严格依法行使,在实践存在的往往是检察机关对出现的违法情形大都只能通过给予口头纠正意见、制发《纠正违法通知书》或者《检察建议书》等形式行使监督权,这种形式的纠错不一定被对方接受或被采纳,导致检察纠正权和督促权不被重视。被监督机关有时收到《纠正违法通知书》和《检察建议书》,往往置之不理,毫无反应。因为这些措施不具有强制力,被监督单位执行、整改与否取决于被监督单位的态度,明显刚性不足。不得已基层检察院只好向上级检察机关报告,再由上级检察机关向同级被监督机关提出。其实这也只把问题抛给了上级部门之间来处理,转来转去的结果,问题也并不一定就能解决,导致法律监督质效不明显。

(二)检察监督理念认识存在偏差

长期以来,社区矫正检察监督工作往往更侧重于对监管活动的监督,而对教育矫正和帮扶等活动关注度不够。之所以如此,原因主要在于有的人简单地认为,保证不出问题、不脱管、不漏管就是守住了职责底线,而积极推动社区矫正对象的教育帮扶工作,实现个别化教育矫正,所要面临的难度大、问题多,而且在短时期很难见效。还有的检察人员对社区矫正监督认识不足、定位偏差,总以为这项工作总目标为管理好矫正对象,工作难度大,各部门工作上都很艰难,不能与各参与管理部门脸面上过不去,从而把自己检察官身份定位在社区矫正工作里面的参与者,这样极易造成监督不到位。当然,也有的检察机关习惯于传统的监外执行检察工作模

式，只注重政治维稳，安定不出乱子，甚至有些把"不出事"作为检察监督工作的硬任务来对待，却忽视了社区矫正不仅具有惩治惩罚功能，还有通过教育矫正、帮困辅助，实现罪犯顺利回归融入社会的功能。对社区矫正这一新型刑事执行方式的理解不到位，缺乏监督管理的创新意识，缺乏针对社区矫正切实有效的监督模式探索，因此出现检察监督措施跟不上新形势，监督乏力的情况。

（三）检察监督工作模式有待完善

当前，对社区矫正进行检察监督侧重于定期或不定期的巡回检察，如每隔一段时间开展一次社区矫正工作检察，检察内容大都是监督检察公益劳动、心理矫正、教育培训等。这种检察监督，接触面小，获取信息渠道窄，难以发现深层次的问题，尤其是在矫正教育方面的问题，外在表现不明显，具有很大的滞后性和隐秘性，很难通过一般的监督方式发现。另外，闭门监督、坐堂办案的检察监督方式也局限了社区矫正检察监督的视野。例如，实际工作中，社区矫正措施是否越界？怎样判定越界的程度，目前都没有一个标准界定，给检察监督判定带来了难度。再如，公益劳动，如何界定劳动有没有公益性？社区矫正对象外出请假，如何界定请假事因是否符合规定？外出途中越界的空间责任划分等。

（四）检察监督方法过于简单

由于社区矫正对象在基层人数多、分布广，加之各基层检察院人力、装备保障有限，检察监督主要集中在司法行政机关（社区矫正局或司法所）的教育矫正和监督管理环节。检察监督方法为定期或不定期到社区矫正机构进行巡回检察，且检察手段多为实地走访查看，与有关人员谈话。如果要检察法律文书相关内容，只有等法院判决执行通知送达或外地有关部门邮寄告知才能进行，这些方式、方法致使法律监督工作很难深入开展，且明显存在时间上的滞后性和形式上的空乏性，监督效果不佳。

（五）检察监督队伍素质参差不齐

基层检察院刑事执行检察部门由于长期存在人少事多，人员配置不足（一般只有1人至2人），更有甚者无对应职能部门。相关职能部门长期被边缘化，人员老龄化，素质参差不齐，承担着社区矫正检察、看守所检察等多项工作。这些工作任务千头万绪，工作实施起来点多、线长，现有检察人员数量、年龄结构、专业结构状况不能完全承担和胜任这项繁重而忙碌的检察业务。《社区矫正法》颁布实施后，对检察监督要求更高且业务倍增，使得原本就人员严重不足、业务素质参差不齐的社区矫正检察监督工作愈发显得捉襟见肘，难以充分发挥其对社区矫正法律的监督作用。

而检察监督队伍人员的数量和个人素养又不可能一步到位,这些都影响着检察监督工作推进的缓慢与滞后。

二、社区矫正检察监督难度大原因分析

综观近些年来社区矫正工作的情况,检察监督工作开展难度大存在以下几个方面的原因。

(一)检察权立法不足

首先,立法不足导致检察长负责制下的检察官独立性有限。其次,相关法律规定可操作性不强。2020年,《社区矫正法》及相关实施办法虽相继出台,但要学深悟透并付诸实践还须过程,且大多是列举式原则规定,应用中还有很多值得探讨、探索之处。法律监督的滞后性问题,仍须立法多加关注。最后,法律监督存在刚性不足的问题,应加强立法的顶层设计。那种"不听我讲理找你上级"的监督模式,明显表现出监督偏软的问题。

(二)理念滞后认识不到位

司法改革以来,各地检察机关在一定程度上提高了对刑事执行检察业务重视,但仍存在认识不足问题。部分领导者仍把刑事执行检察部门看作"养老科""边缘部门",不能从思想上真切认识到刑事执行检察业务发生的重大变化,存在司法理念滞后等认识不到位现象。

(三)缺乏部门间整体协调

社区矫正工作是一项系统工程,需要公、检、法、安和司法行政部门甚至全社会的通力协作配合才能真正做好,特别是在社区矫正的决定交付执行、变更等环节,检察机关施展监督工作更需要相关部门整体协调配合。《刑事诉讼法》在国家基本法律层面上明确规定了在刑事诉讼过程中公、检、法三者关系。但是,在当前社区矫正法律监督工作实践中缺乏相关部门协调推进,加之司法改革实行"谁办案谁负责、谁决定谁负责"的办案终身责任制,一些部门提防心重,不求有功但求无过混日子,为了保证不出事,宁愿墨守成规,不愿冒险创新。对社区矫正法律监督工作缺乏协作配合积极性,影响了社区矫正法律监督的效果。

(四)信息资源有效整合共享需要加强

由于社区矫正对象大幅增加,随之而来的社区矫正工作的工作量也在增加。面对面谈心、电话沟通了解、书面检察汇报这些传统矫正工作方式,难以管控那些外出务工的缓刑、假释人员,判决地与居住地不相符的社区矫正对象,也已经不适

应矫正法律监督信息化的要求。《社区矫正法》第33条规定,“社区矫正对象符合刑法规定的减刑条件的,社区矫正机构应当向社区矫正执行地的中级以上人民法院提出减刑建议,并将减刑建议书抄送同级人民检察院。人民法院应当在收到社区矫正机构的减刑建议书后三十日内做出裁定,并将裁定书送达社区矫正机构,同时抄送人民检察院、公安机关”。据此,社区矫正信息系统应该同公安服务系统信息平台相连。然而实践中社区矫正对象在服刑期间,其相关信息并没有录入公安机关的信息管理系统,从而导致社区矫正对象有脱管、漏管现象或又犯罪情况的发生。

(五)监督力量薄弱

由于受“重审判轻执行”传统观念的影响,刑事执行检察部门在人员配备、检务保障力量上往往不及检察院其他业务等部门。而且,实践中一般辖区内设有看守所、监狱的检察院才会设立刑事执行检察部门。在一些小基层检察院,如果本辖区没有监狱或者看守所,专门负责社区矫正检察监督工作的刑事执行检察部门往往也是虚设,只安排1名年龄较大检察官应付差事,检察监督力度水平可想而知。因为刑事执行检察部门工作人员的年龄往往偏大属照顾性安排工作,日常工作上缺乏主动性、积极性,不易适应当前司法体制改革背景下社区矫正检察监督工作的快速发展和需要,更不能适应社区矫正检察监督新形势下长远发展。

三、完善社区矫正检察监督工作的具体措施

(一)加强检察权立法

检察长负责制下,检察长是人民检察院唯一具有完整检察权的检察官,但主要精力不在办案。虽然司法改革过程中,赋予检察官一定办案决定权,但仍然保留“重大案件承办人审查提出意见,部门负责人审核,检察长或检委会决定”的老路。检察官总体上仍然处于从属地位,导致办案的没有决定权,有决定权的不办案。立法层面应加强对“独立行驶检察权”和“检察官办案独立性”的思考,出台可操作性的规范性文件,积极保证检察监督的同步开展。另外,在加强法律监督的刚性问题上,一方面应积极借鉴立法赋予人民法院办案司法拘留、罚款等保证措施的优势,另一方面应深挖检察权运行潜力,运用好14项罪犯侦查赋权,补强检察建议、纠正违法的柔性监督的短板,出台相应的规范性文件。

(二)转变理念,重视帮扶与人权保障方面的检察监督

应当站在维护国家总体安全、社会秩序安全稳定的高度,站在讲政治、讲大局

的高度,从相互制约、相互监督、分工合作的法律初心出发,在监管改造、教育帮扶社区矫正对象方面,以正确的监督理念转变带动社区矫正检察监督实践的改变,推动社区矫正检察监督工作更加符合制度设计的原始内涵,真正实现刑事执行法律监督的目的。在监督过程中,不仅要重视监管改造监督、教育矫正监督、重要节点监督,更要重视对社区矫正对象帮扶环节的监督,使改造与监督形成合力,共同促进社区矫正对象真正改好向上,融入社会。同时,为了加强人权司法监督,要从促进人的发展角度与社会安全的高度去思考和推动人权司法保障监督,让社区矫正对象真正感受到法律、秩序带来的尊严和价值,坚决纠正侵犯社区矫正对象合法权益行为。比如,针对外出请假制度执行情况,可提出监督建议,允许符合条件的外地籍社区矫正对象在传统节假日期间外出探亲,并逐步探索请假奖励制度,切实使检察监督深入社区矫正的各个细节、环节当中。

(三)加强协调配合,提升检察监督效能

加强各部门间协调配合,引入现代科技,发挥大数据及智慧矫正平台优势,实现社区矫正工作与检察监督无缝对接。例如,为了进一步加强相关部门之间的沟通协调,可以在公、检、法、司之间建立专职接送制度,由专门人员对社区矫正人员的移交进行接送。在专职接送过程中,负责移送的部门应保证将相关社区矫正对象及其档案材料完整无误地移交给负责接收的部门。同时,负责接收部门的要及时把信息收集、整理、统计等工作做好,从而实现公、检、法、司四机关的无缝对接,形成社区矫正法律监督合力。又如,检察机关可以联合其他相关部门开展纠正监外执行罪犯脱管、漏管等专项检察活动,集中解决、处理法律监督工作存在的突出问题,加强内部监督力量的优化整合,提升监督效能;公、检、法、司等同级相关部门还可以通过联合发文的形式,对诸如此类的专项检察如何具体操作进行明确规定;也可以通过建立联合检察、联席会议、情况通报等制度,达到检察机关对活动动态监督效果。总之,检察机关在与相关部门做好协调配合的同时,更应注重合作发力,发挥出法律监督的职能威力。

(四)加强监管信息平台建设,增强监督有效性

实现社区矫正的动态化监督,建立全国或省、市、县统一的社区矫正大数据平台,将社区矫正各个环节均纳入矫正平台,明确各参与矫正机关间的职责分工和权限衔接,建立社区矫正信息网络平台,明确将矫正罪犯案件信息、人员信息管理、入矫评估、交接报到、文书移交、日常管理、居住地变更、奖惩、收监、矫正解除、重新犯罪和检察监督情况变更和跟踪记录等纳入平台,实现社区矫正的动态化监督。

在检察监督中，检察机关要利用大数据时代信息技术，做好对社区矫正对象的数字化、信息化、网格化管理。建立社区矫正工作人员微信群、钉钉群、QQ 群等，实现司法行政机关社区矫正工作人员和检察机关社区矫正法律监督人员信息交流、互动，增强法律监督工作有效性。检察机关要充分利用矫正人员信息系统，利用配发给社区矫正人员安有 GPS 功能的手机、智能手环等，通过定位掌握和监督其跟踪信息，从而疏通拓展检察机关社区矫正法律同步监督途径，提高同步发现矫正对象重新犯罪的掌控能力。

（五）加强检察监督队伍建设，强化队伍"五化"意

在检察监督队伍建设方面，一定要着重做好以下三方面工作：一是上级领导要加强对社区矫正检察部门工作的指导，在基层检察院刑事执行检察队伍的建设、装备保障等方面给予倾斜，使基层检察部门与其他部门协调沟通更加畅通无阻；二是要克服困难，选拔一些年富力强、素质较高的检察人员充实到社区矫正检察队伍中，配齐人员，增加监督力量；三是通过开展形式多样的业务比赛、法律知识比赛的方式提高检察监督队伍人员素质，以赛代练，建立起一支能力强、业务精的检察监督队伍。同时，也要从加强基层检察院监督的力量出发，科学处理机构、人员数量等问题，切实解决基层检察院在社区矫正检察监督中遇到的"瓶颈"问题，确保基层法律监督队伍的健康发展。在加强队伍建设的同时，还要不断强化监督人员队伍的"五化"意识：证据化、程序化、卷宗化、责任化、信息化意识，真正提高人员队伍的监督能力和水平。

（六）创新监督考评工作机制，推进办案监督

社区矫正对象客观上存在流动性、分散性特点，造成人员少事情多不便于经常性地开展监督工作的问题，而乡镇检察室就在社区，熟悉社区情况，因此，可依托符合条件的乡镇检察室具体负责本地的社区矫正法律监督工作，由检察部门做业务上的指导，形成"检察 + 乡镇"的社区矫正法律监督联合工作机制。当前，各级检察机关虽然都有社区矫正法律监督工作考评，但因这项工作相比其他业务起步较晚，还存在许多需要改革完善的地方。要完善考评机制，发挥主动性、创造性，用科学合理的绩效考评来激励先进督促后进，在整体上推进法律监督工作创新开拓性开展。因而要不断提升创新思维，发挥社区矫正法律监督独立性与创造性。在实践中，还可把监督办案与监督工作结合在一起来做，切实强化社区矫正法律监督，在坚持推进在监督中办案的同时，也要在办案中使监督工作更深入、更全面，进一步推进社区矫正监督工作健康发展。

(七)综合利用各种资源,实现监督刚性

为实现检察监督刚性目标,检察官一是要研究、学透《社区矫正法》及社区矫正法律监督相关规定,做到心中有法、业务精通,对社区矫正的各个环节要熟悉。二是监督要准,发力要准,不搞一笔带过。发布的纠正违法通知、检察建议要有针对性、可行性。三是要建立法律监督纠正违法通知及检察建议的承办、发出、跟踪、回访的工作制度,保证抓实抓好。四是要综合利用各种资源,如发出纠正违法通知、检察建议同时,上报上级检察机关,送司法行政主管部门,向人大常委汇报。利用上级检察机关及人大常委的监督,促使监督对象认真整改社区矫正工作的出现的问题,落实社区矫正法律监督纠正违法通知及检察建议内容,使监督的刚性到得增强。同时,为确保社区矫正工作有效开展,在法律设定中一定要明确被监督单位、个人拒绝接受或不纠正、对抗检察机关检察建议、纠正违法通知书所负的法律后果,积极查办司法工作人员职务犯罪和渎职罪。增强检察建议和纠正违法通知书的强制力,明确针对前述行为的具体处置措施,使检察机关社区矫正检察监督能够达到预期的刚性效果。

(八)探索和规范监督方式和途径,提高监督成效

开展社区矫正检察监督,要根据不同需要,充分运用多种监督形式来实现监督效果。在监督方式上,要实现两个转变:一是实现从表面监督到嵌入式监督的转变。为克服外围监督表面化、形式化的局限,可以成立派驻检察官办公室,打破信息壁垒,增强监督深度。依托检察官办公室,及时、便捷地开展监督工作。二是要实现从静态监督到动态监督的转变。改变以前坐办公室监督的做法,以机动灵活的方式进行巡回检察或者专项巡回检察,并充分利用智慧检察平台,促进实现监督的动态化和常态化。同时,还要实现监督的全面覆盖。对于过去关注不多的入矫、解矫程序、审前社会调查等的监督,要进一步加强。探索疫情常态化条件下社区矫正检察的信息化、智能化检察方式,加强社区检察线上检察工作。

随着社区矫正工作的高速发展,检察机关在不断完善和规范监管程序与方式的同时也要与时俱进,加强监督管理,研究和探索出规范监督方式和途径,及时发现问题,堵塞漏洞,提高检察监督成效。建立社区矫正监督情况通报机制,积极尝试符合检察监督规律的工作机制。为规范社区矫正工作,保障刑事判决、刑事裁定和暂予监外执行决定的正确执行,提高矫正质量,促进社区矫正对象顺利融入社会,预防和减少犯罪,维护区域社会和谐稳定做出应有的贡献。

总之,在《社区矫正法》的深入实施过程中,社区矫正法律监督工作面临着机遇

和挑战,加快推进《社区矫正法》的学习贯彻与适用,实现监督工作模式由传统的办事模式向执法办案模式的转变,强化办案思维,实现监督内容由过去的行政式监督向规范监督、精准监督的转变。同时,加快检察工作人员自身发展和队伍建设,充分发掘现有执检队伍的潜能,注重监督管理与教育帮扶的有机结合,注重保护社区矫正对象的隐私和合法权益,全身心投入刑事执行检察工作中,不断提升社区矫正检察监督水平和能力。

浅议社区矫正检察监督问题

屈锡文　郭晓强*

摘　要：检察机关作为国家的法律监督机关，依法对刑事诉讼过程进行监督。社区矫正检察监督是检察机关依法履行刑罚执行活动监督职责的重要组成部分，也是刑事执行检察近年来在监外执行检察工作基础上发展起来的一项新任务。检察机关如何找准在社区矫正中的法律定位，更好地履行社区矫正法律监督职责，是检察机关刑罚执行监督的重要内容和重要任务。然而，正在探索施行期的社区矫正检察监督工作还存在一些问题，有待进一步完善。

关键词：社区矫正；法律监督；检察机关

一、社区矫正概述

我国对于刑罚执行权的设计安排，长期采用分散化的模式，公安机关负责拘役、剥夺政治权利的执行；人民法院负责罚金、没收财产和死刑立即执行判决的执行；监狱负责死刑缓期2年执行、无期徒刑、有期徒刑判决的执行（被判处有期徒刑的罪犯，在被交付执刑前，剩余刑期在3个月以下的，由看守所执行）；而对被判处管制、宣告缓刑、假释或者暂予监外执行的罪犯，由社区矫正机构负责执行[1]。社区矫正是与监禁矫正相对的行刑方式，是指将符合社区矫正条件的罪犯置于社区内，由专门的国家机关在相关社会团体和民间组织以及社会志愿者的协助下，在判决、裁定或决定确定的期限内，矫正其犯罪心理和行为恶习，并促进其顺利回归社

* 屈锡文，四川省宜宾市人民检察院副检察长；郭晓强，四川省屏山县人民检察院第三检察部副主任。

[1] 彭文华：《我国刑罚体系的改革与完善》，载《苏州大学学报》2015年第1期。

会的非监禁刑罚执行活动。《社区矫正法》第3条规定：社区矫正工作坚持监督管理与教育帮扶相结合，专门机关与社会力量相结合，采取分类管理、个别化矫正，有针对性地消除社区矫正对象可能重新犯罪的因素，帮助其成为守法公民。即社区矫正的目的是加强对监外执行罪犯心理和行为恶习的矫正，帮助他们尽快回归社会。近十余年，社区矫正立法从无到有逐步完善。2003年7月10日，最高人民法院、最高人民检察院、公安部、司法部联合下发《关于开展社区矫正试点工作的通知》，随后在北京、天津、上海、江苏、浙江和山东等省（市）进行试点工作。2012年3月1日，最高人民法院、最高人民检察院、公安部、司法部联合制定的《社区矫正实施办法》正式实施。2012年3月14日，第十一届全国人民代表大会第五次会议对《刑事诉讼法》进行第二次修正，修正后的《刑事诉讼法》第258条规定：对判处管制、宣告缓刑、假释或者暂予监外执行的罪犯，依法实行社区矫正，由社区矫正机构负责执行。第259条规定：对被判处剥夺政治权利的罪犯，由公安机关执行。这一规定已经在实质上将被剥夺政治权利的罪犯从社区矫正对象范围中剔除，由公安机关执行，可以认为是对社区矫正试点工作中，被剥夺政治权利的罪犯难以管理、难以矫治问题的解答。目前现有法律框架下适用社区矫正的主要有：管制、缓刑、假释、暂予监外执行四种类型。2018年10月26日，第十三届全国人民代表大会常务委员会第六次会议对《刑事诉讼法》进行第三次修正，第258条、第259条调整为第269条、第270条，但对条文没有作修改。2020年7月1日起施行的《社区矫正法》第2条规定：对被判处管制、宣告缓刑、假释和暂予监外执行的罪犯，依法实行社区矫正。第8条规定“人民法院、人民检察院、公安机关和其他有关部门依照各自职责，依法做好社区矫正工作。人民检察院依法对社区矫正工作实行法律监督”。检察机关作为国家法律监督机关，对社区矫正实施检察监督有利于宽严相济刑事司法政策在社区矫正中的充分贯彻，对于提高刑罚执行效率、增加和谐因素、降低不和谐因素、维护社会和谐稳定具有重要意义。

二、社区矫正法律监督的法律意义

（一）社区矫正法律监督有利于维护司法公正与权威

公正是司法的最高价值目标，可以说任何司法权力的设置以及制度的构建都是以维护司法公正为目标。社区矫正作为刑罚执行权力，同样适用没有监督的权力必然腐败的规则。刑事执行检察是人民检察院对刑事执行主体执行生效的刑事判决、裁定、决定的活动是否合法实施监督的活动[1]。由于多年来我国刑罚执行方式以监禁刑为主,而社区矫正制度在我国的实施从试点工作到现今只有十余年,很多法律、法规、制度尚不健全,还需要不断探索,对于执行机关来说,如何保证不滥用权力,如何确保公正执法,还需要强有力的外部监督。因此,社区矫正法律监督即充当了这样的监督角色,检察机关通过行使其法律监督职权,规范社区矫正执行机关严格公正执法,从而有利于维护司法公正与权威。

(二)社区矫正法律监督有利于促进社会和谐,实现公平正义

2006年5月,最高人民检察院在《关于在社区矫正试点工作中加强法律监督的通知》中提出:在社区矫正试点工作中开展法律监督,是人民检察院依法履行刑罚执行活动法律监督职责的重要体现,也是人民检察院参与社会治安综合治理的重要工作。做好社区矫正试点工作中的法律监督工作,对于保证社区矫正依法公正进行和非监禁刑罚正确执行,预防和减少重新犯罪,保障社区服刑人员的合法权益,促进社会和谐稳定,维护公平正义具有重要意义。社区矫正法律监督的重要任务除合法性监督外,还包括促进社会矛盾化解,保障社区矫正帮教管理,推动教育改造的质量提升,在实现刑罚目的的同时,促进社会和谐。2020年6月18日,为做好《社区矫正法》的贯彻实施,进一步推进和规范社区矫正工作,最高人民法院、最高人民检察院、公安部、司法部对2012年1月10日印发的《社区矫正实施办法》进行了修订,即《社区矫正法实施办法》第6条进一步明确了人民检察院依法履行8项职责,对社区矫正进行法律监督。

三、社区矫正检察监督中存在的问题和原因

(一)检察监督程序保障不足

要对社区矫正进行卓有成效的监督,前提是要有一套统一合理的矫正程序,《社区矫正法》对此作了原则性规定。最高人民法院、最高人民检察院、公安部、司法部《关于开展社区矫正试点工作》下发的通知和最高人民法院、最高人民检察院、公安部、司法部联合制定的《社区矫正法实施办法》中关于社区矫正应当如何具体开展的程序性规定较少,在具体程序方面,只是粗略提及法院检察院公安机关和司法行政机关如何分工,各自负责哪些工作,但对于如何开展这些工作、社区矫正工作的流程、社区矫正各个阶段的衔接、社区矫正的管辖等规定尚须进一步完善。

[1] 周伟:《刑事执行检察的若干问题》,载《人民检察》2013年第24期。

（二）监督信息和监督措施不足

《社区矫正法》第29条规定"社区矫正对象有下列情形之一的，经县级司法行政部门负责人批准，可以使用电子定位装置，加强监督管理：（一）违反人民法院禁止令的；（二）无正当理由，未经批准离开所居住的市、县的；（三）拒不按照规定报告自己的活动情况，被给予警告的；（四）违反监督管理规定，被给予治安管理处罚的；（五）拟提请撤销缓刑、假释或者暂予监外执行收监执行的。前款规定的使用电子定位装置的期限不得超过三个月。对于不需要继续使用的，应当及时解除；对于期限届满后，经评估仍有必要继续使用的，经过批准，期限可以延长，每次不得超过三个月"。据此规定，"电子定位系统"也将不再覆盖使用。修订后的《社区矫正法实施办法》第37条规定"电子定位装置是指运用卫星等定位技术，能对社区矫正对象进行定位等监管，并具有防拆、防爆、防水等性能的专门的电子设备，如电子定位腕带等，但不包括手机等设备"。第38条规定"发现社区矫正对象失去联系的，社区矫正机构应当立即组织查找，可以采取通信联络、信息化核查、实地查访等方式查找，查找时要做好记录，固定证据"。目前未制定新的《四川省社区矫正实施细则》，对社区矫正人员仅靠通信联络和实地查访等方式进行监管面临较大困难，"信息化核查"的方式亟待进一步予以明确。由于没有建立信息化共享平台，社区矫正工作各职能部门之间工作衔接不紧密，造成刑事执行检察部门不能及时、全面地掌握社区矫正对象在判决、接收、管理、教育、考核、奖惩、解矫等各环节信息，对脱管、漏管现象不能及时监督。

（三）社区矫正检察监督力度不足

检察监督手段的非强制性和介入机制的缺乏，导致了监督力度弱化。实践中，检察机关通常会采取走访派出所、司法所，了解社区矫正对象及社区矫正工作情况，约见监外罪犯谈话等方法来发现问题和履行监督，但是由于缺乏系统性的相对完善的规定，上述监督方式在很大程度上有赖于其他部门和人员的协助和配合。《刑事诉讼法》第276条规定：人民检察院对执行机关执行刑罚的活动是否合法实行监督。如果发现有违法的情况，应当通知执行机关纠正，检察机关对被监督单位的违法行为有通知纠正的权利。但由于法律没有赋予检察机关相应的处置权追究相关单位或责任人的责任，检察建议或纠正违法通知书属于督促纠正权，其本身无强制力保障，被监督单位可执行也可不执行。发出《纠正违法通知书》和《检察建议书》后，被监督机关如果既不提出异议，也不执行的话，检察机关可以依据最高人民检察院2008年颁布的《人民检察院监狱检察办法》《人民检察院看守所检察办法》

《人民检察院劳教检察办法》和《人民检察院监外执行检察办法》的规定,向上一级检察机关报告,由上级检察机关向同级被监督单位提出。但这只是将问题转移到上级部门之间,问题仍然很有可能得不到解决[1]。《社区矫正法》第62条规定:人民检察院发现社区矫正工作违反法律规定的,应当依法提出纠正意见、检察建议。有关单位应当将采纳纠正意见、检察建议的情况书面回复人民检察院,没有采纳的应当说明理由。《刑事诉讼法》赋予检察机关对刑罚执行活动和刑罚变更执行活动的监督权是事后监督权,如《刑事诉讼法》第267条规定:决定或者批准暂予监外执行的机关应当将暂予监外执行决定抄送人民检察院。人民检察院认为暂予监外执行不当的,应当自接到通知之日起1个月以内将书面意见送交决定或者批准暂予监外执行的机关,决定或者批准暂予监外执行的机关接到人民检察院的书面意见后,应当立即对该决定进行重新核查。据此,检察机关可以对批准监外执行的决定提出异议,但在实践中,对罪犯暂予监外执行中涉及保外就医、生活不能自理等内容需要具有医学专业知识进行甄别判断。如宜宾基层法院对申请暂予监外执行的罪犯进行体检后,将罪犯体检等材料上报上级法院,上级法院组织法医审查后出具《暂予监外执行组织诊断意见书》,对罪犯是否符合保外就医、生活不能自理等医学内容作出诊断意见,基层法院据此对罪犯审查并作出是否暂予监外执行决定。检察机关同步审查监督过程中要对批准监外执行的决定提出意见,同样需要具有医学专业知识的人员对罪犯暂予监外执行中涉及保外就医、生活不能自理等内容进行甄别判断。但由于基层检察院人员编制少等因素,基本没有配备法医,不能进行同步审查,导致上述规定存在一定的滞后性,事实上导致了监督效果被弱化,也在一定程度上影响了检察机关的检察监督。

(四)基层检察机关社区矫正检察监督人员缺乏,工作量大,对社区矫正工作不能全面深入进行监督

随着宽严相济的刑事司法政策的贯彻落实,社区矫正对象日益增多,但由于认识和经费等原因,基层检察机关刑罚执行监督队伍状况尚不能完全适应矫正工作的要求。社区矫正工作的重点在基层,但大部分区县刑事执行检察局工作人员一般只有1~2人,且多为兼职。由于近年来刑事执行检察新增业务工作多,工作内容涉及对法院、公安、司法局的监督,每人负责多项工作,工作量大,没有精力顾及社区矫正的各个环节。在基层检察机关内设机构设置方面,多数没有设置独立的社区

[1] 刘颖:《加强刑罚执行监督能力》,载《国家检察官学院学报》2005年第2期。

矫正监督机构，由刑事执行检察部门（原监所检察部门）行使监督权，而监所检察部门的人员配备历来多是老弱病人员，这些地方社区矫正工作能否依法公正地开展和社区服刑人员的权益能否得到保障，面临着一定的制约和障碍。此外，社区矫正中普遍采用的公益劳动、日常奖惩等矫正措施，直接涉及被矫正对象的实体性权益，往往由现在工作主体矫正机构和社区矫正工作人员一家操作，缺乏必要的制约，在一定程度上得不到社区被矫正对象的认同，制约目前矫正工作权威性的树立。

四、完善基层检察机关监督社区矫正工作对策

（一）规范检察机关对社区矫正履行监督职能的机制

社区矫正工作是一项综合性的社会系统工程，离不开相关职能部门的参与，特别是法院、检察、公安、司法行政机关的协作配合。各职能部门要建立工作衔接机制，以保证社区矫正和法律监督工作的有效开展。一是在适用社区矫正过程中的衔接。这里主要指在法院判决或决定对被告人适用社区矫正的刑事案件中，与有关部门的衔接。二是在矫正对象交接过程中的衔接。加强交接过程中的衔接工作，各职能部门做好文书传递工作，及时核对矫正对象名单，以防止矫正对象脱管、漏管。三是在日常监管中的衔接。对每一名矫正对象落实好监管小组，落实监管、帮教工作，对于矫正对象迁居或请假离开居住区域的，司法行政和公安部门要协同办理相关手续。检察机关要加强对监管环节的法律监督，确保矫正工作正确实施。

（二）建立信息共享机制，拓宽检察机关对社区矫正履行监督职能的渠道

随着宽严相济刑事政策、犯罪轻刑化的发展和社区矫正扩大的需要，社区矫正对象的数量将会呈上升趋势，目前参与社区矫正工作人员的配置将不能满足这一变化。网络信息化建设是提升监督手段的重要载体，法院、检察院、公安机关、司法行政机关通过建立信息平台，做到信息共享，以便及时沟通相关情况。做好社区矫正监督工作，底数首先要清，如果底数不清，就无从监督。有的社区矫正对象数据由司法行政机关掌握，可检察机关刑事执行检察部门却没有，有的刑事执行检察部门和公安机关掌握，而司法行政机关却不清楚。造成这方面的原因很多，但最主要的还是社区矫正对象交接和监管等方面的信息不畅，上一级或者外省市法院的判决、执行，没能及时送达到居住地的基层检察机关或者司法行政机关。为保障信息通畅，可以通过制定社区矫正实施细则或联合发文等形式，在法院、检察院、公安机关、司法行政机关之间建立社区矫正信息交换平台，进行信息共享，实现业务协同、互

联互通,运用现代信息技术及时准确传输交换有关法律文书,根据需要实时查询社区矫正对象交付接收、监督管理、教育帮扶、脱离监管、被治安管理处罚、被采取强制措施、变更刑事执行、办理再犯罪案件等情况,共享社区矫正工作动态信息,提高社区矫正信息化水平。同时完善对社区矫正各环节检察监督规定,对社区矫正监督实行网络化管理,各职能机关将社区矫正对象日常表现,居住地变动等情况通过信息平台输入,履行社区矫正监督职能的刑事执行检察部门能及时了解掌握职能部门对社区矫正对象监管执行整个过程的情况,落实对社区矫正的动态检察。同时,检察机关监督要把握重点,明确检察监督的重点环节,增强监督的时效性和针对性,重点监督交付执行环节、执行变更环节、执行终止等环节。如针对罪犯暂予监外执行交付执行环节中保外就医、生活不能自理等涉及医学方面内容审查时,建议由上级检察机关对此类案件指定具有医学专业知识的人员,对上级法院组织法医审查出具《暂予监外执行组织诊断意见书》的过程进行同步监督,以确定罪犯是否符合暂予监外执行的医学条件,从而将检察监督落到实处。

(三)树立刑事执行检察在刑罚执行监督中的权威

现行法律赋予检察机关刑事执行检察监督的方式有三种:口头提出纠正意见、制发《检察意见书》、制发《纠正违法通知书》。这几种监督方式较为单一,均为“建议权”性质,属于一种程序性权力,对于被监督机关而言,缺乏相应的约束力。在刑事执行检察工作实践当中,有一部分意见书或通知书是没有下文的,在一定程度上导致了刑事执行检察的监督难以真正发挥出应有的作用,其原因在于未明确规定被监督机关面对检察机关的监督,应当承担何种义务,以及一旦未履行相关义务将受到怎样的处理。因此,对刑罚执行检察监督过程中,要进一步规范和完善建议权和纠正权,在现有《刑事诉讼法》《人民检察院刑事诉讼规则》等法律的基础上,尽快出台更加完善的法律或法律修正案以及司法解释等形式的法律法规,对适用范围、期限、程序等方面出台更细致的规定,使得刑事执行检察监督成为一种常态化、有序化的工作。在建议权的基础上,进一步赋予刑事执行检察强制力。检察权本质上是法律监督权,单纯凭借制发《检察意见书》《纠正违法通知书》等形式进行监督,不能有效提升监督效果。严格追究刑罚执行机关不履行相关被监督义务的责任,从而赋予刑事执行检察监督制度生命力。

(四)加强基层院刑事执行检察队伍建设,增强社区矫正监督力量

目前,基层检察机关刑事执行检察的工作重点是看守所监管场所的检察,主要围绕着看守所监管活动和刑罚执行是否规范展开,而负责社区矫正检察监督工作

的人员往往是由驻看守所检察人员或刑事执行检察部门人员兼职，这一现状导致了检察机关对社区矫正工作的监督力度不够。在目前宽严相济刑事政策的倡导下，将会出现更多监外执行罪犯用社区矫正的方式予以改造，刑事执行检察部门担负的任务将更加繁重。这些罪犯分子如果得不到很好的改造和矫正，将会给社会带来更多的矛盾隐患和不安定因素，这就要求检察机关对社区矫正检察监督工作要予以高度的重视，加强刑事执行检察人员的配置，改变基层刑事执行检察部门人员少、装备差的状况，以适应新的形势需要，保障社区矫正检察监督的长效化和规范化。在条件允许的情况下，在刑事执行检察部门可设立专门的社区矫正检察室，配备专职监督人员，建立健全的岗位责任制，实行常驻或者巡回检察机制，也可以任命社区矫正检察官，由这些专门的机构和人员来承担社区矫正检察监督职能，确立科学合理的社区矫正检察监督方式，延伸监督触角，增强监督的主动性，使检察监督工作落到实处，取得实效。

五、结语

就目前而言，社区矫正制度正在不断地探索和完善过程中，检察机关作为法律监督机关要进一步解放思想、更新观念，以改革的思路和创新的方法及时解决工作中出现的新情况、新问题，不断探索、实践和完善对新的刑罚执行方式的法律监督工作机制，才能进一步提高法律监督的质量和效率，确保我国的社区矫正工作有序和健康发展。

社区矫正检察监督问题研究

陈国芳　苑　霞*

摘　要:社区矫正作为一种非监禁刑事执行方式,坚持以人为本的矫治理念,是推进司法改革进程的重要举措,更是社会管理体制的一种创新。对社区矫正进行检察监督也面临着着诸多挑战,调查评估缺乏针对性、异地执行检察监督的时效性无法保障等,均需检察机关找准定位、加强各项工作的衔接、健全信息共享、增强监督刚性,以提高监督成效。

关键词:社区矫正;检察监督;决定机关;脱管;漏管

"一切手握权力的人都有滥用权力的倾向,且一直要用到极致才肯停下,这点已被从古至今的经验证实。一定要对事务进行统筹安排,用权力约束权力,才能避免权力被滥用。"[1]社区矫正检察监督就是针对社区矫正这种权力运行的重要制衡,其作用发挥情况直接影响着社区矫正运行的依法、规范程度。[2]

社区矫正将刑事执行场所转变为开放式的社区,针对的是被判处管制、宣告缓刑、假释和暂予监外执行的这一类轻刑犯罪,通过教育帮扶促进社区矫正对象顺利融入社会。社区矫正作为一种新的刑事执行方式,必然对检察监督提出新的要求,社区矫正检察监督仍存在不足之处。因此必须进一步完善社区矫正检察监督的相关举措,以保障社区矫正检察监督工作流程规范有效,更好地预防和减少犯罪。

---

* 陈国芳,四川省宜宾市翠屏区人民检察院政治部主任;苑霞,四川省宜宾市翠屏区人民检察院政治部工作人员。

〔1〕[法]孟德斯鸠:《论法的精神》,欧启明译,译林出版社 2016 年版,第 131 页。

〔2〕安小刚:《社区矫正运行机制研究》,中南财经政法大学 2018 年博士学位论文,第 106 页。

一、社区矫正检察监督的实践

（一）社区矫正检察监督的概念

根据我国《宪法》的规定，检察机关作为国家法律监督机关，依法履行法律监督职能，保证国家法律统一、正确实施是其主要任务。社区矫正作为社区刑罚执行，是国家刑罚执行的重要组成部分，是检察机关实施“四大检察”职权中刑事检察权的应有之义。

上述监督依据同样明确具体规定于《社区矫正法》、《人民检察院组织法》、《刑事诉讼法》及《社区矫正法实施办法》（本文所指均为2020年版，以下简称《实施办法》）中，因而社区矫正检察监督的概念应当为人民检察院按照法定权限和程序，对社区矫正案件的决定程序、社区矫正对象的交付接收、监管、终止执行等矫治环节实施全流程的、动态的检察监督，保证社区矫正的正确执行，保障社区矫正对象的合法权益。

（二）社区矫正检察监督的内容

根据相关法律规定，检察机关对社区矫正的监督主要体现在以下方面：

一是对调查评估活动的监督。根据《实施办法》的规定，是否适合作出社区矫正，法院可委托社区矫正机构或有关社会组织对罪犯的社会危险性和对所居住社区的影响，进行调查评估，提出意见，其意见会影响社区矫正的作出，因此，检察机关需要对可能进行调查评估、提出意见的社区矫正决定机关、社区矫正机构、有关社会组织的此项活动进行监督。

二是对矫正决定的监督。依据《刑法》以及《实施办法》等规定，国家对管制、缓刑、假释和暂予监外执行人员实行社区矫正，而由于判处管制、宣告缓刑以及裁定假释和暂予监外执行的具体决定权分别归于人民法院、监狱机关、公安机关，检察机关对社区矫正决定的监督就是主要对上述机关作出决定过程是否合法进行监督。

三是对社区矫正交付执行、管理的监督。对社区矫正执行机关在社区矫正对象的交付接收、监督管理，其内容主要是对社区矫正对象交付执行活动是否合法进行监督，对社区矫正对象入矫后进行矫正管理活动的监督，主要是监督依照规定建立的档案、开展的活动、相关制度等各项措施落实情况以及社区矫正工作人员是否有侵害社区矫正对象合法权益行为的监督，旨在防止社区矫正对象的脱管漏管以及重新犯罪。

2006年,最高人民检察院在湖北、广东、甘肃等6省市开展了核查纠正监外执行罪犯"脱管漏管"专项检察试点活动。接着,最高人民检察院会同中央综合治理办公室、最高人民法院、公安部、司法部联合组织开展了全国核查纠正监外执行罪犯"脱管漏管"专项行动。

自2009年开始,核查纠正监外执行罪犯脱管漏管工作被纳入每年的社会治安综合治理目标责任考评中,由检察机关具体负责组织考核。2016年1月至2020年6月,全国检察机关督促纠正脱管19,560人、漏管8671人,对严重违反监督管理规定或者监外执行条件消失的督促撤销缓刑、撤销假释、收监执行10,371人。[1]

四是对社区矫正执行变更的监督。主要是对社区矫正对象在社区矫正期间违反相关规定,是否对违反规定的人员依法给予相应处罚,或者暂予监外执行条件消失后,是否依法予以收监等进行监督。

五是对社区矫正执行终止的监督。对社区矫正对象矫正期满,社区矫正执行机关是否解除管制、宣告解矫等以及社区矫正对象在矫正期间死亡的是否按规定履行相应终止手续等进行监督。

(三)现阶段检察监督的方式

各地检察机关社区矫正监督方式、监督效果不均衡,差异性很大。大部分的检察机关对社区矫正的监督多是查看档案和约谈询问,如查看社区矫正对象的接收和建档档案,监督社区矫正监管、奖惩及解除程序是否合法;对社区矫正对象进行约谈、询问,了解社区矫正过程中是否有合法权益受到侵犯。部分地区检察机关专门建立社区矫正检察室,依法对社区矫正各环节实施全程监督,受理社区矫正对象及其家属向检察机关提出的控告、申诉及请求,开展法治宣传教育工作,并协助社区矫正机构做好社区矫正对象的教育、感化和挽救工作。[2]

二、社区矫正检察监督的问题

社区矫正检察监督面临调查评估活动监督缺乏针对性、异地执行监督无法保障时效、重视程度不高、各项规定少、运行机制不健全、尚处于探索阶段等问题,主要体现在以下方面:

---

〔1〕 相关数据,载《检察日报》,http://newspaper.jcrb.com/2020/20200901/20200901_008/20200901_008.html,2020年9月17日访问。

〔2〕 凌高锦:《中国社区矫正检察监督的实践、省思与完善》,载《北京政法职业学院学报》2020年第1期。

（一）调查评估活动监督缺乏针对性

《实施办法》中规定检察院要对社区矫正决定机关、社区矫正机构或有关社会组织的调查评估活动实施法律监督，但实际上检察院对评估活动的监督多是书面文件的查阅，无法实地走访犯罪人的经常居所地实质性了解被告人或罪犯的居所情况、家庭和社会关系、一贯表现、犯罪行为的后果和影响、居住地村（街道）和被害人意见、拟禁止的事项等，缺乏针对性，导致对调查评估活动的监督力度不够。

（二）异地执行监督的时效性无法保障

《社区矫正法》第20条规定了社区矫正决定的相关文书的送达，抄送至人民检察院，尤其是社区矫正决定地与执行地不同时文书抄送的要求。这有助于检察机关及时对社区矫正的实施进行有实效性的监督，但是并未规定具体的转送时间，社区矫正执行机关收到适用社区矫正的判决或裁定后，若不及时将相应的法律文书和材料转送至所在地的检察院，会造成检察机关无法及时接收法律文书、监管该矫正对象的情况。对于变更社区矫正执行地的，仍是未规定转送到检察机关法律文书的期限，这样会极大地影响检察机关进行社区矫正监督的时效性。

（三）重视程度不足

由于监狱、看守所在押人员集中、其犯罪的社会危险性相对较大、更容易出问题，且属于传统监督业务，检察机关刑事执行检察部门更多精力用于对上述监管场所的监督上，在每所监狱、看守所都驻有检察室。与之相对的是，由于社区矫正工作点多面广且社区矫正对象普遍社会危害性不大，刑事执行检察部门对社区矫正的监督则主观上重视不够，客观上由于人手紧张也有些力不从心。但总体而言，对社区矫正检察监督工作思想不够重视导致在检察监督工作中用力不够，这种不够重视从检察机关的考核指标中可见一斑。

经查阅某市检察业务考核细则，发现第四检察部（刑事执行检察部门）检察业务在满分100分的情况下，与社区矫正工作相关联的工作最高只占到了9.5分，占比不到1/10，分别是“纠正监外执行和社区矫正中脱管漏管数达到上年底监外执行和社区矫正实有人数的1%，加8分”（没有监管场所的区县只得基础分），“每半年上报本辖区社区矫正检察发现的问题及对策、建议的综合信息一篇，才加1.5分，不叠加加分”。在这样的考核“指挥棒”引导下，对社区矫正检察监督重视程度不够也就不足为奇。除考核因素外，自身职能定位不准也是导致重视程度不够的一个重要因素。检察机关的监督更多的是事后监督，存在监督滞后的问题。部分检察机关更多精力用于配合协助司法行政机关开展社区矫正，监督制约不足，这些问题都根源于对自身职责定位不准,对社区矫正检察监督重视不够。

(四)检察监督力量薄弱

刑事执行检察部门在人员配备上存在人员不足、年龄老化、知识结构不合理等问题,有限的精力更多用于承担对监狱、看守所的派驻检察任务,在基层检察院更是人少任务重,而与之相对的是各乡镇司法所的社区矫正工作点多面广的现实,在这种情形下,社区矫正检察监督就会力不从心。同时,刑事执行检察部门除负责社区矫正检察监督工作外,还有其他刑事执行检察任务,要在人员有限、精力有限的情况下实现对社区矫正检察监督的全覆盖,无异于纸上谈兵。在这种形势下,对社区矫正的检察监督更多只能满足于完成封顶考核任务或者受理社区矫正对象控告、举报。

(五)线索来源匮乏

由于法院、公安、监狱、司法行政机关与检察机关信息共享不足、衔接不顺畅,监督线索主要源自检察机关在检查司法所社区矫正档案、相关制度落实或者走访社区矫正对象时的发现,以及社区矫正对象主动向检察机关控告、举报的信息等,除了这些途径一般很难发现监督线索,严重影响和制约了社区矫正检察监督工作成效。

(六)监督缺乏刚性

根据相关法律及文件规定,检察机关虽然被赋予了对社区矫正工作的监督权限,但是检察监督的力度明显不足,这可以说是我国当前监督立法方面的一个缺陷。根据《社区矫正法》规定,检察机关发现社区矫正工作违反法律规定的,应当依法提出纠正意见、检察建议。但是由于缺乏对检察机关纠正违法的衔接问责性规定,导致在司法实践中社区矫正交付执行机关后如果拒不执行,检察机关缺乏制约力。

三、社区矫正检察监督机制的完善路径

(一)加强社区矫正各项工作的衔接合作

法律文书移交环节出现问题易导致缺管、漏管,不利于对社区矫正对象进行矫正监督,因此要加强社区矫正决定机关、司法机关、检察机关与公安机关的衔接,切实执行定期例会、情况通报、核查核对制度;强化决定告知意识,加强衔接协作;各部门按规定履行各自职责,检察机关要及时检查发现问题,带头组建联合检查组,出

台制度,保证矫正工作顺利开展。[1]

(二)找准定位,配齐配强监督力量

社区矫正作为一项新生事物,其产生与发展符合世界刑罚轻缓化潮流,有着强大生命力,故虽然在我国开展时间尚短,但是必将有更大的成长空间。作为检察机关而言,应该提高对社区矫正检察监督的重视程度,改变过去重监禁刑轻非监禁刑的思想,顺应形势需要,逐步加大对社区矫正工作的监督力度,让尚处于探索阶段的社区矫正工作运行更加规范。检察机关在监督过程中要注意找准自身职能定位,深入研究监督举措,既不能出现片面追求配合而忽视存在的违法问题造成监督缺位的情况,也不能片面追求监督而忽视配合或混淆监督与管理的关系造成监督越位的状况。通过增加社区矫正检察监督在考核中的比重,将精力引导到社区矫正检察监督上,来提高工作人员对该项工作重视程度,才能做好社区矫正检察监督工作。

(三)拓宽途径,实现全流程监督

一是健全信息共享机制。[2] 对社区矫正各执法环节的程序性监督是检察监督的一项重点。由于信息共享不足,各相关机关间工作衔接机制不健全,容易出现漏洞,也使得检察监督无从下手。只有建立各相关部门共同参与的信息平台,实现所有流程网上留痕、网上衔接,才能破解监督难题,实现全流程检察监督。二是依托派驻基层检察室开展监督。对基层检察监督人员少、监督力量不足的问题,全国不少地方检察机关在地方偏远、群众集中的地方设立了派驻基层检察室,由其承担检察监督职责。三是畅通监督受理渠道。除定期走访或电话抽查社区矫正对象,了解社区矫正工作情况外,可由检察机关统一制作社区矫正检察监督卡,注明具体联系人员、受理范围等,在地方司法行政机关或基层司法所接收社区矫正对象时,同步发放监督卡,以畅通社区矫正对象诉求表达渠道,使得检察机关的监督更加有的放矢。[3]

(四)增强检察监督的刚性

规范纠正意见、检察建议的法律效力,当社区矫正工作未及时采纳意见、建议

〔1〕 上海政法学院社区矫正研究中心:《2015 年中国社区矫正研究综述》,载《犯罪与改造研究》2016 年第 1 期。

〔2〕 李艳:《论我国社区矫正检察监督存在的问题及其完善》,东南大学 2016 年硕士学位论文,第 23 页。

〔3〕 安小刚:《社区矫正运行机制研究》,中南财经政法大学 2018 年博士学位论文,第 113 页。

时,应当及时向上级检察院报告,通报被建议机关的主管部门;若经督促无正当理由不予整改的,应当联合行政检察监督,纠正社区矫正机构不作为、乱作为等不依法履职的问题;对于存在严重失职、渎职的工作人员,应及时通报同级纪检检察机关。[1]

《社区矫正法》以法律的形式明确了人民检察院依法对社区矫正工作实行法律监督,明确了检察机关法律监督的地位和作用,检察机关的监督依据、监督定位更加清晰,为全面开展社区矫正检察工作奠定了更加坚实的法律基础。但实践中频发的问题表明,社区矫正检察监督机制在实际运行中仍有未理顺之处,检察机关需继续探索优化监督环境的途径,核查督促脱管漏管情况,完善社区矫正这一刑事执行方式,达到预防犯罪、降低重新犯罪率的效果。

〔1〕 全亮、刘敏、丁英慧:《社区矫正检察监督机制实践考察》,载《宜宾学院学报》2018年第11期。

图书在版编目(CIP)数据

社区矫正理论与实务研究. 第3卷 / 肖乾利主编. --
北京 : 法律出版社, 2021
ISBN 978-7-5197-5611-6

Ⅰ. ①社… Ⅱ. ①肖… Ⅲ. ①社区-监督改造-研究
-中国 Ⅳ. ①D926.74

中国版本图书馆 CIP 数据核字(2021)第085353号

社区矫正理论与实务研究(第3卷)
SHEQU JIAOZHENG LILUN YU SHIWU YANJIU
(DI-3 JUAN)

肖乾利 主编

责任编辑 许 睿
装帧设计 汪奇峰

出版发行 法律出版社
编辑统筹 司法实务出版分社
责任校对 朱轶佳
责任印制 胡晓雅
经　　销 新华书店

开本 710毫米×1000毫米 1/16
印张 29.75 **字数** 501千
版本 2021年6月第1版
印次 2021年6月第1次印刷
印刷 北京虎彩文化传播有限公司

地址:北京市丰台区莲花池西里7号(100073)
网址:www.lawpress.com.cn
投稿邮箱:info@lawpress.com.cn
举报盗版邮箱:jbwq@lawpress.com.cn

销售电话:010-83938349
客服电话:010-83938350
咨询电话:010-63939796

书号:ISBN 978-7-5197-5611-6
定价:98.00元

凡购买本社图书,如有印装错误,我社负责退换。电话:010-83938349